Tourner la Clé d'Hiram

Robert Lomas

TOURNER LA CLÉ D'HIRAM

Rendre visibles les ténèbres

*Traduit de l'anglais
par Arnaud d'Apremont*

Éditions Dervy
204, boulevard Raspail
75014 Paris

Collection « Controverses »
dirigée par Christian Albuisson

Christopher Knight et Robert Lomas, *La Clé d'Hiram*, 1997.
  – *Le Second Messie*, 2000.
  – *Le Livre d'Hiram*, 2004.

Robert Lomas, *L'Invisible Collège*, 2005.

Laurence Gardner, *Le Graal et la lignée royale du Christ*, 1999.
  – *Le Royaume des seigneurs de l'anneau*, 2003.

Jean-Luc Maxence, *Les Secrets de la prophétie de saint Malachie*, 2005.

Frédéric Pineau, *La Clé du temple*, 2006.

Pour l'édition originale :
© Robert Lomas, 2005

© Éditions Dervy, 2006
22, rue Huyghens, 75014 Paris
ISBN 10 : 2-84454-468-1
ISBN 13 : 978-2-84454-468-1
e-mail : contact@dervy.fr

Sommaire

PREMIÈRE PARTIE

L'INITIATION AUX MYSTÈRES
DE LA FRANC-MAÇONNERIE

DEUXIÈME PARTIE

LES MYSTÈRES CACHÉS DU MYTHE ET DU RITUEL

TROISIÈME PARTIE

À LA REDÉCOUVERTE D'ANCIENS TRÉSORS

Ce livre est dédié à
feu la vénérable sœur Irene Peters
de la Loge Anwyl, n° 256, Mold
et de
la Loge East Gate, n° 160, Chester,
grâce à qui je découvris la franc-maçonnerie et sa fille, mon épouse.

Remerciements

Ce livre n'aurait jamais vu le jour si les éditions Lewis Masonic n'avaient pas confié la direction de sa série d'ouvrages maçonniques traditionnels à un jeune maçon enthousiaste. Celui-ci avait voulu rejoindre la franc-maçonnerie après avoir lu *La Clé d'Hiram*. Martin Faulks – c'est son nom – s'était mis à penser que la maçonnerie avait besoin d'un livre sérieux traitant de ses aspects spirituels. Sans détour, il m'adressa un e-mail et entama une correspondance avec moi. Chemin faisant, il parvint à me faire exprimer mes conceptions sur la spiritualité de la franc-maçonnerie. Et avant même d'avoir réellement réalisé ce que je faisais, je donnai mon accord pour fournir le synopsis d'un livre explorant tout ce que la franc-maçonnerie éveille au plus profond de moi. Peu après, Martin m'arrangea une rencontre avec David Allan, le P-DG de Lewis Masonic, et je me retrouvai en train d'accepter d'écrire l'ouvrage que vous avez entre les mains.

À dire vrai, il s'agit pour moi d'un genre totalement nouveau. Si l'histoire maçonnique m'est familière, cette entreprise remue des émotions au plus profond de moi. Or je n'étais pas certain que qui que ce soit puisse être intéressé par mes sentiments sur la franc-maçonnerie. David et Martin m'assurèrent que ce livre était une bonne idée. Je me mis donc au travail et rédigeai un canevas. J'en étais là quand mon éditrice américaine, Paula Munier, de Fair Wind Press, me téléphona pour me demander sur quoi je travaillais. Je lui parlai de ce projet et elle me pria immédiatement de lui faire parvenir le synopsis. Après l'avoir lu, elle revint vers moi pour me dire qu'elle trouvait elle aussi l'idée excellente. Pouvait-on envisager un lancement simultané aux USA et au Canada, comme en Grande-Bretagne ? s'enquit-elle. Je leur suis reconnaissant, à eux trois, pour leurs encouragements et pour l'inspiration qu'ils m'ont apportée.

Mes agents littéraires, Bill Hamilton et Ben Mason, qui s'occupent de moi chez A.M. Heath, ont réglé toutes les questions de plannings, de contrats et de suivi de fabrication. Bill a posé son œil aguerri sur le synopsis pour m'aider à le transformer en un récit cohérent. Une agence littéraire efficace et encourageante est un atout formidable pour un écrivain et je suis très reconnaissant à Bill, Ben et tous leurs collègues de leur soutien professionnel constant. J'ai pareillement beaucoup de gratitude à l'endroit de Jenny Finder et l'équipe de bibliothécaires de la Bradford University School of Management, dont l'aide m'a été extrêmement précieuse pour retrouver de nombreux travaux scientifiques et historiques que j'avais besoin de consulter.

Quant à Colin Wilson, il m'a soutenu depuis que je lui ai parlé du projet et que je lui ai montré certains des premiers chapitres. Il a lu les premières ébauches du livre et y a contribué par le biais de nombreuses suggestions utiles, sans parler de la préface qu'il a écrite. Mes remerciements vont aussi vers lui pour tous ses encouragements et pour m'avoir autorisé à citer des passages de ses ouvrages. Tim Bentley a lui aussi lu différentes ébauches de ce texte et il a fait de nombreuses suggestions opportunes pour le rendre encore plus clair.

Kath Gourlay m'a fourni des informations sur la datation au carbone du parchemin de Kirkwall. Elle m'a elle aussi autorisé à citer des extraits de son œuvre et a jeté un regard amical mais critique sur les premières versions de cet ouvrage.

Les frères Josh Gourlay, Douglas Inglesent et David Wilkinson ont tous contribué par maintes réflexions utiles à ma compréhension maçonnique, et mes frères de la Loge des *Living Stones* (« Pierres vivantes »), n° 4957, ont été une source continuelle de soutien et d'inspiration tout autant qu'un groupe test pour mes idées.

Peter Waller, chez Lewis Masonic, s'est montré extrêmement efficace pour organiser les questions de production et tout le soutien éditorial. Roderick Brown, qui a édité la plupart des livres de la série de *La Clé d'Hiram*, a fait valoir ses droits à une retraite que je lui souhaite longue et heureuse. Cependant, avant d'endosser ses nouvelles fonctions de jardinier à plein temps, il m'a recommandé un successeur, John Wheelwright, pour reprendre les fonctions éditoriales qu'il occupait auprès de moi. Le choix de Roderick a été parfait. John s'est révélé être un homme avec qui c'est un bonheur de travailler et lui aussi m'a aidé à clarifier mes pensées... parfois quelque peu embrouillées. De son côté, Richard Ley a accompli un travail consciencieux de relecture des épreuves.

Les planches en couleurs ont été créées par les frères Martin et Trevor Jackson de www.tracingboards.com et je les remercie pour m'avoir autorisé à utiliser leurs créations artistiques. Je remercie également les frères de la Loge Kirkwall Kilwinning pour m'avoir donné la permission de reproduire le parchemin de Kirkwall.

Finalement, je veux remercier mon épouse et mes enfants pour leur soutien sans faille et leurs encouragements permanents – en particulier ma fille Delyth pour avoir converti l'image de la clé d'Hiram en une merveilleuse pièce de joaillerie que je peux porter et mon fils Geraint pour son aide en matière informatique.

AVERTISSEMENT DU TRADUCTEUR

Bien qu'il s'agisse théoriquement d'une traduction, les versions françaises et anglaises des rituels du Rite Émulation (ceux qui sont utilisés dans le corps du présent texte) peuvent légèrement varier. Chaque fois que cela a été possible, nous sommes restés proches du texte français pour un public familiarisé avec celui-ci (car appris par cœur). Mais nous avons toutefois conservé les quelques nuances qui avaient une importance au regard de l'argumentation de l'auteur.

Par ailleurs, quand les ouvrages cités en référence ont une traduction francophone, nous nous sommes efforcés, dans un certain nombre de cas, d'indiquer la page correspondant dans cette version française afin d'aider le lecteur qui pourrait être intéressé par l'accès à des développements plus complets. Pour autant, le corps du texte lui-même a été retraduit de l'original anglais et n'est pas la version présente dans ces éditions hexagonales.

LISTE D'ABRÉVIATIONS

AAA	Aire associative pour l'attention
AAO	Aire associative pour l'orientation
AAV	Aire associative pour la vision
AAV/C	Aire associative pour la verbalisation et la conceptualisation
AEC	Avant l'ère commune
EC	De l'ère commune
ÉEG	Électroencéphalogramme
GLUA	Grande Loge unie d'Angleterre
RGP	Réaction galvanique de la peau
WLW	Walter Leslie Wilmshurst

Préface

J'ai découvert le travail de Robert Lomas en mai 1996, à l'occasion d'une visite à la chapelle de Rosslyn. Mon épouse Joy qui m'accompagnait cherchait un livre à lire dans le train du retour. À la boutique de souvenirs de la chapelle, je lui ai acheté *La Clé d'Hiram* (que Robert avait écrit avec Christopher Knight et qui venait de sortir). À cette époque, je connaissais très peu de chose sur la franc-maçonnerie, en dehors de ce que j'avais lu dans un livre intitulé *The Brotherhood* [« La Fraternité »], écrit par Stephen Knight, un de mes amis. En gros, il présentait la franc-maçonnerie comme une sorte de réseau de vieux garçons dont les membres s'entraidaient pour obtenir de bons jobs. Stephen (qui est aujourd'hui décédé) avait toutefois admis connaître très peu de chose de l'histoire de la franc-maçonnerie. Mais il avait mentionné une tradition selon laquelle les racines de la maçonnerie plongeaient dans l'ancienne Égypte et une autre prétendant que la secte pré-chrétienne des esséniens comptait au nombre de ses ancêtres.

Un an plus tard environ, j'entamai des recherches pour un livre sur la légende de l'Atlantide et le grand raz-de-marée qui, selon Platon, aurait englouti tout ce continent « en un jour et une nuit ». Je me suis alors souvenu d'avoir aperçu quelque chose sur le Déluge dans *La Clé d'Hiram* et je décidai de lui accorder une lecture plus attentive. Instantanément, je fus absorbé par l'enquête de Knight et Lomas sur les origines de la franc-maçonnerie. Ils affirmaient que l'on pouvait rechercher son origine et en trouver des traces bien avant 1640 (l'année de sa naissance selon Stephen Knight). En suivant cette piste et en reculant pas à pas dans le passé, on allait rencontrer d'abord le chevalier écossais William Saint-Clair, qui avait construit Rosslyn au XVᵉ siècle, puis l'Ordre des Chevaliers Templiers, fondé après la première croisade à Jérusalem et qui fut quasiment éradiqué sur l'ordre du roi de France Philippe IV le Bel en 1307. Et au-delà encore, on pouvait remonter jusqu'à la secte des esséniens, dont Jésus avait certainement été membre, puis au temple de Salomon construit vers 900 avant l'ère commune. Et même avant cela, ajoutaient Knight et Lomas, des éléments de preuves découverts permettaient de déduire que la légende du meurtre d'Hiram Abif, l'architecte du temple, était fondée sur un événement réel : le meurtre du pharaon Sekenenre Tao sous le règne des rois « pasteurs » (Hyksos) d'Égypte au XVIIe siècle avant notre ère. S'ils avaient raison, alors on pouvait effectivement retrouver l'origine de la franc-maçonnerie dans l'ancienne Égypte (et cet homme extraordinaire Cagliostro, qui lui-même se disait franc-maçon égyptien, se voyait confirmé).

Pourquoi cette histoire m'intéressait-elle ? Parce que j'étais convaincu que l'histoire de Platon sur l'Atlantide (dans le *Timée*) était fondée sur un événement bien réel : le phénoménal raz-de-marée qui intervint vers 9500 AEC et qui fut peut-être provoqué par l'impact d'une comète ou d'un astéroïde sur la Terre. Je travaillais avec un bibliothécaire canadien appelé Rand Flem'Ath qui étudiait les légendes indigènes du Canada et de l'Amérique du Nord. Ces dernières semblaient inspirées par le souvenir de quelque formidable catastrophe qui avait bien eu lieu et au cours de laquelle « le ciel [était] tombé sur la terre » et un déluge avait noyé la plupart des habitants de la planète.

La Clé d'Hiram m'a convaincu que des légendes maçonniques pouvaient également remonter au déluge de l'Atlantide. J'en suis également venu à croire que ces anciennes traditions de la franc-maçonnerie ont été conservées intactes après la destruction des esséniens par les Romains au cours du Ier siècle de l'ère commune. Elles seraient peut-être passées par les rois mérovingiens de France avant d'être transmises aux Templiers, puis à William Saint-Clair, le constructeur de la chapelle de Rosslyn, et à un ordre secret, connu sous le nom de Prieuré de Sion, fondé par les Templiers (qui a été évoqué dans un livre fameux, *L'Énigme sacrée*, de Baigent, Leigh & Lincoln, et plus récemment encore dans le best-seller de Dan Brown, le *Da Vinci Code*).

Comme tous les lecteurs de l'ouvrage de Dan Brown le savent, celui-ci soutient que l'Église catholique romaine a toujours été profondément opposée aux Templiers et au Prieuré de Sion parce que ces derniers préservaient la vérité sur la vie de Jésus – vérité qui n'a rien de commun avec le christianisme de saint Paul, qui fait mourir Jésus sur la croix pour racheter les hommes des conséquences du péché originel. Le fait est, insistent Lomas et Knight, que Jésus était un homme, non un dieu, et que l'Église catholique romaine est par conséquent fondée sur un mythe. (*La Clé d'Hiram* cite même le pape Léon X[1] qui disait : « Il nous a bien servi ce mythe du Christ. » Mais certains diront que Léon était lui-même un membre du Prieuré de Sion.) Ceci peut expliquer la formidable et durable hostilité de l'Église envers la franc-maçonnerie.

Il était nécessaire d'expliquer tout cela avant d'aborder le sujet du présent livre (et pour être juste, je me dois au préalable de préciser que Bob Lomas émet de très sérieux doutes quant à la réalité du Prieuré de Sion, sujet à propos duquel je suis certain qu'il pourrait s'expliquer mieux que je ne pourrais le faire).

Quand Bob m'a dit qu'il était en train d'écrire un livre sur la signification du rituel maçonnique, je me suis fait la réflexion – je dois le confesser – que ce sujet ne m'intéresserait pas. Une fois de plus, je me trompais, ce que je découvris rapidement quand il me fit lire certains de ses premiers chapitres.

J'avais déjà beaucoup écrit sur la religion depuis mon deuxième livre, *Religion and the Rebel* [« La Religion et le Rebelle »], publié en 1957, dans lequel je développai ma conviction que le christianisme de saint Paul était une pure invention de ce dernier et qu'il n'avait rien à voir avec les enseignements de Jésus. (Ce point a été précisé par George Bernard Shaw dans sa brillante préface à *Androclès et le Lion*.) Mais j'ai toujours été profondément intéressé par les expériences des mystiques et par ce que R.M. Bucke a appelé la « conscience cosmique » (dans son livre éponyme écrit dans les années 1890). Bucke avait passé une soirée avec des amis, à lire et discuter de leurs poètes favoris comme Wordsworth et Walt Whitman. En rentrant chez lui dans une voiture à cheval, il fut surpris par une lueur rouge :

> *Tout d'un coup, sans le moindre signe avant-coureur, je me retrouvai enveloppé dans un nuage couleur de feu. Pendant un instant, je pensai que c'étaient vraiment des flammes, qu'il y avait eu une explosion tout près. […] Mais très vite, je compris que le feu se trouvait en moi. Dans la foulée, j'éprouvai une sensation d'exultation, d'immense joie, accompagnée ou immédiatement suivie par une illumination intellectuelle impossible à décrire. Entre autres choses… je vis que l'univers n'est pas composé de matière morte, mais qu'il est, au contraire, une présence vivante. Au plus profond de moi, je pris conscience de la vie éternelle. Précisément, ce n'était pas la conviction que j'allais avoir une vie éternelle, mais la conscience que je possédais alors en moi la vie éternelle. Je vis que tous les hommes sont immortels. […] La vision dura quelques secondes, puis disparut.*

---

1. 1475-1521.

Bob commence son livre avec la description d'une semblable expérience qu'il a lui-même vécue alors qu'il traversait un orage au volant de sa voiture. Cette perception de la « conscience cosmique » le convainquit que c'était là le véritable but des rituels de la franc-maçonnerie et sa formation scientifique lui permit d'appréhender la physiologie cérébrale de telles expériences. Il trouva la confirmation de sa théorie dans *The Meaning of Masonry* [« La Signification de la maçonnerie »], de W.L. Wilmshurst. Dans le chapitre XI du présent ouvrage, il cite certaines de mes propres expériences (tirées de mon autobiographie, *Dreaming to Some Purpose*) impliquant ce que le psychologue Abraham Maslow appelait des « expériences paroxystiques [*peak experiences*[2]] » – ces moments au cours desquels le monde cesse d'apparaître comme une réalité solide et impénétrable, mais est imprégné par une formidable conscience du sens des choses, ou par ce que G.K. Chesterton appelait d'« absurdes bonnes nouvelles ». C'était le sujet de mon premier livre *The Outsider* (1956) : il évoquait ces poètes et artistes du XIXᵉ siècle qui avaient fait l'expérience d'une conscience/vision soudaine du « sens » des choses (comme Vincent Van Gogh quand il peignait *La Nuit étoilée*), et qui, lorsque la vision s'était évanouie, s'étaient retrouvés emprisonnés dans un monde où ils se sentaient las et découragés. J'ai qualifié ces hommes d'« étrangers » [*outsiders*], parce qu'ils se sentaient étrangers vis-à-vis de la réalité quotidienne que la plupart des gens trouvent si satisfaisante. Dans mon livre, je concluais en disant que les « étrangers » doivent apprendre à surmonter la sensation d'aliénation et se préparer à occuper leur place dans la société, autant de choses qu'ils doivent changer de l'intérieur, car, comme le dit H.G. Wells dans *L'Histoire de M. Polly* : « Si vous n'aimez pas votre vie, vous pouvez la changer. »

En Amérique, un homme remarquable du nom de Syd Banks – qui n'est ni un psychologue, ni un universitaire – eut une révélation soudaine : pratiquement toute la misère humaine serait causée par nos propres pensées. En exposant cette idée, il rassembla un nombre croissant de fidèles et fonda bientôt une nouvelle psychologie. Un psychiatre new-yorkais appelé George Pransky, freudien insatisfait et mécontent, se rendit à Salt Spring Island au large de Vancouver pour assister à l'un des week-ends de séminaire de Banks. Immédiatement, une chose le frappa : tous les présents paraissaient en bonne santé, bien équilibrés et ils donnaient l'impression de parfaitement contrôler leurs vies.

---

2. Également traduit parfois sous les vocables « expérience des sommets », « expérience de pointe », voire « expériences pic ». (*N.d.T.*)

Pransky devint l'un des principaux représentants de la « psychologie de l'esprit » de Banks.

C'est aussi, me semble-t-il, l'un des buts pratiques de la franc-maçonnerie : apprendre à devenir maître de sa vie. *Tourner la Clé d'Hiram* fournit un admirable point de départ à ce processus, dès lors que cet ouvrage entend montrer comment nous pouvons approfondir notre conscience du sens des choses par une vision de la réalité sous-jacente : la réalité que Wilmshurst évoque dans *The Meaning of Masonry*.

Pour moi, Bob Lomas ressemble beaucoup au type d'individus que George Pransky rencontra à Salt Spring Island. Il donne l'impression d'être un homme doté d'une formidable énergie et d'une vitalité intellectuelle extraordinaire, qui contrôle sa propre vie et qui a le don d'apprendre aux autres à suivre son exemple.

Colin Wilson

PROLOGUE

LA FOUDRE DES DIEUX

MERCI, SAINTE BARBE [1]

Les orages électriques me fascinent. La foudre peut captiver ou tuer et plus l'éclair est proche, plus sa puissance est terrifiante.

L'après-midi du jeudi 17 mai 2001, un éclair est tombé si près de moi que mes cheveux se sont dressés sur ma tête, que mes oreilles ont crépité et qu'un ancien dieu du tonnerre a brutalement jailli dans mon esprit. Cette rencontre avec la puissance brute de la nature a transformé ma vie. Heureusement, j'ai survécu pour pouvoir partager ce qu'elle m'a appris.

En tant que franc-maçon, j'appartiens à un ordre qui se trouve sous la protection de sainte Barbe, qui, dit-on, éloignerait la foudre de l'innocent. Avant la découverte des paratonnerres, les maçons opératifs surpris par un orage en haut de clochers invoquaient son aide en priant. Mais quand je fus moi-même exposé à la menace de la foudre, l'enchaînement rapide des événements m'absorba tellement que je n'eus ni le temps, ni même l'idée de l'invoquer. Pourtant, sainte Barbe de son côté dut réaliser que j'étais un franc-maçon en détresse, car elle s'occupa quand même de moi. Je ressens une forme de besoin romantique de la remercier encore aujourd'hui, non seulement pour m'avoir sauvé, mais aussi parce qu'elle incarne un principe féminin clé qui a donné forme aux enseignements intérieurs de la franc-maçonnerie.

Mais laissez-moi vous expliquer ce qui est arrivé, comment cet épisode a changé ma conception de la nature de la conscience et

---

1. En anglais, saint Barbara.

comment il m'a lancé dans une quête qui devait finalement me permettre de découvrir les secrets spirituels de la franc-maçonnerie.

Je roulais entre Thornton et Queensbury dans le West Yorkshire, en écoutant le Steve Wright Show sur Radio 2. Cette étroite route de campagne est le plus court chemin reliant ma maison à mon université. Je l'emprunte souvent, à tous moments de la journée et de la nuit et par tous les temps. Mais en cette journée particulière, les paysages familiers de la campagne avaient une allure *extra*ordinaire ; j'entends au sens propre qu'ils paraissaient sortir de la réalité ordinaire. La lumière naturelle était devenue crue et incroyablement irréelle. Je compris que j'éprouvais cette sensation que certains artistes modernes essayent de faire naître chez ceux qui observent leur travail. La technique utilisée – appelée *ostranénie*, ou littéralement « rendre étrange » – vise à essayer de surmonter les effets engourdissants de l'habitude sur notre perception des choses familières. Mais ce jour-là, sur cette route sinueuse traversant les hauteurs mornes du West Yorkshire, il n'y avait besoin d'aucun artifice technique pour rendre l'atmosphère étrange.

Une chose était évidente : un orage se préparait. Le ciel s'assombrissait ; l'air était de plus en plus lourd. On aurait presque cru que le paysage avait été peint par Vincent Van Gogh dans un de ses mauvais jours – un de ces jours où les cyprès et les corbeaux formaient des masses si compactes qu'ils éclipsaient le soleil. Toutes les couleurs du paysage paraissaient beaucoup plus contrastées que d'habitude et, au-dessus des têtes, les nuages s'épaississaient jusqu'à former une voûte noire et impénétrable. Il n'y avait aucune autre voiture en vue tandis que je remontais la colline. Au loin, au-delà du plafond sombre des nuages, l'horizon baignait dans la lumière. Et ainsi, contre cet écran de clarté lointain, le vert de l'herbe des champs paraissait lui aussi plus contrasté, plus incisif. Devant moi, la route était maintenant si sombre qu'il était temps d'allumer mes phares. En touchant le connecteur, je sentis mes poils se dresser sur le dos de ma main et sur ma nuque. C'était une étrange impression : comme si « quelque chose » d'imaginaire était assis sur le siège arrière de ma voiture et me regardait. J'imaginai avoir embarqué Dieu qui faisait du stop. Je dus rassembler toute ma volonté pour ne pas me retourner et vérifier de mes yeux ce que « ça » pouvait être.

Cette expérience était si déstabilisante que je rangeai ma jeep sur le bord de la route. Je sentais que je ne pouvais continuer de conduire avec cette présence surnaturelle dans mon dos. Mais en garant ma voiture sur le bas-côté, je me mis à craindre cette entité envahissante.

Alors je me forçai à me retourner et à faire face à la source de la sensation. Quand je regardai la banquette arrière, elle était vide.

Soudain, en reprenant ma position initiale face à la route et en regardant vers le centre de l'orage imminent, j'eus l'impression que mon esprit se mettait à emplir le cosmos. Le temps se figea et je me laissai envahir par une grande vague de paix et de lucidité. Tout devenait d'une clarté extraordinaire. Je voyais les étoiles se déplacer en suivant la course spiralée de la galaxie qui s'enroulait lentement au-dessus de moi. Un nuage couleur de feu m'enveloppait. Pendant un instant, je me demandai si ce n'était pas ma Cherokee qui s'était embrasée. Mais je réalisai brusquement que la lumière se trouvait à l'intérieur de mon esprit. L'expérience ressemblait à un orgasme sexuel – sans les effets physiques ordinaires. On aurait dit que mon esprit explosait littéralement de joie en prenant conscience – au plus profond de lui-même – du fonctionnement réel de l'univers. C'était un moment de bonheur intense.

Combien de temps dura cet instant d'extase ? Je l'ignore, parce que je perdis toute notion du temps. Alors, je fus ramené violemment dans une réalité terrifiante quand, précisément, ce sens du temps me revint pile entre les deux oreilles. Une séquence d'événements s'enchaîna rapidement ; séquence qui transforma toute la perception que j'avais du fonctionnement de la vie – ou tout au moins de la manière selon laquelle moi-même ou tout individu au cerveau électriquement stimulé pouvait comprendre qu'elle fonctionnait. Vous allez mettre plus de temps à lire le récit de ce qui m'est arrivé qu'il ne m'en a fallu pour le vivre : tout fut terminé en quelques secondes.

D'abord, tout commença avec un fort bruit de ronflement ou de vrombissement, qui semblait venir d'une source proche de la lumière, en avant de la jeep, mais légèrement sur la gauche. Pour être plus précis – sans vraiment l'être, j'en suis conscient, mais je n'ai rien de mieux à offrir –, je dirais que le bruit ressemblait à un croisement de sifflement et de grésillement. Il crût en intensité puis disparut en l'espace d'un battement de cœur. Au cours de ce bref crescendo, une vive clarté apparue sur la gauche de la route illumina la voiture. Puis le ronflement s'éteignit une fraction de seconde à peine avant la disparition de la lumière. Quand celle-ci s'évanouit, j'entendis un bruit perçant de claquements électriques émanant des enceintes de la radio.

La lumière était celle d'un éclair fourchu. À chaque fois que j'avais l'opportunité d'observer des éclairs, je commençais instinctivement à compter les secondes à partir du moment où je voyais la zébrure. « Un, *et* deux, *et* trois… » Cette habitude étant fermement ancrée en moi, je m'étais mis à compter instinctivement, ce qui m'arracha à cet instant de pur bonheur hors du temps[2]. Je venais d'atteindre trois quand le tonnerre frappa mon oreille. Ce décompte plaçait l'impact à 2 500 ou 3 000 pieds de distance, ou, en gros, à un peu moins d'un kilomètre. Le bruit du tonnerre provenait de la même direction que l'éclair.

Résumons : j'avais entendu trois choses. Le « vrombissement » (à défaut de meilleur terme) de l'éclair lui-même, les impulsions électro-magnétiques claquantes sortant des enceintes de la radio et le tonnerre qui arrivait de la même direction que l'éclair. C'était la première fois que j'entendais ce bruit de « vrombissement ». Je savais que j'étais en sécurité à l'intérieur de l'habitacle métallique de mon véhicule, donc j'attendis la suite et guettai de nouveaux éclairs. Deux autres suivirent, également accompagnés par ces bruits vrombissants qui semblaient venir de la même direction que la foudre. Pour ces trois impacts « audibles », mon comptage ne dépassa pas trois. Puis vinrent deux ou trois autres éclairs qui tombèrent à plus d'un mile de distance[3]. Or, si je ne perçus plus le vrombissement de ceux-là, ma radio en fut capable : elle cliqueta presque en synchronisation avec les éclairs.

Après cette étrange expérience, la première chose que je fis fut de prendre le maximum de notes précises sur ce que je venais de vivre, tant que les détails étaient encore frais dans mon esprit : combien de temps s'était écoulé ? De quelle direction provenaient les phéno-mènes ? Etc. Le récit que je viens de vous faire est reconstitué à partir de ces notes que je rédigeai, assis dans ma voiture sur le bord de la route, quelques instants après ces événements. Mais qu'est-ce que tout cela signifie ?

L'enchaînement est parfaitement clair. D'abord, j'ai vécu un instant de prise de conscience extatique, au cours duquel j'ai senti mon esprit se développer jusqu'à ne plus faire qu'un avec toute création. Puis j'ai perçu le « vrombissement » qui coïncida avec le flash lumineux de la décharge foudroyante de l'éclair. Ensuite j'entendis l'impulsion électro-magnétique de l'impact, *via* les enceintes de la radio. Et finalement je captai le bruit du tonnerre, provoqué par le déplacement de la masse d'air. L'intervalle entre le vrombissement et l'impulsion lumineuse était quasi indétectable : c'était comme si j'avais entendu des électrons sortir de terre pour aller neutraliser les nuages orageux chargés positivement

---

2. Le décompte utilise le laps de temps entre l'éclair et le bruit du tonnerre pour mesurer à quelle distance est tombé l'impact. Le son voyage à la vitesse de 1 000 pieds (environ 305 mètres) par seconde dans un air calme, donc si l'on compte trois secondes entre l'éclair et le tonnerre, cela signifie que la foudre est tombée à un peu moins d'un kilomètre de distance.

3. Dans ces cas-là, le comptage dépassa cinq secondes.

tandis que l'air alentour s'isolait. Le volume sonore du « vrombisse-ment » avait augmenté simultanément avec l'intensité de la lumière et je n'avais plus « entendu » le son de la radio jusqu'à l'évanouissement dudit « vrombissement ».

Alors j'avais eu la présence d'esprit de réagir et de compter avant d'être atteint par le son du tonnerre. Ce que l'on peut déduire, c'est que quelle que soit la cause de ce « vrombissement », il voyageait aussi vite que la lumière. Il devait s'agir d'un champ électrique qui stimulait directement mon nerf auditif si bien que je l'avais interprété comme un son. Le fait d'avoir même entendu le « vrombissement » *avant* de voir la lumière me souffle qu'il était provoqué par la chute de la charge élec-trique au sommet de la colline – j'avais dû me trouver tout proche de l'accumulation de charge qui avait causé l'impact. Tandis que l'atmo-sphère s'ionisait pendant la manifestation visuelle de l'éclair, ce champ électrique s'était rapidement écoulé, ce qui avait provoqué la chute du voltage que j'avais perçue sous cette forme de « vrombissement ». J'avais eu l'impression que le son venait d'une direction située à environ 5° à gauche de la lumière, ce qui laisse entendre que mon nerf auditif gauche avait traité le signal sensiblement plus vite que mon droit ou que le champ électrique avait été retardé ou atténué en traversant ma tête. Je ne pense pas qu'il y ait grand-chose dans mon crâne pour absorber ou atténuer une onde électrique, mais l'enveloppe de l'axone du nerf auditif serait susceptible d'offrir un conducteur efficace à l'impulsion électrique qui mute rapidement. Ainsi cela pourrait avoir provoqué un temps de montée différentiel entre les deux nerfs, créant par là le très léger retard que mon cerveau avait interprété comme un positionnement légèrement excentré [4]. Et cela expliquerait aussi pour-quoi le volume du « son » avait paru croître puis décroître.

Avec un très léger temps de retard, le « bruit » de l'éclair avait ensuite été capté par la radio. Ce décalage entre la réception du signal par mon cerveau et par la radio s'explique aisément. Pour que j'entende le « bruit » de l'éclair *via* la radio, le signal devait être décodé par

---

4. Normalement, mes nerfs auditifs ne conduisent les signaux électriques que lorsque je suis frappé par une onde sonore. Cependant, un puissant champ électrique les déclenchera également d'une manière différente et singulière. Les nerfs reliant mes deux oreilles à mon cerveau ont pratiquement la même longueur, mais, ils ne conduisent l'électricité que dans un seul sens, de la dendrite à l'axone (ou si vous préférez, de l'oreille au cerveau). J'évalue la direction d'un son en « entendant » les moments différents où le même son arrive au cerveau en provenance de mes deux oreilles. Quand ces deux nerfs – le droit et le gauche – sont activés par un champ *électrique* à partir d'un point situé à l'extérieur de ma tête, ils véhiculent celui-ci dans des sens opposés, donc l'une des impulsions ira un peu moins vite que l'autre. Le résultat de cette différence temporelle sera que le « vrombissement » du son semblera venir d'un point situé à 5° environ de l'éclair. Croyez-moi, c'est une expérience saisissante.

celle-ci afin qu'elle le transmette aux enceintes. À leur tour, celles-ci déplaçaient physiquement l'air pour créer le son qui allait monter vers mes oreilles. J'estimai que ce processus prenait environ 50 microsecondes. J'obtins ce résultat en additionnant le temps de montée de la radio, la réponse fréquentielle des enceintes et le temps de déplacement des ondes hertziennes. Ce fut en tous les cas assez long pour que la partie de mon cerveau ayant à traiter les informations audio puisse distinguer les différents sons.

En revanche, quand l'impact tombait à plus de deux kilomètres, je ne pouvais plus détecter l'effet « vrombissant ». Ce paramètre me convainquit que c'était bien un effet de l'intense champ électrique qui accompagnait la chute de la foudre. L'onde électrique de l'éclair devait être rapidement atténuée par son absorption dans le sol et je ne pouvais donc l'« entendre » que quand l'impact tombait à moins de 1 500 mètres. Comme je ne m'étais jamais trouvé aussi près d'un éclair, c'était la première fois que je remarquais cet effet.

Le fait d'avoir pu « entendre » une pulsation lumineuse me fit comprendre une nouvelle fois à quel point notre vision du monde extérieur dépendait de la manière dont on interprétait les impulsions électriques reçues par notre cerveau. Je réalisai soudain que tout ce dont j'étais conscient – tout ce que mes sens me permettaient de saisir – n'était qu'une illusion provoquée par les impulsions électriques canalisées dans mon cerveau. À travers une expérience personnelle, je venais d'avoir la preuve que les champs électriques externes affectaient directement ce que je percevais. En somme, je n'avais aucun moyen de savoir si ce que je percevais était un son réel ou le « vrombissement » électrique de la foudre tombée à proximité. J'avais « entendu » l'éclair trois secondes avant que mes oreilles ne soient frappées par le tonnerre.

Mais pour en revenir à la franc-maçonnerie, ce qui était le plus important au regard de mes recherches pour comprendre celle-ci, c'est que je venais de faire l'expérience de la « conscience cosmique ». Qu'est-ce que la « conscience cosmique » ? À l'époque, j'étudiais l'œuvre de Walter Leslie Wilmshurst. Or, ce célèbre écrivain a eu l'occasion de dire que cet état intérieur était l'objectif qui se trouvait au centre de la franc-maçonnerie. Assurément, cette expérience avait été merveilleuse. Elle était comme une prise de conscience soudaine qui avait induit en moi une sensation de douce chaleur et un plaisir intense et profond. Cela ressemblait – mais en beaucoup plus fort – au sentiment de volupté que j'avais occasionnellement ressenti après avoir pratiqué le rituel maçonnique. Assister à une cérémonie maçonnique me faisait me sentir bien. Alors finalement, mon expérience sur la route de Queensbury allait-elle me permettre de comprendre pourquoi – à l'instar de nombre d'autres – j'aimais tant la franc-maçonnerie ?

Je savais maintenant que la sensation que Wilmshurst appelait la « conscience cosmique » pouvait être provoquée par l'exposition du cerveau à un intense champ électrique. Il n'y a rien d'étonnant à ce que les anciens Grecs aient cru rencontrer Zeus quand il leur jetait la foudre ou que les anciens maçons, travaillant en hauteur par mauvais temps, aient invoqué l'aide surnaturelle de sainte Barbe. Je venais de rencontrer celle-ci et de vivre une telle expérience : sainte Barbe s'était trouvée là, assise près de Dieu sur la banquette arrière de ma jeep. Et elle avait détourné la foudre afin que je survive à l'événement et que je puisse en faire le compte-rendu.

V.S. Ramachandran, un spécialiste du cerveau de l'université de Californie, décrit ce que je venais de vivre comme une expérience de Dieu.

> J'avais toujours soupçonné que les lobes temporaux [du cerveau humain] sont impliqués dans l'expérience religieuse. [...] Cela signifie-t-il que nos cerveaux contiennent quelque sorte de circuits qui sont spécifiquement prévus pour l'expérience religieuse[5] ?

Un intense champ électrique venait de me projeter dans un étrange niveau d'activité. Mais Ramachandran avait raison. Sur une morne colline du Yorkshire, mon cerveau avait activé tout un ensemble de circuits spirituels quand le dieu du tonnerre m'avait projeté sa foudre.

J'avais lu les œuvres de Wilmshurst. Non seulement les publiées, mais également ses notes privées inédites. Leur lecture m'avait appris que Wilmshurst considérait que la franc-maçonnerie enseigne une voie permettant d'expérimenter cette sensation extrême sans avoir besoin d'être frappé par la foudre. Maintenant, après mon expérience « sur la route de Queensbury », je savais à quoi cela ressemblait et je voulais en découvrir davantage. Donc je décidai d'étudier tout ce que la littérature maçonnique enseignait sur cette sensation et de voir comment la maçonnerie pensait pouvoir la provoquer. Le meilleur point de départ de cette recherche était évidemment les carnets inédits de Wilmshurst.

---

5. Ramachandran & Blakeslee (1999), p. 175.

LA VOIE MAÇONNIQUE
VERS LA CONSCIENCE COSMIQUE

Walter Wilmshurst présida la dernière assemblée de la Société d'études maçonniques [*Masonic Study Society*], dont il était président, la veille de sa mort. Il était alors âgé de soixante-dix ans. On le pleura et on se souvint de lui comme d'un maçon mystique. Dans ses œuvres, Wilmshurst a décrit un modèle philosophique de l'esprit humain et l'a relié à l'enseignement qu'il a trouvé dans le rituel de l'ordre maçonnique. Ce n'est que trente-trois ans après son élévation [6] [en anglais, *raising*] qu'il estima que ses idées sur les aspects spirituels de la franc-maçonnerie étaient assez claires pour qu'il puisse en faire un livre. Pour autant, cet ouvrage, *The Meaning of Masonry*, ne fut pas son point final sur la question. Il continua à rédiger et à donner des conférences en loges, à lire et à annoter les livres de sa bibliothèque et à tenir un journal où il notait toutes ses réflexions. C'est à partir de toutes ces sources que j'ai pu réunir une vaste synthèse de ses idées.

Au regard de ses orientations et du développement de ses pensées, j'acquis rapidement la certitude qu'il avait rassemblé de la documentation pour écrire une suite à *The Meaning of Masonry*. Hélas, il mourut avant d'avoir pu commencer à l'ébaucher noir sur blanc. Pour essayer de reconstituer cette suite éventuelle, je passai de nombreuses heures fort plaisantes à lire ses notes et ses carnets, à déchiffrer ses annotations marginales dans les ouvrages qui lui avaient servi de sources et à compulser les conférences qu'il avait données en loges. L'étude de ses écrits me convainquit que le monde ne pouvait que tirer bénéfice de discussions franches et ouvertes sur le sujet des croyances humaines et de nos interactions avec la puissance qui sous-tend l'univers. Beaucoup de personnes donnent le nom de « Dieu » à cette puissance. Les scientifiques l'appellent les « Lois de la Physique ». Quant aux francs-maçons, ils utilisent le terme de « Grand Architecte de l'Univers » pour la désigner.

La franc-maçonnerie justement peut fort bien servir de forum à cette discussion. Elle est numériquement la deuxième organisation spirituelle du monde, mais elle est certainement la mieux armée pour ce type de débat. Elle possède des millions de membres, des milliers de temples et de salles de réunions, et une infrastructure de grandes loges présentes dans la plupart des pays du monde. En tant que mouvement

---

6. C'est le nom que les francs-maçons donnent au rituel qui les « élève » au grade de Maître.

spirituel international, elle n'est dépassée en taille que par le catholicisme romain.

Cependant, un obstacle s'oppose à une telle discussion : c'est l'explication que l'on donne ordinairement de l'existence de la franc-maçonnerie. Selon la Grande Loge unie d'Angleterre, ses étranges rituels sont simplement des « moralités », des petites scènes allégoriques, que des gentilshommes philosophes cherchant à se perfectionner empruntèrent aux rites d'initiation des guildes de tailleurs de pierre. Mais selon moi, ce point de départ est fondamentalement absurde et toutes les discussions qui en procèdent ont de grandes chances d'être profondément viciées. J'ai découvert que les rituels fonctionnaient d'une manière psychologique systématique pour améliorer les esprits et la morale de ceux qui y étaient exposés.

La franc-maçonnerie n'est pas une religion, mais une technique spirituelle compatible avec tous les systèmes de croyances, que ce soient ceux des religions ou la conception du monde rationnelle de la science : pour la rejoindre, vous devez exprimer votre croyance en l'existence d'un ordre sous-tendant le comportement de l'univers. Ses enseignements peuvent fournir un commun dénominateur à de nombreux individus qui ne sont pas actifs dans une foi particulière – et pour ceux-là, elle pourrait être un substitut de religion. La franc-maçonnerie procure des valeurs spirituelles sans réclamer l'adhésion à un système de croyances complet. Elle est véritablement tolérante quand la plupart des religions ne le sont pas réellement. Et son enseignement symbolique autorise une grande variété d'interprétations qui parle aux fidèles de toutes les croyances. Elle leur permet de prendre ce dont ils ont besoin dans ce système, et tout en faisant cela, ils en apprennent davantage sur eux-mêmes et sur leur manière de subvenir à leurs besoins spirituels.

Je crois que la franc-maçonnerie est une ancienne science qui peut guider l'ambition et l'accomplissement humains. Elle peut offrir de grandes idées, d'éminents principes, qui n'entrent pas en conflit avec la science moderne. La voie de la franc-maçonnerie est un chemin vers les mystères du soi intérieur – que vous appeliez celui-ci « âme », « esprit » ou « état de conscience ».

Ce livre décrit la quête que j'ai entreprise pour comprendre cet aspect spirituel de la franc-maçonnerie. Ayant trouvé la clé d'Hiram, je voulais savoir comment la tourner et ouvrir les secrets spirituels réels de l'ordre maçonnique. Pour accomplir cela, j'avais besoin de réaliser comment le message de l'équerre et du compas se combine avec le symbole du centre pour rendre visibles les ténèbres.

Mais ces réflexions ne sont venues que beaucoup plus tard. Pour en arriver là, il m'a d'abord fallu vivre les rituels. Donc, je vais commencer par décrire précisément ce que j'ai ressenti quand je les ai pratiqués pour la première fois.

Première partie

L'initiation aux mystères de la franc-maçonnerie

La première partie de ce livre raconte ce qui s'est passé quand j'ai été initié à la franc-maçonnerie, ce que j'ai ressenti au cours de ce processus, et comment tout cela a changé ma perception de la maçonnerie. Mais d'abord, il me faut dire un mot du rituel. Il existe de très nombreuses variantes nationales et même locales du texte précis du rituel maçonnique. Aussi quand je cite le rituel, j'ai puisé librement dans cet héritage commun pour ne retenir et ne citer ici que les sections qui avaient eu le plus d'impact sur moi.

L'une des leçons basiques de la maçonnerie est la suivante : pour comprendre, vous devez expérimenter. Alors maintenant, suivez-moi : ma première leçon d'expérimentation va commencer.

CHAPITRE I

JE VEUX DEVENIR MAÇON

S'AFFRANCHIR DES CONTINGENCES DE CE MONDE

À dix-huit heures quarante-cinq, le mercredi 27 janvier 1988, je me trouvais dans les toilettes des dames au premier étage de la loge maçonnique d'Eaglescliffe. Un homme se tenait devant moi. Il portait un petit tablier en peau d'agneau blanche ceint autour de la taille et brandissait une épée pointée dans ma direction.

– Enlève tes vêtements… et pose ta montre et tes bagues sur ce plateau.

Quand quelqu'un vous menace avec une épée, il est sensé de prendre celui-ci au sérieux… et normalement, je suis un homme sensé. (Naturellement, vous êtes en droit de penser qu'une personne sensée ne se serait pas mise dans une telle situation et vous avez peut-être raison, mais je reviendrai plus tard sur ce point.) Dans l'immédiat, mon souci était avant tout de m'assurer que je n'avais pas mal compris.

– Tout ? demandai-je. S'agit-il de quelque sorte de rituel nudisto-sexuel ?

– Non, répondit-il d'un ton imperturbablement sérieux. Tu peux garder tes sous-vêtements.

– Merci.

Tandis que j'enlevais mon pantalon, il me présenta ce qui ressemblait à un pyjama en lin grossier.

– Mets ça, ordonna-t-il.

La lumière de l'unique ampoule nue étincela sur l'épée qu'il continuait de pointer vers moi. Je déglutis avant d'obtempérer.

Cette étrange aventure avait commencé quelques mois plus tôt lorsque j'avais demandé :

– Quel est le but de la franc-maçonnerie ? Pourquoi l'aimez-vous tant ?

À mes questions, on répondit par des contre-questions. Les motifs qui me poussaient à vouloir rejoindre l'ordre furent testés. Et, comme je l'expliquerai plus loin, je me retrouvai contraint de décider si j'avais vraiment envie de réfléchir à la nature sous-jacente du monde. Maintenant, à la veille de mon initiation, mes motivations étaient de nouveau éprouvées. Jusqu'où étais-je prêt à aller pour acquérir la connaissance maçonnique ?

J'avais dû me défaire de tous les signes extérieurs de mon statut social et universitaire. On ne m'avait laissé que mon corps, mon intellect, une paire de sous-vêtements, un ensemble de vêtements blancs grossiers qui ne m'appartenaient pas et des chaussures qui ne m'allaient pas. Ah, j'oubliais : j'avais aussi conservé mes émotions et je me sentais ridicule.

– Pourquoi dois-je revêtir une tenue aussi étrange ? m'aventurai-je à demander au maçon armé qui supervisait ma préparation.

Sa réponse fut aussi sèche que vaine.

– Tout le monde se présente ainsi.

Ce ne fut que beaucoup plus tard que je commençai à comprendre ce qui se passait ce soir-là et ce que l'on me demandait de faire. À l'époque, je me sentais simplement perplexe et même un peu déçu.

Dès que j'eus enfilé le pyjama de lin grossier, l'homme à l'épée ouvrit la chemise pour exposer des parties de mon corps. Il remonta les manches et les jambes du pantalon. Je ne comprenais absolument pas le sens de ses initiatives. Mais le frère continua d'arranger étrangement mes pauvres guenilles jusqu'à ce que le résultat lui parût satisfaisant.

– Attends ici, dit-il.

Il sortit en refermant la porte – comme si j'étais susceptible de m'enfuir dans la rue au risque au mieux de crever de froid ou au pire d'être arrêté pour tenue indécente.

De l'autre côté du vestibule me parvenait le son étouffé d'un chœur masculin entonnant un hymne. Étant moi-même un organiste régulier de ma paroisse, je reconnus l'air qui s'appelait *Vienna*. En revanche, je ne pouvais discerner les mots.

Des bruits de vaisselle montant d'en bas entrecoupaient régulièrement la musique. Une odeur de chou et de viande se faufilait sous la porte. Dépouillé de mes biens terrestres, j'étais assis là, revêtu d'habits empruntés qui ne m'allaient pas, les oreilles bercées par les sons diffus des hymnes et le nez chatouillé par l'arôme du rôti de bœuf qui me rappelait à quel point j'avais faim.

Le chant s'acheva par un étrange chœur décousu que je ne reconnus point. Il fut suivi par une rafale de coups qui parut se répercuter dans les toilettes où j'étais assis et où je méditais sur mon devenir.

Pourquoi m'étais-je embarqué là-dedans ?

ÊTES-VOUS CROYANT ?

Eh bien, pour être honnête, c'était la faute de ma petite amie.

– Maman nous invite à sa « soirée des gentlemen » au Grosvenor Hotel, m'avait-elle annoncé. As-tu un *DJ* ?

– Pourquoi ? On va donc passer des disques ? demandai-je.

– Je ne te parle pas d'un disc-jockey, mais d'un smoking [en anglais, D*inner Jacket*]. C'est une grande soirée très formaliste.

– Qu'est-ce qu'une « soirée des gentlemen » exactement ?

– C'est un dîner cérémoniel suivi d'un bal organisé par la loge maçonnique de maman. Les femmes invitent les hommes... normalement des gentlemen, mais dans ton cas elle fera une exception, plaisanta-t-elle.

– Ta mère est franc-maçonne ? Il y a des femmes chez les francs-maçons ? Je pensais que seuls les hommes pouvaient l'être.

– Ça prouve simplement à quel point tu es ignorant de ces choses-là ! Cela fait des années qu'elle est maçonne. Quoi qu'il en soit, tu t'amuseras à cette soirée. Oh, et tu auras aussi besoin d'une cravate noire.

Voilà comment je suis entré en contact avec la franc-maçonnerie, il y a de cela quarante ans. Cette petite amie est devenue ma femme et à la mort de ma belle-mère, nous avons hérité de tous ses objets, insignes et papiers maçonniques.

Ma première impression de la franc-maçonnerie fut positive. J'appréciai le dîner rituel, dans l'environnement luxueux de l'hôtel Grosvenor, de Chester. Il m'était agréable d'être sur mon trente et un, de porter une chemise blanche, une cravate noire et un smoking. Et j'avais aimé la tradition archaïque des frappements de marteaux et de taper sur les tables pour réclamer le silence. Tout cela me paraissait sérieux, fiable et intemporel. Les sœurs maçonnes abordaient sérieusement ce qu'elles faisaient et témoignaient de prodigieuses capacités de mémorisation. Elles donnaient l'impression d'être parfaitement bien dans leur peau et d'entretenir entre elles et avec les tiers les relations les plus cordiales.

Bien des années plus tard, alors que j'habitais un village du Yorkshire, un de mes amis rejoignit la loge locale. Mon épouse et moi-même fûmes invités à une *Ladies' Night* [« La nuit des dames » – l'équivalent pour les maçons des *Gentlemen's Night*, de leurs homologues féminines]. Nous fûmes heureux de participer de nouveau à l'un de ces grands dîners dansants cérémonieux. Je retrouvai le formalisme traditionnel et la cordialité qui m'avaient tant impressionné dans les « soirées des gentlemen » de Chester. La franc-maçonnerie semblait être un heureux divertissement social et je commençais à m'y intéresser.

– De quoi s'agit-il exactement ? demandai-je à mon ami.

– La seule manière de le découvrir, c'est de nous rejoindre et d'en faire l'expérience par toi-même.

Je demandai donc mon admission à la Loge Ryburn. Ainsi, je venais de faire le premier pas sur un chemin qui allait me permettre de découvrir à quel point la franc-maçonnerie est un système singulier.

Cette singularité se manifesta déjà quand mon ami, le regretté frère Mike, me prit à l'écart alors que je m'apprêtais à lui remettre mon dossier de candidature.

– Avant que tu remettes ce formulaire, il me faut te parler d'une question importante. Tu vas devoir subir un interrogatoire avant que nous décidions si tu peux nous rejoindre.

– C'est-à-dire ?

– Au cours de cet interrogatoire, on va te demander si tu crois en un être suprême.

– Tu veux dire, est-ce que j'appartiens à une Église ?

– Non, ce n'est pas nécessaire, répondit-il. Mais on va te demander de reconnaître qu'il existe quelque chose correspondant à un être suprême.

– Puis-je réfléchir à ma réponse ?

Sur le plan professionnel, je suis un scientifique et, de ce fait, la réponse à cette question me paraissait quelque peu ardue. Elle me semblait ambiguë – avec le recul, je pense même que c'était le but poursuivi. Avant de décider de ma réponse, j'entrepris des recherches considérables autour de ce problème. D'abord, je commençai par étudier la signification des mots utilisés.

Selon le *Concise Oxford Dictionary*, le substantif « être » [*being*] désigne :

1. ce qui est, l'existence ;
2. la nature ou l'essence (de quelque chose) ;

3. un être humain ;
4. une chose réelle ou imaginaire.

« Suprême » [*supreme*] est défini comme :

1. ce qui est le plus élevé dans une hiérarchie ;
2. ce qui est le plus grand, le plus important ;
3. un qualificatif impliquant la mort ;
4. une riche sauce crémeuse ;
5. un plat nappé de cette préparation.

L'expression « être suprême » est souvent prise comme synonyme de Dieu. Mais les possibilités qu'offre le dictionnaire sont plus étendues. En somme, vous pourriez légitimement rejoindre la franc-maçonnerie si vous croyiez en une déité qui, bien qu'assurément limitée dans son pouvoir, serait constituée d'une riche sauce crémeuse ; on pourrait appeler cet hypothétique être suprême « le dieu crème ». Était-ce pour cela que la franc-maçonnerie était parfois appelée « le club du ventre » ? (La fameuse série d'eaux-fortes de Hogarth[1] montrant le franc-maçon avec son ventre rebondi hante certainement encore de nombreuses agapes.)

Mais il est difficile pour un scientifique d'accepter pour « être suprême » une chose aussi étrange qu'un dieu crème… et, au demeurant, mon épouse surveille mon régime. Heureusement, « être suprême » peut aussi désigner la nature ou l'essence de l'existence la plus éminente qui puisse être imaginée. Et, pour moi, il s'agit des « Lois de la Physique ».

Ce concept d'être suprême fut avancé en 1725, par sir Isaac Newton, dans *Principia Mathematica*[2]. Il écrivait :

> *Le plus beau des systèmes, celui du Soleil, des planètes, et des comètes, ne pouvait que procéder de l'autorité et de la sagesse d'un être aussi intelligent que puissant. Et si les étoiles fixes sont également les centres de systèmes semblables, ceux-ci n'ont pu être formés que par une sagesse similaire et ils sont nécessairement tous soumis à l'autorité d'un seul et même être. C'est d'autant plus vrai que la lumière des étoiles fixes est de la même nature que celle du Soleil et que, de chaque système, la lumière passe dans tous les autres. Et par crainte que les systèmes de ces étoiles fixes ne tombent les uns*

---

1. William Hogarth, 1697-1764, peintre et graveur anglais satirique célèbre pour ses caricatures morales de ses contemporains. (*N.d.T.*)

2. En réalité, ses *Principes mathématiques de philosophie naturelle* furent probablement rédigés vers 1683 et le manuscrit fut présenté à la *Royal Society*, le 28 avril 1686, avant sa publication en 1687. (*N.d.T.*)

sur les autres du fait de leur gravité, Il *les a placés à d'immenses distances les uns des autres.*

Cet être gouverne toutes choses. Il ne se présente pas comme l'âme du monde, mais en tant que Seigneur dominant tout. Au titre de son autorité sur les choses, on a coutume de l'appeler Seigneur Dieu ou Régent universel, mais en réalité Dieu est un mot relatif qui n'a de valeur que pour ses serviteurs. Et par le terme Dieu ou Divinité, nous entendons l'autorité qu'il a non pas sur son propre corps, comme l'imaginent ceux qui croient que Dieu est l'âme du monde, mais sur ses serviteurs. L'Être suprême est éternel, infini, absolument parfait, omnipotent et omniscient. [...] Nous ne le connaissons que par ses créations et ses desseins ultimes les plus sages et les plus parfaits [3].

Estimant qu'il s'agissait là d'une excellente définition d'un être suprême, je la montrai à Mike, qui était sur le point de proposer ma candidature à la Loge Ryburn. Je lui demandai si cette définition serait acceptable pour la franc-maçonnerie. Après l'avoir lue, il me regarda dans les yeux et sa réponse me surprit.

– Ce en quoi tu crois est une question qui ne regarde que ta conscience. Ce n'est pas le problème de la franc-maçonnerie. Nous voulons juste nous assurer que tu crois en quelque chose.

Alors il me donna à lire un petit texte. Je devais découvrir plus tard que c'était un extrait de rituel. Mais pour l'heure, ce passage explicitait comment je pouvais répondre à la question de la croyance en l'être suprême.

Personne n'obéit véritablement à la loi maçonnique qui se contente de tolérer ceux dont les opinions religieuses sont différentes. Les opinions et les croyances sont la propriété privée de tout homme et chacun a un droit égal à conserver les unes et les autres. Se contenter de tolérer, de supporter une opinion différente voire opposée, c'est considérer qu'elle est hérétique et c'est affirmer un droit à persécuter, si nous le voulions. Et surtout, cela présente notre tolérance comme un mérite.

En réalité, la notion de croyance pour le maçon va plus loin que ça. Aucun homme, soutient-elle, n'a le droit, de quelque manière que ce soit, d'interférer avec la croyance religieuse d'un autre. Elle considère que tout homme est totalement maître de sa propre croyance et que cette dernière est une question qui ne concerne absolument pas ceux qui ne partagent pas la même foi. En outre, elle affirme que, s'il existait le moindre droit à persécution, celui-ci devrait être un droit mutuel et réciproque, parce que chacun possède le même droit à siéger comme juge de son propre cas – et Dieu est le seul magistrat pouvant légitimement décider entre eux.

---

3. Newton ([1725] 1934), p. 370.

Ce credo de tolérance m'impressionna. En le découvrant, je réalisai que cette profession de foi maçonnique requérait simplement que l'individu demandant à rejoindre la maçonnerie cherche à comprendre sa place dans le macrocosme, le plus grand système de l'univers.

Effectivement, le but des religions est d'essayer d'expliquer notre place dans l'univers et j'admets que la science a de nombreux traits d'une religion. En 1949, Albert Einstein écrivait :

> *Parmi les esprits scientifiques les plus profonds, vous en trouverez difficilement un qui n'ait pas un sentiment religieux particulier. Mais il est différent de la religion du naïf. Pour ce dernier, Dieu est un être dont il espère des bienfaits et dont il craint les châtiments ; dans une certaine mesure, c'est la sublimation du sentiment qu'un enfant a à l'endroit de son père. C'est un être avec lequel on entretient une forme de relation personnelle, même si elle est profondément teintée de crainte révérencielle. Le scientifique quant à lui est imprégné par le sens de la causalité universelle. Pour lui, le futur est aussi nécessaire et déterminé que le passé. Il n'y a rien de divin dans la morale ; c'est purement une affaire humaine. Son sentiment religieux prend la forme d'une fascination enthousiaste pour l'harmonie de la loi naturelle, qui révèle une intelligence d'une supériorité telle que, comparées à celle-ci, toute la pensée systématique et les actions des êtres humains ne sont que des réflexions totalement insignifiantes. Ce sentiment est le principe directeur de sa vie et de son travail, tant que le scientifique parvient à se préserver du carcan des pulsions égoïstes. Et en tous les cas, ce sentiment est indiscutablement très semblable à celui qu'ont possédé les génies religieux de toutes les époques*[4].

Si vous êtes un scientifique attiré par la fraternité et la spiritualité tolérante de l'ordre maçonnique, mais que vous avez peur d'être rejeté par celui-ci parce que vous n'êtes pas un fidèle pratiquant d'une Église, ni même un adepte d'une quelconque foi religieuse, laissez-moi vous proposer les définitions que deux « grands prêtres » de la science cosmologique donnent de l'expression « être suprême ». Je les trouve profondément émouvante et inspirante et je m'identifie pleinement à elles. Elles vous permettront de répondre honnêtement à la question qui garde l'entrée de la franc-maçonnerie.

> **Einstein** : « *L'harmonie de la loi naturelle, qui révèle une intelligence d'une supériorité telle que, comparées à celle-ci, toute la pensée systématique et les actions des êtres humains ne sont que des réflexions totalement insignifiantes.* »

---

4. Einstein ([1949] 1956), p. 28.

Newton : « *Les créations et les desseins ultimes les plus sages et les plus parfaits.* »

Le frère maçon Martin Faulks l'exprime ainsi :

> *En vous posant la question sur la croyance en un être suprême, on vous demande en réalité si votre connaissance de l'univers s'est développée à un degré tel que vous êtes capable de comprendre que toutes les choses ne sont qu'une, qu'elles sont toutes connectées. Sans avoir besoin d'être un grand lettré, il existe de nombreuses manières de parvenir à cette prise de conscience/compréhension. Nos anciens frères furent assez sages pour éviter d'utiliser la phrase : « Avez-vous unifié votre compréhension des mécanismes sous-jacents de l'univers ? » À moins que vous ne soyez parvenus à cette compréhension par une voie éminemment intellectuelle, jamais vous n'auriez pu comprendre ce que cette question impliquait ou sous-tendait. En revanche, depuis l'aube des temps, nombreux sont ceux qui ont utilisé le terme dieu pour relier leur compréhension de l'existence en tant que globalité à la forme [Gestalt] de la vie. Dans la franc-maçonnerie, le besoin de croire en un être suprême n'est pas dû à la crainte des châtiments d'un dieu, ni même à l'envie d'avoir un livre saint pour régler sa vie. On a besoin de croire en un être suprême parce qu'il faut être conscient que tous les aspects de l'existence sont intimement interdépendants. Vous devez savoir que vous êtes une partie de la vie et que se changer soi-même, c'est changer la vie. Quand vous réalisez enfin que tout être ne forme qu'un seul et même être, vous avez trouvé la route vers la véritable morale maçonnique. Faire de la peine à un tiers, c'est en faire à vous-même. Si vous causez du tort au monde ou à un autre animal, vous vous causez du tort à vous-même.*

Est-ce que je crois qu'il existe un ordre sous-tendant le comportement de l'univers ? Si je voulais devenir franc-maçon, cette question spécifique était la première à laquelle je devais donc faire face. De mon point de vue, je n'avais aucun doute. Je pouvais répondre par un « oui » sincère à la question d'entrée. Et je n'avais même pas à compromettre mes convictions scientifiques. Voici donc ma définition de l'« être suprême » – mon credo de scientifique si vous préférez :

> *Je crois en un certain nombre de lois immuables qui s'appliquent dans l'entièreté de la création. Celles-ci sont liées au comportement de la matière et on les appelle souvent les Lois de la Physique. Parmi celles-ci, on relève notamment des rapports bien connus comme la conservation des masses et de l'énergie et leur interchangeabilité, le principe d'incertitude d'Heisenberg, les statistiques de Fermi-Dirac et les lois de la thermodynamique. Je crois que la matière est constituée de douze particules élémentaires, six quarks et six leptons. Je crois qu'il existe quatre forces : la forte, la faible, l'électromagnétique et la gravitationnelle. Je crois aussi que les forces sont reliées entre elles*

par l'échange de particules. J'admets l'existence de douze particules énergé-
tiques et je pense qu'il pourrait en exister une treizième, le graviton... mais je
ne suis pas certain de ce dernier point.

Cette conception du monde est le modèle standard de la physique. L'accepter, c'est croire en un ordre suprême dans tout l'univers. L'existence de six variétés de quarks et six de leptons n'est pas sujette à discussion. C'est le fruit de l'expérimentation et cette connaissance conduit directement au type d'univers qui permet l'évolution d'une forme de vie intelligente capable de demander : « Existe-t-il un être suprême dans la structure de l'univers ? »

Cet ordre suprême me fournit une conception du monde confortable pour mon esprit scientifique. Je m'attends à ce que l'ADN évolue, se reproduise et donne naissance à des êtres vivants. Je n'ai pas de difficulté à admettre que les spirales de vie hélicoïdales se mélangent et s'accouplent – comme des anguilles dans une bassine – pour créer nos esprits.

Je devais bientôt découvrir que la franc-maçonnerie enseigne une vérité profonde sur le fonctionnement de notre esprit. Mais ce n'est possible que dans un univers où l'interaction des particules élémentaires suit des voies connues et reproductibles. Si les règles d'interaction des atomes et des molécules ne restent pas constantes, nos gènes ne peuvent être capables de reproduire les cellules dont nos corps ont besoin pour fonctionner.

Si l'on m'avait demandé de professer une croyance en la divinité de Jésus ou en la réalité de la Trinité, j'aurais dû répondre « non » et je n'aurais jamais rejoint la franc-maçonnerie. Dans ce cas, je serais passé à côté d'une merveilleuse source d'enseignement spirituel et d'inspiration scientifique. Je crains que cela ne soit arrivé à bien des recrues potentielles pour qui l'entrée en maçonnerie aurait pu être bénéfique, mais qui ignoraient les définitions que Newton ou Einstein donnaient de l'être suprême.

Un scientifique majeur de notre époque adopte la métaphore de Dieu (ou de l'être suprême) pour expliquer sa croyance en un ordre sous-tendant l'évolution de la vie. Ainsi Stephen Hawking écrit :

Si nous découvrons une théorie globale, elle doit être à terme compréhen-
sible par tous, pas seulement par quelques scientifiques. Aussi, nous devons
tous, philosophes, scientifiques et simples citoyens, être en mesure de prendre
part au débat sur la question de savoir pourquoi nous et l'univers existons. Si

*nous découvrions la réponse à cette question, ce serait le triomphe ultime de
la raison humaine – car alors nous connaîtrions l'esprit de Dieu[5].*

La première leçon que la franc-maçonnerie offre à l'esprit humain,
c'est de faire face à notre propre perception du but de l'univers. La
franc-maçonnerie entend permettre à ses initiés de faire l'expérience de
choses qu'il est difficile, voire impossible, de mettre en mots. C'est un
système de connaissance de soi fondé sur le mythe, l'allégorie et le
symbolisme. Le moment voulu, je devais découvrir qu'elle suggère
même une réponse à la question clé de la science moderne : « Pourquoi
l'univers se donne-t-il la peine d'exister ? »

Au cours du temps, l'ordre maçonnique a évolué et a perfectionné
ses formes rituelles pour aider ses fidèles à trouver des réponses à de
telles questions. Il est fort possible que le langage ne puisse exprimer la
vérité absolue sur nous-mêmes et que, pour révéler celle-ci, nous ayons
besoin d'avoir recours aux symboles.

Quoi qu'il en soit, alors que j'étais assis tout seul dans les toilettes
des dames de la loge Ryburn, j'étais sur le point de découvrir que non
seulement les enseignements de la franc-maçonnerie sont particuliers,
mais que la méthode qu'elle utilise pour transmettre sa connaissance
l'est tout autant.

---

5. Hawking (1988), p. 175.

CHAPITRE II

L'EXPÉRIENCE DU PREMIER GRADE

En cette froide nuit d'hiver, avec ma seule chemise de lin grossière sur le dos, j'avais la chair de poule. Je baissai les yeux sur ma poitrine nue et frissonnai.

Le son étouffé des différentes voix se glissait sous la porte fermée des toilettes, mais il était couvert par les bruits de vaisselle montant du rez-de-chaussée. Assis là, tout seul, je méditais sur la sagesse qu'il pouvait y avoir à chercher l'initiation maçonnique.

J'ignorais ce qui allait vraiment se passer, mais ce qui était clair, c'est qu'on ne me le dirait pas avant que la Loge ne l'ait jugé opportun. J'eus l'impression que des heures s'écoulaient sans que rien ne se passe. En réalité, l'attente ne dut pas excéder une vingtaine de minutes.

Enfin il y eut du mouvement dans le corridor. La porte s'ouvrit et l'homme à l'épée réapparut. Cette fois, deux frères portant des tabliers l'accompagnaient. Ils tenaient dans leurs mains des grands bâtons ornés. Qu'allait-il se passer maintenant ?

– Est-il correctement préparé ? demanda l'un des deux nouveaux venus à l'homme à l'épée qui hocha la tête.

Son compère au bâton me regarda et murmura comme à lui-même.

– Voyons... bras, sein, genou, talon.

– Pardon ? dis-je.

Il m'ignora et se tourna vers le frère à l'épée.

– Il est prêt. Plongez-le dans les ténèbres.

L'homme à l'épée sortit un masque noir qu'il passa autour de mes yeux. Il s'assura soigneusement que je ne pouvais rien voir. Puis je sentis qu'il arrangeait le col de ma chemise jusqu'à ce qu'il fût satisfait.

– Il est prêt, dit une autre voix.

Quelqu'un me prit le bras et me guida vers la porte. J'entendis la voix de l'homme au bâton qui disait :

– Avertissez de notre arrivée.

Suivit alors le bruit d'un coup porté contre une porte, puis s'entama une conversation entre l'homme à l'épée et une autre voix. J'entendis que l'on me présentait comme « monsieur Robert Lomas, un pauvre voyageur[1] privé de lumière et traversant une vallée de ténèbres, qui a été recommandé, régulièrement proposé et approuvé en loge ouverte et qui se présente aujourd'hui librement et de son propre gré pour solliciter humblement d'être admis aux mystères et privilèges de la franc-maçonnerie ».

Des mystères ? Des privilèges ? Qu'est-ce que cela pouvait signifier ? J'entendis que la porte se refermait devant moi. Je restai sur le seuil, toujours isolé dans mes ténèbres. Mais je sentis une légère pression sur mon bras. Alors que la porte se fermait, je me tenais dans l'entrée, seul dans mes ténèbres. Puis, alors qu'une légère pression sur mon bras m'incitait à faire un pas en avant, les paroles d'Einstein sur le mystère me traversèrent l'esprit.

> *La plus belle chose dont nous puissions faire l'expérience, c'est le mystérieux. C'est l'émotion fondamentale qui repose dans le berceau de l'art véritable et de la vraie science. Celui qui ne la connaît pas et ne peut plus s'étonner, celui qui ne peut plus ressentir d'émerveillement, ne vaut pas mieux qu'un mort, une bougie éteinte. C'est l'expérience du mystère – même imprégnée de peur – qui a engendré la religion. C'est la connaissance de l'existence de quelque chose que nous ne pouvons pénétrer, des manifestations de la raison la plus profonde et de la beauté la plus rayonnante, qui ne sont accessibles à notre raison que sous leurs formes les plus élémentaires – c'est cette connaissance et cette émotion qui constituent l'attitude vraiment religieuse[2].*

J'étais en plein dans l'expérience du mystère. Tous les fondements de mon existence ordinaire s'étaient volatilisés. J'ignorais ce qui

---

1. La traduction française de la cérémonie au Rite Émulation utilise plutôt ici le terme « candidat » en lieu et place de « voyageur ». Au regard de l'approche de l'auteur et de sa présentation du « voyage » vers le centre de la maçonnerie, il a semblé plus idoine de conserver la traduction littérale de ce dernier terme, ici et dans la suite du rituel. (*N.d.T.*)

2. Einstein ([1949] 1956), p. 5.

m'attendait et je ne pouvais même pas compter sur mon sens visuel habituel pour me permettre d'anticiper.

Quand j'enseigne, j'observe les langages du corps pour m'aider à décider de la meilleure façon de m'adresser à mes étudiants. Je juge l'effet de mes paroles par les changements de posture de mes auditeurs – du moins est-ce ce que je fais lorsque je n'ai pas les yeux bandés. Mais tandis que j'attendais là à la porte de la loge, j'étais incapable de dire si les hommes qui m'entouraient étaient hilares, critiques ou indifférents. Les chances de m'exposer au ridicule augmentaient de seconde en seconde. Sans surprise, je sentais mon adrénaline stimuler et élever mon état de conscience.

Je me forçai à rester concentré. Derrière la porte fermée, les voix étouffées se turent. L'huis s'ouvrit en grinçant et je sentis l'air chaud de la salle se ruer sur la toison de ma poitrine nue tandis que mes tétons se dressaient instinctivement. Mon esprit enfiévré perçut que la pièce était pleine de monde. Ce monde pouvait me voir, mais je ne pouvais que les entendre. À un léger froissement, je devinai que tous les yeux se tournaient dans ma direction. Je me sentais vulnérable. Malgré toutes mes bonnes résolutions et ma volonté de ne pas me laisser intimider, je me retrouvai presque sur la défensive.

Je sentis quelque chose se presser contre ma poitrine. C'était froid, pointu, piquant, comme une épine ou une pointe. Je restai calme et attendis la suite. Face à moi, une nouvelle voix retentit.

– Entrez dans cette loge au nom du Grand Architecte de l'Univers.

Je devinai que celui qui venait de parler faisait quelques pas en arrière. Quant aux deux hommes qui étaient venus me chercher, ils continuaient de m'encadrer. Ils me prirent par les coudes et me guidèrent dans la salle. À l'autre extrémité de celle-ci, une autre voix se manifesta. Je crus reconnaître celle de l'un des hommes qui m'avaient interrogé avant mon admission.

– Monsieur, comme personne ne peut être reçu maçon, à moins d'être né libre et d'être majeur, je vous demande instamment si vous êtes un homme libre et âgé d'au moins vingt et un ans ?

L'homme me tenant le coude gauche me souffla ma réponse en murmurant :

– Je le suis.

J'ai l'habitude de parler en public et je m'adresse régulièrement à deux cents étudiants. Mais j'avais du mal à évaluer l'impact que pouvait avoir ma voix dans de telles circonstances. Je fus surpris de réaliser à quel point j'avais besoin de mon sens visuel pour ajuster mon articulation.

Avec un ton aussi ferme que possible, je répondis :
– Je le suis.

Ma réponse dut convenir, parce que la voix distante parla de nouveau.

– À l'ordre, mes frères.

Des mouvements plus ou moins étouffés se firent entendre de tous les côtés alors que les frères se mettaient à l'ordre. J'ignorais ce qu'ils étaient réellement en train de faire, mais en tous les cas, cela faisait du bruit.

– Nous allons invoquer la bénédiction des royaumes célestes sur nos travaux. Vous allez vous agenouiller pour la recevoir.

L'indication ressemblait à un ordre. Au bruit ambiant qui monta d'un cran, je compris que l'attention du public elle-même s'était élevée pour voir ce qui allait se passer. Je devais m'agenouiller. Mais sur quoi ? Je n'avais aucun moyen de voir ce qu'il y avait devant moi. Avais-je le droit de tendre la main pour tâtonner et vérifier s'il se trouvait quelque chose pour poser les genoux ?

Tandis que j'hésitais en proie à mes doutes, l'homme à ma gauche me guida et me fit agenouiller sur ce qui, au contact, paraissait être un coussin. La main invisible m'aida à positionner mes deux genoux dessus – l'un toujours nu et l'autre recouvert de la toile de lin. Depuis l'autre extrémité de la pièce, une nouvelle voix intervint.

– Aide-nous, Maître Suprême de l'Univers, lors de cette tenue[3] inaugurale, et permets à ce voyageur, qui progresse vers la lumière de la franc-maçonnerie et qui maintenant s'agenouille devant nous, de dédier et de consacrer sa vie à devenir un membre loyal et fidèle de notre ordre. Fortifie-le d'une parcelle de Ta Divine Sagesse afin qu'il puisse, avec l'aide de la connaissance de notre art maçonnique, mieux découvrir les beautés resplendissantes de la vraie perception spirituelle, en l'honneur et à la gloire de Ta Sainte Loi.

À peine eut-il achevé, qu'un chœur de voix s'exclama étrangement :
– Qu'il en soit ainsi.

Puis suivit une série de questions auxquelles on me pressa de répondre avant d'être autorisé à me relever. Mes genoux commençaient à souffrir. Le tissu du coussin devait déjà marquer la peau de mon genou nu. Mais avec mes yeux bandés, je ne pouvais pas le vérifier de visu et, de toute façon, je n'aurais même pas pu baisser la tête avec mes bras retenus par les deux hommes qui m'encadraient. Ma sensation de vulnérabilité ne cessait de grandir, ce qui était, je n'en doutais pas,

---

3. Réunion maçonnique. (*N.d.T.*)

l'un des buts poursuivis. On m'exposait à un crescendo d'émotions régulier assurément destiné à graver dans mon esprit les premiers éléments relatifs à l'enseignement de la franc-maçonnerie.

Mais j'étais encore très loin d'en avoir atteint le sommet. D'abord, il me fallait errer et trébucher dans mes ténèbres personnelles et chercher de l'aide pour trouver la lumière.

La voix à l'autre extrémité de la pièce expliqua à l'assistance ce que j'allais maintenant faire.

– Les frères positionnés aux différents points de la rose des vents sont prévenus que Monsieur Lomas va passer devant eux pour montrer qu'il est correctement préparé pour devenir un maçon. Frères, asseyez-vous !

Par une légère pression, la main tenant mon coude gauche m'indiqua que je devais me lever. On me fit pivoter vers ma gauche, puis accomplir quelques pas, avant de m'arrêter. Puis on me fit tourner à angle droit vers ma droite.

– Faites un pas avec votre pied gauche en avant, dit un murmure à mon oreille.

L'opération se répéta deux fois avant que mon guide ne me fasse arrêter.

– Écartez les doigts de votre main droite, murmura-t-il.

Attrapant mon poignet, il secoua ma main pour qu'elle frappe trois fois contre quelque chose de manifestement humain. La « chose » parla.

– Qui va là ?

Je reconnus la voix de Ken, mon second parrain. Comme celui-ci n'a plus de cheveux, j'imaginai que j'avais dû taper son crâne chauve avec ma paume. Mais, ce n'était pas le moment de m'inquiéter de cela. Mon guide était en train de répondre en mon nom. J'étais incontestablement confronté à une culture de totale dépendance. Et à propos, qu'était-on en train de dire de moi ?

– Monsieur Robert Lomas, un pauvre voyageur privé de lumière et traversant une vallée de ténèbres, qui a été recommandé, régulièrement proposé et approuvé en loge ouverte et qui se présente aujourd'hui librement et de son propre gré pour solliciter humblement d'être admis aux mystères et privilèges de la franc-maçonnerie.

Ken parla de nouveau.

– Comment espère-t-il obtenir ces privilèges ?

J'avais la curieuse impression de vivre une expérience auditive de sortie hors du corps : on s'adressait à moi à la troisième personne et un tiers parlait à ma place.

Justement, celui-ci répondit pour moi :

– Avec l'aide de la Loi sacrée et parce qu'il est de bonne renommée.

Une main gantée prit la mienne et la secoua de manière rassurante. La voix de Ken dit :

– Avancez, vous qui êtes de bonne renommée.

La main gantée souleva la mienne et la fit passer au-dessus de quelque source de chaleur avant de la rendre à mon guide.

Nous nous remîmes en route pour faire le tour de la pièce avec ces étranges petits pas en équerre, stoppant régulièrement pour tourner à angle droit. Enfin, nous atteignîmes quelque destination invisible.

Encore une fois, j'exécutai comme une marionnette docile les petits tapotements sur ce qui me semblait être la tête de quelqu'un. Et de nouveau, dans les mêmes termes, on me présenta et mon guide répondit à ma place.

Pour le moment, je n'étais certain que d'une chose : j'*étais* un pauvre voyageur privé de lumière.

Et comme justement je n'avais pas la capacité de voir, je n'avais guère d'autre choix que d'écouter attentivement. Manifestement, le message était martelé dans mon cerveau par sa répétition.

Mais si je voyageais à travers le mystère des ténèbres, quels « privilèges » étaient cachés dans la lumière.

Cette fois, quelque chose de différent se passa. On ne me fit pas repartir dans une étrange marche trébuchante. L'homme – dont je pensais avoir tapoté le crâne – me prit par la main et me fit pivoter pour me placer face à la voix venant de l'autre extrémité de la pièce. Celui qui me tenait s'adressa à cette présence invisible.

– Vénérable Maître. Laissez-moi vous présenter monsieur Robert Lomas, un pauvre voyageur privé de lumière et traversant une vallée de ténèbres, qui a été recommandé, régulièrement proposé et approuvé en loge ouverte et qui se présente aujourd'hui librement et de son propre gré pour solliciter humblement d'être admis aux mystères et privilèges de la franc-maçonnerie.

Cela recommençait : des mystères et des privilèges ! Pour le moment, je me disais que le simple fait de voir la personne qui me parlait aurait été une forme de privilège. Des voix mystérieuses, un public invisible, des mouvements discrets en arrière-plan : tout contribuait à créer une atmosphère prenante. Combien de fois encore allait-on répéter que je me trouvais dans un pauvre état de ténèbres ?

Mais cette fois, un détail fut ajouté à la fin de cette introduction ressassée. L'homme me tenant le bras marqua une pause, soit pour respirer, soit pour créer un nouvel effet dramatique, avant d'ajouter :

– Il est maintenant convenablement préparé pour être reçu maçon.

Préparé ? Totalement désorienté aurait été une description plus proche de la réalité. Engourdi par ma privation sensorielle. Délibérément dépouillé de tous les accessoires de ma vie ordinaire, mes vêtements, mon portefeuille, ma montre, mon PC de poche, mon téléphone portable, mes insignes de grade. Contraint de suivre un parcours absurde, d'adopter une marche étrange et hésitante pour aller nulle part, de faire confiance à des guides inconnus et d'être présenté à des personnes silencieuses qui ne parlaient que quand je leur tapotais le crâne – et encore simplement pour me rappeler que je me trouvais dans un pauvre état de ténèbres... comme si je n'avais pas encore remarqué que je ne voyais rien.

Quel était le but de cette mascarade ? Allais-je obtenir quelque indice ? La voix à l'autre bout de la pièce se remit à me poser des questions.

Je concentrai mon seul sens utile en cet instant vers l'autre extrémité de la salle, espérant par une écoute plus attentive comprendre quelque chose... n'importe quoi.

– Monsieur Lomas. Déclarez-vous sincèrement, sur votre honneur, que vous n'avez été entraîné par aucune sollicitation inconvenante de la part de tiers, ni contre votre gré, et que vous n'êtes influencé par aucune motivation vénale ou quelque autre motif indigne, mais que vous vous présentez librement comme un voyageur cherchant ce soir la lumière de la franc-maçonnerie ?

Personne ne m'avait forcé à être là. Je m'étais dévêtu et j'avais enfilé ce costume grossier et ridicule, sans que l'homme à l'épée ait vraiment eu besoin de me menacer. J'avais demandé à Mike si je pouvais rejoindre la maçonnerie et il m'avait fallu trois mois pour décider si je pouvais donner une réponse honnête à ce qui pouvait paraître une question simple pour la plupart de mes contemporains.

Dans mon environnement universitaire, être franc-maçon pouvait fort bien se révéler être un désavantage. Ça ne se fait pas vraiment. Ce n'est pas dans les mœurs et ça n'est pas franchement *branché.*

Quant à mes motivations, étaient-elles « indignes » ? J'avais été attiré par la maçonnerie, parce qu'il me semblait y régner une atmosphère de franche camaraderie et de grande sociabilité. Était-ce indigne ? Je ne le pense pas.

Je n'avais aucune peine à répondre :
– Oui.
Raté !
Ma réponse venait de susciter tout un ensemble de réactions plus ou moins bruyantes parmi mon public invisible.

L'homme qui me tenait le coude me souffla à l'oreille.

– Je le déclare.

On avait l'impression que je me mariais. Mon guide me pressa le bras et je répétai d'une voix forte et magistrale, pour que toute la salle l'entende.

– Je le déclare.

La réponse parut plus satisfaisante. L'assistance se calma et s'effaça de mon champ auditif.

Allait-on encore me poser d'autres questions ? La voix à l'autre bout de la pièce recommença à parler.

– Déclarez-vous aussi sur votre honneur que vous avez été conduit à solliciter ces privilèges par une bonne opinion de notre ordre, un désir de vous instruire et une volonté sincère de vous rendre plus utile à l'humanité ?

La curiosité, voilà ce qui m'avait poussé à rejoindre la maçonnerie. J'avais l'impression qu'il y avait là une organisation semblant améliorer la sérénité de ses membres, chose qui n'était pas ordinaire dans mon milieu professionnel universitaire. J'avais pu constater à quel point ma belle-mère appréciait son engagement maçonnique et, au cours des quelques soirées auxquelles j'avais pu assister, j'avais même ressenti une sorte de chaleur spirituelle. Tout cela avait contribué à me donner une opinion favorable de la franc-maçonnerie. Par ailleurs, j'avais un véritable désir de m'instruire – c'est une condition préalable pour devenir un docteur ès sciences. Et personne ne choisit l'enseignement universitaire pour l'argent. Tout ce qu'il faut, c'est avoir envie d'enseigner et de faire de la recherche. Mais est-ce que tout cela signifiait pour autant que je voulais être « plus utile à l'humanité » ? Peut-être.

Je connaissais la formule. On n'avait pas besoin de me la souffler.

– Je le déclare, répétai-je d'une voix claire et vibrante.

J'étais fier du timbre retentissant de cette réponse et je sentis que je me débrouillais mieux avec le public invisible. Cette fois, il n'y eut ni mouvement, ni chuchotement. Étais-je déjà en train d'apprendre quelque chose ?

Mais ce n'était pas fini. L'orateur à l'autre bout n'avait pas terminé son interrogatoire :

– Jurez-vous aussi que, sans crainte et en même temps sans témérité, vous persévérerez sans défaillance tout au long du voyage de votre initiation, et que, si finalement vous êtes reçu, vous agirez toujours conformément aux us et coutumes de l'ordre ?

Je n'avais pas encore ressenti la moindre crainte. Un certain malaise, un besoin de réfléchir, une hésitation sur la meilleure façon de répondre, peut-être. Mais faisais-je montre d'une témérité imprudente dans ma manière d'adapter le timbre de ma voix pour anticiper les réactions de mon public invisible ? Cela ressemblait à un entretien radiophonique par téléphone, où l'on ne peut voir le langage corporel de celui qui vous interviewe. Je n'avais certainement pas l'intention de m'arrêter maintenant.

Je me sentais comme la duchesse dans *Alice au pays des merveilles*. Lewis Carroll était franc-maçon (pour quelle autre raison son lapin aurait-il porté des gants blancs et lui-même aurait-il choisi un prénom pseudonyme [4] signifiant « fils de maçon » ?). Ce fut peut-être pendant son initiation que lui vint l'idée de chercher comment croire en des choses impossibles. Plus je pratiquais, plus cela m'était facile.

Était-ce là ce que j'étais censé apprendre ?

Allais-je me conformer aux us et coutumes de l'ordre ? S'ils me conduisaient vers la chaleur spirituelle, pourquoi pas ?

– Je le jure, répondis-je.

Cette nouvelle réponse parut satisfaisante, bien que je ne pusse m'empêcher de me demander comment aurait réagi la Loge si j'avais répondu par la négative. Cela ne devait jamais arriver, parce qu'il n'y avait aucune surprise. Maintenant, je comprenais à quel point j'avais été sondé avant d'arriver à ce stade.

Mais la répétition rituelle de questions clés, tandis que j'étais désorienté et déséquilibré, m'amenait à réfléchir soigneusement à mes réponses.

Et maintenant, qu'allait-il se passer ? Allais-je en apprendre davantage sur ces mystérieux privilèges ?

Apparemment pas. Je devais d'abord progresser à travers de nouvelles ténèbres. La voix lointaine ordonna au gardien de mon coude de « faire avancer le voyageur vers l'est de la manière traditionnelle », sans que je sache ce que pouvait être cette « manière traditionnelle ».

Je le découvris bientôt. Une fois de plus, je fus dirigé vers la gauche. On m'arrêta et on me fit tourner à angle droit avant d'être encore accompagné plus loin. Mais cette fois, mes guides me firent osciller d'avant en arrière. J'avais l'impression de me trouver à bord d'un bateau tanguant en pleine mer. Enfin le mouvement s'arrêta... et je me retrouvai plus désorienté et déséquilibré que jamais.

On me fit pivoter sur ma gauche. La pièce était silencieuse. Une certaine impatience se faisait sentir dans le léger bruissement de mon public invisible.

---

4. S'il s'appelait bien Carroll, ses véritables prénoms étaient Charles Lutwidge Dodgson. (*N.d.T.*)

La voix – qui, je le sais maintenant, était celle du Vénérable Maître – se remit à parler.

– Monsieur Lomas, il est de mon devoir de vous informer que la maçonnerie est de libre accès et qu'elle exige une parfaite liberté d'inclination chez tout voyageur qui aspire à progresser vers ses mystères centraux. Elle est fondée sur les principes les plus purs de la vertu et de l'excellence morale. Elle possède de nombreux privilèges aussi grands que précieux pour les hommes de valeur et les hommes de valeur seulement. Et pour cette raison, nous exigeons un serment de fidélité. Mais soyez assuré qu'il n'y a rien dans ce serment d'incompatible avec vos devoirs civils, moraux ou spirituels.

Le Vénérable Maître toussota pour s'éclaircir la gorge avant de continuer.

– Par conséquent, consentez-vous toujours à prendre une obligation solennelle, ayant pour base les principes que je vous ai indiqués, par laquelle vous vous engagez à conserver inviolés les secrets de notre ordre ?

Il marqua une pause, attendant manifestement une réponse. Je l'obligeai instantanément.

– Je le jure.

Mais l'homme tenant mon coude gauche corrigea ma réponse en me chuchotant à l'oreille :

– J'y consens.

Encore une fois, le public invisible avait réagi plus ou moins bruyamment.

– J'y consens, rectifiai-je.

Les bruits sourds se turent.

Quels que soient les mystères réels de la franc-maçonnerie, dans le « pauvre état de ténèbres » dans lequel je me trouvais, ce qui me semblait le plus déroutant, c'était bien d'essayer de deviner les réponses formelles exactes que la Loge voulait entendre aux questions du Vénérable. Du moins était-ce ce que je pensais, jusqu'à ce que l'on m'ordonne d'adopter une posture des plus étranges.

J'avais bel et bien entendu les mots… Mais que signifiaient-ils ? Étais-je capable de telles contorsions ?

Des mains invisibles aidèrent mon corps à reproduire une position aussi étrange. Je n'avais sans doute jamais été contraint de me tordre d'une manière aussi peu naturelle depuis que j'avais cessé de draguer dans ma bonne vieille Austin Healey Sprite. Dieu sait quelles étranges espèces d'endorphines furent lâchées dans mon cerveau alors que je luttais pour rester immobile. Seule la réaction cinétique de mes muscles tendus me renseignait sur ce qui se passait. Apparemment je faisais ce qu'il fallait car aucune manifestation de désapprobation n'émanait de l'assistance. Alors que je me trouvais dans cette singulière position, on posa un gros livre sur ma main ouverte. Au toucher, je devinai que sa reliure était en cuir repoussé.

Si je ne voyais toujours rien, un léger froissement de tissu et l'impression d'entendre la voix tomber d'un peu plus haut me firent comprendre que le Vénérable s'était levé. Il cherchait assurément à produire quelque sorte d'effet dramatique sur son public. Moi-même, quand je donne un cours ou une conférence, j'utilise des gestes et des mouvements spécifiques pour insister théâtralement sur un point particulier. Il n'y a là aucun mystère. Pourtant je fus surpris par ce sur quoi il voulait mettre l'accent.

Il commença par donner un simple ordre à la Loge.

– Frères, à l'ordre.

Puis il s'adressa à moi.

– Déclinez vos nom et prénoms dans leur totalité et répétez après moi :

Moi, Paul Powell, en présence du Grand Architecte de l'Univers, et de cette honorable et respectable Loge d'anciens maçons francs et acceptés…

Paul Powell ? Paul était président-directeur général d'une société locale de mécanique prospère. Il avait bel et bien fait partie du groupe qui m'avait interrogé avant que je sois autorisé à formaliser ma demande d'entrée en maçonnerie. Ma première impression de Paul fut celle d'un homme qui avait l'habitude qu'on obéisse à ses ordres.

Il attendit que je répète la phrase en substituant mon nom au sien. Je m'exécutai et dès que j'eus fini, il enchaîna :

– … régulièrement constituée, fréquemment tenue et assemblée, dédiée et dûment consacrée à la Loi sacrée, de mon plein gré et consentement…

De nouveau, il attendit que je répète les mots après lui avant de continuer.

– … par ceci et sur ceci[5], sincèrement et solennellement, je promets et jure que toujours j'enfouirai [le terme anglais utilisé ici est *hele*, que le rituel français ne traduit normalement pas], je tairai, cacherai et jamais ne révélerai…

Que signifiait ce mot « *hele* » que je n'avais jamais entendu ? En quoi un serment pouvait-il engager si j'utilisais des mots dont je ne

---

5. Le Vénérable touche ici le volume de la Loi sacrée que tient le candidat. (*N.d.T.*)

connaissais pas la signification ? Devais-je m'interrompre et demander une explication sur ce petit mot ? Assurément pas. Le contexte laissait entendre que « *hele* » était une variante de « cacher ». Poser la question ne ferait que susciter de nouveaux mouvements de réprobation dans l'assistance. Par ailleurs, le nombre de séries de trois ou quatre mots semblables que Paul avait débité avant d'en venir au fait me fascinait. (Ultérieurement, je suis allé chercher le mot « *hele* » dans un dictionnaire et j'ai découvert que ce verbe signifiait « mettre en terre et recouvrir [6] ». Finalement, ce simple mot devait se révéler utile pour m'aider à comprendre ce que ce rituel essayait de véhiculer. Mais cette prise de conscience ne devait venir que beaucoup plus tard et la lumière ne vint pas la première fois.)

Tandis que je m'interrogeais, les triades incessantes continuaient. Mieux, elles étaient maintenant dédoublées ce qui ajoutait une forme de battement intérieur à l'énoncé lancinant :

– ... la moindre partie ou parcelle, les moindres mystères ou secrets, énigmes ou arcanes, de tout ce qui touche ou appartient à ce premier degré de la franc-maçonnerie, généralement connu comme le degré d'Apprenti [en anglais *Entered Apprentice*, littéralement : « Apprenti entré », restitué généralement par « Apprenti initié »]...

Je répétai la phrase. Tout en déliant les mots autour de ma langue, j'en goûtais la cadence rythmique.

Mes pieds commençaient à me faire vraiment mal et mon coude était comprimé. Pouvais-je oser bouger pour soulager ma tension musculaire ? J'étais certain que cela ne manquerait pas de faire réagir mon assistance silencieuse, mais critique. Alors je restai immobile... avec mes crampes.

Le Vénérable Maître Paul continuait de décliner ses morceaux de bravoure syntaxo-lexicaux :

– ... à quiconque dans la création, sauf à un ou plusieurs frères, véritables et réguliers, et pas même à celui-là ou à ceux-là, sans les avoir dûment éprouvés, strictement examinés, ou avoir la parfaite assurance que lui ou eux sont dignes de cette confiance...

Je répétai scrupuleusement le texte de cet engagement solennel, tout en étant fasciné par la pédanterie de son énoncé.

Mais ce n'était toujours pas fini. J'avais l'impression que mon bras gauche se changeait en plomb.

---

6. *Hele* serait étymologiquement apparenté à l'anglo-saxon *helan*, « dissimuler », et aux différents termes qui ont fini par donner l'anglais moderne *hell*, « enfer », monde caché et enterré. (*N.d.T.*)

– … sauf également, au sein d'une Loge juste, parfaite et régulière d'anciens francs-maçons.

Cette fois, en avions-nous enfin terminé ? Cette phrase suprêmement verbeuse et d'une construction extraordinairement complexe qu'il m'avait fallu répéter mécaniquement était-elle la dernière ? Non. Le Vénérable Maître venait de reprendre son souffle.

– Je m'engage encore solennellement à ne pas écrire ces secrets, à ne pas les dessiner, les sculpter, les marquer, les graver ou les retranscrire d'une quelconque manière, et à ne pas encourager quiconque à le faire, s'il est en mon pouvoir de l'empêcher, sur quelque support mobile ou immobile sous la voûte du ciel, afin que nulle lettre, caractère ou symbole, ou le moindre fragment de lettre, caractère ou symbole, ne puisse être déchiffrable ou compréhensible par moi-même ou par n'importe qui dans le monde, de crainte que nos arts secrets et nos mystères cachés soient révélés par mon forfait méprisable.

Si tout cela ne s'achevait pas bientôt, j'allais devoir bouger mon bras gauche. Depuis que je m'étais démis le coude lors d'un accident de cheval j'avais du mal à articuler mon poignet gauche et, en cet instant précis, alors que je tenais le volume ouvert à angle droit, la posture de mon bras était insupportable.

Je me forçai à me concentrer tandis que Paul poursuivait son laminage systématique des grands principes de la *Plain English Society*[7].

– Je jure solennellement d'observer ces différents points, sans hésitation, tergiversation, ou restriction mentale d'aucune sorte, sous peine, si j'en viole un seul, d'avoir la gorge tranchée, la langue arrachée et mon corps indigne enfoui dans le sable d'une plage, à un endroit que la mer couvre et découvre deux fois en vingt-quatre heures…

Maintenant, cela devenait bigrement sérieux. En comparaison, ma crampe au coude et les douleurs dans mes jambes semblaient de la rigolade.

J'aime me rendre au bord de la mer comme tout un chacun, mais avoir la gorge tranchée, la langue arrachée sans anesthésie et être condamné à patauger pour l'éternité me paraissaient une menace sérieuse. Si la Loge décidait d'exécuter un tel châtiment, je risquais de souffrir plus qu'un peu. Étais-je prêt à cela ?

Naturellement, je l'étais. Les autorités et les services médico-sociaux ne permettraient jamais que cette procédure archaïque soit mise en œuvre aujourd'hui. Mais quelle merveilleuse manière de concentrer

---

7. Société veillant à la promotion et à l'utilisation de l'anglais courant, simple et intelligible. (*N.d.T.*)

mon esprit sur le caractère sérieux de cet engagement. Incontestablement, il devait s'agir de l'apogée de ce beau discours.

Malheureusement, ce n'était pas le cas.

– ... ou bien sous la peine plus effective d'être dénoncé comme un menteur volontairement parjure, stigmatisé comme un être dénué de toute valeur morale, totalement indigne d'être admis dans cette Loge ou dans toute autre Loge légitime, et même dans toute société d'hommes qui révèrent l'honneur et la vertu au-dessus des signes extérieurs du rang et de la fortune. Ainsi, que le Grand Architecte m'aide et m'arme de constance pour respecter fidèlement cette grande et solennelle obligation d'Apprenti franc-maçon [*Entered Apprentice Freemason*].

Manifestement, ils n'avaient pas l'intention réelle de me trancher la gorge si, accidentellement, je me montrais trop bavard. Mais ils m'avertissaient que l'expression de leur désapprobation pouvait aller au-delà des simples manifestations plus ou moins bruyantes que j'avais entendues ce soir-là.

Maintenant, allaient-ils enfin me laisser redresser mes jambes douloureuses et mon bras contracté ?

J'attendais dans le noir la permission de bouger. Elle ne venait toujours pas.

J'avais les yeux bandés depuis si longtemps que même les images rémanentes provenant de ma rétine s'étaient effacées pour ne laisser qu'une noirceur immaculée. Combien de temps encore allais-je devoir vaciller dans les ténèbres ? J'entendis un léger cliquetis, comme l'entrechoquement de petites plaques métalliques, alors que le Vénérable bougeait. (On aurait dit qu'il portait une armure, ce qui n'était sûrement pas le cas. Découvrirai-je ultérieurement ce qu'il en était ?)

Paul Powell s'éclaircit une nouvelle fois la gorge. J'étais étonné qu'il n'ait pas eu besoin de s'arrêter pour boire un verre d'eau.

– Pour que cet engagement, qui ne peut être encore considéré comme un gage de fidélité, un devoir moral s'imposant à vous, devienne une obligation solennelle jusqu'à la fin de vos jours, vous allez l'honorer et le sceller de vos lèvres sur le volume de la Loi sacrée.

Je me demandai quel volume particulier de la Loi sacrée ils utilisaient. Mon choix personnel – celui que j'aurais trouvé le plus engageant – aurait été un exemplaire des *Principes mathématiques* [Les *Principia Mathematica* de Newton]. Mais on ne m'avait pas consulté. Avant la cérémonie, personne n'avait signalé que le concept d'être suprême s'appuyait en loge sur un « volume de la Loi sacrée ».

Alors que j'hésitais, un grand silence était retombé sur la salle. Finalement, je me dis qu'il n'y avait pas lieu de s'arrêter maintenant sur des détails. L'acte que l'on me demandait n'était qu'une affirmation symbolique de mes bonnes intentions. Quel que soit le livre utilisé par la Loge, je savais quel volume de la Loi sacrée renfermait *ma* vérité.

J'inclinai donc la tête vers le gros ouvrage. En approchant mes lèvres, je sentis l'odeur mêlée du cuir et du papier légèrement moisi. J'embrassai le livre inconnu. Mon public invisible laissa échapper un soupir collectif, parfaitement audible pour mon ouïe exacerbée par ma longue cécité.

Le Vénérable recommença à parler.

– Ayant voyagé jusque-là dans les ténèbres, quel est maintenant le plus grand désir de votre esprit ?

Que devais-je répondre ? Ce que je désirais le plus en cet instant, c'était d'étendre mes jambes et de m'étirer. Mais la teneur de la question semblait suggérer une réponse différente.

J'avais appris la prudence, aussi j'attendis que l'homme debout à ma gauche me souffle la réponse.

C'est bien ce qu'il fit et je pus répéter :

– La lumière.

Nouvelle attente. Autour de moi, je sentais qu'une certaine agitation montait dans le public. Des bruissements émanaient de toute la pièce comme si mes spectateurs invisibles se préparaient à quelque chose.

Le Vénérable Paul lança d'une voix forte empreinte de théâtralité.

– Accordez la grâce de la lumière à ce voyageur.

J'entendis une vague rythmée et synchronisée d'applaudissements assourdis retentir tout autour de la pièce.

Le bandeau me fut ôté des yeux. La lumière de la salle agressa si vivement mes iris dilatés que j'eus quelque peine à ajuster ma vue. Le claquement de mains uniforme, exécuté par une quarantaine d'hommes en gants blancs, produisait un son irréel.

Je clignai et plissai les yeux pour m'éclaircir la vue. Devant moi, entouré d'un halo de lumière vive, avais-je le visage lugubre de l'homme d'affaires Paul Powell ? Il portait une tenue sophistiquée bleue et blanche. Derrière lui, il y avait une sorte de grand fauteuil de bois sculpté avec un appui-tête triangulaire, le sommet de la pyramide étant tourné vers le haut. Je déployais tous les efforts possibles pour distinguer tous les détails dans l'éclat de la lumière.

Était-ce enfin terminé ? Étais-je maintenant maçon ?

Paul parla de nouveau.

– Maintenant que la lumière physique vous a été rendue, permettez-moi d'attirer votre attention sur ce que nous considérons comme trois *landmarks*[8] majeurs dans le voyage de la franc-maçonnerie. Ce sont le volume de la Loi sacrée, dit-il en tendant le doigt vers la Bible ouverte sur un petit autel triangulaire entre nous.

Puis il désigna de l'index deux objets posés sur le livre ouvert : une équerre de bâtisseur et une paire de compas à pointe sèche.

– ... l'équerre et le compas.

Il marqua une pause pour reprendre sa respiration, tandis que je regardais les objets qu'il venait d'appeler *landmarks*. J'espérais pouvoir bientôt me relever. Mais il n'en avait toujours pas fini et voulait encore dire d'autres choses sur ces objets avant de m'autoriser à bouger.

– Le volume de la Loi sacrée doit réguler et guider notre contemplation spirituelle ; l'équerre régler notre action ; et le compas tracer les justes limites à conserver dans notre conduite envers nos semblables.

Il me prit la main et m'aida à me remettre debout.

– Levez-vous, Apprenti maçon nouvellement assermenté.

J'étais heureux de pouvoir enfin me relever. Avec bonheur, je me redressai et étendis mes jambes. Rester à genoux, avec les pieds dans une position anormale, n'avait rien de naturel ni de confortable au bout d'un moment.

Mais les ténèbres dans lesquelles je m'étais trouvé et la posture inconfortable m'avaient permis de rester attentif tout au long de la cérémonie.

Maintenant pour la première fois, j'allais pouvoir contempler l'intérieur d'une loge en tenue.

UNE GRANDE LUMIÈRE

J'étais resté les yeux bandés pendant une vingtaine de minutes au cours desquelles on m'avait fait parcourir un trajet ponctué d'obstacles invisibles. Ensuite, on m'avait obligé à adopter une posture tordue quasi fœtale pendant près d'un quart d'heure. Finalement, quand on m'avait ôté le bandeau des yeux, j'avais été aveuglé par la lumière de la loge et désorienté par un grand battement de mains sonore et rythmé.

Dans cet état d'impressionnabilité et de vulnérabilité, on me montra un livre, une équerre de bâtisseur et un compas. On m'expliqua qu'il s'agissait là des trois objets les plus importants de la franc-maçonnerie.

---

8. Littéralement « bornes ». Ce sont les règles intangibles que les maçons réguliers devraient respecter sous peine d'irrégularité. Le rituel français parle ici des « trois Lumières principales » qui sont également mentionnées parmi les huit *landmarks* ou principes fondamentaux de la Grande Loge unie d'Angleterre, adoptés le 4 septembre 1929. (*N.d.T.*)

M'avait-on fait voyager dans le noir tout autour de la loge, balisée par les points cardinaux, simplement pour découvrir ces lumières ?

Alors et seulement alors, on m'autorisa à me relever, à étirer mes membres meurtris et à soulager mes crampes.

Les hommes à petits tabliers noués autour de la taille et debout de chaque côté de la salle se rassirent. Je restai seul debout près du frère que j'avais appelé Vénérable Maître.

Désormais je pouvais constater qu'il s'agissait bien de Paul Powell.

Il me fit pivoter pour me positionner face au centre de la pièce.

Sur le sol, il y avait un tapis à carreaux noirs et blancs, ressemblant à un grand échiquier. Il était éclairé du dessus par une lumière provenant d'un grand dôme accroché au plafond de la pièce. Son rayonnement était partiellement voilé par une étoile à cinq branches avec une lettre G en son centre.

Alors que je faisais face au temple[9], Paul se remit à parler.

Tandis que j'avais les yeux bandés, je m'étais demandé si les officiants lisaient des notes. Leurs discours semblaient étrangement formels, mais maintenant je pouvais voir qu'ils récitaient de mémoire. Tout en parlant, Paul tendait le doigt vers différentes parties de la loge concernées par ce dont il parlait.

– Maintenant que votre vue a été restaurée, vous pouvez apercevoir les trois lumières secondaires de la franc-maçonnerie. Elles sont placées au midi, à l'occident et à l'orient et symbolisent le soleil, la lune et le Maître de la Loge : le soleil préside au jour, la lune à la nuit, et le Maître gouverne et dirige la Loge.

Dans chacune de ces trois directions, il indiquait un fauteuil derrière une petite table. Astronomiquement parlant, le discours du Vénérable signalait que le soleil se trouvait au sud (ce qui suggérait le méridien ou le midi), la lune à l'ouest (donc elle se couchait), tandis que le Maître était placé à l'est au point de lever. Je réalisais maintenant qu'au cours de mes déplacements en aveugle, j'avais évolué autour de la loge en suivant la route du soleil : lever à l'est, déplacement vers le zénith au sud, coucher à l'ouest avant de traverser au nadir du nord pour revenir dans la clarté de l'est. Quand mon bandeau fut enlevé, j'étais tourné vers l'orient et le Maître. Et avec mes yeux totalement dilatés et sensibilisés par la longue période de ténèbres, le Vénérable Paul m'était apparu aussi lumineux que le soleil montant. Était-ce intentionnel ?

Paul Powell justement m'arracha à mes pensées en reprenant son discours.

_____

9. La pièce où se réunit la Loge. (_N.d.T._)

– Par votre comportement humble et franc ce soir, vous avez symboliquement échappé à un grand péril, mais il en est un autre qui vous menacera jusqu'à la dernière heure de votre existence. Vous avez échappé au danger d'être poignardé, car au moment de votre entrée dans la loge, cette dague...

L'homme qui avait tenu mon coude gauche pendant que j'étais dans les ténèbres tendit à Paul un grand poignard scintillant, que le Vénérable exhiba devant mes yeux avec un certain sourire. Il n'avait pas l'air particulièrement tranchant. Mais ce n'était pas le moment d'ergoter. Quoi qu'il en soit, je comprenais maintenant quelle était la nature de la pointe que j'avais sentie contre ma poitrine à l'entrée de la loge. Brandissant le poignard devant ma poitrine nue et vulnérable, Paul enchaîna :

– ... cette dague était dirigée vers votre sein nu, de sorte que, si vous vous étiez imprudemment précipité en avant, vous auriez été l'artisan de votre propre mort, tandis que le frère qui la tenait serait resté immobile et n'aurait accompli que son devoir [10].

Paul n'en avait pas pour autant fini avec sa litanie de périls.

– Mais le danger plus sérieux qui vous menacera jusqu'à votre dernière heure est le châtiment physique évoqué dans votre obligation d'Apprenti maçon, si vous dévoilez indûment les mystères de la maçonnerie.

Il marqua une nouvelle pause pour créer un effet dramatique. Paul attendit jusqu'à ce que le silence devienne quasi inconfortable.

– Celui d'avoir la gorge tranchée, la langue arrachée et le corps indigne enfoui dans le sable d'une plage, à un endroit que la mer couvre et découvre deux fois en vingt-quatre heures.

Une vision fugitive de la marée montant sur ma plage favorite traversa mon esprit. Je me représentai mentalement mon cadavre ensanglanté léché par le ressac. Cette image forte grava la phrase suivante dans ma mémoire.

– Le serment sacré que vous avez prêté ce soir engage votre conscience pour le restant de vos jours.

J'étais maintenant un maçon... pour le restant de mes jours, apparemment.

Mais avais-je changé ?

---

10. Un second danger est normalement évoqué également ici : celui de l'étranglement, symbolisé par la corde que le candidat porte autour du cou pendant la cérémonie d'initiation. (*N.d.T.*)

Qu'est-ce qui a changé ?

L'initiation maçonnique n'était-elle que cela ? Où étaient « la partie ou la parcelle, les moindres mystères ou les secrets, les énigmes ou les arcanes, de tout ce qui touche ou appartient à ce premier degré de la franc-maçonnerie » que j'étais censé ne pas avoir à révéler ? Pratiquement jusque-là, j'avais eu les yeux bandés. Je n'avais rien vu. On m'avait promené, puis ébloui avec une lumière vive, tandis qu'on tentait de m'assourdir avec un battement de mains rythmé. Ensuite on m'avait désigné deux séries de lumières – des lumières symboliques qui plus est. Où étaient les secrets ?

Qu'est-ce que Paul avait appelé les principales lumières ou les *landmarks* ? Le volume de la Loi sacrée, l'équerre et le compas. Les lois de la physique sous-tendent l'interaction de tous les corps de l'univers – les gros comme les petits. L'équerre est un instrument de mesure et de vérification des angles droits ; l'angle droit étant la direction clé séparant l'interaction vectorielle entre les dimensions physiques. Le compas – ou les diviseurs [en anglais, *dividers*, désignant spécifiquement le compas à pointes sèches] pour utiliser le terme qui m'est familier dans ma profession – est aussi un instrument de mesure servant lui à déterminer et dupliquer des distances. Si on me demandait d'établir les trois principes clés de l'art du physicien, je dirais que ce sont les lois fondamentales, l'indépendance des dimensions et la capacité à mesurer avec précision. Au bout du compte, est-ce qu'on ne m'avait pas tout simplement transmis de profonds secrets sous une forme poétique, plutôt que scientifique ?

On m'avait aussi présenté des lumières secondaires. Rappelons-les : le soleil au zénith, la lune au coucher, et le Maître de la Loge, éclairé de derrière par le rayonnement de l'aube. Les deux objets les plus brillants du ciel m'apparaissaient dans une position déterminante et on voulait me faire comprendre qu'un homme, éclairé de derrière par la lumière de l'aube, connaissait quelque chose de ces objets et savait comment ils pouvaient me transformer.

J'avais été promené autour de la loge pour reproduire le parcours de ces objets lumineux autour des points cardinaux. En ce qui me concerne, j'appelle d'habitude « diviseurs », l'instrument de mesure qui avait été appelé « compas » [en anglais, *compasses* [11]] pendant la

---

11. En anglais, le mot *compass* désigne tant le compas dessinant des cercles (généralement au pluriel, *compasses*) que l'instrument de mesure de navigation et la boussole. (*N.d.T.*)

cérémonie. Je me suis donc demandé si le choix de ce dernier terme n'était pas délibéré pour me faire méditer sur le mouvement des lumières dans le ciel autour des points cardinaux du compas/boussole du monde ?

Le but de la franc-maçonnerie était encore loin d'être clair, mais apparemment il existait bel et bien un schéma spécifique qui sous-tendait les informations qui m'avaient d'ores et déjà été délivrées.

Allait-on m'en apprendre davantage ?

Paul poursuivit son discours.

– Vous avez maintenant prêté la grande et solennelle obligation d'un Apprenti maçon. Il m'est donc permis de vous informer qu'il y a dans la maçonnerie différents degrés et des secrets qui sont propres à chacun. Cependant, ces secrets ne sont pas transmis aux voyageurs à la légère, mais selon leurs mérites et leurs aptitudes.

Quelles aptitudes ou mérites spécifiques attendait-on de moi ? Quand j'avais essayé de répondre aux questions avec mes propres mots, un murmure désapprobateur avait ponctué ma réponse. Et le rituel ne semblait pas réclamer beaucoup d'aptitude en dehors d'une bonne mémoire. Alors comment les membres de la Loge allaient-ils évaluer mes « mérites et aptitudes » ? J'attendis que Paul m'en dise plus.

– Je vais maintenant vous confier les secrets spécifiques de ce grade, mais je dois d'abord préciser, pour votre information générale, que les équerres, niveaux et perpendiculaires sont des signes de reconnaissance sûrs et incontestables admis entre frères.

Paul quitta son bureau. Roger – un des autres maçons qui m'avaient interrogé – était assis dans un fauteuil près de lui. Il se leva à son tour et prit la main droite de Paul. Le Vénérable descendit de sa chaire sans lâcher la main de Roger, tandis que ce dernier le contournait en traînant les pieds, pour venir s'asseoir dans le fauteuil vacant. Après avoir installé Roger, Paul vint se planter devant moi près du tapis en forme d'échiquier.

Je faisais environ quatre pouces de plus que Paul qui devait me regarder de bas en haut. Il faisait très solennel avec son tablier bleu et blanc, son collier bleu clair et son costume sombre. Maintenant, je comprenais ce qui avait produit le petit bruit métallique que j'avais entendu. Au bout du collier qu'il avait autour du cou pendait un bijou d'argent sophistiqué constitué d'équerres et de triangles. En somme, cet ornement ressemblait à un diagramme géométrique du théorème de Pythagore.

– Veuillez donc vous tenir parfaitement droit devant moi, avec vos pieds dans une position que je vais vous montrer.

Je me tins droit comme il me le demandait et regardai comment il se tenait. J'inspirai profondément et imitai sa posture difficile. Comme l'assistance ne manifesta aucune désapprobation, j'en déduisis que je m'étais correctement débrouillé.

Moyennant quoi, je me sentais mal et totalement déséquilibré. La position de mes pieds ressemblait à celle qu'on m'avait fait adopter pendant le cérémonial de l'obligation solennelle. Mais maintenant, les yeux ouverts, cette position me paraissait encore plus étrange. Il m'était impossible de me soulager en avant ou en arrière avec mes pieds immobiles. Ils étaient plantés l'un contre l'autre, interdisant le moindre mouvement que j'aurais normalement entrepris pour garder mon équilibre. Encore une fois, cette posture n'avait rien de naturel et semblait uniquement conçue pour créer une tension dans les jambes. Je devais rassembler toutes mes forces pour rester debout. Était-ce encore un processus rituel destiné à libérer des hormones de stress dans mon flux sanguin et ainsi moduler mon cerveau ?

Je me concentrai sur ce que Paul disait.

– C'est là le premier pas régulier de la franc-maçonnerie et c'est dans cette position et celle-là seulement que les secrets de ce grade doivent être communiqués.

Paul marqua une pause et leva les yeux dans les miens.

– Ils se composent d'un signe, d'un attouchement et d'un mot.

Comme le confirme la Grande Loge unie d'Angleterre, ces trois éléments sont les secrets du grade. Comme je n'ai pas le droit de les révéler, je vais poursuivre et raconter ce qui est arrivé après qu'ils me furent transmis.

Mais en attendant, s'il s'agissait là des secrets de la maçonnerie, ma première pensée fut : quelle perte de temps ! J'avais là un signe que je ne pouvais exécuter en public, une poignée de main qui pouvait convaincre un profane que j'entretenais ma part féminine et un mot que tout lecteur de la Bible connaît. Quels secrets ! À dire vrai, j'avais appris des choses beaucoup plus profondes quand Paul m'avait désigné les trois grandes lumières et les trois plus petites.

Quoi qu'il en soit, comme je n'ai aucune envie de polluer de mon cadavre une plage innocente balayée par la marée, je ne vais pas révéler ces secrets aussi vains que superficiels. Je commençais à comprendre que les vrais secrets de la franc-maçonnerie ne pouvaient être ni trahis, ni volés, ni imités. Ils devaient être vécus. Comme l'a un jour dit l'auteur Gloria Steinem : « Dis-moi et j'oublierai. Montre-moi et je ne m'en souviendrai peut-être pas. Implique-moi et je comprendrai. »

Le rituel de la franc-maçonnerie fonctionne en impliquant ceux qui le pratiquent dans une expérience spirituelle. Quand vous l'exécutez, que vous réfléchissez sur ce que vous avez fait et sur ce que vous avez ressenti à ce moment-là, alors vous pouvez commencer à comprendre.

Mais laissez-moi maintenant reprendre le récit de mon initiation sans mettre en péril ma gorge ou ma langue.

Pour cela, il me suffit d'indiquer qu'après m'avoir délivré rituellement ces trois « secrets » et m'avoir expliqué comment les exécuter, Paul demanda à l'homme qui m'avait servi de guide pendant ma période de ténèbres de « conduire le frère Lomas devant le Second Surveillant ».

Hum… *Frère* Lomas. Voilà ce que j'étais maintenant.

Une nouvelle fois, j'allais accomplir le tour de la loge, partant du soleil levant et de la chaire du Maître, passant par le méridien du Second Surveillant, pour arriver au crépuscule du Premier Surveillant avant de revenir par les ténèbres de l'horizon septentrional. Mais à la différence du Soleil qui évolue circulairement, on me faisait tourner à angle droit – à l'équerre – à chaque point cardinal.

Au cours de ces périples, chacun des Surveillants assis testa mon aptitude à répéter les signes, attouchements et mots. Quand de l'ouest de la loge, je me retournai vers le Vénérable Paul, j'avais exécuté trois fois les moyens de reconnaissance secrets. Les deux Surveillants ayant constaté avec satisfaction que j'étais apte à répéter la poignée de main, la posture et le mot, j'étais prêt pour la prochaine étape de la cérémonie.

Le Surveillant de l'occident se leva et me prit la main droite. C'était un petit homme qui ressemblait à un oiseau avec une voix relativement aiguë et une très fine moustache comme dessinée d'un trait de crayon. Cette facilité avec laquelle des hommes différents me prenaient la main et me promenaient me mettait quelque peu mal à l'aise. J'avais pour le moins l'impression de retomber en enfance. Est-ce que le rituel avait pour *but* de me faire ressentir cela ?

L'homme au faciès d'oiseau adressa un signe de tête à Maître Paul et se mit à parler haut et fort, en serrant toujours ma main droite – probablement pour s'assurer de mon immobilité.

– Vénérable Maître, je vous présente le frère Lomas, désormais initié, et je vous demande pour lui un gage de votre approbation.

L'homme au bâton qui m'avait guidé quand j'étais dans les ténèbres parut farfouiller dans le dos du Surveillant. Était-il en train de lui passer quelque chose ? Je me concentrai sur ce que Paul allait répondre.

– Frère Premier Surveillant, j'approuve votre présentation et je vous charge de revêtir le frère Lomas du tablier distinctif d'un Apprenti franc-maçon.

L'homme que Paul venait d'interpeller comme le Premier Surveillant s'adressa alors à moi.

– Frère Lomas, sur ordre du Vénérable Maître, je vous revêts du tablier distinctif d'un Apprenti franc-maçon.

Il sortit de derrière son dos un petit tablier de peau blanc avec deux lanières de tissu. Il passa celles-ci autour de ma taille et les noua soigneusement devant. Je m'étais senti encore plus enfant pendant qu'il procédait à cette opération : j'avais l'impression de revoir ma mère en train de me lacer mes chaussures. Dès qu'il eut attaché les cordons, il souleva la bavette triangulaire pour la redresser contre mon ventre, pointe vers le haut. Puis il recula pour contempler son ouvrage. Il me regarda de haut en bas et sourit avant de continuer.

– Il est plus ancien que la Toison d'or ou que l'aigle romaine, plus chargé d'honneur que l'Étoile ou la Jarretière [12] ou tout autre ordre au monde, car il est le symbole de l'innocence et le lien de la fraternité. Je vous exhorte de tout mon pouvoir à le porter et à toujours le considérer comme tel. Et je vous déclare en outre que si vous ne déshonorez jamais ce tablier, il ne vous déshonorera jamais.

Parlions-nous ici de la Toison d'or de Jason ou de l'ordre de chevalerie médiéval éponyme ? Quinze siècles au moins les séparent. En tous les cas, le discours ne permettait pas d'éclaircir ce point. Et le rituel continuait imperturbablement. Paul reprit la parole.

– Frère Lomas. Permettez-moi d'ajouter aux observations du frère Premier Surveillant que vous ne devez jamais vous revêtir de ce tablier et pénétrer dans une loge où se trouve un frère avec lequel vous êtes en désaccord ou à l'endroit duquel vous éprouvez des sentiments d'animosité. En pareil cas, vous devez l'inviter à venir s'entretenir à l'écart avec vous afin de résoudre votre différend à l'amiable. Si vous avez le bonheur de réussir, vous pouvez alors vous habiller, entrer dans la loge et travailler avec l'amour et l'harmonie qui doivent toujours caractériser les francs-maçons. Mais si, par malheur, votre différend est tel qu'il ne puisse se résoudre aussi aisément, il est préférable que l'un de vous deux se retire ou que vous vous retiriez tous les deux, plutôt que de troubler, par votre présence, la bonne harmonie de la Loge.

---

12. Deux ordres médiévaux (dont l'un existe encore) créés quasi simultanément par des souverains pour récompenser leurs fidèles : l'Étoile par Jean II le Bon de France et la Jarretière par Édouard III d'Angleterre. (*N.d.T.*)

Cela me semblait être une philosophie élémentaire frappée au coin du bon sens, même si elle était formulée dans un langage archaïque : laissez vos querelles dehors sous peine de déranger tout le monde et de ne rien vous apporter de bon. C'était plein de bon sens, mais cela n'avait rien de révolutionnaire. Pourquoi me fallait-il porter un tablier de peau pointu pour faire ça ?

Paul enchaîna. Peut-être allait-il expliquer ce détail.

– Frère Premier Surveillant. Veuillez maintenant demander au frère Second Diacre[13] de placer le frère Lomas dans l'angle nord-est de la loge où l'exhortation sera délivrée par le frère Astore.

Mike Astore m'avait parrainé pour mon entrée en maçonnerie et il allait donc maintenant s'adresser à moi. Son discours avait-il une chance de m'aider à comprendre ce que toutes ces mises en scène étaient censées avoir comme effet sur moi ? Le Premier Surveillant parla.

– Frère Second Diacre. Par ordre du Vénérable Maître, veuillez maintenant placer le frère Lomas dans l'angle nord-est de la loge.

L'homme grisonnant avec son bâton s'avança et me prit la main. Une fois de plus, on me murmura de « partir du pied gauche » et nous nous remîmes en marche en suivant le parcours du soleil, de point cardinal en point cardinal, tout autour de la loge. Pourquoi devions-nous nous arrêter au nord-est ? C'est à cet endroit que le soleil se lève le jour du solstice d'été, le plus long jour de l'année. Mais quelle était vraiment la raison pour laquelle on me faisait aller au nord-est ? Me l'expliquerait-on quand j'y serais ?

Nous y arrivâmes enfin. Le Second Diacre se tenait près de moi, son bâton dans la main gauche. Mike était debout devant moi. À chaque mouvement de sa tête, ses lunettes sans montures scintillaient sous l'effet des lumières du plafond. Je lui fis un clin d'œil, mais il ne se départit pas de son visage grave et imperturbable. Il paraissait à la fois chercher à se concentrer de toutes ses forces et à se calmer. Ce n'est qu'ensuite, au terme de son exhortation, que je compris qu'il essayait de se concentrer pour mémoriser son long discours. Il commença.

– Frère Lomas. Il est d'usage, lorsque l'on entreprend la construction d'un édifice imposant et superbe, de poser la première pierre – ou pierre de fondation – dans l'angle nord-est du bâtiment. Comme vous venez d'être initié dans la franc-maçonnerie, vous êtes placé dans

---

13. Les Diacres [*Deacons*] sont généralement appelés « Experts » en France, mais les deux fonctions revêtant quelques nuances, nous avons conservé ici le terme « Diacre » utilisé par l'auteur. (*N.d.T.*)

l'angle nord-est de la loge pour symboliser cette pierre. Sur la fondation posée ce soir, puissiez-vous élever un édifice qui soit parfait en tous ses éléments, une pierre vivante qui fasse honneur au constructeur.

« Vous êtes maintenant, selon toute apparence, un maçon juste et droit. Je ne saurais trop vous recommander de toujours vous conduire comme tel. En vérité, je vais même mettre immédiatement vos principes à l'épreuve, dans une certaine mesure, en vous invitant à pratiquer cette vertu qui peut être à juste titre considérée comme le véritable révélateur du cœur d'un franc-maçon, à savoir la Charité... »

Je ne vais pas reproduire ici toute cette longue exhortation. Une fois qu'il l'eut achevée, Mike me sourit. Il recula, se tourna vers Paul et exécuta à son intention un signe rapide – le signe pénal comme je devais le découvrir plus tard. Celui-ci semblait utilisé comme un salut militaire. Paul retourna le salut et s'adressa à l'homme au bâton.

– Frère Second Diacre. Veuillez maintenant placer le frère Lomas au nord où les outils de travail d'un Apprenti franc-maçon vont lui être présentés et expliqués par le frère Oldthwaite.

L'homme au bâton – que j'allais bientôt apprendre à appeler Diacre – m'emmena faire un nouveau tour complet de la loge. Il me rappela de saluer au passage le Vénérable Maître et les Surveillants en utilisant le signe spécial. Et finalement, au terme de notre petit périple, nous nous retrouvâmes à deux mètres à peine à gauche de l'endroit d'où nous étions partis. Pourquoi ne pouvions-nous nous déplacer que dans le sens du soleil à l'intérieur de la loge ? C'était un peu comme si je disputais une étrange partie de « serpents et échelles », ce jeu de plateau traditionnel pour les enfants.

Dennis Oldthwaite se leva de son fauteuil et traversa lentement le pavé mosaïque – le tapis en forme d'échiquier noir et blanc – pour venir se planter devant moi. Dennis était un homme rubicond et jovial, dont la famille possédait des terres agricoles autour de la vallée de la Ryburn depuis le recensement du *Domesday Book* [14]. Dans son costume sombre, il ressemblait à une demi-carcasse de bœuf mal enveloppée. Avec un grand soupir, il se pencha et sortit quelque chose d'un coffret de bois posé sur le sol. Il se redressa et me fit face. Son visage se fendit d'un immense sourire que je lui rendis. Sa bonne humeur contagieuse rayonna quand sa voix puissante de gars du Yorkshire retentit.

– Frère Lomas. Par ordre du Vénérable Maître...

---

14. Premier inventaire ou « cadastre » de l'Angleterre, dressé en 1086, à la demande du roi Guillaume Ier, qui avait besoin de connaître les possessions exactes du pays qu'il avait conquis. (*N.d.T.*)

Il fit un mouvement de tête vers Paul pour appuyer l'identité du donneur d'ordre.

– … je vous présente maintenant les outils de travail utilisés par un Apprenti franc-maçon. Ce sont la règle de vingt-quatre pouces…

Il me tendit une règle de métal pliable de deux pieds de long qu'il déploya à son amplitude maximale.

– … le maillet…

Il mit entre mes mains un petit marteau à tête ronde.

– … et le ciseau du tailleur de pierre.

Finalement, il me confia un large ciseau de métal.

Encore une fois, j'avais l'impression de participer à un jeu d'enfant où il s'agissait cette fois de tenir le maximum d'objets sans les laisser tomber. Avais-je le droit d'utiliser mon petit tablier pour les déposer dessus ? Dennis continua.

– La règle de vingt-quatre pouces nous sert à mesurer l'ouvrage, le maillet à dégrossir la pierre brute et à enlever les aspérités, le ciseau à aplanir la pierre et à la préparer avant qu'elle ne passe aux mains d'un ouvrier plus habile.

Une fois de plus, un sourire rayonnant vint orner ses lèvres, tandis qu'il me regardait jongler avec les outils. J'avais peur de les faire tomber, tout en étant convaincu que, si j'en avais fait tomber un, Dennis aurait laissé exploser son grand rire jovial.

Il poursuivit son explication.

– Or, comme nous ne sommes pas tous des maçons opératifs, mais des maçons francs et acceptés, ou des maçons spéculatifs, nous appliquons ces outils à notre conduite morale.

Que voulait-il suggérer quand il parlait d'« appliquer » ces outils physiques que je tenais en main à l'état d'esprit immatériel que nous appelons la morale ? Cette juxtaposition me paraissait si étrange qu'elle m'incita à écouter attentivement la suite.

– Dans ce sens, la règle de vingt-quatre pouces symbolise les vingt-quatre heures de la journée, dont une partie doit être consacrée à prier et glorifier le Dieu Tout-Puissant, une autre à travailler et à nous reposer, et une autre enfin à secourir un frère dans le besoin.

– Le maillet représente la force de la conscience, propre à écarter les passions rebelles et indignes qui pourraient autrement s'imposer à nos esprits.

Il fit une pause pour créer un effet dramatique… qu'il saborda d'un coup en m'adressant un sourire chaleureux.

– Le ciseau du tailleur de pierre nous enseigne enfin les avantages de l'éducation qui peut nous aider à devenir de dignes membres d'une société régulièrement organisée.

Dennis me reprit les outils. En se penchant pour les ranger dans la boîte, il laissa malencontreusement tomber le marteau qui tomba sur le sol avec un bruit métallique. Il se redressa et salua Paul avant de me sourire une dernière fois et de retourner d'un pas lourd vers son fauteuil.

En avait-on fini ? Est-ce que je savais tout ce qu'il y avait à savoir ?

Apparemment pas, car Paul reprit la parole.

– Vous allez maintenant entendre l'exhortation du premier degré qui va être délivrée par le frère Tidewell.

Un petit homme soigné se leva et s'avança. Je me dis qu'avec sa petite taille, il aurait presque pu se perdre dans les profondeurs des grandes poches de Dennis. Le frère Tidewell salua lui aussi le Vénérable Maître. Puis il se tourna vers moi et me parla d'une voix nette et haut perchée. Son visage était un modèle de concentration. Et il avait bien besoin de se concentrer : comme j'allais bientôt m'en apercevoir, il s'apprêtait à prononcer le plus long discours de toute mon initiation.

– Frère Lomas. Maintenant que vous avez subi les épreuves de votre initiation, permettez-moi de vous féliciter d'avoir été admis comme membre de notre ancienne et honorable société.

« Ancienne, elle l'est en effet, car elle existe depuis des temps immémoriaux. Et honorable, il faut reconnaître qu'elle l'est également, car elle a une propension spontanée à rendre tel ceux qui suivent ses enseignements.

« En vérité, aucune institution ne peut se vanter d'être établie sur des bases plus solides que l'est la franc-maçonnerie, parce qu'elle est fondée sur la pratique de toutes les vertus morales et sociales et elle jouit d'une telle considération que, à toutes les époques, des monarques eux-mêmes ont cultivé notre art et n'ont pas jugé indigne d'échanger le sceptre contre la truelle. Ils ont protégé nos mystères et se sont même joints à nos assemblées… »

Ce petit sermon se poursuivit un moment. Je fus complimenté à propos de ma réception dans l'ordre et il me fut exposé toute une série de règles auxquelles j'étais censé me conformer. Finalement Ron Tidewell approcha de la fin de sa récitation. Un véritable *tour de force* de mémorisation.

– L'attention louable que vous avez accordée à cette exhortation me fait augurer que vous apprécierez à leur juste mesure les valeurs de la franc-maçonnerie et que vous graverez d'une manière indélébile, dans votre esprit, les commandements sacrés de la Vérité, de l'Honneur et de la Vertu.

Il en avait terminé. Les frères assis saluèrent sa performance par une brève batterie d'applaudissements. La prouesse mémorielle qu'il venait d'accomplir la méritait. Je me demandai si c'était un adepte du théâtre amateur.

Sur le fond, que signifiait ce discours ? Il avait débordé de considérations éthiques élémentaires. Mais il ne s'agissait pas franchement de secrets.

Au bout du compte, le détail qui m'avait le plus marqué, c'était que l'on m'ait demandé de me tenir dans l'angle nord-est du temple pour écouter cette exhortation, autrement dit là où se lève le soleil au solstice d'été, le jour le plus long de l'année. C'est la journée qui compte le plus d'heures de lumière. Si ce jour de solstice d'été avait été plus réel que symbolique, le discours de Ron Tidewell en aurait occupé la majeure partie diurne. C'était en tous les cas l'impression qu'il laissait.

Cette fois, la cérémonie semblait vraiment presque terminée. Paul reprit la parole.

– Vous êtes maintenant libre de vous retirer pour récupérer vos effets personnels. Et à votre retour dans la loge, une autre information vous sera communiquée. Mais si vous vous sentez d'ores et déjà parfaitement à l'aise, vous pouvez prendre votre fauteuil dans la loge.

Je compris l'allusion et allai m'asseoir sans quitter mon « pyjama » prêté.

Qu'allait-on encore m'apprendre ? Est-ce que cette nouvelle information m'aiderait à comprendre la cérémonie ?

J'écoutai attentivement Paul expliquer ce qui allait se passer maintenant.

– Frère Lomas. Ce grade comporte une épreuve de questions et de réponses qui doivent être mémorisées. Pour votre instruction et le bénéfice des frères en général, ces questions vont être posées par frère Astore à frère Nansen qui fournira les réponses requises.

Mike se leva et fit face à un homme aux cheveux bouclés assis derrière une table dans la partie nord-est de la loge. L'homme – qui s'appelait Gerry comme je l'appris ultérieurement – se leva à son tour. Mike commença.

– Où avez-vous été préparé à être reçu maçon ?

Ainsi commença une partie de ping-pong verbal. Je ne me doutais pas alors que j'allais bientôt la connaître sur le bout des doigts. Je me souviens qu'une question en particulier m'avait interpellé.

– Quand avez-vous été reçu maçon ? demanda Mike.

– À l'heure où le soleil est à son méridien.

Que racontait Gerry ? Dehors, il faisait noir. Le soleil ne venait certainement pas de passer à son méridien. Cela faisait même bien longtemps qu'il avait dépassé l'heure du thé et l'horizon. De qui se moquait-il ?

Mike poursuivait assidûment son interrogatoire.

– Comme, dans ce pays, la tenue des travaux maçonniques a lieu le plus souvent dans la soirée et que c'est alors que les voyageurs sont initiés, comment expliquez-vous votre réponse qui paraît, à première vue, paradoxale ?

Ah oui, comment comptait-il se sortir de cela ? Mais Gerry ne parut pas déconcerté.

– Puisque la Terre tourne continuellement sur son axe autour du Soleil qui est un corps fixe et que la franc-maçonnerie est une science universelle, répandue sur toute la surface de la terre, il s'ensuit nécessairement que le soleil est toujours à son méridien au regard de la franc-maçonnerie.

Gerry venait d'exalter l'hérésie de Galilée dans toute sa splendeur. En cet instant, mon cœur froid de scientifique curieux ressentit une chaleureuse sympathie pour la franc-maçonnerie.

Quand Mike et Gerry eurent achevé la longue litanie de questions, ils se tournèrent vers Paul et le saluèrent. Puis ils regagnèrent leurs places. Le Vénérable Maître me réservait une dernière surprise.

– Voici donc les questions et réponses de ce grade. À l'instar de l'obligation que vous avez prise ce soir, vous devez les apprendre par cœur avant de pouvoir accéder au prochain grade. Vos deux parrains ou tout autre frère de la Loge seront heureux de vous offrir toute l'aide dont vous aurez besoin.

Quoi ? Sérieusement Paul ! Tu veux que je mémorise tout ce fatras médiévalo-symbolique avant de pouvoir aller plus loin ? Si tant est que je m'y essaye, cela va me prendre des mois.

Et pourtant, c'est bien ce que je fis. Je suis parvenu à mémoriser tout cet ensemble de questions et de réponses – et j'ai même fait beaucoup plus que je ne me serais imaginé capable de faire alors.

J'avais été reçu maçon. Pourtant je ne me sentais pas plus savant.

Après la tenue, je suis allé voir Mike, mon parrain.

– Finalement, ça parlait de quoi toute cette cérémonie ?

– Tout s'éclaircira quand tu atteindras les autres grades.

– Tu en es sûr ?

– Attends et tu verras, répondit-il.

Il me fixa par-dessus ses lunettes en essayant de se donner un air énigmatique.

Attendre pour comprendre. Je n'avais pas le choix. C'est bien ce que je fis. Mais de nombreuses années s'écoulèrent avant que je puisse réellement commencer à comprendre ce que cette expérience avait à m'enseigner.

CHAPITRE III

MA PREMIÈRE PLANCHE
À TRACER

EN VISITE

Dans la semaine suivant mon initiation à la Loge Ryburn, mon ami, Mike, l'homme qui avait proposé mon entrée en franc-maçonnerie, me téléphona :

– Ça te tenterait de visiter la Loge Rokeby ? Ils font la planche à tracer du premier grade.

– C'est quoi « la planche à tracer du premier grade » ? Et cela veut dire quoi qu'ils vont la « faire » ? lui demandai-je.

Le nom me faisait penser à quelque danse sinueuse sur le sable. Pourrais-je simplement regarder ou s'attendait-on à ce que j'y prenne part ?

– C'est un élément de rituel qui explique la signification de la planche à tracer.

J'étais bien avancé.

– Super ! Maintenant dis-moi… Qu'est-ce qu'une planche à tracer ?

– Tu te souviens d'une sorte de peinture, sur une planche de bois, exposée devant la chaire du Vénérable Maître ?

– Pas vraiment, avouai-je.

J'avais été si désorienté par le mouvement continuel et le bombardement de questions et de réponses, que je ne me souvenais vraiment pas de grand-chose de l'intérieur du temple.

– Juste avant de fermer la loge, Walter s'est avancé et l'a retournée vers le mur. Après nous avons éteint les bougies des officiers, ajouta Mike.

Maintenant cela me revenait vaguement en mémoire.

– Une représentation du ciel avec trois piliers sur un échiquier ?

– C'est ça. Alors est-ce que ça te dit de venir pour en apprendre davantage ?

– Je n'ai pas de jupette, dis-je en utilisant le mot le plus évident qui me venait à l'esprit pour décrire ce vêtement.

– On appelle ce décor un tablier et le Tuileur [1] de Rokeby t'en fournira un. À quelle heure je passe te prendre ?

C'est ainsi que je partis pour ma première visite maçonnique en quête de mon premier élément d'information sur ce que pouvait être l'initiation maçonnique.

Un temple différent

La Loge Rokeby se réunissait au centre maçonnique de Blackwall à Halifax. Mike me guida à l'intérieur. Il portait une élégante valise de cuir rectangulaire. Je supposais qu'elle contenait son tablier. J'étais habillé d'un costume noir élégant, avec une cravate de même couleur et une chemise blanche. Je m'étais également procuré les gants blancs nécessaires. Ils attendaient sagement au fond de ma poche.

– On dirait que tu pars à des funérailles, m'avait dit mon épouse quand je suis sorti de ma chambre, prêt à partir.

Il y avait déjà pas mal de monde, exclusivement des hommes en costumes sombres, chemises blanches et cravates noires, comme moi. Ils s'affairaient dans le vestiaire, attachaient leur tablier, enfilaient leurs gants. Mike m'emmena à l'étage pour me présenter à un gars au faciès jovial et rubicond.

– Allez voir Frank, dit-il. C'est lui le Tuileur. Il vous fournira un tablier d'Apprenti.

– Je suis certain que nous en avons un ici, répondit le dénommé Frank en fouillant dans un placard.

Il me tendit un tablier en peau blanc avec des lacets de coton. Mike m'aida à le nouer autour de ma taille et releva la bavette triangulaire.

– Pourquoi dois-je avoir la pointe vers le haut ? demandai-je.

– Cela montre que tu es un Apprenti et cela permet également de montrer que le tablier a cinq pointes.

– En quoi ces cinq pointes ont-elles de l'importance ?

– Tu le découvriras en temps utile, me répondit Mike.

---

1. Frère vérifiant la qualité de maçon des participants à une tenue. (N.d.T.)

– Je n'ai jamais vu l'ouverture d'une Loge, rappelai-je. Je ne vais pas savoir ce qu'il faut faire.

– Ne t'inquiète pas. Je vais m'asseoir près de toi et te montrer, me promit-il.

Je me sentais mal à l'aise au milieu de tous ces hommes habillés comme pour des funérailles et revêtus de gants blancs et de tabliers bleu et blanc. J'étais le seul à porter un tablier uniformément blanc, ce qui accroissait mon malaise. Et pour ajouter à mon inconfort, personne n'avait la pointe de son tablier relevée vers le haut. J'avais l'impression que tout le monde me regardait…, mais tous se montraient amicaux et accueillants.

Nous nous sommes assis dans la loge – le temple comme Mike l'appelait. Quand tout le monde fut prêt, on ouvrit la Loge.

Le Maître se leva et demanda à l'assistance d'entonner avec lui l'hymne d'ouverture. Discrètement, Mike me glissa une feuille sur laquelle étaient imprimées les paroles de l'hymne maçonnique.

Dans un coin du temple, il y avait un orgue qui se mit à jouer un air que je reconnus : *Vienna.* Dans un soudain flash-back, je me revis en train d'attendre à demi nu dans les toilettes des dames de la Loge Ryburn, prêt pour mon initiation. Était-ce ce que j'avais entendu à travers les portes ? Tous les autres présents connaissaient apparemment les paroles par cœur. Quant à moi, je dus m'aider de la feuille pour suivre. Mais comme je la tenais bas, j'éprouvais quelque peine à déchiffrer les paroles. En réalité, inconsciemment, j'avais déjà intégré le principe maçonnique selon lequel si quelque chose mérite d'être su, il doit l'être par cœur.

Quand le chant fut terminé, le Maître arrangea mécaniquement sa cravate noire avant d'entamer une procédure rituelle ostensiblement récitée de mémoire.

– Mes frères, unissez-vous à moi pour ouvrir la Loge.

Il se tourna vers un homme aux cheveux sombres assis au centre du flanc gauche du temple.

– Frère Jackson, quel est le premier devoir de tout maçon ?

– C'est de s'assurer que la Loge est bien couverte [c.-à-d. gardée], frère Randall.

Apparemment satisfait par cette réponse, le Maître demanda à frère Jackson de s'assurer que la Loge était effectivement bien couverte. Manifestement, ce n'était pas un travail que l'homme assis dans le curieux fauteuil au sud pouvait accomplir par lui-même. Il passa rapidement cette responsabilité à un autre petit camarade chétif debout près de la porte. Celui-ci tenait gauchement une épée et ne donnait pas franchement l'impression de savoir comment s'en servir.

– Frère Yates, assurez-vous que la Loge est bien couverte.

Le frère Yates frappa sur la porte avec la poignée de son épée et, à l'extérieur de la pièce, quelqu'un frappa en retour. Une fois cette procédure accomplie, son résultat fut remonté hiérarchiquement comme si la vérification n'avait pas été effectuée au vu et au su de tous. L'homme près de la porte dit à celui dans le fauteuil :

– La Loge est bien couverte.

Et l'homme assis transmit à son tour l'information au Maître... sans doute au cas où celui-ci n'aurait pas fait attention.

Le Vénérable se tourna alors vers un autre homme au visage oblong, lui aussi assis dans un fauteuil confortable, en face de lui à l'ouest de la loge.

– Frère Susman. Que devons-nous faire ensuite ?

On aurait dit que le Maître voulait vérifier que l'homme était attentif... à moins qu'il n'ait vraiment oublié ce qu'il fallait faire maintenant. Mais l'homme connaissait son affaire et il répondit rapidement :

– Nous assurer que seuls des maçons sont présents.

Sa mémoire ayant été opportunément rafraîchie, le Maître se tourna vers l'ensemble de la Loge.

– À l'ordre, mes frères, au premier grade.

Tout le monde s'exécuta, sauf moi. J'eus la sensation que certains autour de moi manifestaient sourdement leur réprobation. Mais ce n'était peut-être qu'un effet de mon imagination enfiévrée alors que j'étais pris d'une soudaine envie d'aller faire un tour à la plage.

Mike me murmura.

– Fais le signe que l'on t'a montré la semaine dernière.

Je l'exécutai aussi vite que je pus et le murmure naissant s'évanouit. Je ne pus m'empêcher de lâcher un soupir de soulagement. Pour cette fois, j'avais encore réussi à sauver ma gorge.

Je finissais par croire que l'auteur du rituel maçonnique avait dû penser que le Maître et ses Surveillants seraient affligés d'une mauvaise mémoire. Ils ne cessaient de s'interroger les uns les autres pour savoir ce qu'il fallait faire ensuite... et pourtant, aucun frère présent n'émettait le moindre murmure désapprobateur. Tout le monde s'attendait donc bien à cet échange de questions incongrues.

Le Maître s'adressa de nouveau à l'homme dans le luxueux fauteuil à sa gauche.

– Frère Second Surveillant, combien y a-t-il d'officiers principaux dans la loge ?

Je regardai autour de moi et me demandai comment on pouvait reconnaître un officier. Portaient-ils des cols particuliers ou tenaient-ils des bâtons ? Peut-être était-ce ceux qui avaient droit à des fauteuils confortables ? Mike me donna un discret coup de coude pour m'inciter à être attentif.

Le Second Surveillant connaissait la réponse.

– Trois, répondit-il sans hésitation et il les nomma : le Maître, et les Premier et Second Surveillants.

Le Maître regarda justement le Premier Surveillant, en face de lui.

– Frère Premier Surveillant, combien y a-t-il d'officiers adjoints ?

Ce Surveillant fut aussi prompt à répondre et sa réponse commençait à avoir quelque chose de familier.

– Il y en a également trois, sans compter le Tuileur [le gardien extérieur]. Ce sont les Premier et Second Diacres [2] et le Couvreur [le gardien intérieur].

Ainsi, maintenant, tout le monde savait combien d'officiers étaient nécessaires pour constituer une Loge : trois hommes assis dans des fauteuils d'apparat, deux types avec un bâton et deux autres avec des épées gardant chacun un côté de la porte fermée. Sept au total. Un nombre intéressant : le sept est traditionnellement utilisé pour symboliser la perfection et le caractère accompli d'une chose.

Quel était le but de ce rituel ? Apparemment, on examinait le rôle de chacun des membres de la Loge. Faisait-on cela chaque fois que l'on se réunissait ? Et si tel était le cas, quelle en était la raison ? Alors que ces pensées se bousculaient dans ma tête, je réalisai que l'énumération des fonctions n'était pas terminée.

Le Maître continua :

– Frère Second Surveillant, quel est le devoir du Tuileur ?

– Il se tient à l'extérieur de la loge, armé d'un glaive nu, pour protéger les frères d'éventuelles incursions de profanes [*cowans* [3]] et éloigner toute oreille indiscrète, et s'assurer que les candidats sont convenablement préparés.

Le Maître apostropha alors le petit homme malingre à l'épée, qui continuait de garder la porte.

– Frère Couvreur, quel est ce devoir qui vous oblige à vous tenir à la porte de la loge ?

---

2. Appelés « Experts » en France. (*N.d.T.*)

3. Un peu plus tard, je me jetai sur le *Shorter Oxford Dictionary* et découvris que ce mot signifiait : « 1. constructeur de murs de pierres sèches ; 2. une personne qui réalise un ouvrage de maçon sans avoir été apprenti du métier ; 3. un individu qui n'est pas franc-maçon. »

– J'admets les maçons qui ont été tuilés [contrôlés]. J'empêche les candidats d'avancer et j'obéis aux ordres du Second Surveillant.

C'était donc cet officier qui avait pointé l'épée contre ma poitrine au moment de mon entrée dans la Loge Ryburn alors que je me trouvais dans mon « état de ténèbres ». Grâce à cette ouverture rituelle, je commençais à comprendre un peu mieux le rôle de chacun. C'était peut-être le but. Mais est-ce que cela m'aiderait à comprendre ce que la franc-maçonnerie essayait d'enseigner ?

Le Maître reprit la parole. Cette fois, il interpella l'un des porteurs de bâton, un gentleman corpulent dans un costume bleu foncé sous son tablier.

– Frère Second Diacre, quel est votre devoir dans cette Loge ?

La réponse fut immédiate.

– Je suis placé à la droite du Premier Surveillant, pour porter tous les messages et communications au Second Surveillant et veiller à ce qu'il y soit rigoureusement donné suite.

Était-ce vraiment sérieux ? Le Second Surveillant n'était à guère plus de trois mètres du Second Diacre et il aurait eu du mal à ne pas entendre les instructions transmises à ce dernier. Pourquoi avait-on besoin d'un messager pour porter des communications sur une si courte distance ? Ces différents rôles recélaient-ils quelques significations symboliques plus profondes ? Je ne voyais pas lesquelles, mais j'ignorais surtout alors qu'il me faudrait encore attendre des années avant de commencer à comprendre leur symbolique. Et quand le Maître demanda à l'autre porteur de bâton d'expliquer son rôle, ma confusion grimpa encore d'un cran.

– Je suis placé à la droite du Vénérable Maître, pour porter ses messages et ordres au Premier Surveillant et attendre le retour du Second Diacre.

C'était la hiérarchie en folie. Le Premier Surveillant et le Vénérable Maître avaient tous les deux des messagers pour aller porter leurs instructions à des personnes se trouvant à quelques pas d'eux dans la même pièce, tandis que le Second Surveillant commandait une « armée » de deux hommes pour défendre la porte de la loge.

Bizarre, non ?

Je donnai un petit coup de coude à Mike.

– Ont-ils vraiment besoin de messagers ?

– Chut, répondit-il. Ce n'est pas fini.

Il avait raison. Le Maître s'intéressait maintenant au Second Surveillant.

– Pourquoi êtes-vous placé au midi de la loge ?

– Pour symboliser la position du soleil à son méridien, appeler les frères du travail au repos et du repos au travail, pour leurs plus grands profit et plaisir.

Puis le Vénérable s'adressa à l'homme assis dans le fauteuil face à lui.

– Frère Premier Surveillant, pourquoi êtes-vous placé à l'occident ?

Au cours de mon initiation, on m'avait dit que ces trois hommes assis dans ces fauteuils d'apparat représentaient le soleil, la lune et le Maître de la Loge. Ce rituel d'ouverture de Loge allait-il confirmer ce que j'avais retenu ? J'écoutai attentivement la réponse du Surveillant.

– Pour symboliser la position du soleil à son couchant. Comme la lumière disparaît à l'ouest pour montrer que le jour s'achève, je suis assis à l'occident pour clore le travail de la Loge quand le Vénérable Maître l'ordonne.

Le rituel visait clairement à rappeler aux frères le rôle que chacun jouait dans l'organisation de la Loge. D'abord, chaque officier avait été clairement nommé, puis le Maître les avait interrogés l'un après l'autre pour se faire rappeler la mission de chaque fonction. Toutefois, ce que venait de répondre le Premier Surveillant ne collait pas avec ce qui m'avait été raconté la semaine précédente. Lors de mon initiation, on m'avait expliqué qu'il symbolisait la lune, mais maintenant, il venait de répondre qu'il représentait le soleil couchant. Fallait-il deviner là quelque subtile nuance symbolique entre la lune et le soleil couchant ou s'agissait-il simplement, dans les deux cas, de symboles des ténèbres de la nuit ?

Le Maître se tourna vers l'homme assis juste à sa gauche.

– Frère Passé Maître Immédiat, pourquoi suis-je placé à l'orient ?

Assurément, le Vénérable Maître était capable de se rappeler une chose aussi simple que cela. Alors le rituel avait-il pour objet d'insister sur ce détail ? L'homme qui venait d'être appelé Passé Maître Immédiat se leva de toute la hauteur de son un mètre soixante-dix et exécuta un salut maçonnique avant de répondre.

– Comme le soleil se lève à l'orient pour ouvrir et animer le jour, le Vénérable Maître est placé à l'orient pour resplendir sur toute la Loge, l'ouvrir et instruire les frères dans l'art de la franc-maçonnerie.

– Est-ce que vous refaites toute cette procédure fastidieuse chaque fois que vous vous rencontrez ? murmurai-je à Mike. Ou est-ce que vous l'exécutez simplement aujourd'hui parce que je suis nouveau ?

Mike parut un peu irrité, comme si j'avais parlé à l'église pendant les prières.

– On ouvre toujours la Loge ainsi, me chuchota-t-il. Maintenant tais-toi.

Il repositionna ses lunettes sur son nez pour indiquer qu'il se concentrait.

Le Maître se tourna vers le centre de la loge.

– Mes frères, la Loge est maintenant régulièrement formée. Mais avant de déclarer nos travaux ouverts, nous avons un dernier point à considérer. Invoquons la protection de l'ordre divin dans toutes nos entreprises. Sans le soutien du Grand Architecte de l'Univers, nos efforts seraient vains, nous ne connaîtrions aucune paix et nous n'atteindrions jamais l'harmonie. Puisse notre Loge bénéficier des grands bienfaits de la Loi sacrée.

Tous les frères debout répondirent.

– Qu'il en soit ainsi.

Le Maître leva les mains vers le plafond et, tout en les gardant levées, il annonça :

– Mes frères, au nom du Grand Architecte de l'Univers, je déclare cette Loge dûment ouverte aux travaux de la franc-maçonnerie au premier grade.

Le Maître frappa trois coups avec son maillet. D'autres frères lui firent écho tout autour de la salle. Et la série de coups s'acheva avec ceux que donna l'homme à l'extérieur du temple contre la porte fermée.

La Loge était enfin ouverte.

Pendant les quelques minutes suivantes, il ne se passa rien de très excitant. L'ordre du jour ressembla à n'importe quelle réunion d'affaires ou de travail, les bizarreries vestimentaires et les tabliers mis à part. Ils lurent et approuvèrent les minutes de la tenue précédente, écoutèrent les rapports des trésoriers et des aumôniers... La routine, quoi ! Était-ce là l'un des secrets de la franc-maçonnerie : tout ce qu'elle faisait, c'était tenir des réunions d'affaires en s'habillant de manière incongrue ? Je comprenais qu'ils n'aient rien voulu dire avant que j'aie prêté serment de garder le secret. Qui a envie de rejoindre une société qui se réunit pour travailler en tabliers décorés ?

– Quand allons-nous entendre parler de cette fameuse planche à tracer ? demandai-je à Mike alors que les Diacres faisaient le tour de la pièce avec le livre de minutes pour que le Maître et les Surveillants le signent.

Il me glissa une feuille.

– Tiens, me dit-il. C'est le prochain sujet à l'ordre du jour.

Je regardai le papier. Il donnait le programme du jour et Mike avait raison. Le prochain sujet était « La Planche à tracer du premier grade ».

Je regardai le tableau exposé devant le bureau du Maître. On voyait trois colonnes sur un échiquier encombré d'objets. Elles se découpaient sur un ciel aux couleurs vives dans lequel on apercevait le soleil, la lune et les étoiles. C'était joli, mais qu'est-ce que cela signifiait ?

TRACER LA PLANCHE

Les deux Diacres s'avancèrent et prirent la planche. Puis ils firent le tour complet du temple dans le sens des aiguilles d'une montre pour venir la poser à plat au centre de la loge. L'homme qui devait faire l'intervention se trouvait près d'eux. Il tenait une baguette dans ses mains gantées de blanc pour indiquer les différentes parties du tableau tandis qu'il parlait. Grand, avec un air distingué et un port presque militaire, il arborait une épaisse tignasse blanche qui semblait défier la gravité et encadrait sa tête comme un halo.

Il commença à parler avec le parfait accent de la classe moyenne du Yorkshire : pas le ton des fermiers de la campagne, mais celui plus éduqué d'un notable local. Je découvris plus tard qu'il travaillait pour notre société de crédit immobilier. Son phrasé s'accordait assez bien avec la grandiloquence des premières paroles de son exposé.

– Les us et coutumes des francs-maçons ont toujours eu une grande affinité avec ceux des anciens Égyptiens. Leurs adeptes, ne voulant pas exposer leurs mystères aux yeux du vulgaire, dissimulèrent l'essence de leurs systèmes d'enseignements et de gouvernement sacré sous des signes et des symboles, communiqués exclusivement à leurs grands prêtres et à leurs assistants de valeur, qui s'engageaient, par une obligation solennelle, à les tenir secrets.

Pour une conférence, cette entrée en matière me semblait très formelle. Il la déclamait comme s'il la lisait, mais il n'avait pas la moindre note.

– Le système de Pythagore était fondé sur un principe analogue, comme de nombreux autres systèmes d'époques plus récentes. Cependant la franc-maçonnerie n'est pas seulement l'institution la plus ancienne qui subsiste, mais également la plus noble, car il n'est aucun des symboles ou emblèmes qui figurent ici qui ne servent à inculquer les préceptes de la rectitude et de l'honneur dans les esprits de ses vrais fidèles.

Je tapotai le bras de Mike.

– Est-ce un discours rituel ?

– Bien sûr, murmura-t-il. Il l'a mémorisé. Maintenant, tais-toi, regarde et écoute.

– Permettez-moi tout d'abord d'attirer votre attention sur la forme de la loge, qui est un parallélépipède parfait, s'étendant, en longueur, d'est en ouest et, en largeur, du nord vers le sud. En profondeur, il s'enfonce jusqu'au centre de la terre et monte même aussi haut que la sphère céleste. Les loges de notre ordre sont ainsi symboliquement décrites dans toutes les directions de l'espace pour illustrer l'universalité de notre art et nous montrer que la bonté d'un maçon ne doit connaître d'autres limites que celle de la discrétion.

Tout en parlant, il utilisait sa baguette pour indiquer les symboles des quatre points cardinaux qui étaient inscrits sur les bords de la planche. Toute la bordure du tableau était constituée par une série de triangles bleus et rouges. Aux quatre coins, on voyait ce qui ressemblait à des glands de tentures. La planche rectangulaire était posée dans sa longueur d'est en ouest, avec son sommet tourné vers l'orient.

Le récit continua.

– On dit que la loge est érigée sur une terre sacrée, parce que l'emplacement de la première loge fut consacré par trois augustes offrandes qui reçurent l'approbation céleste. La première offrande fut le consentement d'Abraham à la volonté de l'être suprême, en ne refusant pas de lui offrir en holocauste Isaac, son fils aîné, alors qu'il plut finalement au Très-Haut de lui substituer une victime plus conforme. La deuxième offrande fut les nombreuses et ferventes prières du roi David, qui apaisèrent la colère du Très-Haut et arrêtèrent l'épidémie de peste qui dévastait son peuple, par suite de la faute inconsciente qu'il avait commise en le dénombrant contre la volonté divine. La troisième offrande, ce furent les nombreuses actions de grâce, sacrifices, holocaustes et riches présents que le roi d'Israël, Salomon, fit en construisant, dédiant et consacrant le Temple de Jérusalem au service du Très-Haut. Par ces trois grandes offrandes, la franc-maçonnerie fut, est et restera consacrée au service de l'Être Suprême.

De nouveau, l'intervenant utilisa sa baguette pour montrer l'axe le plus long de la planche.

– Notre loge est orientée sur la ligne du lever de soleil à l'équinoxe de printemps, autrement dit d'est en ouest. Ce ne sont pas seulement les loges de maçons, mais tous les temples dédiés au culte divin qui doivent être ainsi orientés. À cela, la franc-maçonnerie donne trois raisons principales :

« La première est que, à l'heure de cette saison sacrée, le soleil, manifestation visible du Très-Haut, se lève sur l'horizon oriental et disparaît dans la mer occidentale. La deuxième est que notre art royal est né en Orient et, de là, a répandu sa bienheureuse influence en Occident. Et il y a une dernière et importante raison, la troisième, concernant l'apparition de l'étoile flamboyante du matin dans le ciel pré-auroral, à propos de laquelle vous aurez l'occasion d'en apprendre davantage en progressant sur la voie de notre antique science. »

Le conférencier désigna de sa baguette les piliers peints sur la planche.

– Notre Loge est soutenue par ces éminentes colonnes qui sont au nombre de trois.

À mesure qu'il pointait chacun des piliers, il les nommait :

– Elles sont appelées Sagesse, Force et Beauté : la Sagesse pour concevoir, la Force pour soutenir et la Beauté pour embellir ; la Sagesse pour guider nos actions, la Force pour nous aider à traverser nos difficultés et la Beauté pour réjouir notre conscience.

Jusque-là, le frère n'avait pas montré la moindre hésitation. C'était une prouesse mémorielle impressionnante. Il indiqua l'espace entre les colonnes en disant :

– L'Univers est le temple de la Loi sacrée en laquelle nous croyons. Sagesse, Force et Beauté sont les chemins qui nous permettent d'approcher la compréhension de l'ordre sacré du monde. La Sagesse, parce qu'elle est infinie, la Force parce qu'elle est une grande puissance, et la Beauté parce qu'elle resplendit dans l'ordre et les proportions de la Nature tout entière.

La baguette passa au-dessus du soleil, de la lune et des étoiles représentées dans le ciel au-dessus des colonnes.

– Le ciel s'étend au-dessus de notre loge comme un vaste dais ; la terre se trouve sous nos pieds ; et les étoiles couronnent notre monde comme un diadème de beauté, de puissance et de gloire. Les mouvements du Soleil et de la Lune nous transmettent des messages d'ordre et de stabilité et exaltent par leurs actions la puissance de la Loi sacrée. Toutes nos Loges maçonniques sont soutenues par trois colonnes qui sont les emblèmes de cette Loi sacrée et qui symbolisent Salomon, roi d'Israël, Hiram, roi de Tyr, et Hiram Abif : Salomon pour la sagesse dont il fit preuve en construisant, dédiant et consacrant le Temple de Jérusalem au service du Très-Haut ; Hiram, roi de Tyr, pour la force qu'il déploya en lui apportant son concours en hommes, matériaux et main-d'œuvre ; et Hiram Abif pour la maîtrise qu'il montra dans l'embellissement et l'ornementation du Temple.

Chacune des colonnes de la planche avait un style architectural différent. L'orateur les décrivit à tour de rôle en les désignant de sa
baguette.

– Comme il n'existe pas en architecture d'ordres connus sous les
noms de Sagesse, Force ou Beauté, nous célébrons leurs qualités
maçonniques en leur donnant les noms les plus célèbres qui sont : le
dorique, l'ionique et le corinthien.

Il marqua une pause pour reprendre sa respiration et leva les yeux
vers le plafond bleu nuit et constellé de la loge. Il continua :

– La loge maçonnique est couverte par un dais céleste d'une
sublime couleur, uni comme la voûte du ciel.

Sur la planche à tracer, il se mit à montrer une échelle qui reposait
sur un autel cubique et qui s'élevait vers une étoile brillant à l'est.

– Le moyen par lequel un maçon essaye d'atteindre et de
comprendre les cieux consiste en une échelle, appelée dans la Bible,
l'échelle de Jacob. Cette échelle est composée de nombreux échelons
ou degrés qui représentent les vertus morales, mais il en est trois qui
sont cardinales : ce sont la Foi, l'Espérance et la Charité. La Foi dans
la structure sous-tendant la Loi sacrée, l'Espérance de pouvoir nous
élever vers la connaissance du centre du savoir sacré, et la Charité pour
pouvoir vivre en harmonie avec toute l'humanité. Cette échelle rejoint
le domaine des étoiles et repose sur le volume de la Loi sacrée, car les
préceptes divins contenus dans la Loi sacrée nous apprennent à utiliser
ces enseignements pour trouver les marches qui nous mèneront
jusqu'au centre de la connaissance sacrée. Cette croyance en l'ordre
sous-jacent renforce notre espoir de participer aux promesses divines
contenues dans la Loi sacrée. Cette espérance nous permet de
progresser dans notre compréhension du centre de la connaissance
sacrée et, réciproquement, cette compréhension oriente notre attitude
quotidienne et nous permet de coexister harmonieusement avec nos
semblables. De manière emblématique, nous avons gravi le chemin vers
une demeure céleste symboliquement représentée ici par sept étoiles,
qui sont aussi une allusion au nombre de frères qui constituent une
Loge parfaite et qui peuvent initier un candidat dans l'ordre.

Le rituel d'ouverture avait énuméré sept officiers sans lesquels
aucune Loge ne pouvait être ouverte. Et maintenant, ce récit de la
planche à tracer m'apprenait que ces sept maçons pouvaient être
associés à l'apparition des étoiles dans le ciel. Sur la planche, le soleil se
trouvait dans le quartier nord-est, là même où je m'étais tenu pendant
que l'on me parlait de la fondation de la franc-maçonnerie. Comme le
soleil se levait au nord-est au solstice d'été, ce détail me soufflait que la

planche était censée représenter symboliquement cette date. Ce jour est le plus important dans le calendrier solaire et je me rendais compte qu'il y était sans cesse fait allusion dans le symbolisme du rituel. Pourtant personne ni aucune partie du rituel n'avait explicitement mentionné cette date solsticiale.

L'intervention allait maintenant se poursuivre par la description de l'agencement d'une loge parfaite.

– L'intérieur d'une loge de maçons contient des ornements, des meubles et des bijoux. Les ornements sont le pavé mosaïque, l'étoile flamboyante du matin et la bordure dentelée. Le pavé mosaïque est le magnifique dallage de la loge (en forme d'échiquier), l'étoile flamboyante du matin illumine la beauté du centre et la bordure dentelée marque la frontière du dallage noir et blanc.

Il tendit sa baguette vers les carreaux noirs et blancs du sol de la loge que l'on voyait aussi sur la planche à tracer.

– Le pavé mosaïque peut être considéré comme un merveilleux dallage, en raison de sa diversité et de la régularité de sa division en carrés. Ceci traduit la variété des êtres et des choses qui embellissent et ornent le cosmos, tant ceux qui sont animés que ceux qui ne le sont pas.

Il désigna ensuite l'étoile lumineuse dans la partie est de la planche.

– L'étoile flamboyante du matin, Gloire du centre, nous rappelle le soleil qui éclaire la terre et qui, par sa bienveillante influence, dispense ses bienfaits à l'humanité.

Je ne parvenais pas à saisir le sens de tout cela. D'un côté, on nous montrait le soleil se levant au nord-est et, d'un autre, on voyait un astre se lever plein est au-dessus de l'autel. Son symbolisme n'était pas celui du soleil, mais bien celui d'une brillante étoile du matin. Je décidai de laisser cette énigme de côté pour me concentrer sur la suite de l'exposé. L'intervenant désignait maintenant la bordure de la planche à tracer avec ses formes triangulaires.

– La bordure dentelée nous rappelle les étoiles ou planètes en mouvement, qui dans leurs diverses révolutions forment une merveilleuse bordure autour de ce grand luminaire qu'est le soleil, comme une autre ceint une loge de maçons.

Il pointa alors sa baguette vers le fauteuil du Maître et son piédestal.

– Les meubles de la loge sont le volume de la Loi sacrée, le compas et l'équerre. La Loi sacrée guide notre compréhension. Nous testons les candidats à la franc-maçonnerie sur leur compréhension de l'Être Suprême symboliquement contenu dans ce volume. L'équerre et le compas, quand ils sont réunis, doivent régler nos actions et nos vies. Le volume de la Loi sacrée renferme les règles qui gouvernent le cosmos, le compas appartient au Maître en particulier et l'équerre à l'ensemble de l'ordre.

Il désigna une série d'objets répartis entre les piliers sur le sol noir et blanc de la planche à tracer.

– Les bijoux que l'on trouve dans la loge sont au nombre de six : trois mobiles et trois immobiles. Les bijoux mobiles sont la perpendiculaire (ou fil à plomb [4]), l'équerre et le niveau. Nos frères opératifs utilisent le niveau pour vérifier les horizontales et établir les surfaces planes ; l'équerre pour tracer des angles droits parfaits ; et la perpendiculaire pour établir et vérifier les verticales. Mais nous, maçons spéculatifs, utilisons ces outils comme des symboles moraux : la perpendiculaire nous enseigne la droiture, l'équerre la rectitude morale et le niveau l'égalité. Nous les appelons des bijoux mobiles parce qu'ils sont portés par le Vénérable Maître et les Surveillants et que, chaque année, ils sont transmis à leurs successeurs. Le Maître porte l'équerre, le Premier Surveillant le niveau et le Second Surveillant la perpendiculaire.

Le récitant fit un pas en arrière et montra cette fois deux blocs de pierre qui se trouvaient de chaque côté de la planche à tracer sur le sol de la loge, l'un avec des faces brutes et l'autre avec des flancs parfaitement lisses.

– Nos bijoux immobiles sont aussi au nombre de trois. Ce sont la planche à tracer, la pierre brute et la pierre cubique (cube parfait ou travaillé). La planche à tracer sert au Maître du métier à exposer ses plans pour guider ses ouvriers. La pierre brute est la matrice sur laquelle l'Apprenti apprend et s'exerce. La pierre cubique sert à l'ouvrier expérimenté comme étalon pour évaluer la quadrature, le niveau et la verticalité de ses outils et travaux. Ces bijoux sont immobiles à l'intérieur de la loge pour que les frères puissent en permanence méditer dessus.

– De même que la planche à tracer sert à un Maître du métier à dessiner afin de permettre aux ouvriers de transformer ces plans en édifices réels, le volume de la Loi sacrée est la planche à tracer spirituelle du Grand Architecte de l'Univers, sur laquelle il a dessiné les préceptes opératifs qui expliquent le fonctionnement du royaume céleste et éternel. La pierre brute est grossière et sans forme, tout juste extraite de la carrière, mais grâce aux outils de l'Apprenti, elle sera dégrossie et taillée en la forme voulue. Elle symbolise l'esprit humain dans un état immature, au premier stade de sa vie, qui se trouve dans le

---

4. Perpendiculaire vient du latin *perpendiculum*, « fil à plomb ». (*N.d.T.*)

même état brut et non poli que cette pierre. Ce n'est que par la puissance civilisatrice de l'instruction et un travail rigoureux que l'esprit immature peut se préparer à assumer un rôle plus responsable dans la société. La pierre cubique ou cube parfait est un étalon grâce auquel les outils peuvent être contrôlés et l'état d'avancement des pierres brutes évalué. Elle permet de calibrer le compas et l'équerre du Maître du métier[5]. Elle symbolise aussi l'esprit mature et éduqué, un état que nous ne pouvons espérer atteindre qu'en appliquant les enseignements spirituels de la maçonnerie à nos esprits bruts.

Il s'agissait là d'une idée nouvelle pour moi. La franc-maçonnerie se voyait-elle comme une science permettant de former l'esprit humain ? Les deux pierres de la loge symbolisaient l'esprit avant et après son éducation. Mais comment la franc-maçonnerie comptait-elle m'éduquer ? Le conférencier était sur le point de me fournir une nouvelle clé... que je ne commencerais à comprendre que des années plus tard.

Il enchaîna.

– Dans une loge régulièrement constituée, il est un point situé à l'intérieur d'un cercle autour duquel un maçon ne peut s'égarer. Ce cercle est délimité entre le nord et le sud par deux grandes lignes parallèles dont l'une symbolise Moïse et l'autre le roi Salomon. Sur la partie supérieure de ce cercle repose le volume de la Loi sacrée, supportant l'échelle de Jacob, dont le sommet rejoint les cieux. Si les doctrines contenues dans ce volume nous deviennent familières, elles nous mèneront, comme le symbolisent ces deux parallèles, vers une meilleure compréhension du sens de l'univers.

Avec sa baguette, l'orateur montra ce symbole – le point, le cercle et les deux parallèles – dessiné sur le côté de l'autel supportant un livre ouvert, un compas et une équerre. Mais il poursuivit en ajoutant d'autres détails.

– En faisant le tour de ce cercle, nous devons nécessairement toucher ces deux lignes parallèles, ainsi que le volume de la Loi sacrée ; et quand un maçon se tient dans ces limites, il ne peut s'égarer.

Cette description du cercle circonscrit et de la glorieuse lumière du centre devait devenir une clé importante pour ouvrir les anciens secrets de l'enseignement maçonnique. Mais quand j'entendis cet exposé pour la première fois, cela ne signifiait pas grand-chose pour moi.

---

5. Il est peut-être intéressant de noter ici que, si pour les Anglais du Rite Émulation, la pierre cubique parfaite sert d'étalon pour « calibrer » le compas et l'équerre, leurs homologues français, à l'inverse, contrôlent la forme « régulière » de la pierre cubique « à l'aide de l'équerre et du compas ». (*N.d.T.*)

L'intervenant continua de décrire des objets disposés sur le sol de la planche à tracer en les pointant de sa baguette.

– Cet outil de métal, qui se referme sur la pierre et l'agrippe, permet à nos frères opératifs de lever de lourdes charges sans grande difficulté. Le nom maçonnique de cet outil est levier [*lewis*] ou louve et il signifie « Force ». Les termes *lewis* [« louveteau »] et *lewisa* [« louve »] désignent le fils et la fille d'un maçon. Leur devoir envers leurs parents est de les décharger du fardeau des difficultés quotidiennes quand ceux-ci deviennent trop faibles du fait de leur âge. En agissant ainsi, ils auront le privilège d'être reçus maçons avant toute autre personne.

Ce dernier commentaire – presque un aparté – laissait entendre que la maçonnerie se voyait, en un certain sens, comme un devoir héréditaire. (Je devais approfondir ultérieurement cette idée dans d'autres livres.) Cependant quand j'entendis pour la première fois cette planche, ce ne fut pas cette idée qui me fascina, mais la prodigieuse mémoire de l'orateur. Cela faisait près de vingt minutes qu'il parlait sans la moindre sorte d'antisèche et sans susciter la moindre réaction désapprobatrice. Je me demandai si ces prouesses mémorielles étaient courantes chez les maçons.

Il continua :

– Aux quatre coins de la loge pendent quatre glands qui doivent nous rappeler les quatre vertus cardinales, à savoir la Tempérance, le Courage, la Prudence et la Justice. La tradition nous enseigne qu'elles furent de tout temps pratiquées par la grande majorité de nos anciens frères. Les traits caractéristiques qui distinguent un vrai franc-maçon sont la Vertu, l'Honneur et la Miséricorde. Puissent ces qualités reposer à jamais dans le cœur des maçons, même si celles-ci devaient disparaître de toutes les autres sociétés.

Il se tourna et exécuta un rapide salut vers le Vénérable Maître. Celui-ci lui rendit son salut et toute la Loge se mit à applaudir spontanément.

– Il est bon, n'est-ce pas ? me souffla Mike.

– Assurément, répondis-je. Je n'ai jamais entendu de meilleure interprétation de cette planche.

Naturellement, c'était parfaitement exact, puisque je n'avais même *jamais* entendu d'autre interprétation de celle-ci. Mais Mike prit mon commentaire pour argent comptant.

– Tu as sans doute raison, dit-il. D'ordinaire, cela ne s'exécute que devant une demi-douzaine de personnes. C'était réellement une bonne planche.

Pour ma part, je me rendai compte avec tristesse que c'était la fin de la discussion. Je me demandai si nous allions parler du contenu de l'exposé, réfléchir sur ses significations possibles et avoir l'opportunité de poser des questions. Dans mon environnement universitaire, j'avais l'habitude de cela : un exposé était suivi par une table ronde ou au moins un échange d'idées. En outre, nous avions des travaux dirigés pour permettre aux étudiants de mettre en pratique leurs nouvelles connaissances et d'aiguiser leurs esprits afin de se perfectionner. Mais là, il n'y eut rien de tel.

Nous avons rituellement refermé la réunion. Puis nous avons eu nos « agapes » – notre dîner. Nous avons porté des toasts à nous et à beaucoup d'autres personnes dont je n'avais jamais entendu parler. Enfin nous nous sommes souhaité un bon retour chez nous et nous sommes repartis.

Dans la voiture, sur le chemin du retour, j'ai demandé à Mike quelle était la signification de la « conférence ».

– Si je devais résumer, je dirais qu'elle ressemblait à un mélange d'allusions astronomiques et de sermons sur l'importance de l'éducation et des lois fondamentales si l'on veut comprendre l'univers.

– Je suppose que tu peux l'interpréter comme cela, admit-il.

– Mais comment tout cela s'accorde-t-il ? Et qu'est-ce que cela a à voir avec les secrets singuliers que l'on m'a transmis ?

– Pour ça tu vas devoir attendre ta réception au deuxième grade. Alors tiens, justement entraînons-nous à répondre aux questions… Où avez-vous été préparé à être reçu maçon ?

Et ainsi, au lieu de discuter de la signification du premier grade et de sa planche à tracer symbolique, nous avons pratiqué le test des questions-réponses que je devais apprendre par cœur avant d'accéder au deuxième degré. À ce moment-là, j'ai trouvé cela parfaitement frustrant. Mais quelques semaines plus tard, je devais me réjouir que Mike ait pris la peine de soigner mon instruction.

CHAPITRE IV

LA SPIRALE DU DEUXIÈME GRADE

L'ART DE LA MÉMOIRE

Mon épouse commençait à se demander si je ne devenais pas un peu bizarre. Depuis un mois et demi, j'avais consacré tout mon temps libre à marmonner et à montrer des signes croissants de désespoir. Le dernier mercredi de mars approchait à grands pas. Bientôt mon aptitude à mémoriser allait être éprouvée en public.

— Est-ce que tu vas bien ? me demanda-t-elle.

— Oui. Pourquoi devrait-il en être autrement ?

— Eh bien, je t'ai vu plusieurs fois parler tout seul.

— J'essaye de mémoriser quelque chose de secret, voilà tout, répondis-je en essayant de prendre l'air le plus mystérieux possible.

Je ne pouvais m'empêcher de ressentir un léger picotement dans la gorge à l'idée du châtiment qui me menaçait si j'en disais trop.

— S'agit-il de ton obligation et du questionnaire que tu dois mémoriser ?

— Comment es-tu au courant ?

— Ma mère m'a régulièrement demandé de l'aider à réviser son propre rituel. Tu veux que je t'interroge ?

Maintenant, je nageais en pleine confusion. J'avais prêté serment de garder des secrets, mais apparemment, il s'agissait de secrets… assez peu secrets.

— Je ne suis pas certain.

— Arrête de faire l'idiot, dit-elle. C'est beaucoup plus facile à apprendre si tu le répètes à haute voix et si tu as quelqu'un qui vérifie que tu ne fais pas d'erreur. Je vais aller chercher le vieux livre de rituels de ma mère.

Elle revint rapidement avec un petit livre bleu qu'elle ouvrit à une page bien écornée.

– Où avez-vous été préparé à être reçu maçon ?

Sans hésiter, je répondis :

– Dans mon centre[1].

Et c'est ainsi que j'accomplis mes premiers pas dans l'« ancien art de la mémoire » – comme les plus anciens devoirs maçonniques le désignent. Dans l'enseignement moderne, on n'apprend plus guère de grosses portions de textes par cœur. Mais l'étude des cerveaux de chauffeurs de taxi londoniens en train d'apprendre ce qu'ils appellent leur « science » – le plan de Londres – a montré qu'ils développaient de nouvelles connexions neuronales. Or même s'il était difficile de s'en rendre compte alors que le processus s'opérait, mon propre cerveau développait lui aussi de nouvelles connexions neuronales. Quoi qu'il en soit, toute cette rationalisation ne m'empêchait en rien d'être nerveux, alors que je me préparais à mon premier test maçonnique.

UNE CÉRÉMONIE DE PASSAGE

Je commençais à m'habituer à la routine des réunions maçonniques. Dans mon costume sombre, avec ma chemise blanche et ma cravate noire, j'attendais que Mike passe me prendre. Désormais, je me sentais beaucoup plus confiant parce que je savais ce qu'il fallait faire dès l'ouverture de la Loge. Je savais quand il fallait se lever ou s'asseoir, quand il fallait exécuter tel ou tel geste. Et plus je pratiquais, moins tout cela me semblait étrange.

– Es-tu prêt ? me demanda Mike alors que nous arrivions au temple.

Il y avait déjà beaucoup de monde.

– Oui, répondis-je.

Ma voix avait manifesté davantage d'assurance que je n'en ressentais réellement.

Revêtu de ses habits et insignes de Maître, Paul Powell était déjà assis à l'orient. Dès que la Loge fut formellement ouverte, tout fut prêt

---

1. Le Rite Émulation français dit ici « Dans mon cœur », ce qui a la même signification. Mais la notion de « centre » étant essentielle pour l'auteur dans cet ouvrage, nous avons bien conservé ce terme du rite anglais. (*N.d.T.*)

pour me tester. Paul regarda dans ma direction et me fit un clin d'œil avant de frapper son bureau de son maillet. Tandis que d'autres répétaient le martèlement tout autour de la pièce, le Vénérable s'éclaircit la gorge.

— Mes frères, notre prochaine tâche à l'ordre du jour est la réception de frère Lomas.

Ses yeux balayèrent la loge.

— Frères Diacres, continua-t-il, veuillez assister le candidat.

Les deux porteurs de bâtons se levèrent et saluèrent le frère Paul avant de faire rituellement le tour de la loge pour venir se positionner de chaque côté de moi. Ils faisaient face au piédestal du Vénérable Maître. Toujours assis, ce dernier me regarda et dit :

— Frère Lomas, voulez-vous ce soir être passé au niveau spirituel suivant de la franc-maçonnerie, à savoir celui du deuxième grade ?

J'avais compris comment les choses fonctionnaient et donc, cette fois, j'attendis que l'un de mes escorteurs aux bâtons me souffle la réponse.

— Je le veux.

— Avant d'y être autorisé, il vous faut d'abord prouver que vous possédez les connaissances maçonniques nécessaires dans le grade précédent. Je vais donc vous demander de vous avancer et je vais vous soumettre aux questions d'usage.

On y était : l'épreuve du questionnaire était arrivée. Au cours de la dernière semaine, je l'avais parfaitement récité chaque fois – et elles étaient nombreuses – que je m'étais entraîné. Mais cette fois, en « vrai », allais-je faire aussi bien ?

Paul commença.

— Où avez-vous été préparé à être reçu maçon ?

Chaque question me soufflait la réponse et cette dernière entraînait les termes de la question suivante. Paul aurait pu prendre n'importe quelle question au hasard et je n'aurais eu aucune peine à fournir la bonne réponse et la question suivante. En réalité, c'était même assez drôle. J'appréciai le rythme du rituel. Enfin, Paul me demanda :

— Comment prouvez-vous aux autres que vous êtes franc-maçon ?

— Par des signes et attouchements stylisés et la parfaite régularité de ma marche.

Jusque-là, tout s'était bien passé. Mais je n'étais pas encore à la maison et sorti d'affaire. Pour l'instant, cet interrogatoire n'avait été qu'une simple introduction en termes de mémorisation, parce que, pour le reste, on me soufflait ma réponse après chaque portion de rituel. Cependant, ma mémoire s'apprêtait à un test autrement plus délicat. Paul m'adressa un sourire encourageant.

– Veuillez répéter maintenant l'obligation solennelle d'un Apprenti maçon.

J'inspirai profondément, concentrai mon esprit et commençai.

– Moi, Robert Lomas, en présence du Grand Architecte de l'Univers, et de cette honorable et respectable Loge d'anciens maçons francs et acceptés, régulièrement constituée, fréquemment tenue et assemblée, dédiée et dûment consacrée à la Loi sacrée, de mon plein gré et consentement, par ceci et sur ceci, sincèrement et solennellement, je promets et jure que toujours j'enfouirai, je tairai, cacherai et jamais ne révélerai la moindre partie ou parcelle, les moindres mystères ou secrets, énigmes ou arcanes, de tout ce qui touche ou appartient à ce premier degré de la franc-maçonnerie, généralement connu comme le degré d'Apprenti...

Et ainsi de suite, je déclinai l'obligation, chaque mot entraînant le suivant alors que le texte sortait de mes lèvres. Finalement, je réalisai que j'avais atteint la dernière phrase.

– ... Ainsi, que le Grand Architecte m'aide et m'arme de constance pour respecter fidèlement cette grande et solennelle obligation d'Apprenti franc-maçon.

Aucun des observateurs avisés n'avait manifesté la moindre désapprobation. J'avais dû bien m'en tirer.

Au moment où j'avais mis un point final à ma déclamation, j'avais pu sentir toutes les tensions sortir de mon corps. Je l'avais fait. Et cela n'avait pas été aussi difficile que je me l'étais imaginé. J'adressai un petit sourire à Paul qui me fit un clin d'œil en retour avant de dire :

– Frère Lomas, vous engagez-vous sur votre honneur d'homme et votre fidélité de maçon, à persévérer fermement et consciencieusement sur les sentiers cachés de la nature et de la science pour accéder au deuxième grade ?

J'attendis que le Diacre me souffle la réponse avant de répondre :

– Je m'y engage.

– Vous engagez-vous de même à garder secret ce que je vais maintenant vous confier avec la même extrême prudence que pour les mystères du précédent grade.

Je répondis et il poursuivit :

– Je vais donc vous confier les moyens de démontrer votre aptitude qui vous permettront d'être reçu au deuxième grade de la franc-maçonnerie.

Les Diacres m'encadrèrent et m'escortèrent de l'occident de la loge jusqu'au piédestal du Vénérable Maître à l'orient. Là, Paul prit ma main gantée de blanc dans la sienne.

– Ces moyens sont un attouchement et un mot de passe.

Alors il me montra l'attouchement – c'est-à-dire une poignée de main spécifique –, avant de continuer en me donnant le mot.

– Ayez grand soin de vous souvenir de ce mot, car, sans lui, vous ne pouvez être admis dans une Loge d'un grade supérieur.

Paul me sourit.

– Vous allez maintenant vous retirer afin d'être guidé vers le deuxième grade.

Les Diacres m'attrapèrent les coudes et m'emmenèrent à l'extérieur de la loge. Winston, mon vieux camarade à l'épée, attendait là avec mon « pyjama » grossier. Cette fois, je savais ce qu'il fallait faire. Quand il revint, j'avais la jambe de mon pantalon remontée et un pan de ma chemise rabattu.

Winston me regarda avec un petit sourire au coin des lèvres.

– Bien essayé, Bob. Mais ce n'est pas tout à fait ça.

Alors il réarrangea mon vêtement blanc pour dénuder d'autres parties de mon anatomie.

– Encore une séance de peep-show ? demandai-je.

– Attends d'avoir franchi tous les grades et alors tu comprendras, me répondit-il. Ils sont presque prêts pour toi. Et de ton côté, tu l'es ?

Je hochai la tête. Il me ramena dans le couloir où attendaient les deux Diacres avec leurs bâtons. Winston le Tuileur s'approcha de la porte de la loge et frappa. Après quelques instants, la porte s'ouvrit et le Couvreur – le gardien intérieur – sortit pour demander :

– Qui va là ?

L'épée nue dressée, Winston répondit pour moi.

– Frère Lomas, qui a été régulièrement initié dans l'art de la maçonnerie et qui maintenant vient de son propre gré, et consentement demander humblement à être reçu au deuxième grade. Il a prouvé en Loge ouverte qu'il était convenablement préparé.

– Comment espère-t-il obtenir les privilèges du deuxième grade ?

– Par l'aide du Grand Géomètre de l'Univers, le soutien puissant de l'équerre et le secours d'un attouchement et d'un mot de passe.

David, le Couvreur, me regarda :

– Veuillez me fournir ce mot de passe et cet attouchement.

Je m'exécutai, en refaisant exactement ce que m'avait montré le Maître. Il ne fit aucun commentaire, ni positif ni négatif.

– Faites halte, tandis que je fais mon rapport au Maître de la Loge, dit-il.

Puis il referma la porte derrière lui.

Je pouvais entendre des voix étouffées au travers de la porte fermée. Winston traînait les pieds et agitait mécaniquement son épée. Finalement, la porte se rouvrit et David fit un geste pour nous inviter, mes deux escortes et moi, à pénétrer dans le temple.

Je fus introduit dans la loge, placé juste devant le Premier Surveillant, mais tourné vers le Vénérable. On avait ressorti le coussin utilisé pour mon initiation. Il était posé à mes pieds.

– Que le candidat s'agenouille, s'exclama Paul, pendant que nous invoquons la bénédiction du royaume céleste pour qu'il éclaire ce que nous allons faire.

Mes accompagnateurs me poussèrent du coude pour me faire mettre à genoux. Pendant ce temps, le Maître frappait de son marteau le bureau et, encore une fois, d'autres officiers lui faisaient écho autour de la pièce. Quand les batteries de coups se turent, Paul se remit à parler.

– Mes frères, à l'ordre.

En se tournant sur sa gauche, il fit un signe de tête à Stan, l'un des Passés Maîtres les plus anciens.

– Frère Chapelain.

Stan se leva et vint se placer derrière un petit dais. Il agita quelques papiers, redressa ses lunettes et parla d'une voix aussi aiguë qu'âgée.

– Ô Grand Géomètre de l'Univers, nous te supplions humblement et avec ferveur, au nom de notre Loge et pour ce candidat agenouillé devant nous, de nous accorder ton soutien et ton conseil. Puisse l'œuvre entamée dans l'étude des arts libéraux se poursuivre pour permettre la pleine compréhension de tes œuvres glorieuses et rester à jamais gravée en nous par la stricte observance des préceptes de la Loi sacrée.

– Qu'il en soit ainsi, s'exclamèrent tous les membres de la Loge.

Apparemment, ils étaient tous d'accord avec cette prière qui réclamait la poursuite de mon instruction. Cet intérêt collectif pour mon progrès intellectuel était encourageant.

Et maintenant, qu'allait-il se passer ? Paul, le Vénérable Maître, reprit la parole :

– Que le candidat se lève.

J'obéis.

– Tous les frères aux différents points cardinaux sont prévenus que le frère Lomas va maintenant passer devant eux pour montrer qu'il est bien correctement préparé pour passer au grade de Compagnon. Mes frères, asseyez-vous.

Une fois de plus, je dus faire le tour de la loge. On me fit arrêter devant les fauteuils des différents officiers pour s'assurer que je n'avais pas oublié les signes, postures ou mots du premier grade et que je connaissais bien l'attouchement et le mot de passe. Quand toute cette vérification formelle fut achevée, je me retrouvai près de Simon, le Premier Surveillant. Il me prit la main et la secoua doucement en me faisant pivoter vers le Maître à l'orient.

– Vénérable Maître, dit-il. Permettez-moi de vous présenter le frère Lomas, qui a été régulièrement initié dans l'art de la maçonnerie et qui maintenant vient de son propre gré et consentement demander humblement à être reçu au deuxième grade. Il a prouvé en Loge ouverte qu'il était convenablement préparé.

Paul répondit :

– Frère Premier Surveillant, veuillez ordonner au frère Premier Diacre d'enseigner au candidat la manière traditionnelle de marcher vers l'orient.

On allait donc me montrer de nouveaux pas. Mais cette fois, j'avais les yeux ouverts et j'étais prêt. Sur l'ordre de Paul, Simon passa le relais à Syd, le Diacre qui me tenait le bras droit.

– Frère Premier Diacre.

Syd salua promptement en utilisant un signe du premier grade.

– Par ordre du Vénérable Maître, veuillez faire avancer le frère Lomas vers la chaire en utilisant les pas traditionnels, afin qu'il prononce là son obligation solennelle.

Une pression sur mon bras droit me dirigea vers l'angle nord-ouest de la loge.

– Frère Lomas.

Syd prononçait les voyelles à la manière douce mais atone de Manchester.

– Dans ce grade, pour progresser de l'occident vers l'orient, on exécute une marche dont une partie des pas imite symboliquement l'ascension d'un escalier à vis. Pour votre instruction, je vais exécuter cette marche et vous m'imiterez ensuite.

Il me montra alors comment marcher d'ouest en est. D'un coup de coude, l'autre Diacre m'indiqua que c'était à moi, maintenant, d'exécuter ces pas étranges. Réprimant un petit ricanement, je m'y employai. Je levai haut mes pas comme si je portais une paire de palmes invisibles. Manifestement ma démarche ridicule dut correspondre à ce qui était attendu, puisque les frères assemblés ne se manifestèrent pas.

L'autre Diacre m'emboîta le pas sur ce sentier étrange que nous étions les seuls à voir. Et finalement, nous nous retrouvâmes à l'orient, devant le piédestal du Vénérable Maître, où nous attendîmes tranquillement qu'il parle.

— La franc-maçonnerie, dans sa grande sagesse, conserve des grades parfaitement distincts les uns des autres afin que seul un candidat bien préparé puisse accéder à leurs mystères. Aussi allons-nous exiger de vous une nouvelle obligation solennelle. Elle est semblable, à de nombreux égards, à celle que vous avez prononcée en devenant Apprenti. Consentez-vous à la prendre ?

J'attendis que l'on me souffle la réponse. J'en connaissais maintenant suffisamment de la maçonnerie pour ne pas tenter de deviner les syntaxes précises requises. Ce fut Syd qui me souffla ma réponse et je la répétai scrupuleusement.

— J'y consens.

Exactement comme pour mon initiation, on me demanda de m'agenouiller dans une posture improbable et déséquilibrante et de tenir un livre à angle droit avec le bras gauche. Cette fois, sans bandeau sur les yeux, je pus constater que j'avais en main la bible, qui se trouvait normalement sur le piédestal principal.

Dès que mes escortes eurent constaté avec satisfaction que je me trouvais dans la posture – inconfortable – correcte, on me fit répéter, phrase par phrase, le nouveau serment sacré.

— Moi, Robert Lomas, en présence du Grand Géomètre de l'Univers, et de cette honorable et respectable Loge d'anciens maçons francs et acceptés, régulièrement constituée, fréquemment tenue et assemblée, dédiée et dûment consacrée à la Loi sacrée, de mon plein gré et consentement…

L'obligation ressemblait effectivement beaucoup à celle du précédent grade jusqu'aux châtiments. Car, de manière très intéressante, ceux-ci étaient différents.

— Je jure solennellement d'observer ces différents points, sans hésitation, tergiversation, ou restriction mentale d'aucune sorte, sous peine, si j'en viole un seul, d'avoir ma cage thoracique ouverte et mon cœur battant arraché, dispersé à la surface de la terre et donné en pâture aux rapaces des airs et des champs.

J'ai beau aimer les oiseaux, je n'avais guère envie de leur être donné ainsi en pâture. C'était peut-être une façon de voir sous un jour nouveau la campagne de la RSPB[2] incitant à nourrir les oiseaux des jardins par temps de froid.

---

2. *Royal Society for the Protection of Birds*, équivalent britannique de la Ligue de protection des oiseaux. (*N.d.T.*)

– Ainsi, que le Grand Géomètre de l'Univers m'aide et m'arme de constance pour respecter fidèlement cette grande et solennelle obligation d'un Compagnon que je viens de contracter.

Était-ce là encore un de ces éléments de rituel que j'allais devoir mémoriser avant d'être autorisé à découvrir les vrais secrets de la franc-maçonnerie ? La fois précédente, pour bien souligner les termes de l'obligation, on les avait complétés par des gestes. Le présent rituel allait-il suivre le même schéma ? J'attendis la suite.

– Pour que cet engagement, qui ne peut être encore considéré comme un gage de fidélité, un devoir moral s'imposant à vous, devienne une obligation solennelle jusqu'à la fin de vos jours, vous allez l'honorer et le sceller deux fois de vos lèvres sur le volume de la Loi sacrée.

Je m'exécutai. Si ce rituel du deuxième grade continuait de suivre le même schéma que l'initiation au premier, on allait maintenant me fournir une sorte d'explication. Mais est-ce qu'elle m'apporterait davantage d'information que la fois précédente ? Comme prévu, Paul entama son commentaire.

– Frère Compagnon, quand vous avez été reçu Apprenti, les deux pointes du compas vous étaient dissimulées. Vous observerez qu'au niveau spirituel de la Loge de Compagnon, une pointe du compas vous a été révélée. Mais à ce grade, une pointe vous est encore cachée pour signifier que vous avez encore à accomplir la moitié du chemin pour acquérir la pleine connaissance de ce que la maçonnerie peut vous offrir. Levez-vous fièrement, frère Compagnon nouvellement assermenté.

Il laissa ses yeux courir tout autour de la Loge.

– Mes frères, asseyez-vous.

Décidément, tout cela ne relevait pas franchement du grand secret. J'avais maintenant le privilège de voir une autre pointe du compas. Bon. Et alors. Était-ce tout ? Non, Paul s'apprêtait manifestement à poursuivre son commentaire rituel.

– Maintenant que vous avez prêté l'obligation solennelle du Compagnon de notre ordre, je vais vous confier les secrets spécifiques de ce grade.

Il se leva et exécuta une manœuvre complexe : tenant la main du Passé Maître Immédiat, il le laissa prendre son fauteuil. Puis, Paul descendit sur le pavé mosaïque noir et blanc pour se planter devant moi. Nous y étions. Allais-je encore devoir me mettre dans une de ces postures effroyables où je craignais de tomber à tout instant ?

– Vous allez maintenant vous tenir devant moi dans la posture que vous avez apprise lors de votre initiation. Avancez donc vers moi en qualité d'Apprenti.

Eh oui, nous y étions bien !

– Veuillez me faire le salut de premier grade, murmura Paul.

J'obéis. Il m'expliqua ensuite comment placer mes pieds dans une nouvelle posture bizarroïde avant de pouvoir me communiquer les secrets du deuxième grade. Mais je ne vais pas les mentionner ici : je n'ai aucun désir de voir ma cage thoracique ouverte et mon cœur battant arraché, dispersé à la surface de la terre et donné en pâture aux rapaces des airs et des champs.

Vous ne devez pas vous sentir frustré pour autant. Les singulières postures, les poignées de mains farfelues et les mots de passe qui vont avec que j'aurais pu vous livrer ici n'aideraient personne à comprendre de quoi parlent ces rituels et ce qu'ils sont. Faites-moi confiance : vous ne ratez rien de significatif. Dans cet ouvrage, je m'efforce de vous parler simplement des choses importantes et je vous épargne tout ce qui est inintéressant et ennuyeux. À dire vrai, je crois même que c'est une chose que l'on devrait faire plus souvent : peut-être qu'ainsi cela pourrait encourager des personnes de valeur à devenir francs-maçons.

Mais pour en revenir au rituel, une fois que Paul eut fini de me délivrer les secrets formels du grade, il m'envoya faire un autre tour de la loge. D'abord, je fus dirigé vers le sud, où je rencontrai le Second Surveillant. Celui-ci s'assura que je connaissais bien les secrets du Compagnon. Puis je fis le tour de la rose des vents et je m'arrêtai devant le Premier Surveillant à l'ouest. Lui aussi me testa sur ma bonne connaissance des secrets, puis il me fit pivoter pour me mettre face au Vénérable Maître qui se trouvait lui à l'orient.

– Vénérable Maître, je vous présente le frère Lomas, qui aspire à être reçu au grade de Compagnon de notre ordre. Au nom de notre Loge, allez-vous approuver et encourager sa requête ?

Paul répondit :

– Frère Premier Surveillant, au nom de notre Loge, je vous charge d'investir frère Lomas du tablier distinctif du Compagnon de notre ordre.

Cette fois j'étais prêt. Le Premier Surveillant sortit un nouveau tablier de derrière son dos. Il était semblable à mon tablier d'Apprenti à une différence près : l'adjonction de deux rosettes bleues. Il le tint devant moi, tandis que le Diacre défaisait le nœud de celui qui avait symbolisé mon apprentissage. Le Premier Surveillant m'accrocha alors mon nouveau tablier autour de la taille :

– Frère Lomas, par ordre du Vénérable Maître, je vous revêts du tablier distinctif d'un Compagnon de notre ordre. Les paroles qui vous ont été dites lorsque l'on vous a revêtu de votre premier tablier maçonnique devraient présentement résonner dans votre mémoire.

Il adressa à Paul le salut du deuxième grade. Et le Vénérable Maître me regarda en inspirant profondément.

– Frère Lomas, maintenant que vous portez ce tablier, vous êtes reconnu comme un Compagnon de notre art. Cela signifie qu'en tant que tel, vous devez étudier les sciences et les arts libéraux. Une telle instruction vous rendra mieux à même d'accomplir votre devoir de maçon et vous permettra de mieux comprendre les œuvres admirables du Très-Haut.

Il fit une pause pour laisser sa recommandation s'imprimer dans mon esprit avant de se tourner vers le Premier Surveillant.

– Frère Premier Surveillant, veuillez demander au frère Premier Diacre de placer le frère Lomas dans l'angle sud-est de la loge.

Donc, pour la suite de la cérémonie, j'allais me trouver au sud-est du temple. C'était dans cette direction que le soleil se levait au solstice d'hiver, le jour le plus court de l'année. Les Diacres me firent longer le côté septentrional de la loge. Nous passâmes devant le fauteuil du Vénérable à l'orient et nous atteignîmes l'angle sud-est. C'est alors que Mike quitta sa place. Il accomplit le tour de la loge dans le sens des aiguilles d'une montre pour venir se placer devant moi. Il me regarda par-dessus ses lunettes, m'adressa un sourire amical avant de se lancer.

– Frère Lomas, lorsque vous fûtes reçu Apprenti, on vous plaça au nord-est de la loge, point qui marque le lever du soleil le jour de la plus grande lumière. Maintenant, en votre qualité de candidat à une plus grande connaissance de vous-même, vous êtes placé au sud-est qui marque le lever du soleil à l'heure des ténèbres hivernales. De même que le magnifique dallage de la loge est constitué de carrés de lumière et d'obscurité, l'année est faite d'une alternance de jours de lumière et de jours d'obscurité. Or, comme vous apprenez à apprécier la lumière, vous devez apprendre à supporter les ténèbres : de cette manière, vous marquez les progrès que vous avez faits dans notre art.

« Quand vous vous teniez au point du solstice d'été, vous symbolisiez la pierre de fondation d'un grand temple. Vous avez été encouragé à prendre conscience de votre nature morale et éthique, éclairée comme elle l'était par la lumière de l'été. Maintenant, alors que vous vous trouvez au point des plus grandes ténèbres hivernales, il vous est permis de regarder autour de vous et au-dessus de vous pour tenter de voir les mystères cachés de la nature et de la science. Ils vont être l'objet de votre nouvelle recherche, afin de développer votre nature rationnelle. »

Mike me fit un signe de tête. Puis il se tourna et salua le Maître, avant de poursuivre sa route autour de la loge dans le sens du soleil jusqu'à son siège.

Le Maître Paul avait encore quelque chose pour moi.

– Frère Premier Diacre, lança-t-il à mon escorte, veuillez accompagner le frère Lomas au nord, où le frère Gibblin lui révélera, lui présentera et interprétera les outils de travail que la franc-maçonnerie offre à notre candidat pour accomplir sa tâche.

Ainsi, je repartis dans un nouveau périple autour de la loge pour m'arrêter cette fois au nord.

Arthur Gibblin, un ancien militaire du génie à la retraite, parlait toujours avec la diction saccadée de l'armée. Il quitta son siège près de la porte ouest pour venir se positionner devant le fauteuil du Second Surveillant au sud. Une fois sur place, il exécuta un rapide signe pour saluer le Maître. Je notai que la boîte d'outils était revenue au bord du tapis noir et blanc. Arthur se pencha pour en sortir quelques objets argentés, puis il se tourna vers moi.

– Frère Lomas, je vous présente maintenant les outils de travail qu'un Compagnon de l'ordre utilise pour améliorer sa nature rationnelle et étudier les mystères cachés de la nature et de la science. Ce sont l'équerre, le niveau et la perpendiculaire.

Il me tendit la première pour que je la tienne dans la main.

– L'équerre sert à vérifier et à ajuster les angles rectangulaires des constructions. Elle aide à transformer les matériaux de construction bruts en gracieux temples.

Il me passa alors un outil en forme de T auquel était suspendu un poids de type pendule. Je le tins dans une main et l'équerre dans l'autre.

– Le niveau, continua-t-il, sert à établir les surfaces planes et à vérifier l'horizontalité.

Ensuite, il me confia un plomb attaché à un arceau en disant :

– La perpendiculaire sert à vérifier et à dresser les montants verticaux quand on les assure sur une base ferme.

Maintenant, j'avais en main trois outils de maçon. Je les regardai tandis qu'Arthur continuait son discours.

– Or, comme nous ne sommes pas tous des maçons opératifs, mais des maçons francs et acceptés, ou des maçons spéculatifs, nous appliquons ces outils à notre conduite morale.

– De cette manière, l'équerre nous apprend à faire la part du juste et du faux, le niveau que tous les êtres sont égaux et la perpendiculaire nous enseigne l'équité et la droiture dans notre vie et nos actions. Ainsi, par une conduite selon l'équerre, une démarche rectiligne et une intention droite et vertueuse, nous espérons pouvoir nous élever jusqu'à ce royaume céleste duquel tout ordre procède.

Il salua le Maître, puis récupéra les outils qu'il replaça dans la boîte doublée de velours bleu à ses pieds. Cette tâche accomplie, il regagna son fauteuil en effectuant le parcours rituel.

Lorsque Arthur s'assit, Colin Brown, un vendeur de véhicules d'occasions rond et jovial, se leva et fit lui aussi le tour de la loge pour venir se placer devant moi. Il hocha la tête en direction du Maître et, recevant un semblable signe d'assentiment, il me fixa. Colin était un *Geordie*[3] excité dont le débit était difficile à suivre. Mais ce soir, il faisait visiblement de grands efforts pour parler lentement et clairement, car je suivais la majeure partie de ce qu'il disait.

– Frère Lomas, maintenant que vous avez subi les épreuves de votre réception au deuxième grade, permettez-moi de vous féliciter pour vous être élevé dans la conscience maçonnique. En tant que Compagnon, vous connaissez déjà les devoirs d'un maçon et nous n'avons pas besoin de vous rappeler l'importance de leur pratique permanente. En tant qu'Apprenti, vous avez pu vous rendre compte qu'ils étaient essentiels pour votre développement.

En somme, on me rappelait une nouvelle fois que l'instruction pouvait m'aider à me renforcer sur le plan émotionnel. Mais est-ce que j'allais vraiment apprendre quelque chose de neuf ?

– Votre comportement comme Apprenti a prouvé que vous étiez digne de progresser dans la voie de la maçonnerie. Dans votre nouveau rôle, nous comptons vous voir non seulement respecter les principes de notre ordre, mais poursuivre votre développement dans la maîtrise de l'art maçonnique. La pratique des arts libéraux, qui perfectionnent et développent tant l'esprit, est sérieusement recommandée, en particulier la géométrie, qui est vraiment la base de notre art maçonnique.

Les arts libéraux ? Je les passai rapidement en revue dans mon esprit. La grammaire, la rhétorique, la logique, l'arithmétique, la géométrie et la musique. Non, cela ne faisait que six. Quel était déjà le septième ? Je levai les yeux vers le plafond du temple et aperçus les configurations d'étoiles peintes. Ah oui. C'était cela ! L'astronomie. Mais Colin continuait son exhortation.

---

3. Habitant de la région de Newcastle-upon-Tyne. (*N.d.T.*)

– Le sérieux de notre rituel réclame un comportement en adéqua-
tion si vous voulez tirer bénéfice de nos tenues régulières. Vous êtes
maintenant un gardien de nos us et coutumes que vous devez protéger
et considérer comme sacrés et inviolables. Vous devez aussi inspirer les
autres par votre exemple afin qu'en retour vous puissiez apprendre de
leur assiduité. Vous ne devez pas enfreindre les lois et ordonnances de
notre ordre, pas plus que vous ne devez déprécier vos frères ou
exagérer leurs défauts. En revanche, vous les jugerez avec franchise,
vous les réprouverez fraternellement et vous les désapprouverez avec
indulgence. Maintenant que vous êtes Compagnon, vous êtes invité à
exprimer vos sentiments et impressions sur tous les sujets qui pourront
être évoqués dans nos travaux, sous le conseil d'un Maître expérimenté,
qui saura veiller au respect des limites à ne pas franchir.

J'avais plein de questions et de réflexions sur l'astronomie. Allais-je
vraiment avoir l'opportunité de discuter franchement des singularités
visibles à l'œil nu du centre d'un trou noir ? En regardant Colin, je me
dis qu'il valait mieux ne pas trop insister sur les maths.

– De cette manière, vous pourrez améliorer votre aptitude cérébrale,
vous développer afin d'être encore plus utile à la société, et agir efficacement pour comprendre ce qui est bon et juste. Vous devez scrupuleusement accepter et respecter toutes les convocations et signes réguliers
donnés et reçus. En toute chose, il vous faut faire preuve d'assiduité et
développer votre mérite. Vous devez subvenir aux attentes de l'humanité et soulager ses besoins autant qu'il vous est possible. Vous devez
également vivre en harmonie dans la société, sans causer de tort, ni
accepter que d'autres en causent s'il est en votre pouvoir de l'empêcher. Vous êtes une partie de la totalité de la création et vous devez
apprendre votre place dans cet ordre.

Colin me gratifia d'un sourire. Il avait mis une telle ferveur dans son
intervention que je comprenais pourquoi il était un aussi bon vendeur.

– Voilà votre voie en tant que Compagnon et vous êtes tenu par les
liens les plus sacrés de respecter vos nouveaux devoirs.

Quand Colin eut terminé, il salua le Maître, fit le tour de la loge,
passa devant moi et rejoignit son fauteuil. Puis Paul fit un signe de tête
à mon escorte. Ces derniers me firent pivoter vers la gauche et m'entraî-
nèrent dans un tour presque complet de la loge. Nous nous arrêtâmes
finalement à deux pieds à peine de l'endroit d'où nous étions partis,
devant le piédestal du Vénérable Maître. Encore une fois, je me
demandai pourquoi nous avions eu besoin de parcourir un tel chemin
pour revenir à un pas à peine de mon point de départ. Je jugeai sage de
ne pas poser la question. Je ne doutais pas qu'elle ne ferait que susciter

un concert de réprobations et, au bout du compte, je risquais peut-être même de me retrouver condamné à n'être plus candidat… qu'au nourrissage des oiseaux.

Paul regarda vers moi et dit :

– Ainsi s'achève la cérémonie qui fait de vous un Compagnon de l'ordre. Vous êtes maintenant libre de vous retirer, si vous le désirez, et de vous mettre à votre aise. Et à votre retour dans la loge, une autre information vous sera communiquée.

Je savais qu'il ne valait mieux pas que je me retire. On m'apporta ma veste et je m'assis dans la loge en attendant de voir quelle autre petite prouesse de mémoire on allait encore me réserver : depuis la dernière cérémonie, je ne m'imaginais pas repartir chez moi sans un petit travail à effectuer. Paul se tourna vers moi. Et nous y fûmes…

– Frère Lomas, comme précédemment, ce grade comporte une épreuve de questions et de réponses qui doivent être mémorisées. Pour votre instruction et le bénéfice des frères en général, ces questions vont être posées par le frère Second Surveillant au frère Couvreur qui fournira les réponses requises.

J'inspirai profondément et m'apprêtai à écouter avec la plus grande attention l'échange qui allait bientôt m'être familier.

Le Second Surveillant commença.

– De quelle manière avez-vous été préparé pour passer au deuxième grade ?

– D'une manière qui diffère peu de celle du grade précédent, sauf que dans ce grade, je ne fus pas privé de lumière et que des parties différentes de mon corps furent mises à nu.

Les questions et les réponses se succédèrent. J'allais devoir les mémoriser toutes. Cette fois, une autre question me parut révéler un nouvel aspect de la maçonnerie. Cette dernière ainsi que sa réponse retinrent particulièrement mon attention dès que je les entendis.

– Quels sont les sujets de recherche propres à ce grade ?

– Les mystères cachés de la nature et de la science.

La litanie de questions et de réponses n'en finissait pas. L'idée d'avoir à les mémoriser m'effraya quelque peu. Mais le dialogue s'acheva enfin.

Le Couvreur fournit la dernière réponse que j'aurais à apprendre.

– Le premier signifie « en force », le second « établir », et quand ils sont accolés, « stabilité » ; car la Loi sacrée du Très-Haut dit : « En force, j'établirai ma loi, dans cette maison qui est mienne, afin que je me tienne fermement pour l'éternité. »

On procéda à la fermeture de la Loge au deuxième grade pour revenir au premier. Tandis que j'étais assis, je tentais de me remémorer le maximum des questions-réponses que je venais d'entendre. À dire vrai, jusqu'à présent, je n'avais pas été frappé par grand-chose. Mais quelque part, j'avais une vague idée de ce que pouvait recouvrir ce grade. Apparemment, il traitait de l'utilisation de la méthode scientifique pour comprendre le fonctionnement caché du cosmos – autrement dit une activité mentale qui avait toutes les chances de me réjouir. Ce degré semblait marquer un certain progrès dans la voie de la compréhension de l'art maçonnique. Mais quel progrès ? Ce n'était pas vraiment clair. Ce qui l'était parfaitement en revanche, c'était que l'on m'encourageait à développer mon esprit en pratiquant des méditations et des exercices intellectuels appropriés. Et ceux-ci étaient manifestement destinés à me préparer à autre chose.

Dans la voiture, sur le chemin du retour, je demandai à Mike ce que le rituel des pas en spirale était censé m'apprendre.

– D'après ce que je sais, répondit mon ami, la chambre du milieu du temple maçonnique – le lieu où tu découvriras la vérité – possède trois entrées : la Porte sublime, la Porte des travaux et la Porte de la connaissance.

– Mais qu'est-ce que tout cela signifie ? demandai-je.

– Eh bien, vois-tu, on franchit la Porte sublime en se dévouant à tout ce qui est bon et beau. Cela signifie que tu dois développer tes facultés esthétiques. Tu entres par la Porte des travaux en exécutant de beaux ouvrages, et sur un plan symbolique, en rendant des services altruistes et en accomplissant des sacrifices pour le bien de la société.

– Et qu'en est-il de la Porte de la connaissance ?

– C'est la voie intellectuelle, que tu peux emprunter grâce à un travail mental éclairé.

– Mais quel rapport avec cette histoire de marche en spirale ? insistai-je.

– La marche t'indique que la loi cosmique du Grand Géomètre opère en spirale.

– Mais qu'est-ce que cela veut dire ?

– Le deuxième degré t'enseigne que l'on ne progresse pas en se déplaçant en ligne droite, mais en cercle et en approchant une vérité qui nous est invisible tant qu'on la cherche. L'escalier à vis est une représentation symbolique du sentier – de *ton* sentier – qui doit te conduire vers les hauteurs spirituelles de la conscience. Pour t'élever, tu dois pratiquer et pratiquer encore les rituels comme si tu évoluais en cercles concentriques vers le centre de la connaissance.

– Honnêtement, je ne suis pas certain que tout cela ait beaucoup de sens pour moi, répondis-je.

– Attends d'avoir atteint le troisième degré. Tout deviendra clair.

Mike arrêta sa voiture devant ma porte et je sortis.

Il se trompait ! Les choses ne devaient pas s'éclaircir avec le troisième grade. Il me fallut encore dix-huit bonnes années d'étude et les recherches nécessaires à cinq ouvrages pour commencer à comprendre. J'espère que, pour vous, la lecture du présent livre pourra raccourcir ce processus.

CHAPITRE V

UNE NOUVELLE PLANCHE
À TRACER

FRANCHIR LES COLONNES

J'étais maintenant un Compagnon et cela signifiait que j'avais le droit de porter un tablier plus élaboré. Il était toujours fondamentalement blanc, mais deux jolies rosettes bleues l'enjolivaient quelque peu. Maintenant, j'avais une belle allure de maçon en Loge. Mais cela n'avait rien d'une partie de plaisir pour autant, car avec ce nouveau vêtement – nous l'appelons un décor – venait une nouvelle mission.

Je devais concentrer mon étude maçonnique sur les sciences et les arts libéraux pour m'aider à « mieux comprendre les œuvres admirables du Très-Haut ».

C'était là une idée exaltante, certes, mais comment devais-je m'y prendre ?

Plus j'avançais, plus j'en apprenais sur les manières d'acquérir la connaissance maçonnique. Je ne cessais de découvrir de nouveaux mots. Par exemple, je savais maintenant que la cérémonie de réception au deuxième grade s'appelait un « passage » [en anglais, *passing*] et j'étais donc littéralement un Compagnon « passé ». J'avais aussi remarqué que lorsque la Loge était ouverte au deuxième grade, une planche différente de celle que j'avais vue au degré d'Apprenti était exposée devant le bureau du Vénérable Maître. Existait-il aussi un commentaire sur cette nouvelle planche à tracer ? Lorsque la Loge avait été fermée au deuxième grade, la planche avait été recouverte par celle du premier degré qui m'était maintenant familière. Je n'avais qu'entraperçu la nouvelle et, pour être honnête, j'étais alors surtout préoccupé par la perspective d'avoir encore à mémoriser une partie du rituel et je n'avais pas trop prêté attention à ce qui figurait sur ce tableau. J'avais simplement le vague souvenir d'une peinture représentant un grand édifice avec un dallage mosaïque noir et blanc et un escalier qui s'élevait en tournant.

— Est-ce qu'il y a un endroit où je vais pouvoir en apprendre davantage sur cette planche à tracer ? demandai-je à Mike la semaine suivante, alors que nous nous rendions à la Loge d'instruction [1].

— Je crois que l'une des Loges de Lightcliffe doit la faire dans une paire de semaines, répondit-il. Si tu veux je peux organiser notre visite là-bas.

Et c'est ainsi que, deux semaines plus tard, je me retrouvai à chercher une place de parking devant le *Masonic Hall* de Lightcliffe. À l'origine, ce bâtiment était une caserne de pompiers. Côté rue, on voyait encore les grandes portes de garage qui abritaient jadis les camions rouges de la brigade locale. Nous sommes entrés par une porte latérale et avons rapidement gagné l'étage. À l'intérieur, plus rien ne ressemblait à une caserne de pompiers... sauf si elle s'était inspirée de l'unité d'intervention contre le feu du roi Salomon. Tout le tour du temple était lambrissé. Comme d'habitude, le plafond de la loge en forme de dôme représentait un ciel bleu constellé. Des appliques discrètes entendaient le faire ressembler à la voûte céleste d'une nuit d'été. Je laissai mon regard redescendre vers le sol. Celui-ci n'était pas recouvert d'un tapis en forme d'échiquier, mais le dallage était carrément constitué de gros carreaux noirs et blancs. Alors que je me trouvais là, à l'entrée de la loge, je sentis une présence massive près de moi. En tournant les yeux vers la droite, je vis la base d'un grand pilier. Et à gauche de la porte, une colonne aussi imposante lui faisait écho. En penchant la tête en arrière, je pus admirer les magnifiques gravures, les rangées de grenades, les lis et les globes qui me surplombaient.

— Wow ! m'exclamai-je.

Le frère qui devait prononcer l'explication de la planche à tracer du deuxième grade, Allen, était un ami de Mike. Quand je fus présenté, la Loge me souhaita la bienvenue et on me prêta un tablier de Compagnon. Dans sa jeunesse, Allen avait appartenu à la *Royal Navy* – la marine britannique – et il arborait encore une paire de favoris et de moustaches. Après sa démobilisation, il avait enseigné les sciences dans

---

1. Qui permet aux membres de la Loge, sans avoir besoin de revêtir les décors (tabliers, etc.), de s'entraîner à mémoriser et exécuter les rituels de mémoire. (*N.d.T.*)

le secondaire pendant des années. Sa voix conservait le timbre puissant d'un vieil enseignant plein de confiance et d'assurance.

— Vous pouvez vous asseoir au nord, nous murmura-t-il à Mike et moi. Nous allons bientôt commencer.

Entre les deux colonnes

Ce temple était le plus impressionnant de tous ceux que j'avais vus jusque-là. Ses boiseries de chêne, son plafond en forme de dôme et son dallage de marbre noir et blanc complétaient parfaitement les deux colonnes imposantes de l'entrée. Les fauteuils et les piédestaux des officiers étaient encastrés dans les murs lambrissés de la pièce et ils étaient aussi magnifiquement sculptés que les piliers. Certains notables locaux avaient dû dépenser un paquet d'argent ici. En regardant vers la porte, je vis au-dessus de celle-ci une paire de triangles équilatéraux entrelacés au centre d'une arche cintrée. La clef de voûte de cette dernière ressemblait à un bouchon planté au sommet de la courbe. J'étais très impressionné. Ici, on avait fait les choses en grand : le symbolisme était omniprésent.

Je m'assis près de Mike pour regarder la parade des officiers qui allait commencer. La procédure d'ouverture d'une Loge au premier grade m'était désormais familière. Mais tandis qu'ils passaient en revue les minutes de la tenue précédente, je réalisai soudain que pour donner l'explication de la planche du deuxième grade, la Loge allait devoir être ouverte à ce degré. Je n'avais jamais assisté à une ouverture au grade de Compagnon et encore moins pris part à celle-ci. Je ressentis brusquement une pointe dans mon sternum, juste au-dessus de mon cœur.

— Je ne connais pas le rituel d'ouverture au deuxième grade, murmurai-je à Mike. Est-ce que je dois m'inquiéter des réactions critiques ?

— Tu regarderas ce que je fais et tu m'imiteras, me chuchota-t-il en réponse. Tout va bien se passer. Ils savent tous que tu n'es « passé » qu'il y a deux semaines à peine.

— Donc ils ne vont pas me sauter dessus et me mettre en pièces ?

— Je ne pense pas, sourit Mike. Sauf si tu massacres totalement le signe.

— Merci, tu me rassures vraiment.

À cet instant précis, le Maître frappa et le son résonna dans toute la pièce.

Il se mit à parler.

– Mes frères. Unissez-vous à moi pour ouvrir cette Loge au deuxième grade.

Nous nous levâmes tous.

– Frère Second Surveillant, quel est le premier devoir de tout Compagnon maçon ?

Le Surveillant répondit.

– C'est de s'assurer que la Loge est bien couverte [c.-à-d. protégée de toute intrusion extérieure], Vénérable Maître.

La procédure se poursuivit en appliquant scrupuleusement l'habituelle chaîne hiérarchique et ses ordres en cascade.

Ainsi le Maître demanda d'abord :

– Assurez-vous que la Loge est bien couverte.

Le Second Surveillant s'empressa de transmettre cet ordre au frère Couvreur. Pour des raisons qui ne devaient s'éclairer que beaucoup plus tard, même à ce deuxième grade, les maçons faisaient mine de ne pouvoir entendre directement la voix du Maître et ils étaient contraints de recevoir les instructions émanant du Vénérable par une hiérarchie d'intermédiaires bien définie. Dès que le Couvreur se fut assuré que son collègue de l'extérieur, le Tuileur avec son glaive nu, n'avait pas été submergé par une horde de profanes, il confirma que la Loge était bien couverte. Et cette information remonta jusqu'au Maître par la voie indirecte habituelle.

Rassuré sur le point de ne pas être envahi par des nuées d'intrus cherchant à découvrir nos secrets, le Maître s'adressa au Premier Surveillant assis à l'autre extrémité de la pièce.

– Frère Premier Surveillant, que devons-nous faire ensuite ?

Comme je m'y attendais, ce Surveillant avait aussi une réponse toute prête.

– S'assurer que tous les présents se tiennent à l'ordre des maçons, Vénérable Maître.

Une fois de plus, je sentis mon cœur faire un bond. D'un instant à l'autre, j'allais devoir exécuter le signe du deuxième grade.

– À l'ordre, mes frères, au premier grade.

Ouf ! Là, c'était facile. J'avais exécuté ce signe un certain nombre de fois maintenant et je devenais même assez habile. En tous les cas, je dus une nouvelle fois me débrouiller correctement puisque personne ne me jeta de regard de travers. J'avais encore sauvé ma langue.

Sans attendre, le Vénérable enchaîna.

– Frère Second Surveillant, êtes-vous un Compagnon de l'ordre ?

Comme beaucoup d'autres jusque-là, cette question me parut extraordinairement formelle, puisque Mike m'avait expliqué que c'était le Vénérable lui-même qui choisissait ses officiers. Alors soit il avait oublié de s'assurer auparavant de la qualité de Compagnon de son adjoint, soit la question qu'il posait au Second Surveillant, s'adressait en réalité subtilement à l'ensemble de la Loge. La procédure paraissait suivre le schéma habituel du rituel maçonnique.

– Je le suis, Vénérable Maître. Interrogez-moi et mettez-moi à l'épreuve.

– Comment voulez-vous être mis à l'épreuve ?

– Par l'équerre.

– Qu'est-ce qu'une équerre ?

– L'équerre est un angle de 90 degrés ou le parfait quart d'un cercle.

La réponse satisfit le Maître, mais, maintenant, c'était moi qui allait être testé de manière imminente. Cette perspective me fit ressentir un autre haut-le-cœur.

– Maintenant que vous avez réussi l'épreuve à la satisfaction des frères présents, faites prouver à ceux-ci qu'ils sont bien Compagnons de notre ordre.

Voilà ! L'instant décisif était arrivé. J'allais devoir me souvenir du signe que l'on m'avait enseigné pendant ma cérémonie de réception. Le Second Surveillant d'une Loge étrangère allait découvrir à quel point j'avais retenu peu de chose de mon passage au deuxième grade. J'inspirai profondément.

– Mes frères, par ordre du Vénérable Maître, prouvez que vous êtes Compagnons de l'ordre par la posture et par le signe.

Bon. Je savais comment me tenir et j'avais une vague idée de la manière d'exécuter le signe. Je regardai Mike attentivement. Il exécutait chaque partie du signe lentement, attendant que j'imite ses mouvements avant de continuer. Nous fûmes les derniers à achever de nous identifier comme Compagnons. Mais en réalité, j'eus la nette sensation que personne n'avait trop prêté attention à moi, ce qui m'aurait rendu nerveux. Avais-je été assez bon ? Le Second Surveillant me regardait maintenant dans les yeux.

– Vénérable Maître, conclut-il, les frères ont prouvé qu'ils sont Compagnons francs-maçons et je copie à mon tour le signe mystique.

Son exécution fut beaucoup plus habile que la pâle imitation que j'étais parvenu à reproduire en épiant Mike. Le Second Surveillant me fit un clin d'œil.

– Ainsi mes frères, continua le Vénérable, notre Loge est maintenant prête à être ouverte au deuxième grade. Mais auparavant, accordons-nous un instant pour prendre conscience de la puissance du

Grand Géomètre de l'Univers. Puisse sa lumière céleste nous éclairer sur les sentiers de la vertu et de la science.

Il leva théâtralement les bras avant de continuer.

– Mes frères, au nom du Grand Géomètre de l'Univers, je déclare cette Loge dûment ouverte au deuxième grade de la franc-maçonnerie.

Je me joignis au chœur des « qu'il en soit ainsi ». Tous les porteurs de maillet s'en servirent pour frapper aussi bruyamment que possible.

Pour la première fois, je venais de participer à l'ouverture d'une Loge de Compagnon. Maintenant, je pouvais m'asseoir et me détendre alors que tous les mystères du deuxième grade allaient m'être expliqués.

LA PLANCHE DU DEUXIÈME GRADE

Allen avait une superbe allure dans son costume maçonnique. « L'âge et la sagesse » – selon les propres termes qu'il employa plus tard ce soir-là au bar – avaient admirablement blanchi ses belles bacchantes de marin. Debout au centre de la loge, il ressemblait à une sorte de Père Noël maçonnique bleu et blanc. Cérémoniellement, les deux Diacres allèrent chercher la planche à tracer en bois à sa place normale, devant le bureau du Vénérable Maître, pour l'amener au milieu du temple, sur le pavé mosaïque. Ils la posèrent sur le sol. Allen avait une longue baguette blanche dans la main pour signaler au fur et à mesure les points qu'il évoquait sur le dessin symbolique étalé devant lui.

Il attendit que tous se soient assis pour parler.

– Mes frères. La planche à tracer du deuxième grade nous explique quelle récompense nous allons recevoir pour le travail maçonnique accompli au grade d'Apprenti, tandis que nous remontions le chemin spirituel en direction de la chambre du milieu.

Il regarda droit vers moi avant de poursuivre.

– Un Apprenti initié a pour devoir de développer son esprit rationnel et de neutraliser grâce à son intellect les pulsions irrationnelles de la chair. La planche à tracer représente symboliquement le chemin conduisant à cette récompense, en utilisant l'allégorie de la construction d'un temple.

La planche montrait ce qui ressemblait au hall d'entrée d'un splendide édifice. On apercevait différents personnages, un escalier tournant et un couloir disparaissant vers une mystérieuse chambre sombre. Était-ce censé représenter l'entrée du temple de Salomon ?

Allen continua.

– L'histoire maçonnique raconte qu'Hiram, le roi de Tyr, était le responsable de la construction du premier temple juif à Jérusalem et qu'il fournit de nombreux artisans pour cette entreprise historique. Le commanditaire qui avait eu la vision d'un projet d'une telle envergure était Salomon, le roi d'Israël. Il avait quant à lui la responsabilité du paiement des salaires des ouvriers. Le symbolisme maçonnique enseigne qu'Hiram de Tyr fixa la quantité de main-d'œuvre requise et que Salomon décida des récompenses octroyées pour le travail accompli. Tout travail mérite salaire.

Jusque-là, les choses étaient assez claires. Cette planche exposait les conditions d'une bonne organisation du travail. Elle me paraissait beaucoup moins ésotérique que la précédente.

– À cette époque, les artisans se répartissaient en deux grades : les apprentis et les compagnons. Chaque semaine, les apprentis qui apprenaient leur métier recevaient une ration de blé, de vin et d'huile pour se nourrir. Le salaire des compagnons se payait en numéraire. Ils devaient se présenter dans la chambre du milieu du chantier pour le recevoir de la main même d'Hiram Abif, l'architecte du temple, fils d'une veuve de la tribu de Naphtali.

Il y avait donc deux grades et j'appartenais maintenant au groupe de ceux qui étaient censés se présenter dans la chambre du milieu pour recevoir leur paiement. J'avais joué une pantomime consistant à simuler l'ascension d'un escalier tournant invisible, que, pour tout dire, j'avais alors trouvé assez ridicule. Est-ce que j'en comprendrais mieux le sens une fois que j'aurais entendu toute l'histoire ?

– Le salaire s'obtenait dans l'obscurité de la chambre du milieu. La planche à tracer nous montre que l'on y accédait par l'est en passant entre deux grandes colonnes libres.

Avec sa baguette, Allen désigna le pilier à droite de l'entrée de la loge, puis celui de la planche à tracer.

– La colonne du sud est appelée « Boaz », d'après le nom de l'arrière grand-père de David, le roi d'Israël. Ce nom est lié à la force et notre tradition maçonnique dit de cette colonne qu'« en elle était la force ».

Puis il tendit sa baguette vers l'autre pilier, d'abord celui de la loge, puis sa représentation sur la planche à tracer.

– La colonne du nord est appelée « Jakin », d'après le nom du grand prêtre de Jérusalem, qui assista le roi Salomon pendant la consécration du Temple de Jérusalem. La tradition maçonnique relie ce nom à la stabilité et elle dit de cette colonne que « sa fonction était d'établir ».

Il traça dans l'air un arc avec sa baguette pour attirer l'attention vers l'arche à clef de voûte au-dessus de la porte de la loge.

– Les deux colonnes s'associent pour créer l'harmonie et la stabilité ; car la Loi sacrée du Très-Haut dit que : « En force, j'établirai ma loi, dans cette maison qui est mienne, afin que je me tienne fermement pour l'éternité. »

Allen se déplaça pour aller se placer entre les deux piliers à l'entrée de la loge. Ils le dominaient de leur hauteur. L'intervenant marqua une pause pour lever les yeux.

– La hauteur de ces colonnes était de dix-sept coudées et demie, leur circonférence de douze coudées et demie et leur diamètre de quatre. Elles étaient creuses, afin de servir d'archives ou de réceptacle de la sagesse maçonnique.

Au fur et à mesure de son explication, il désignait les différents aspects de chaque pilier.

– Ces colonnes étaient ornées de chapiteaux de cinq coudées de haut chacun. Ils étaient enrichis de treillages en forme de filets, un symbole ancien de fertilité et de vie spirituelle, connu des initiés aux plus hauts mystères depuis des temps immémoriaux. Il y avait deux rangées de pommes de grenade par chapiteau et cent à chaque rangée. Par la multitude de leurs pépins, les grenades symbolisent aussi la naissance et le don de la vie. Un cercle de lis, symbole traditionnel de nouvelle vie, couronne également chaque chapiteau, et tous ces symboles de vie ceignent le cœur creux de la colonne.

Revenant au centre du temple, il dirigea sa baguette vers l'un des piliers de la planche à tracer.

– La colonne du sud est placée dans la région où le soleil se lève le jour le plus sombre de l'année et elle est coiffée par un globe terrestre. Cela symbolise les ténèbres qui enveloppent le monde matériel.

Il continua en passant à l'autre pilier :

– La colonne du nord est placée dans la région où le soleil se lève le jour le plus lumineux de l'année et elle est coiffée par un globe céleste. Cela symbolise la lumière et l'harmonie de la Loi sacrée, qui ne peuvent être trouvées qu'en cherchant la connaissance du centre, sur laquelle les globes reposent.

Tandis qu'il parlait, je réalisai que j'avais joué le rôle de chacun de ces piliers. En tant qu'Apprenti initié, j'avais été placé là où le soleil se lève au solstice d'été, mais pour devenir Compagnon, on m'avait positionné dans la direction du lever de soleil au solstice d'hiver. Le thème du mouvement saisonnier du soleil semblait décidément jouer un rôle important dans le rituel. En outre, en tant que Compagnon, on m'encourageait à étudier l'astronomie. Un instant perdu dans mes réflexions, je m'aperçus qu'Allen avait recommencé à parler.

– Quand Hiram l'architecte eut achevé ces piliers, il les installa face
à l'est, pour que la lumière du soleil levant à l'équinoxe de printemps
les illumine équitablement, afin d'assurer un partage égal de la lumière.
Sur chaque globe, il disposa un autre treillage, pour signifier que la vie
fertile était répandue dans tout l'univers, tant sur la terre que dans les
cieux.

C'était la première fois que l'axe est-ouest – ostensiblement l'orientation principale de la loge – était mentionné clairement. Allais-je enfin
apprendre quelque chose de déterminant à ce propos ? Plein d'espoir,
je me concentrai sur l'exposé.

– Ces colonnes rappellent que notre art sort l'Apprenti initié des
ténèbres du monde pour le positionner au point de la plus grande
lumière et, de là, lui montrer au loin le lieu vers lequel il aimerait
voyager. Et quand l'Apprenti devient Compagnon, il est cette fois placé
au point de la plus grande ténèbre, pour lui indiquer que c'est son
devoir de ramener la lumière dans le monde.

Cette explication éclairait apparemment mon positionnement rituel
au cours des deux premières cérémonies. J'attendis la suite. Allen tendit
sa baguette vers la planche à tracer et, plus précisément, vers deux
personnages qui se tenaient entre les piliers.

– Après être passé entre ces deux grands symboles d'harmonie, le
Compagnon s'est présenté devant un gardien, debout près d'un épi de
blé, symbole des bâtisseurs de civilisation. Par son rendement, la
culture du blé a déchargé une partie de la population de l'obligation
de produire elle-même ses moyens de subsistance alimentaire pour lui
permettre de développer les arts de la construction.

Allen marqua une nouvelle pause. Il inspira profondément en
balayant lentement du regard l'ensemble de la pièce.

– Le gardien a demandé au compagnon de faire la preuve de son
aptitude par un attouchement et un mot de passe. Le mot signifie
« abondance de cultures », ce que l'épi de blé croissant près d'un cours
d'eau représente symboliquement sur la planche à tracer. Ce mot nous
rappelle que notre liberté de construire repose sur le labeur des
fermiers qui produisent pour nous les moyens de subsistance quoti-
diens. S'ils nous soulagent de cette tâche ardue, nous devons nous en
montrer dignes, par notre travail, en construisant un grand temple pour
le bénéfice de tous.

Je me suis rappelé avoir lu un article sur la domestication du blé qui
expliquait que les variétés les plus abondantes ne pouvaient se reproduire naturellement, mais qu'elles devaient être récoltées et replantées.
Le blé est réellement la clé de la civilisation. Si nous avions continué à

n'être que des chasseurs-cueilleurs nomades, nous n'aurions jamais appris à construire. C'était une idée intéressante.

Allen continua.

– Le gardien a vérifié que le compagnon avait été correctement préparé pour progresser à travers les périls qui l'attendaient à l'intérieur, alors qu'il laissait derrière lui la lumière du soleil pour s'avancer dans l'obscurité bien visible de la chambre du milieu.

Quel risque pouvait-il y avoir à faire semblant de gravir un escalier tournant qui n'existait pas ? S'agissait-il simplement d'une hyperbole théâtrale ou existait-il une signification plus subtile ? Dans l'espoir de découvrir des éléments complémentaires, j'écoutai attentivement Allen.

– Au-delà de ce gardien, on aperçoit un dallage mosaïque formé de losanges noirs et blancs. Il nous rappelle que le monde de la lumière et la vie et celui des ténèbres et de la mort sont entremêlés et font partie l'un de l'autre. Pour atteindre l'escalier en spirale conduisant vers la chambre du milieu, où nous recevrons le salaire de notre travail maçonnique, nous devons nous attendre à progresser aussi bien dans la lumière que dans les ténèbres.

Cette explication symbolique semblait parler, au mieux, des hauts et des bas de la vie et, au pire, des bons et des mauvais moments. Est-ce qu'il y avait un message plus profond ?

– La spirale, autre symbole ancien, plus vieux encore que le treillage de losanges, représente le cycle de la vie saisonnière associé à une progression. L'un des premiers catéchismes maçonniques nous enseigne que les escaliers tournants sont des passages qui se faufilent entre les murs et qui nous indiquent la voie de la connaissance cachée, que seuls ceux qui s'élèvent vers le Ciel peuvent connaître.

La référence au Ciel, au divin en somme, faisait écho au commentaire de la planche à tracer du premier grade. Est-ce que j'allais ici en apprendre plus ?

– Avant qu'un progrès puisse être accompli vers le niveau de la chambre du milieu, où nous recevons notre salaire et accédons à la connaissance cachée du centre, la spirale nous rappelle aussi qu'un rituel doit probablement être répété de nombreuses fois.

Là, cela voulait dire quelque chose pour moi. Dans la plupart des situations de la vie, la pratique est indispensable. Dewey, un théoricien de l'éducation américain, a parlé de la voie en spirale de l'apprentissage et de la connaissance : il a expliqué comment nous passions d'une incompétence inconsciente à une incompétence consciente, pour progresser ensuite vers une compétence consciente jusqu'à atteindre finalement, après suffisamment de répétitions, une compétence inconsciente. Et parvenu à ce stade, nous nous demandons au bout du compte de quoi nous parlons. Mais je cessai de réfléchir à la nature de l'apprentissage pour me concentrer de nouveau sur le commentaire d'Allen qui se poursuivait.

– Les marches que nous avons à gravir sur l'escalier tournant sont au nombre de trois, cinq, sept ou plus. Ces nombres nous rappellent que trois dirigent une Loge, que cinq la forment et que sept ou plus comprennent le message spirituel de la maçonnerie et rendent la Loge parfaite.

Allen s'éclaircit la gorge et désigna tour à tour le Vénérable Maître, puis chacun des deux Surveillants.

– La légende maçonnique nous dit que trois dirigent une Loge, parce qu'il n'y eut que trois grands maîtres qui présidèrent à la construction du premier temple juif à Jérusalem, il y eut trois chefs principaux : Hiram, le roi de Tyr, le maître d'œuvre qui fournit les artisans qualifiés et transforma la matière brute en un temple magnifique ; Hiram Abif, l'architecte et le surintendant qui dressa les plans et supervisa la construction ; et Salomon, le roi d'Israël, qui eut la vision d'un temple et qui paya les salaires des ouvriers et des artisans qui le construisirent. Mais si nous observons plus attentivement ce symbolisme, il nous indique que pour créer notre propre temple, nous avons besoin d'une vision pour croire en sa réalisation ; nous avons besoin de transformer notre matière brute en magnifiques pierres taillées, et nous avons également besoin de disposer d'un plan précis pour réaliser une structure parfaite.

Allen tendit ensuite sa baguette vers les deux Diacres.

– On dit que cinq forment une Loge par allusion aux cinq ordres nobles de l'architecture, à savoir le toscan, le dorique, l'ionique, le corinthien et le composite. Chacun représente des combinaisons différentes de force, de solidité et de beauté que nous rencontrerons en traversant la lumière et l'ombre sur notre chemin vers la chambre du milieu.

Puis, d'un geste large, il indiqua toute l'assemblée des frères.

– Le mythe maçonnique dit encore que sept ou plus rendent une Loge parfaite par allusion aux sept années ou plus qui furent nécessaires à la construction et à la consécration du Temple de Jérusalem au service du Très-Haut. Mais ce nombre peut aussi faire référence aux sept sciences et arts libéraux qui sont la grammaire, la rhétorique, la logique, l'arithmétique, la géométrie, la musique et l'astronomie. Et si nous examinons la signification de ces sept-là pour chacun d'entre nous, nous apprenons qu'en se consacrant aux arts libéraux de l'éducation et de l'apprentissage, nos esprits peuvent s'élever au-dessus des apparences pour gravir calmement et progressivement le sentier en spirale vers des niveaux de conscience et de compréhension élargis.

L'orateur se mit à exécuter les pas du grade, en allant d'ouest en est. À mesure qu'il se déplaçait lentement, il expliquait les pas.

– En atteignant le sommet de l'escalier tournant, nous parvenons au niveau de la chambre du milieu où nous rencontrons un nouveau pavé mosaïque noir et blanc et une autre porte gardée. Nous devons traverser ce dallage constitué de carrés géométriquement parfaits. Mais même si nous avons un comportement droit, nous ne pouvons éviter de rencontrer tant les ténèbres que la lumière en avançant vers la chambre du milieu.

Allen s'arrêta et esquissa un mouvement de recul, comme si un garde armé venait de lui barrer la route.

– À l'entrée de la chambre du milieu, un gardien nous demande de prouver que notre connaissance de la maçonnerie s'étend jusqu'au grade de Compagnon avant de nous autoriser à aller plus loin. Il nous avertit que seuls ceux qui sont moralement armés et émotionnellement stables peuvent s'aventurer dans les ténèbres de la chambre du milieu. Ceux qui ne sont pas encore qualifiés se voient refuser l'entrée.

Allen tendit la main et pivota lentement sur lui-même. Il présenta sa paume ouverte à chaque direction de la loge.

– Une fois à l'intérieur de la chambre du milieu, nous recevons le salaire exact correspondant au travail accompli : ni plus, ni moins. Cette rétribution vient de notre propre esprit et ne peut donc jamais être discutée.

Il referma la main et exécuta le signe maçonnique de fidélité.

– Dans le *centre* de son cœur, chaque compagnon sait de quelle manière le travail a été accompli.

Il s'arrêta de tourner et pointa sa baguette vers le plafond du temple, où une étoile à cinq branches brillait de tous ses feux.

– Le rituel rapporte que les frères les plus conscients remarquent qu'au centre de la chambre du milieu se trouve un puissant symbole, la lettre « G » brillant au milieu d'une étoile flamboyante.

« Nous représentons ce symbole dans nos loges et nous le connaissons sous le nom de "Gloire". Il symbolise le Grand Géomètre de l'Univers, aux lois sacrées duquel nous devons tous nous soumettre et que nous devons accepter avec joie.

Allen se tourna, salua le Vénérable Maître, s'inclina vers la loge et partit regagner sa place en faisant le tour du temple dans le sens des aiguilles d'une montre.

Qu'est-ce qu'une planche à tracer ?

Dans la voiture nous ramenant à la maison après la tenue, je demandai à Mike d'où venait l'idée de la planche à tracer.

— L'idée de la planche à tracer, répondit-il, est vraiment d'aider un maçon à réfléchir au développement de la conscience que la franc-maçonnerie essaye d'encourager.

— Veux-tu dire qu'il s'agit d'une méthode visuelle pour enseigner comment les symboles sont reliés les uns aux autres ?

— Pas tout à fait. Je pense que la franc-maçonnerie est un système spirituel sérieux. Comme tu as pu l'observer avec la planche à tracer du premier grade, elle commence en expliquant qu'un humain est constitué de trois parties : une personnalité émotionnelle élémentaire, une nature mentale ou intellectuelle et un soi spirituel qui participe à la gloire du centre.

— Oui, mais comment cela se conjugue-t-il vraiment avec les planches à tracer ? insistai-je.

— Par le passé, les planches à tracer étaient des dessins que chaque frère réalisait lui-même pour symboliser son voyage spirituel. Avant une cérémonie, la planche du grade était tracée à la craie sur le sol. Le candidat devait suivre le chemin en parcourant les symboles un à un comme Allen l'a fait ce soir : tout en les expliquant, tu as vu qu'il exécutait les pas du grade. L'explication du dessin au candidat faisait partie de la cérémonie et pour que celui-ci s'imprime bien dans son esprit, il devait l'effacer lui-même avec un torchon et un seau, avant de pouvoir retrouver ses vêtements ordinaires. Il s'agissait là de lui enseigner simultanément l'humilité et le secret.

— Oui, ça a l'air assez humiliant, commentai-je.

— Pas vraiment, en fait. Cela voulait simplement rappeler au candidat que personne ne peut se soustraire à ses responsabilités vis-à-vis de la collectivité. Chacun, du plus humble au plus élevé, doit à son tour assumer les tâches importantes de la société. Mais, à dire vrai, cela fait bien longtemps que l'on ne fait plus cela. Ensuite, des frères ont suggéré que l'on représente les figures sur une toile qui pouvait être déroulée pour la tenue. Le travail du candidat consistait à rouler et à ranger la toile après la tenue.

— Cela me paraît moins déplaisant, observai-je.

— Oui, mais cette évolution laissait de côté un point qui avait toujours été important pour les maçons opératifs : la nécessité de développer l'art du dessin. Toutefois, elle permettait encore au candidat de marcher réellement au-dessus des symboles représentés sur la toile. Cette tradition a été perdue quand les planches à tracer en bois ont remplacé les toiles.

« C'est pourquoi j'aime cette façon qu'a Allen de procéder, en posant la planche au centre du temple et en parcourant rituellement le tour du temple. »

– Bien, mais, d'après toi, qu'est-ce que je suis censé retirer de ce commentaire sur la planche du deuxième grade ?

– Le sens de cette planche à tracer est assez simple : tu dois réaliser que tu te trouves à mi-chemin dans ton voyage vers la connaissance maçonnique et apprendre les enseignements du grade. Précisément, ton devoir est de développer ta compréhension des mystères cachés de la nature et de la science afin d'exécuter suffisamment bien ton travail pour mériter ton salaire. C'est une étape dans ton voyage spirituel vers la lumière du centre, qui ne t'est pas encore visible.

– Mais dans l'intervalle, que dois-je faire ?

– Apprends les questions et les réponses du grade. On va bientôt vérifier que tu les connais par cœur. Alors de quelle manière as-tu été préparé pour passer au deuxième grade ?

– D'une manière qui diffère peu de celle du grade précédent, sauf que dans ce grade, je ne fus pas privé de lumière et que des parties différentes de mon corps furent mises à nu, répondis-je, en espérant de tout mon cœur parvenir à être prêt pour le niveau supérieur.

Mais malgré toute ma préparation consciencieuse, le rituel du troisième degré devait me surprendre et même me secouer profondément.

CHAPITRE VI

UNE QUESTION DE VIE
ET DE MORT

CHEVAUCHER LE BOUC

– Es-tu prêt ? demanda Mike alors que nous franchissions le porche de la Loge Ryburn quelques mois plus tard.

C'était le soir de mon élévation (Mike utilisait toujours ce terme [en anglais, *raising*] pour désigner mon passage au troisième grade). Elle était enfin arrivée.

– Tu t'es rappelé ? Tu as mis des sous-vêtements sobres et propres ?

– Bien sûr, répondis-je. Est-ce que c'est ce soir que je vais vraiment chevaucher le bouc ?

– Ah, toi, Denis t'a raconté quelque chose, n'est-ce pas ?

– C'est un secret, grimaçai-je.

– Eh bien, oui, David avait la remorque de bétail derrière sa Land-Rover quand il est arrivé, rétorqua Mike.

– J'espère que c'est un biquet.

– Évidemment que c'en est un.

Puis après une pause :

– Tu ne t'imagines quand même pas vraiment qu'on pourrait te faire participer à un acte contre-nature ? s'esclaffa-t-il. Allez, tu veux qu'on repasse rapidement en revue les questions une dernière fois ? De quelle manière as-tu été préparé pour passer au deuxième grade ?

Quelques minutes plus tard, ces questions et réponses me couraient encore dans la tête tandis que, assis du côté nord de la loge, j'exécutai les signes prouvant ma qualité de Compagnon alors que l'on ouvrait la Loge au deuxième grade.

Paul, le maître en chaire, annonça le point suivant à l'ordre du jour : réincarner le frère Lomas. Je me levai, prêt, alors que le Vénérable s'adressait aux Diacres.

– Frères Diacres, veuillez accompagner notre récipiendaire à l'occident.

Une fois de plus, je me retrouvai debout à l'ouest de la loge, face au piédestal du Vénérable Maître. Et encore une fois, je me repassai rapidement en revue les questions et les réponses dans ma tête. Paul interrompit ma révision furtive.

– Frère Lomas, êtes-vous mentalement, émotionnellement et spirituellement prêt ce soir à être élevé au troisième grade ?

Je n'avais pas besoin d'aide pour donner ma réponse.

– Je le suis.

– Avant de pouvoir effectivement vous élever au sublime degré de la maçonnerie de métier, nous devons nous assurer que vous avez acquis les connaissances nécessaires dans le grade précédent. Préparez-vous à répondre aux questions requises.

Nous y étions. Parviendrai-je à me les rappeler toutes ? J'allais bientôt le savoir.

– De quelle manière avez-vous été préparé pour passer au deuxième grade ?

– D'une manière qui diffère peu de celle du grade précédent, sauf que dans ce grade, je ne fus pas privé de lumière et que des parties différentes de mon corps furent mises à nu.

Jusque-là, je ne m'étais pas trompé.

– Sur quel symbole avez-vous été admis ?

Et l'interrogatoire se déroula. De nouveau, je constatai que les réponses découlaient d'elles-mêmes dès que j'entendais la question. Et finalement, Paul demanda :

– Que signifient ces noms ?

C'était la dernière question. J'y étais arrivé ! Et sans susciter le moindre murmure réprobateur !

– Le premier signifie « en force », le second « établir », et quand ils sont accolés, « stabilité » ; car la Loi sacrée du Très-Haut dit : « En force, j'établirai ma loi, dans cette maison qui est mienne, afin que je me tienne fermement pour l'éternité. »

Paul me sourit. Au même moment, j'entendis une expiration collective : tous les frères venaient de s'arrêter simultanément de retenir leur respiration. Mais le plus dur était encore à venir. Le Vénérable allait me demander de répéter l'obligation solennelle. Et là, je n'aurais pas de souffleur pour ce test de mémoire.

– Veuillez répéter maintenant l'obligation solennelle d'un Compagnon.

J'inspirai profondément et commençai.

– Moi, Robert Lomas, en présence du Grand Géomètre de l'Univers, et de cette honorable et respectable Loge d'anciens maçons francs et acceptés, régulièrement constituée, fréquemment tenue et assemblée, dédiée et dûment consacrée à la Loi sacrée, de mon plein gré et consentement, par ceci et sur ceci, sincèrement et solennellement, je promets et jure que toujours j'enfouirai, je tairai, cacherai et jamais ne révélerai…

Et ainsi de suite, je déclamai le texte alambiqué de l'obligation. Cette fois, c'était facile, beaucoup plus facile qu'au premier grade. Je trouvai que chaque phrase donnait la clé de la suivante, exactement comme les questions du test avaient fixé les réponses dans ma mémoire. Étrangement, je commençais à apprécier la pratique du rituel.

– Ainsi, que le Grand Géomètre de l'Univers m'aide et m'arme de constance pour respecter fidèlement cette grande et solennelle obligation d'un Compagnon que je viens de contracter.

J'avais réussi. Sans hésitation, sans erreur, ni même la moindre répétition. J'étais capable de mémoriser le rituel. Les frères m'accordèrent un bref applaudissement atténué par les gants. Paul me souriait. Puis son visage redevint solennel et il enchaîna avec sa propre récitation rituelle.

– Frère Lomas, vous engagez-vous sur votre honneur d'homme et votre fidélité de Compagnon de l'ordre, à persévérer fermement et consciencieusement sur le sentier sombre et spiralé de votre être intérieur pour vous élever vers le sublime grade de Maître maçon ?

– Je m'y engage.

De nouveau, il était fait mention de cette spirale.

– Vous engagez-vous de même à garder secret ce que je vais maintenant vous confier avec la même extrême prudence que pour les mystères des précédents grades.

Je connaissais maintenant la routine.

– Je m'y engage, répondis-je avec confiance.

– Je vais donc vous confier les moyens de démontrer votre aptitude qui vous permettront de progresser vers le mystère qui se trouve au centre de la franc-maçonnerie.

Paul s'avança alors vers moi pour me confier un nouveau mot de passe et me montrer une nouvelle poignée de main étrange.

– Voici l'attouchement de passe conduisant au troisième grade de la franc-maçonnerie.

Il me prit la main et s'assura que je savais comment l'exécuter correctement. Puis il me confia un mot que mon obligation solennelle ne me permet pas de vous livrer. Paul me mit en garde :

– Ayez grand soin de vous souvenir de ce mot, car, sans lui, vous ne pouvez être admis dans une Loge d'un grade supérieur. Vous allez maintenant vous retirer pour être préparé à être élevé au troisième grade.

Winston, le Tuileur, m'attendait.

– Déshabille-toi, mon gars, dit-il. Tu as l'habitude désormais.

Oui, je commençais à être coutumier de la procédure. Winston m'aida à me préparer. Il s'assura que toutes les parties requises de mon anatomie étaient dénudées. Puis les Diacres vinrent examiner son travail. Ils approuvèrent et nous nous alignâmes derrière Winston. Celui-ci frappa contre la porte fermée du temple.

– Attends, s'exclama Syd, le Premier Diacre. Les lumières extérieures sont encore allumées.

Winston éteignit les lumières du hall et nous nous tînmes dans les ténèbres, attendant que le Couvreur ouvre la porte. À l'instant où il le fit, j'eus l'étrange conviction que ce degré allait être différent de tout ce que j'avais vu jusque-là.

Face à mes ténèbres intérieures

À l'extérieur de la loge, le hall éteint était plongé dans le noir. Quand la porte s'ouvrit, la lumière du temple se répandit en dehors.

Je voyais Graham, le Couvreur, se découper à contre-jour. Il s'adressa à nous :

– Qui cherche la lumière ?

Winston répondit :

– Frère Lomas, qui a été régulièrement initié dans l'art de la maçonnerie, qui est passé au deuxième grade de Compagnon, et qui maintenant vient de son propre gré et consentement demander humblement à être élevé au sublime grade de Maître maçon. Il a prouvé en Loge ouverte qu'il était convenablement préparé.

– Comment espère-t-il obtenir les privilèges de cette élévation ?

– Par l'aide du Très-Haut, le soutien puissant de l'équerre et du compas, et la connaissance d'un attouchement et d'un mot de passe.

Je sentis une main toucher la mienne.

– Veuillez me fournir ce mot de passe et cet attouchement.

J'exécutai la poignée de main et prononçai le mot qui m'avaient été confiés quelques minutes plus tôt. Je dus me débrouiller assez correctement, puisque Graham enchaîna :

– Faites halte, mon frère ! Je vais faire mon rapport au Vénérable Maître.

Puis il referma la porte.

Après quelques minutes, la porte se rouvrit, mais cette fois, l'intérieur de la loge était plongé dans les ténèbres et se révélait inquiétant. Les Diacres qui m'escortaient me poussèrent en avant. Mais Graham le Couvreur dirigea les deux pointes d'un compas ouvert vers ma poitrine nue. Je sentis la légère piqûre des pointes d'acier froides.

– Entrez dans cette Loge de Maîtres maçons dans l'amplitude du compas.

À mesure que mes yeux s'habituaient à l'obscurité, je me rendis compte que les ténèbres du temple n'étaient pas complètes. À l'orient, on apercevait une très légère lueur. En regardant plus attentivement, je vis que c'était la bougie du Vénérable qui avait été partiellement couverte pour que sa lumière directe ne puisse éclairer la loge. Le réflecteur dirigeait la lueur de la bougie tremblotante vers le mur oriental du temple, ce qui donnait l'impression qu'il s'agissait des premières lueurs de l'aube dans un ciel nocturne sans lune.

Les Diacres me conduisirent du côté ouest de la loge. Ils me firent pivoter pour que je regarde en direction d'une grande silhouette noire sans visage. Je me doutais que c'était Paul, le Maître de la Loge, ce qui se confirma dès qu'il parla.

– Que le candidat s'agenouille, pendant que nous invoquons la bénédiction du royaume céleste pour qu'il éclaire ce que nous allons faire.

Il frappa avec son maillet et les Surveillants lui firent écho.

– Mes frères, à l'ordre. Frère Chapelain.

La voix de Stan, le Chapelain, retentit dans les ténèbres.

– Oh, très haut gardien de la Loi sacrée, toi dont les puissants édits assurent la régularité de l'univers, nous ne sommes que simples novices dans les ramures de cette loi, cherchant par la contemplation à nous approcher d'une plus grande compréhension de ta vérité. Aide-nous à instruire notre frère, agenouillé ici, qui aspire à l'élévation. Puisse cette Loge unie partager sa sérénité avec ce chercheur de vérité. Nous lui offrons notre soutien dans le voyage qu'il s'apprête à entreprendre, le plus terrifiant qu'un mortel puisse accomplir, qui, après avoir traversé les ténèbres profondes de la nuit spirituelle, le conduira vers la lumière des étoiles éternelles.

À peine eut-il terminé que toute la Loge s'exclama en chœur :

– Qu'il en soit ainsi.

La voix de Paul se fit de nouveau entendre.

– Que le candidat se lève. Tous les frères aux différents points cardinaux sont prévenus que le frère Lomas va maintenant passer devant eux pour montrer qu'il est bien un candidat cherchant la lumière qui a été correctement préparé pour être élevé aux sublimes mystères d'un Maître maçon. Mes frères, asseyez-vous.

Syd, le Premier Diacre, me prit le bras et me murmura à l'oreille :

– Pied gauche d'abord. Faites le tour de la loge.

Et il m'entraîna dans le désormais familier pèlerinage autour du temple. Au passage, nous nous sommes arrêtés devant les fauteuils des Surveillants qui ont vérifié que je connaissais bien les attouchements et mots de passe des précédents grades ainsi que les « clés » donnant accès au troisième grade.

Je finis mon tour devant Roy, le Premier Surveillant. Il venait de s'assurer que je connaissais bien l'attouchement et le mot et que je savais ce qu'ils signifiaient. Il se leva alors et fit le tour de son bureau pour me prendre la main. Puis il me fit tourner vers l'orient faiblement éclairé et il s'adressa à Paul le Vénérable.

– Vénérable maître, permettez-moi de vous présenter frère Lomas, qui a été régulièrement initié dans l'art de la maçonnerie, qui est passé au deuxième grade de Compagnon, et qui maintenant vient de son propre gré et consentement demander humblement à être élevé au sublime grade de Maître maçon. Il a prouvé en Loge ouverte qu'il était convenablement préparé.

– Frère Premier Surveillant, veuillez ordonner au frère Premier Diacre d'enseigner au candidat la manière traditionnelle de marcher vers l'orient.

Roy, le Premier Surveillant, dit à Syd, le Premier Diacre, ce qu'il avait à faire. Ce dernier me prit le bras et m'emmena vers l'angle nord-ouest de la loge. Là, il me lâcha et se plaça devant moi. Mes yeux s'étaient ajustés à la faible lueur vacillante de la bougie occultée à l'est. Mais Syd n'apparaissait que sous la forme d'une masse sombre se découpant contre les carreaux noirs et blancs du pavé mosaïque de la loge. Il se mit à parler.

– Frère Lomas, dans ce grade, pour progresser de l'occident vers l'orient, on exécute une marche de sept pas ou plus. Pour votre instruction, je vais exécuter cette marche et vous m'imiterez ensuite.

Reg, le Second Diacre, m'aida à reproduire l'étrange série de pas. J'achevai ma marche, encadré par les deux Diacres, devant l'autel sur lequel était posé le volume de La loi sacrée. Dans la lueur voilée de la petite flamme proche, je pouvais distinguer le livre ouvert. Paul était debout de l'autre côté de son piédestal. Il s'adressa à moi.

– La franc-maçonnerie, dans sa grande sagesse, conserve des grades parfaitement distincts les uns des autres afin que seul un candidat bien préparé puisse accéder à leurs mystères. Aussi allons-nous exiger de vous une nouvelle obligation solennelle. Elle est semblable, à de nombreux égards, à celle que vous avez prononcée en devenant Compagnon. Consentez-vous à la prendre ?

Syd me souffla :

– J'y consens.

Je répétai les mots et Paul continua.

– Il n'est que juste de vous informer que votre courage et votre fidélité vont être soumis à une plus rude épreuve. Êtes-vous prêt, comme vous devriez l'être, à y faire face ?

De nouveau, Syd me souffla :

– Je le suis.

Et je répétai.

Paul poursuivit.

– Veuillez donc vous agenouiller et placer vos deux mains sur le volume de la Loi sacrée.

Lawrence, le Passé Maître Immédiat – qui, je le notais maintenant, était assis dans le fauteuil du Vénérable – frappa avec le maillet du Maître et les coups furent répétés par d'autres autour du temple enténébré. Quand les marteaux se furent tus, la voix de Paul ordonna :

– Mes frères, à l'ordre.

Tous les frères se levèrent dans un certain brouhaha. Puis, le silence retomba sur les ténèbres et le Maître continua :

– Déclinez vos prénoms et nom et répétez après moi :

« Moi, Robert Lomas, en présence du très éminent volume de la Loi sacrée et de cette honorable et respectable Loge d'anciens maçons francs et acceptés, régulièrement constituée, fréquemment tenue et assemblée, dédiée et dûment consacrée à la Loi sacrée, de mon plein gré et consentement, par ceci et sur ceci, sincèrement et solennellement, je promets et jure que toujours j'enfouirai, je tairai, cacherai et jamais ne révélerai… »

Et c'est ainsi que je devins un Maître maçon obligé. De portion de phrase en portion de phrase, ce nouveau serment se déclinait et je le répétais. Je savais maintenant que j'aurais à le mémoriser avant la prochaine tenue. Il était beaucoup plus long et détaillé que les précédents. Une partie en particulier retint mon attention.

– Je m'engage aussi solennellement, à partir de cet instant, à considérer l'union mystique du compas et de l'équerre comme le cœur de ma méditation et de ma réflexion maçonniques...

Je me demandai ce que cela pouvait bien vouloir dire. Mais le rythme du rituel ne me permettait pas de m'interroger. Il enchaînait déjà et réclamait de moi des engagements à faire des choses que je ne comprenais pas encore.

– Je défendrai et maintiendrai les cinq points de la maîtrise[1], au propre comme au figuré ; que ma main donnée à un Maître maçon soit un gage sincère de fraternité, que mes pas traversent les dangers et les écueils pour s'unir aux siens et former une colonne protectrice pour nous défendre et nous soutenir mutuellement, qu'en méditant sur la Loi sacrée, je n'oublie pas les souffrances et les privations de mes prochains et dispose mon cœur à soulager leurs besoins et atténuer leurs difficultés, tant que je pourrai le faire, sans préjudice pour moi ou ma famille.

Que pouvaient être ces « cinq points de la maîtrise » ? Je l'ignorais, mais je me notai dans un coin de la tête de poser la question à Mike un peu plus tard. Toujours est-il que je venais de m'engager à les défendre et à les soutenir... sans savoir de quoi il s'agissait. Et le serment n'était toujours pas fini. Nous en arrivâmes à la question des châtiments.

– Je jure solennellement d'observer ces différents points, sous peine de voir mon corps écartelé, réduit en cendres, et ces cendres dispersées aux quatre points cardinaux de la terre, afin que nulle trace et nul souvenir d'un être aussi vil ne puissent être retrouvés parmi les hommes et surtout parmi les Maîtres maçons.

Incontestablement, il s'agissait là du plus terrible châtiment que j'aie entendu jusque-là. Si celui-ci devait un jour être exécuté, il ne resterait rien de moi. Mais incontestablement, le Comité national pour l'hygiène et la sécurité ne permettrait pas une telle chose et je le remerciai silencieusement pour sa vigilance bienveillante.

– Ainsi, que le très éminent volume de la Loi sacrée m'aide et m'arme de constance pour respecter fidèlement cette troisième grande et solennelle obligation d'un Maître maçon que je viens de contracter.

Maintenant que j'avais formellement prêté le serment d'un Maître maçon, le rituel autorisait Paul à m'expliquer une partie de ce grade. Seulement, malgré tout l'intérêt que je pouvais lui accorder, je

---

1. *N.d.T.* Également appelé les « cinq points du Compagnonnage » (dans le Rite Émulation. En anglais, *five points of Fellowship*) ou « attouchement parfait de la maîtrise en Loge » (dans le Rite écossais rectifié). Voir Ligou, Daniel (éd.), *Dictionnaire de la franc-maçonnerie*, PUF, Paris, 1987 (entrée « Attouchements »).

souhaitais que ce discours ne s'éternise pas. Je me trouvais toujours agenouillé dans l'une des postures éminemment inconfortables qui semblaient une spécialité de la franc-maçonnerie. Or je n'avais vraiment pas envie de me donner en spectacle en me retrouvant contraint de sautiller autour de la loge, en proie aux pires crampes, au moment de me relever.

– Permettez-moi d'attirer, encore une fois, votre attention sur la position du compas et de l'équerre. Quand vous avez été reçu Apprenti, les deux pointes du compas étaient dissimulées à votre vue. Puis, lorsque vous êtes passé Compagnon de notre ordre, une pointe fut révélée. Elle vous montrait que vous aviez encore à voyager avant de pleinement comprendre tout ce que la franc-maçonnerie peut vous offrir. Maintenant que vous êtes sur le point d'être élevé à la sublime condition d'un Maître maçon, l'amplitude totale du compas vous est révélée, afin que votre esprit puisse englober le mystère du centre.

Finalement, Paul m'autorisa à me relever et à détendre mes jambes. Il permit aussi aux frères de s'asseoir. Puis il entama une longue exhortation qui focalisa mon attention sur les progrès que j'avais déjà accomplis au sein de la maçonnerie.

– Maintenant que vous avez prêté l'obligation solennelle d'un Maître maçon, vous avez le droit de demander à entreprendre l'ultime et extraordinaire voyage qui vous permettra de goûter l'extase sublime du centre. Mais auparavant, il est de mon devoir de vous rappeler le travail que vous avez déjà accompli, afin que vous soyez mieux à même de comprendre et d'apprécier l'objet de notre ordre.

De nouveau, il était fait allusion à un mystère se trouvant au centre. Était-ce l'objectif ultime vers lequel je me dirigeais ? Le rituel allait peut-être m'aider à donner enfin un sens aux grades précédents ?

– Vous avez été admis parmi les maçons dans un état de ténèbres et d'indigence spirituelle. On ne vous a rien laissé amener d'autre dans la loge, que votre esprit, et c'est nu que vous êtes entré. Lorsque vous avez été initié comme Apprenti maçon, vous avez appris qu'il y avait une lumière spirituelle au centre et on vous a expliqué comment préparer votre esprit à la percevoir. On vous a montré comment utiliser les outils de travail d'un Apprenti pour développer votre esprit rationnel et neutraliser grâce à votre intellect les pulsions irrationnelles de la chair. Pour vous aider à y parvenir, on vous a fourni des postures, une structure de loge pour concentrer votre pensée et un ensemble de symboles et d'outils spirituels. Une fois – et seulement une fois – que vous avez su neutraliser vos désirs charnels grâce à votre esprit rationnel, que vous avez appris à utiliser postures et symbolismes et que vous avez maîtrisé l'utilisation des outils spirituels, vous étiez prêt à avancer vers le deuxième grade.

Donc le but du premier grade était de m'aider à maîtriser les pulsions de mon corps grâce à mon intellect. Certes, c'est un point clé de l'éducation et cette explication donnait un certain sens aux outils de travail de ce grade. Mais si c'était bel et bien l'objectif, étais-je réellement parvenu à faire passer mes émotions sous le contrôle de mon esprit rationnel ? À dire vrai, je me demandais surtout si j'avais acquis beaucoup de sérénité.

Paul continua.

– Quand vous avez fait la preuve de votre mérite et que vous avez été élevé au niveau spirituel de Compagnon de notre ordre, vous avez été exhorté à développer vos facultés intellectuelles et à étudier les voies les plus cachées de la nature et de la science afin de mieux comprendre la Loi sacrée et commencer à contempler l'esprit du Grand Géomètre de l'Univers. Le deuxième grade vous a aidé à équilibrer votre intellect et vos émotions pour apprendre à reconnaître la vérité et faire la différence entre les pulsions irrationnelles de la chair et la lumière de l'esprit. Pour vous aider à consolider votre esprit et à maîtriser vos émotions, on vous a communiqué de nouveaux outils, symboles et postures. Ainsi, vous vous êtes préparé à contempler l'étoile de vérité flamboyante, qui, pour l'instant, n'était visible que sous la forme de ténèbres au centre. Ici, vous avez rencontré le symbole de la spirale qui vous enseignait comment approcher du centre. Les postures affectent votre corps et suscitent des réactions hormonales dans votre esprit rationnel, qui vous apprennent à maîtriser vos émotions. Toutefois, avant de pouvoir accéder au troisième grade, vous devez vous préparer à vous débarrasser de toute idée d'ego et d'amour-propre.

J'avais trouvé les défis intellectuels du deuxième degré beaucoup plus intéressants que le simple contrôle émotionnel qui constituait le message du premier. Mais je comprenais maintenant pourquoi la spirale était un symbole fondamental si je voulais équilibrer mes émotions et mon intellect : j'allais encore avoir besoin de pratique. Mais quel était le but d'une telle tâche ? Qu'est-ce que cela allait m'apporter réellement ? J'écoutai Paul poursuivre son explication.

– Maintenant que votre esprit a été formé par la vertu et la raison, la nature a encore une noble et précieuse leçon à offrir : la connaissance de vous-même. Par la méditation, elle vous prépare à votre heure dernière, lorsque vous allez faire face au défi ultime, celui de votre disparition.

Était-ce là l'essence du secret maçonnique, un traitement contre les angoisses existentielles ? Avais-je d'ailleurs une quelconque angoisse existentielle à traiter ? Je n'en étais pas sûr. En revanche, les questions relatives à la mort me passionnaient assurément. En ma qualité de scientifique, je pouvais difficilement croire en l'immortalité. À dire vrai, je me serais volontiers réclamé de l'école existentialiste de Woody Allen : je n'avais pas vraiment peur de mourir, mais je préférais ne pas être là quand cela arriverait.

Est-ce que la franc-maçonnerie allait m'aider sur ce point ?

Paul n'avait toujours pas fini :

– Tel est, mon cher frère, le but spécifique de ce sublime degré de la franc-maçonnerie. Il vous invite à méditer sur cette question redoutable et cherche à vous faire percevoir que, pour le vrai maçon, les affres de la mort ne sont rien en comparaison de celles, beaucoup plus terrifiantes, engendrées par la fausseté et le déshonneur. Les grands mythes de la franc-maçonnerie offrent une illustration magnifique de cette vérité à travers la fidélité inébranlable et le meurtre indigne de notre grand Maître historique, Hiram Abif, qui fut assassiné juste avant l'achèvement du Temple de Jérusalem, dont il était, comme vous le savez assurément, le principal architecte.

En réalité, je ne savais pas grand-chose d'Hiram Abif. Je n'avais jamais entendu qu'une seule fois mentionné son nom, dans la planche à tracer du deuxième grade. On y racontait que c'était lui qui gérait les paies des artisans dans la chambre du milieu du Temple de Jérusalem inachevé.

Apparemment, Paul approchait du terme de son exhortation.

– Voici comment Hiram l'architecte mourut, dit-il avant de se tourner vers mon escorte et de s'exclamer :

– Frères Surveillants.

LES TÉNÈBRES DU GRAND MIDI

Les Diacres me tirèrent en arrière pour me ramener vers le centre du temple enténébré. Pendant ce temps, les deux Surveillants, chacun tenant quelque sorte d'outil d'architecture allèrent se positionner de chaque côté de Paul. Quand tout le monde cessa de bouger, je me retrouvai dans l'axe de Paul, qui se tenait debout devant la chaire du Vénérable à l'orient.

Le premier grade m'avait été conféré au nord-est, là où le soleil se lève le jour le plus long de l'année. Le deuxième degré m'avait été décerné au sud-est, où le soleil se lève le jour le plus court. Allait-on délibérément me délivrer mon troisième grade à l'est, là où le soleil se lève à l'équinoxe ? Les deux équinoxes sont les deux seuls jours de l'année où la lumière et les ténèbres sont en parfait équilibre.

Le Maître et ses Surveillants formaient une ligne inquiétante de silhouettes noires contre le reflet tremblotant de la bougie. Paul commença d'une voix solennelle et théâtralement dramatique.

– Au cours de la construction du Temple de Jérusalem, les secrets du centre n'étaient connus que de trois personnes : Hiram, le roi de Tyr, le maître d'œuvre responsable de la construction du premier temple juif à Jérusalem ; Salomon, le roi d'Israël, qui avait eu l'idée d'entreprendre une œuvre aussi grandiose ; et Hiram Abif, le principal architecte. Un groupe de quinze compagnons du métier furent nommés surveillants, mais on ne leur confia pas les secrets du centre. Sentant que, en leurs qualités de surveillants responsables, ils avaient le droit de recevoir ces secrets, ils décidèrent de tenter de les extorquer aux trois maîtres.

« Alors que le soleil se couchait la veille du jour où ils avaient décidé de mettre leur complot à exécution, ils se réunirent. Douze d'entre eux décidèrent d'abandonner leur projet, mais trois autres, d'un caractère plus résolu et plus dépravé, persévérèrent dans leur projet impie. Il était notoire qu'Hiram l'architecte faisait quotidiennement ses dévotions au Très-Haut à l'heure du grand midi, quand le soleil se tenait à son zénith au sud, que la lumière du jour était la plus vive, et que l'ombre d'un homme était la plus réduite. »

Paul marqua une pause. Une petite clochette de glas retentit lentement douze fois. Les tintements se répercutaient dans les ténèbres du temple. Dès que le son se fut totalement évanoui, le Vénérable reprit son récit.

– Afin de perpétrer leur abject dessein, ils s'embusquèrent aux portes de l'est, de l'ouest et du sud du temple inachevé, sachant parfaitement qu'à ce moment sacré du jour, Maître Hiram se trouvait à l'intérieur.

« Quand ce dernier eut achevé ses dévotions, il se dirigea vers la porte du sud, connue sous le nom de "Porte sublime", là où la lumière était la plus vive. Cette porte représentait tout ce qui est bon, beau et digne d'amour.

« Là, il rencontra le premier agresseur. Celui-ci n'avait pu trouver d'autre arme qu'une perpendiculaire, l'outil qui représente symboliquement pour nous la rectitude morale. Le misérable demanda à Maître Hiram de lui révéler les secrets d'un maître maçon en le menaçant d'utiliser la force de la rectitude morale pour le tuer s'il refusait. Conscient que le vaurien n'était pas apte à acquérir la connaissance du centre, Maître Hiram refusa de lui en révéler les mystères.

« Cette réponse ne l'ayant pas satisfait, le vaurien asséna un coup d'une grande sauvagerie sur la tempe droite de notre Maître, avec une telle force qu'il chancela et tomba sur son genou opposé. »

Alors que j'écoutais cette histoire captivante, je m'aperçus soudain que ce n'était pas qu'une récitation aussi passionnante soit-elle. Le Second Surveillant venait de lever les mains. À la lueur tremblotante de la bougie projetée sur le mur, je pus voir son ombre qui tenait la barre d'une perpendiculaire. Il l'abattit vers ma tête. À cet instant, l'histoire prit toute sa réalité pour moi. Comment devais-je répondre à une telle attaque ? Ma volonté me soufflait de me protéger, mais la situation rituelle me disait que tout cela n'était que symbolique et que je devais m'y soumettre. Simultanément, une idée confuse surgit en moi : je me demandai comment je répondrais à une menace pour mon existence dans la vraie vie. Alors que je me trouvais dans l'expectative, je sentis un léger coup sur ma tempe droite et, simultanément, mon escorte me fit agenouiller sur le genou gauche. Je me sentis aussi étourdi qu'Hiram avait dû l'être. Que devais-je faire ? Mais Paul ne me laissa pas le temps de décider. Le récit rituel reprit et je fus projeté de nouveau dans l'histoire.

– Bien que légèrement étourdi, Maître Hiram se remit sur pied et se précipita vers les ténèbres de la porte occidentale, appelée la « Porte des travaux ». Elle représente l'activité et le sacrifice altruistes.

Je fus relevé par les Diacres et la silhouette menaçante du Second Surveillant se profila de nouveau.

– Là il fut accosté par un second assaillant qui s'était doté de la force de l'égalité et qui avait pris comme arme son symbole, le niveau.

Le personnage situé à la gauche du Vénérable Maître leva son niveau d'architecte au-dessus de sa tête et s'avança vers moi. Encore une fois, je sentis monter une poussée d'adrénaline qui m'avertissait d'une menace et qui m'indiquait qu'il fallait me préparer à répondre. Alors que le niveau descendait vers ma tempe gauche, je commençai à lever mon bras gauche pour parer le coup, mais les Diacres m'en empêchèrent. La voix de Paul continuait sa déclamation impassible de l'ancien mythe.

– Une fois de plus, il fut ordonné à notre Maître de révéler les secrets du centre, sous peine de mort. Mais sachant parfaitement que l'égalité seule ne donnait pas à l'attaquant la qualification pour comprendre ces mystères, il refusa pareillement de les révéler. Le mécréant asséna un coup féroce sur la tempe gauche du Maître, qui le força à tomber sur son genou opposé.

De nouveau, les Diacres m'obligèrent à m'agenouiller, cette fois sur mon genou droit. Alors que je jouais le rôle d'Hiram maltraité, mes réactions physiques créaient simultanément une réponse émotionnelle, puisque je ressentais en moi les sensations d'un homme réellement attaqué. Mais, comme la première fois, on ne me laissa pas le temps de réfléchir. Les Diacres m'avaient déjà remis sur pied, tandis que la présence indistincte du Premier Surveillant se retirait dans la pénombre environnante. Comme un flux intangible de réalité, le débit imperturbable de la récitation de Paul se poursuivit.

– Réalisant qu'il n'avait qu'un seul espoir de se soustraire à ces forces matérielles, Maître Hiram partit chancelant vers l'est, espérant échapper aux réclamations des misérables en sortant par la porte orientale, appelée la « Porte de la sagesse ».

Que faisait le Vénérable maintenant ? Il levait ce qui ressemblait à un lourd marteau de tailleur de pierre au-dessus de sa tête. Sa forme sombre personnifiait la menace. Même si je savais qu'il ne s'agissait que d'un rituel, je sentis une peur instinctive de la mort s'agiter au plus profond de mon être quand il s'avança vers moi. Tout en me menaçant, Paul continuait de décliner l'horrible mythe de sa voix dépourvue de toute émotion.

– Là, il tomba sur un troisième agresseur, armé de la force temporelle d'un lourd maillet de tailleur de pierre. Une fois de plus, les secrets du centre lui furent réclamés sous peine de mort, mais Maître Hiram considéra que cette force temporelle n'était pas une qualification suffisante permettant à un candidat d'obtenir la révélation des mystères. Aussi refusa-t-il.

Simultanément, Paul abaissa la masse vers ma tête. Je tressaillis et fermai les yeux en prévision du coup. Je sentis le lourd maillet toucher le centre de mon front. La poussée régulière imprimée à l'objet me rejeta en arrière. Commençant à perdre l'équilibre, je tentai de battre des bras pour le rétablir. Mais ils étaient retenus par les deux Diacres qui m'empêchèrent de résister. Paul n'avait pas terminé l'histoire.

– Le scélérat frappa Maître Hiram d'un coup féroce au centre du front, qui le tua instantanément. C'est ainsi, mon frère, qu'Hiram l'architecte mourut pour protéger la connaissance du centre.

Je sentis des mains m'abaisser vers le dallage mosaïque noir et blanc de la loge. Au-dessus de ma tête, à peine visible dans la pénombre du plafond du temple, je pouvais à peine discerner les contours de la Gloire qui, cette fois, n'était pas éclairée. Les Diacres positionnèrent mes bras comme si j'étais mort. Je restai inerte et les laissai faire. Pendant ce temps, Paul poursuivait son histoire.

– Pour dissimuler leur crime, les trois assaillants enterrèrent Maître Hiram dans une tombe superficielle.

Les Diacres recouvrirent mon corps étendu d'un fin drap de lin. Dans l'obscurité de la loge, le tissu paraissait hésiter entre le blanc et le grisâtre. Je n'aurais su le dire avec précision. Allongé, inerte comme un cadavre, voilé sous un linceul mortuaire, tout ce que je pouvais très vaguement voir, c'était la silhouette indistincte de l'étoile à cinq branches entourant la lettre G, loin au-dessus de moi sur le plafond du temple. Une autre voix s'éleva quelque part sur ma droite.

– Maîtres maçons de la Loge Ryburn, unissez-vous autour de la tombe de notre frère ici étendu.

Je pus percevoir les bruissements et les mouvements des frères de ma Loge qui se rassemblaient autour de moi. Étendu au centre de ce cercle de silhouettes indistinctes que je devinais au-dessus de moi, j'avais l'impression d'assister à mes propres funérailles. Paul s'adressa aux maçons réunis autour de mon corps immobile.

– Mes frères, dans ce rituel, notre frère a symbolisé et continue de symboliser l'un de nos Maîtres les plus illustres dans les annales de la franc-maçonnerie, à savoir Hiram Abif l'architecte, qui choisit de mourir plutôt que de faillir et de trahir la connaissance sacrée du centre qu'il tenait en haute estime. Nous espérons que l'exemple d'Hiram a produit une impression ineffaçable, tant sur l'esprit de notre candidat que sur les vôtres, mes frères.

La voix de Paul s'atténua quelque peu tandis qu'il se tournait de côté pour s'adresser à quelqu'un.

– Frère Second Surveillant, veuillez maintenant essayer de ressusciter celui qui personnifie notre Maître Hiram au moyen de l'attouchement d'un Apprenti franc-maçon.

Je vis une forme sombre se profiler au-dessus de moi et occulter le peu de lumière qui filtrait. Comment pouvaient-ils tous être rassemblés autour de moi, si j'étais censé me trouver dans une tombe, superficielle certes, mais sans repères spécifiques permettant de la trouver ? Apparemment, il y avait un trou dans cette histoire. Il était clair que mon corps devait être retrouvé pour que le rituel atteigne un paroxysme idoine, mais toute la question de sa découverte avait été soigneusement éludée. Enfin, je n'avais sans doute pas à me préoccuper de la cohérence narrative et je continuai de jouer mon rôle de cadavre flasque et consentant alors que l'intensité du rituel grandissait.

Le linceul fut enlevé et une main gantée prit la mienne. Elle tenta de me tirer au moyen d'un mol attouchement de premier grade. Mais les doigts du Second Surveillant glissèrent jusqu'au bout des miens et ma main fut doucement reposée sur ma poitrine. Le tissu fut remis en place sur mon visage. De nouveau étendu, je contemplai la Gloire sombre au-dessus de moi.

J'entendis la voix du Second Surveillant disant :

– Vénérable Maître, la connaissance acquise par un Apprenti n'est pas suffisante pour ressusciter notre frère.

L'organiste se mit alors à jouer la *Marche funèbre* et les frères entourant ma tombe entamèrent une procession solennelle autour de mon corps inerte. Le cortège semblait ne jamais devoir s'achever et la musique me faisait un effet terrifiant. Mais finalement, l'hymne funèbre s'arrêta et les frères reprirent leur position au-dessus de moi.

– Frère Premier Surveillant, reprit Paul, veuillez maintenant essayer de ressusciter celui qui personnifie notre Maître Hiram au moyen de l'attouchement d'un Compagnon.

Une fois de plus, le drap fin fut retiré. Des doigts attrapèrent ma main flasque et un vague attouchement de deuxième grade glissa de nouveau le long de celle-ci. Finalement, on replaça le voile mortuaire. La voix du Premier Surveillant retentit.

– Vénérable Maître, la connaissance acquise par un Compagnon n'est pas suffisante pour ressusciter notre frère.

Les mêmes causes produisant les mêmes effets, l'orgue entama un nouvel hymne et les frères recommencèrent à tourner en procession autour du centre où je me trouvais. Quand la musique s'arrêta, Paul reprit la parole.

– Frères Surveillants, vous avez l'un et l'autre tenté de ressusciter notre frère défunt en utilisant les connaissances d'un Apprenti et d'un Compagnon, mais vous avez échoué. Cependant la franc-maçonnerie offre une troisième manière, celle qui consiste à le relever en utilisant les cinq points de notre société fraternelle. Avec votre aide, je vais maintenant tenter cette méthode.

Une troisième fois, le drap fut enlevé et un frère s'empara de ma main molle. Mais cette poignée était différente. Les deux Diacres me hissèrent pour me positionner juste devant Paul. Celui-ci m'étreignit de toutes ses forces. Je m'aperçus que son corps touchait le mien en cinq points, les cinq points de la maîtrise que je m'étais engagé à défendre et à maintenir.

Le Vénérable me garda dans cette étreinte à cinq points pour me murmurer.

– C'est ainsi, mon cher frère, que tous les Maîtres maçons sont ressuscités d'une mort symbolique afin qu'ils puissent rejoindre les autres pèlerins spirituels qui les ont précédés.

Paul me relâcha et s'écarta. Par-dessus son épaule, je pouvais maintenant apercevoir une brillante étoile à cinq branches sur le mur oriental de la loge. Elle semblait flotter au-dessus du fauteuil du Maître. À travers les ténèbres environnantes, elle projetait un rayon lumineux vers l'occident. Je la contemplais fasciné. Mais la voix du Vénérable me tira de ma rêverie.

– Permettez-moi de vous faire observer que la lumière émanant du centre n'est que la ténèbre rendue visible. Ce n'est qu'en pénétrant l'obscurité et le désespoir qui enveloppe nos projets futurs que nous pouvons percer le voile de ténèbres qui hante l'esprit humain. Mais la lueur apparaissant à l'orient suffit à vous faire voir que vous vous tenez au bord de la tombe dont vous venez d'être symboliquement relevé et qui, après votre passage dans cette illusion de vie éphémère, vous recevra à nouveau dans son sein glacé.

Tournant la tête pour regarder le linceul blanc posé sur le sol de la loge, je constatai que le timide rayon de l'étoile naissante éclairait un crâne humain placé au-dessus d'une paire de fémurs croisés. Dans la pâle clarté de l'étoile, ils avaient l'air réels. Paul me laissa les contempler un long moment avant de reprendre.

– Puissent ces symboles de la condition mortelle, que l'apparition de l'étoile du matin a illuminés pour vous, vous aider à méditer sur votre destinée inéluctable et à diriger vos pensées vers la plus précieuse de toutes les études : la connaissance de vous-même.

Il me fit pivoter pour me repositionner face à la lumière de l'étoile avant de continuer.

– Prenez garde à accomplir les tâches qui vous sont assignées tant que la lumière du soleil demeure. Même dans le sein de votre être frêle, il existe un principe décisif et spirituel qui suscite l'inspiration sacrée. La connaissance de la Loi sacrée vous permettra de vous dresser au-dessus du chaos et de la peur et d'élever votre regard jusqu'à cette brillante étoile du matin, dont l'apparition apporte la paix et le salut aux membres éveillés de la communauté humaine.

Paul se tourna vers l'ensemble de la Loge.

– Mes frères, veuillez regagner vos places.

Les lumières de la loge furent rallumées et, comme des lapins effrayés par les phares d'une voiture sur une petite route tranquille, les frères se pressèrent vers leurs sièges.

Et maintenant ? On ne m'avait pas encore donné les attouchements et les mots de passe qui avaient accompagnés chacun des grades précédents. Je ne devais pas être déçu.

LES ULTIMES SECRETS ?

Les Diacres me ramenèrent dans l'angle nord-ouest du temple, à l'opposé du Vénérable Paul qui me faisait face depuis l'angle sud-ouest.

J'attendis que Paul me demande d'avancer. Les pas étranges que l'on risquait de me demander d'effectuer ne me posaient plus de problèmes. J'arrivais même à garder l'équilibre pendant qu'on me communiquait ces séries de secrets assez banals. Quoi que Paul puisse dire dans la suite du rituel, je pensais que rien ne pouvait égaler probablement ce à quoi je venais d'assister. À l'échelle du grand schéma de l'univers dont elle constituait une partie, on venait de me montrer à quel point la conscience que j'avais de moi-même était insignifiante. On m'avait fait voir comment ma vie allait se poursuivre après ma mort et la leçon qu'il fallait en tirer était que la vie n'est pas seulement ce que l'on en perçoit. D'accord. Mais qu'était-ce alors ? J'avais contemplé la brillante étoile du matin se levant à l'équinoxe de printemps et éclairant la tombe qui contenait mes restes mortels. Elle véhiculait un profond message symbolique. S'agissait-il de montrer que le monde n'allait pas s'arrêter à ma mort ? Que la Terre continuerait de tourner sur son axe, le Soleil de se déplacer au gré des saisons et les planètes lumineuses de se lever et de dissiper les ténèbres du ciel pré-auroral ? Était-ce là le mystère du centre ou y avait-il autre chose à découvrir ? Si j'avais bien compris l'allégorie de la spirale, ne signifiait-elle pas que j'allais devoir pratiquer ce rituel de nombreuses fois avant de comprendre sa pleine signification ?

La voix de Paul me ramena à la réalité de la Loge.

– Maintenant que vous avez fait l'expérience du caractère éphémère de l'existence, je vais vous confier les secrets spécifiques du troisième grade.

Quoi ? On ne me demandait pas de me mettre dans quelque posture invraisemblable qui aurait contraint mes muscles aux pires tensions pour m'éviter de tomber ?

– Veuillez donc vous avancer vers moi en Apprenti, puis en Compagnon, ordonna le Vénérable.

Ah si, finalement, on me demandait tout de même d'adopter une posture contraignante. J'espérais que les secrets allaient en valoir la peine.

Hélas, ce ne fut pas le cas. Maintenant, à moins que vous ne soyez déjà maçon, vous allez devoir me croire sur parole quand je vais vous dire que les secrets que Paul me confia alors n'avaient pas grand intérêt : un mot sans signification qui donnait l'impression d'être de l'ancien égyptien déformé – sujet que j'ai déjà traité en détail dans *La Clé d'Hiram* [2] –, quelques attouchements supplémentaires et de nouvelles postures de la même veine. Si je n'entends pas révéler la teneur de ces « secrets » ici, il y a trois raisons à cela. La première, c'est qu'en dehors de l'éventuelle traduction du « mot de maçon » en ancien égyptien, ils sont suprêmement inintéressants. La deuxième, c'est que je n'ai pas envie de voir mon corps écartelé et réduit en cendres qui seraient dispersées aux quatre coins de la terre, « afin que nulle trace et nul souvenir d'un être aussi vil » ne demeurent. D'accord, je sais bien que la Grande Loge unie d'Angleterre a officiellement interdit l'exécution de ce châtiment et que l'immense majorité des maçons modernes hésiterait assurément à la mettre en œuvre. Quoi qu'il en soit, je suis bien certain qu'il existe ici ou là quelques hurluberlus fanatiques qui pourraient en avoir l'envie. Alors pourquoi prendre le moindre risque ? Mais, même en oubliant ce très improbable châtiment médiéval aussi rituel que pittoresque, la troisième et véritable raison, c'est que ces secrets ne sont pas les véritables secrets de la franc-maçonnerie.

Donc éludons cette étape aussi fastidieuse qu'inintéressante et passons à la suite de la cérémonie. Après que tous les officiers de la loge eurent vérifié ma bonne connaissance des nouveaux attouchements, postures et mots de passe, je me retrouvai face au Vénérable. Je tenais les mains du Premier Surveillant qui venait de me revêtir d'un tablier de Maître maçon – assez beau, je dois dire.

– Par ordre du Vénérable Maître, avait-il dit en me ceignant de ce nouveau décor, je vous revêts de l'insigne distinctif d'un Maître maçon. Les recommandations qui vous ont été faites lorsque vous avez été revêtu de vos deux précédents tabliers demeurant valides aujourd'hui avec celui-ci.

Le Vénérable Maître ajouta ses propres commentaires à ceux du Premier Surveillant.

– Frère Lomas, le tablier dont vous venez d'être revêtu n'indique pas seulement votre qualité de Maître maçon. Il doit vous rappeler les

---

2. *Lomas & Knight* (1996), p. 143.

grands devoirs que vous vous êtes engagé à remplir. Si cet insigne montre votre rang au sein de l'ordre, il vous impose aussi un devoir d'aide et d'instruction des frères qui se trouvent à des grades inférieurs.

Paul se tourna vers les Diacres.

– Frères Diacres, veuillez maintenant conduire le frère Lomas au centre du temple où les outils de travail d'un Maître maçon vont lui être présentés et expliqués par le frère Astore.

Le centre ! Étais-je vraiment en train de l'atteindre enfin ? J'allais être placé directement sous la Gloire rayonnante. Quelques minutes plus tôt, tandis que je gisais rituellement en dessous d'elle, elle était à peine visible.

Les Diacres m'accompagnèrent jusqu'au centre exact de la loge. De son côté, Mike était venu se placer devant la chaire du Maître, à l'orient. Il me sourit et tendit la main vers la boîte à outils qui était réapparue au bord du tapis mosaïque.

– Frère Lomas, par ordre du Vénérable Maître, je vais maintenant vous présenter les outils de travail d'un Maître maçon qui sont le cordeau[3], le crayon et le compas.

Mike me tendit un instrument qui ressemblait à une pointe reliée à un piquet par un fil.

– Le cordeau est un outil tournant sur un axe central d'où l'on dévide une cordelette pour tracer sur le sol les fondations d'un futur édifice.

Ensuite, il me passa ce qui n'était qu'un vulgaire crayon.

– L'artiste expérimenté utilise le crayon pour dessiner le plan d'un bâtiment afin de guider le travail des ouvriers.

Finalement, il me confia une paire de compas.

– Le compas permet au Maître maçon de mesurer et fixer, avec exactitude et précision, les dimensions et les proportions des différentes parties de la construction.

« Or, comme nous ne sommes pas tous des Maçons opératifs, mais des Maçons francs et acceptés, nous appliquons ces outils à la construction de nos esprits. »

Mike baissa les yeux vers les outils que je tenais dans les mains.

– Dans ce sens, le cordeau nous fait prendre conscience que nous pouvons donner des fondations solides à notre existence en plaçant la Loi sacrée au centre de notre conscience.

---

3. Également appelé « dévidoir » ou « virolet ». Le terme le plus exact pour désigner l'outil est « dévidoir » (le cordeau n'étant qu'une partie de l'instrument). Mais la coutume est d'utiliser dans le rituel le terme « cordeau », probablement pour obtenir trois mots commençant par c. (N.d.T.)

Il tendit la main et récupéra le cordeau.

– Le crayon nous enseigne que toutes nos pensées, mots et actions font partie du grand mouvement de l'univers et que, toute notre vie, nous devons être prêts à justifier de notre conduite.

J'étais prêt et je lui rendis le crayon pour qu'il puisse continuer.

– Le compas nous montre les limites du bien et du mal et nous permet d'évaluer notre place dans le grand schéma de l'univers pour que nous puissions agir pour le plus grand bénéfice de l'humanité.

Il avança la main vers le compas que je lui rendis. Il avait maintenant récupéré toute la série des outils.

– Ainsi, ce sont nos outils de travail. Ils nous apprennent à vivre et à agir selon les préceptes de la Loi sacrée, afin que nous puissions, en quittant cette demeure terrestre, nous élever jusqu'à la Grande Loge céleste, où le Grand Architecte du monde vit et règne pour l'éternité.

Il rangea les outils dans la boîte à ses pieds. Puis il se tourna vers Paul et lui adressa le salut du troisième grade que je venais d'apprendre. Il finit par un tour de la loge dans le sens du soleil pour regagner son siège.

Paul reprit la parole.

– Le frère Terence Ezran va maintenant vous expliquer les devoirs du troisième grade.

Terry avait un crâne chauve et brillant, une moustache blanche broussailleuse et un rire contagieux. S'il était comptable de son état, il s'efforçait, selon ses propres dires, de ne pas être trop ennuyeux. Il me sourit tout en faisant le tour de la loge pour venir se planter devant moi.

– Frère Lomas, votre ferveur à l'endroit de la franc-maçonnerie, les progrès que vous avez accomplis dans ce noble art et votre observance de nos lois et coutumes vous ont attiré notre faveur et notre estime. Maintenant que vous êtes devenu un Maître de notre ordre, nous allons vous apprendre à rectifier les erreurs et les incompréhensions des frères et des Compagnons et à les protéger contre les ruptures de leur engagement…

Si ce fastidieux discours sur mes nouveaux devoirs et responsabilités dura un bon moment, il ne m'apporta pas vraiment la moindre information pour m'aider à comprendre ce nouveau grade. Finalement, il arriva à son terme :

– … Par un comportement digne, vous prouverez que votre conduite exemplaire seule vous a permis d'accéder à nos privilèges et que nos faveurs ne vous ont pas été accordées à tort.

Terry m'adressa un large sourire. Il était manifestement fier d'avoir déclamé cette longue partie de rituel sans la moindre hésitation. Il salua Paul et repartit dans le sens du soleil pour rejoindre sa place. Maintenant, je pouvais enfin me détendre. Comme il n'y avait plus de grade au-delà de ce troisième, je n'avais pas à m'inquiéter d'une nouvelle série de questions-réponses à mémoriser. Du moins était-ce ce que je pensais alors...

À l'instant précis où je me réjouissais d'avoir à passer à l'art de l'oubli après avoir appris celui de la mémoire, Paul me réserva une petite surprise rituelle.

– Frère Lomas, ainsi se conclut la cérémonie de votre élévation. Vous êtes maintenant libre de vous retirer afin de vous mettre à l'aise. À votre retour dans la loge, nous vous communiquerons une nouvelle instruction, ajouta-t-il avec un clin d'œil. Mais si vous êtes déjà parfaitement à l'aise, vous pouvez allez prendre votre place dans la loge.

Je compris l'allusion et, accompagné de mes deux Diacres habituels, je retournai à mon siège en respectant le sens du soleil.

Alors que je m'asseyais, Paul annonça :

– Frère Lomas, comme précédemment, ce grade comporte une épreuve de questions et de réponses qui doivent être mémorisées. Pour votre instruction et le bénéfice des frères en général, ces questions vont être posées par le frère Second Surveillant au frère Couvreur qui fournira les réponses requises.

Il y avait donc encore des choses à apprendre. En réalité, je devais même découvrir qu'il y avait encore *beaucoup* de choses à apprendre. Mais pour le moment, mon prochain travail allait être la mémorisation de ces questions et de ces réponses. J'écoutai le questionnaire commencer.

– De quelle manière avez-vous été préparé à être élevé au niveau spirituel du troisième grade ?

La séquence se poursuivit. Un échange particulier retint mon attention. Il me parut important pour des raisons que je ne pouvais pas m'expliquer à l'époque.

– Qu'avez-vous remarqué de différent en entrant dans la loge ?

– Tout était plongé dans les ténèbres, à l'exception d'une lueur à l'orient.

– À quoi ces ténèbres devaient-elles faire allusion ?

– Aux ténèbres de la mort.

Tous ces rituels suivaient un schéma spécifique qui devait avoir son importance. Au premier grade, je m'étais trouvé dans les ténèbres et la loge elle-même était éclairée. Au deuxième grade, je me trouvais dans la lumière et la loge aussi. Mais au troisième grade, j'étais moi dans la lumière alors que la loge était enténébrée. Cette configuration dissimulait-elle un message particulier que je ne comprenais pas encore ? Désormais, je connaissais les secrets d'un Maître maçon et, pourtant, je n'avais pas l'impression d'en savoir beaucoup plus qu'au moment où j'étais entré pour la première fois dans la loge avec mes yeux bandés. J'avais cru percevoir quelques bribes d'un enseignement profond et les rituels avaient suscité des émotions intenses en moi. Intuitivement, j'avais senti que le rituel était extrêmement positif et satisfaisant – mais d'une manière que je ne parvenais pas à formuler. Sa forme avait été inattendue et même étonnante, mais sa pratique m'avait fait me sentir bien. Apparemment, il répondait à un besoin spirituel qui – même si je ne l'avais pas encore réalisé – se terrait dans les abîmes les plus cachés de mon subconscient. Ce besoin avait resurgi quand le rituel avait réveillé un vif désir de comprendre le but de la vie. Mais finalement qu'avais-je appris ?

Pour le savoir, le plus grand indice dont je disposais se trouvait dans des mots qui avaient été prononcés pendant mon rituel d'élévation. Je me trouvais alors sur la ligne équinoxiale de parfait équilibre en train de regarder les ténèbres de la mort, tandis que la brillante étoile du matin se levait à l'est :

– Dirigez vos pensées vers la plus précieuse de toutes les études : la connaissance de vous-même.

Quoi qu'il en soit, au-delà de cela, je savais qu'il me restait encore une dernière leçon maçonnique formelle à recevoir : l'explication de la troisième planche à tracer – une planche très lugubre pour le peu que j'en avais vu pendant les quelques instants où elle m'avait été montrée. J'espérais pouvoir entendre très prochainement l'exposé de la significa-tion rituelle de ce tableau.

CHAPITRE VII

À LA RECHERCHE
DE L'HARMONIE SUPRÊME

UNE TROISIÈME PLANCHE

– Que faisons-nous le mois prochain ? demandai-je à Mike peu après mon élévation au grade de Maître.

– Je pense que nous pourrions convaincre Gordon de faire la planche à tracer du troisième grade, répondit-il.

– Ce serait bien.

Pour être honnête, il me faut avouer que j'avais pas mal de difficultés à comprendre ce troisième degré de la maçonnerie et que j'avais vraiment envie d'en savoir plus.

– Gordon ne cesse de dire qu'il aimerait la faire et comme tu viens d'être élevé, cela semble un bon moment.

Allant allégrement sur ses quatre-vingts ans, ledit Gordon était un homme d'affaires en retraite et un Passé Maître de la Loge. Toujours bien habillé en complet et cravate, il se distinguait par sa grosse voix du Yorkshire et la canne sur laquelle il s'appuyait.

– Vous êtes trois à avoir accédé au troisième grade au cours des six derniers mois, donc nous pourrions même prévoir une séance de questions-réponses après la planche de Gordon.

– Parfait.

C'est ainsi que je me retrouvai, le dernier vendredi du mois, debout près de Mike, en train d'entonner l'hymne d'ouverture tandis que la Loge s'ouvrait au premier grade. C'était du connu pour moi maintenant. Je savais exactement ce qu'il y avait à faire, comment me tenir et quand répondre. Dire que moins d'un an plus tôt, quand j'étais venu pour la première fois dans le centre maçonnique de Blackwall, ce rituel m'avait paru effrayant et compliqué.

Dès que la fastidieuse lecture des minutes de la tenue précédente fut achevée, Paul, le Maître à l'orient, annonça le point suivant à l'ordre du jour : « la planche à tracer du troisième grade » par le frère Earnshaw. Il commença donc par ouvrir la Loge au degré de Compagnon. Une fois de plus, le rituel ne me posa aucun problème. Désormais, les postures me semblaient naturelles. Je me sentais à l'aise au sein de la Loge. Ensuite Paul se prépara à ouvrir la Loge au grade supérieur, afin d'être au niveau maçonnique correct pour écouter le commentaire sur la planche à tracer.

Mike réalisa que c'était ma première ouverture de Loge au troisième grade.

— Imite-moi, me glissa-t-il. Personne ne s'offusquera si tu ne l'exécutes pas parfaitement bien, au moins pour cette fois.

Quand la Loge fut correctement ouverte au grade de Maître, la planche fut posée au centre de la loge et Gordon vint se placer à côté d'elle. Il n'avait pas de baguette, mais il s'appuyait de sa main droite sur sa canne de marche à pommeau d'argent. Dès qu'il fut prêt, il regarda droit vers moi.

L'HISTOIRE TRADITIONNELLE

— Pendant le rituel de votre élévation, nous nous sommes interrompus dans l'évocation de notre histoire traditionnelle à la mort de notre Maître Hiram Abif et l'effet que cet événement dramatique eut sur le roi Salomon ne fut pas évoqué. Au cours de cet exposé, toute l'histoire va être racontée.

Il inspira profondément et adopta une expression solennelle.

— Une perte aussi importante que celle du principal architecte ne pouvait manquer de se faire sentir partout et très sérieusement. L'absence de plans, de dessins et d'instructions, qui avaient été jusque-là régulièrement fournis aux différentes classes d'ouvriers, fut le premier signe qu'un grand malheur avait dû frapper notre Maître. Les surveillants — ou pour utiliser le terme sous lequel ils étaient connus les *Menatschin*, c'est-à-dire les intendants du chantier — dépêchèrent les plus qualifiés d'entre eux auprès du roi Salomon pour l'informer de l'extrême confusion dans laquelle les plongeait l'absence d'Hiram et pour lui dire qu'ils craignaient qu'une disparition aussi soudaine et énigmatique fut la conséquence de quelque catastrophe fatale.

Gordon leva sa main libre et la plaça en coupe contre son oreille, geste que je l'avais vu faire dans le bar, quand le brouhaha environnant était trop important.

— Quand le roi Salomon entendit ce rapport, il fit immédiatement réunir tous les ouvriers des différents chantiers du temple. On constata que trois surveillants manquaient à l'appel. Mais douze *Menatschin*, qui avaient originellement pris part à la conspiration, se présentèrent devant le roi et confessèrent volontairement tout ce qu'ils savaient jusqu'au moment où ils avaient cessé de participer au complot.

Gordon se redressa et balaya la loge du regard.

— Inquiet pour la sécurité de son principal architecte, le roi Salomon choisit quinze compagnons du métier dignes de confiance et leur ordonna de chercher activement le corps de Maître Hiram, pour découvrir s'il vivait encore ou s'il avait été tué dans la tentative faite pour lui arracher la connaissance intérieure de son grade éclairé.

« Le roi Salomon fixa le jour précis où ils devaient revenir à Jérusalem et ces honnêtes compagnons se formèrent en trois Loges. Chaque Loge sortit par une porte du temple différente. Bien des jours passèrent en vaines recherches. La Loge qui avait emprunté la Porte sublime… »

Gordon tendit sa canne en direction du sud de la loge où était assis le Second Surveillant qui m'avait frappé avec la perpendiculaire quand je jouai le rôle d'Hiram.

— … revint sans avoir fait la moindre découverte importante.

« La deuxième Loge, qui était sortie par la Porte des travaux, eut davantage de succès. »

Avec sa canne, il pointa l'ouest, où le Premier Surveillant était assis à son bureau et tenait le niveau avec lequel il avait visé ma tête.

— Après avoir enduré des difficultés considérables et des privations extrêmes, au soir d'un certain jour, alors que la lumière déclinait, l'un des frères s'était allongé sur le sol nu pour se reposer. Lorsqu'il voulut se relever, il saisit une branche isolée qui poussait à portée de sa main. Mais, à sa grande surprise, il constata qu'elle n'avait pas de racines et qu'elle avait été simplement plantée dans le sol. Après un examen plus attentif, il réalisa que le sol avait été fraîchement remué. Il appela ses frères et, ensemble, ils creusèrent la terre perturbée et découvrirent la dépouille mortelle de notre Maître Hiram enterrée d'une manière indigne.

Gordon tendit sa canne vers la planche à tracer pour indiquer la tombe renfermant la vague silhouette d'un corps.

– Ils l'inhumèrent à nouveau avec déférence et vénération. Et pour marquer l'endroit, ils plantèrent une branche d'acacia au sommet de la tombe temporaire.

Gordon indiqua la branche d'acacia en fleur sur le côté ouest de la planche à tracer.

– Puis ils se hâtèrent de retourner auprès du roi Salomon afin de lui annoncer l'effroyable nouvelle. Quand le roi Salomon l'apprit, il fut submergé de douleur, mais après qu'il eut donné libre cours à ses émotions, il ordonna aux frères de retourner à la tombe et de récupérer notre Maître Hiram afin de placer son corps dans une sépulture convenant mieux à son rang et à son degré de connaissance. En même temps, il leur dit que, par la mort prématurée de Maître Hiram, les secrets du Maître maçon avaient été perdus. Aussi Salomon leur demanda d'être extrêmement attentifs aux moindres signes, attouchements ou mots qui pourraient être échangés fortuitement tandis qu'ils accompliraient ce triste devoir et rendraient cet ultime hommage envers cet éminent disparu.

« Les frères suivirent cette recommandation. Quand ils rouvrirent la tombe, l'un d'eux vit certains de ses compagnons se couvrir les yeux, comme frappés d'horreur… »

Gordon exécuta le signe d'horreur qui m'avait été appris le mois précédent.

– … à la vue du spectacle épouvantable et terrifiant qu'ils avaient devant les yeux, tandis que d'autres, découvrant l'horrible blessure sur le front de notre Maître, se frappèrent leurs propres fronts…

Gordon fit le signe de compassion.

– … afin d'exprimer la compassion qu'ils éprouvaient pour le martyre de Maître Hiram.

« Deux des frères descendirent alors dans la tombe. L'un d'eux essaya de relever notre Maître au moyen de l'attouchement d'apprenti, en vain. L'autre fit une deuxième tentative au moyen de l'attouchement de compagnon, qui se révéla tout aussi inefficace. Voyant qu'ils avaient échoué tous les deux, un frère zélé et expérimenté, descendit dans la tombe, saisit plus solidement le poignet de notre Maître et, avec l'aide des deux premiers, il le souleva au moyen de la posture appelée les cinq points de la maîtrise. »

Gordon criait presque maintenant.

– Les frères entourant la tombe s'écrièrent : « L'architecte est mort. »

Il marqua une pause et regarda autour de lui avant de continuer d'une voix plus normale.

– Quand ces artisans rapportèrent leurs faits et gestes au roi Salomon, celui-ci déclara que ces signes, attouchements et mots serviraient désormais à identifier tous les Maîtres maçons de par le monde, jusqu'à ce que le temps ou les circonstances permettent de retrouver les authentiques.

Transférant sa canne dans sa main gauche, Gordon exécuta les différents signes dans l'ordre, avant de reprendre la canne de sa main droite.

– La Loge qui était partie par la Porte de la sagesse…

Il désigna l'est du temple.

– … avait orienté ses recherches dans la direction de Joppé [1]. Ses ouvriers songeaient à rentrer à Jérusalem quand, en passant devant l'entrée d'une grotte, ils entendirent des cris de remords et des lamentations. Alors ils décidèrent de pénétrer dans la caverne pour découvrir la source de ces plaintes. Ils y trouvèrent les trois surveillants qui avaient disparu. La Loge les accusa du meurtre de Maître Hiram. Voyant qu'ils n'avaient aucun espoir de s'échapper, ils firent une confession complète de leur forfait. Ils furent maîtrisés et ligotés pour être ramenés à Jérusalem. Là, le roi Salomon les condamna à la mort qui convenait à la barbarie de leur crime.

Gordon tendit sa canne vers la planche à tracer posée au centre du pavé mosaïque noir et blanc de la loge.

– Maître Hiram fut inhumé à nouveau aussi près du saint des saints que l'autorisait la loi juive. Il fut couché dans un tombeau faisant, à partir du centre, trois pieds vers l'est, trois pieds vers l'ouest, trois pieds du nord au sud, et cinq pieds ou plus de profondeur [en anglais, *perpendicular*, soit « perpendiculaire » ou « vertical »]. Il ne fut pas placé dans le saint des saints, car rien de commun ou d'impur ne devait y pénétrer, pas même le Grand Prêtre sauf une fois par an et cela seulement après plusieurs ablutions et rituels de purification pour l'expiation des péchés, car d'après la loi juive, le corps était impur.

Gordon montra son tablier en peau d'agneau blanc avec sa main gantée de la même couleur.

– Les quinze compagnons dignes de confiance qui avaient retrouvé Maître Hiram assistèrent à ses funérailles, revêtus de tabliers et de gants blancs, comme emblèmes de leur innocence sans taches.

Gordon regarda les frères de la Loge avant de continuer.

– Les ornements d'une loge de Maîtres maçons sont : le portique, la lucarne et le pavé mosaïque noir et blanc. Le portique était l'entrée du saint des saints ; la lucarne permettait à un rayon de lumière d'y

---

1. Aujourd'hui Jaffa, faubourg sud de l'actuelle Tel-Aviv. (*N.d.T.*)

pénétrer ; et le pavé mosaïque noir et blanc était destiné à être foulé par le Grand Prêtre. Le devoir de ce dernier était de brûler de l'encens en l'honneur et à la gloire du Très-Haut et de prier avec ferveur celui-ci afin que, dans sa sagesse et sa bonté infinies, il veuille bien garantir la paix et la tranquillité à la nation juive au cours de l'année à venir.

Il pointa sa canne vers la planche à tracer.

– Comme vous le savez déjà, les outils avec lesquels notre Maître fut assassiné sont la perpendiculaire, le niveau et le lourd maillet. Le cercueil, le crâne et les os croisés sont des emblèmes de la mort et font allusion à la disparition prématurée de notre Maître, Hiram Abif, qui fut assassiné trois mille ans après la création du monde.

Il montra l'orient où les planches à tracer des grades inférieurs étaient exposées.

– La planche à tracer du premier grade traite de la discipline du corps et celle du deuxième de la culture de la pensée.

Il tendit sa canne vers le centre de la loge.

– Mais le sujet de la planche à tracer du troisième grade est le réveil de l'esprit. La simplicité de la planche masque sa profondeur, mais elle parle de questions enfouies au centre des préoccupations humaines. Elle possède trois éléments principaux : la tombe renfermant la dépouille mortelle ; la branche d'acacia qui marque la tête ; et les outils dispersés autour de la tombe. La tombe symbolise le corps ou la personnalité humaine du candidat déposé dedans. Dans ce corps a été infusé un esprit, un principe psychique qui transforme la nature animale en un être rationnel.

Laborieusement, en s'aidant de sa canne, Gordon fit les pas de l'ouest de la loge jusqu'à l'est. Au passage de la planche à tracer, il l'enjamba.

– Dans ce grade, au cours du voyage d'ouest en est, on nous apprend à enjamber la tombe ouverte de la planche à tracer symbolisant par là que le candidat doit apprendre à dompter ses pulsions charnelles, en faisant de son ego son serviteur et non son maître.

Il se tourna et tendit sa canne vers le buisson en fleur à la tête de la planche à tracer.

– Le buisson d'acacia, fleurissant à la tête de la tombe, représente le centre, le cœur ultime de notre être au-delà de l'espace et du temps. Il s'épanouit, se nourrit de la décomposition de la tombe et indique que notre esprit n'est pas libre de se développer tant que l'on ne fait pas mourir en nous les pulsions physiques.

Il pointa sa canne vers le côté nord de la planche à tracer, puis vers le côté sud.

– Les outils dispersés autour de la tombe sont de deux sortes. Ceux du côté nord de la planche sont les instruments équivoques de destruction et de reconstruction. Équivoques ils le sont parce que ces outils, qui ont assassiné le Maître et amené destruction et calamité, nous apportent aussi l'espoir de reconstruire notre temple personnel. Par nos erreurs, nous apprenons la sagesse et nous pouvons renaître en utilisant correctement les outils qui peuvent également nous détruire. Ces outils spirituels symbolisent la manière par laquelle nous pouvons espérer accéder à la lumière de notre centre. La perpendiculaire nous dit d'appliquer la rectitude à toutes les parties de notre être, de nos sens, de nos émotions et de notre esprit. Le niveau nous montre comment ces parties de nous-même sont équilibrées. Elles sont souvent en déséquilibre les unes par rapport aux autres, mais avant que notre esprit puisse s'épanouir, nous devons rétablir l'harmonie et l'équilibre. Le lourd maillet symbolise la puissance d'une volonté forte et résolue, qui ne peut être détournée de son objectif.

Gordon dirigea sa canne vers les outils du côté sud de la planche à tracer.

– Dans la lumière du côté sud de la planche, les outils sont ceux qui nous permettent de former la structure de notre temple vivant. Le dévidoir[2] nous permet de localiser et de marquer la zone du centre. Le crayon nous permet de consigner nos réflexions et de développer nos méditations, tandis que le compas nous permet de mesurer notre place dans le grand schéma de l'univers.

Il se tourna vers Paul. Celui-ci tendit la main derrière son fauteuil et appuya sur un interrupteur discret. L'étoile à cinq branches s'alluma au-dessus de la chaire du Vénérable. Gordon désigna alors le bord oriental de la planche.

– La dépouille mortelle est éclairée à l'est par la lumière de la brillante étoile du matin qui se lève à l'orient. Peu d'entre nous réalisent que nous sommes des êtres désordonnés et comprennent quel travail est nécessaire pour prendre conscience de la lumière du centre. Soit notre nature sensorielle ou nos émotions ne sont pas contrôlées, soit notre esprit est indiscipliné et incapable de concentration. Ceux-ci doivent être mis d'équerre, égalisés et harmonisés avant que notre esprit puisse s'épanouir dans la lumière du centre.

« Ainsi, mes frères, la planche à tracer du troisième grade résume la signification de la cérémonie. Les quatre extrémités des os croisés avec

---

2. En anglais *Skerrit*, un instrument pour dessiner un cercle autour d'un point central. Il consiste en une aiguille centrale et une corde à laquelle est attaché un crayon.

le crâne au milieu symbolisent les cinq points de la maîtrise qui nous conduisent au centre. Mais ce symbole terrible de mort contient également en lui les cinq points d'espoir, quand il est éclairé par la lumière de la brillante étoile du matin qui se lève à l'est.

Tout en continuant de parler, il se tourna vers moi pour décliner les cinq points et marquer une pause entre chacun d'eux :

– Pratiquez ces cinq points.

« Défendez et maintenez les cinq points de la maîtrise.

« Que votre main donnée à un Maître maçon soit un gage sincère de fraternité.

« Que vos pas traversent les dangers et les écueils pour s'unir aux siens et former une colonne protectrice pour vous défendre et vous soutenir mutuellement.

« Méditez sur la Loi sacrée, sans oublier les souffrances et les privations de vos prochains et disposez votre cœur à soulager leurs besoins et à atténuer leurs difficultés, tant que vous pourrez le faire, sans préjudice pour vous ou votre famille.

« Que votre centre soit le dépôt sûr et mystique des secrets authentiques et légitimes qui vous auront été confiés.

« Enfin, ne dénigrez point la personne d'un Maître maçon derrière son dos et ne souffrez point sciemment que d'autres le fassent. Respectez strictement la vertu des personnes qui lui sont les plus chères, à savoir sa femme, sa sœur et son enfant. »

Il prit sa canne dans la main gauche avant d'entamer l'ultime partie de son discours mémorisé.

– Pour atteindre véritablement la maîtrise, il faut que meure la soif de posséder des biens ou d'occuper un rang dans ce monde, c'est-à-dire que l'ambition ou le lucre susceptibles de nous détourner de notre but doivent disparaître. Cela nécessite un sacrifice et une oblitération totale de l'ego, c'est-à-dire du « soi » perçu comme quelque chose de distinct des tiers et ayant des droits en propre. Cela nécessite également une purification et un réalignement de toutes les parties de la nature physique d'un individu sur le principe vital du centre spirituel. Ce dernier se dresse au-dessus de notre personnalité inférieure comme la branche d'acacia, mais il est à la fois notre véritable sommet et notre véritable racine.

« Les vérités de ce degré tranchent fortement avec la sagesse et les idées populaires du monde, mais le reniement et la mort du soi sont la loi incontournable de notre progrès. Seul le travail personnel peut réveiller ces vérités en vous et l'expérience personnelle seule les vérifiera. »

Il se tourna vers Paul et esquissa le salut du troisième grade.

– Vénérable Maître, ainsi se conclut la description de la planche à tracer du troisième grade. Mais si l'un des frères récemment élevés a des questions, je serai heureux d'essayer d'y répondre.

– Y a-t-il des questions ? demanda Paul.

Je levai la main et il acquiesça par un signe de tête.

– Frère Gordon, je dois admettre que le jour de mon élévation, j'ai eu un peu de mal à digérer tout ce que j'avais reçu, mais cette planche m'a aidé à comprendre une partie du symbolisme. Toutefois, est-ce qu'il y a quelque chose que vous pourriez ajouter à l'explication formelle que vous venez de présenter et qui, selon vous, pourrait m'aider à devenir un meilleur maçon ?

Gordon me sourit.

– Eh bien, frère Robert, souvenez-vous du moment où vous avez été mis à terre et que vous avez dû rester parfaitement immobile tandis que les frères évoluaient autour de votre tombe. C'est là une clé pour comprendre comment vous devez vous développer. Cela vous indique que la tombe est le seul endroit où doit se retrouver votre ego. Le moment de votre élévation proprement dite – celui où l'on vous ressort de la tombe – vous l'indique clairement en vous demandant de ne plus laisser votre ego s'immiscer pour vous empêcher de développer vos talents au sein de la société. Vous devez désormais déployer tous les efforts possibles pour créer quelque chose de plus grand que votre ego. Voilà le but de la construction d'un temple vivant : créer un individu qui apportera sa contribution à la société et laisser derrière soi quelque chose de plus que ce que l'on a trouvé en arrivant. En d'autres termes, vous devez quitter ce monde en le laissant meilleur qu'il ne l'était quand vous y êtes entré. Tel est le message de l'étoile flamboyante du matin. C'est un message d'espoir pour le futur de l'humanité.

Je regardai l'étoile scintillant au-dessus du fauteuil du Maître, avant d'adresser à Gordon un hochement de tête approbateur.

– Vous y parviendrez en appliquant l'enseignement contenu dans les outils de travail, la planche à tracer et la progression des offices que vous suivrez le moment venu. Vous devez vous souvenir de la partie clé du rituel du troisième grade.

Tout en me fixant, il se mit à réciter de mémoire :

« *Permettez-moi de vous faire observer que la lumière émanant d'un Maître maçon n'est que la ténèbre rendue visible, qui sert à révéler l'obscurité qui enveloppe nos projets futurs. C'est ce voile mystérieux que l'œil de la raison humaine ne peut pénétrer sans l'aide de cette lumière venant d'en haut. Mais grâce à ce rayon flamboyant, vous pouvez voir que vous vous tenez au bord de la tombe dans laquelle vous venez d'être symboliquement descendu et qui, au terme de cette vie éphémère, vous recevra à nouveau dans son sein glacé. Que ces symboles de la condition mortelle qui se trouvent devant vous vous amènent à contempler votre destin inéluctable et à diriger vos pensées vers la plus précieuse de toutes les études : la connaissance de vous-même. »*

Un sourire rayonnant vint fleurir sur les lèvres du futur octogénaire.

– Comme le dit l'explication de la planche à tracer, quand vous devenez Maître maçon, vous devez apprendre à faire mourir votre soif de posséder des biens ou d'occuper un rang dans ce monde. Il vous faut apprendre à contrôler et à éradiquer les désirs de votre ego, afin de vous sentir vraiment comme une partie de la société, et même de la création entendue comme un tout. Ce n'est que lorsque vous cessez de craindre la mort que vous comprenez que tout le travail que vous accomplissez pour les autres – comme l'instruction, la recherche et la charité – est plus important que votre autoglorification.

Je baissai les yeux sur mon nouveau tablier de Maître maçon. Gordon n'avait pas encore terminé.

– Le vrai Maître maçon est celui qui a réalisé le grand œuvre de l'autoreniement et qui a fait l'expérience de la mort de l'ego et de la transformation qu'elle implique. Quand vous avez accompli cela, vous ne craignez plus la mort, car vous avez déjà vécu vos propres funérailles et vous savez qu'elle n'est qu'un complément inévitable de la vie. N'ayant plus peur de l'avenir, vous vous sentez libéré et vous pouvez désormais utiliser pleinement vos talents pour construire, par vos actions et vos travaux, un édifice qui survivra à votre mort physique.

Après s'être légèrement incliné en m'adressant un petit signe de la tête, il exécuta le salut du troisième grade.

– Ainsi, frère Robert, vous connaissez maintenant le vrai secret de la franc-maçonnerie. C'est un secret qui vous affranchira de la peur et vous aidera à accomplir de grandes choses. Faites-en bon usage. Bienvenue dans l'étude du centre spirituel, c'est-à-dire… de vous-même !

Voilà, j'avais donc maintenant une connaissance aussi étendue du rituel qu'un Maître maçon de fraîche date pouvait raisonnablement espérer. Mais quel sens pouvais-je dégager de tout cela ?

J'allais consacrer les quinze années suivantes à faire des recherches sur les origines et les contenus du rituel pour tenter de le comprendre. C'est au cours de cette longue quête que j'ai fait la connaissance de

Chris Knight. Ensemble, nous avons écrit quatre livres[3]. Tous posaient la même question : d'où vient la franc-maçonnerie ? J'ai aussi écrit un ouvrage sur l'influence de la franc-maçonnerie du XVIIᵉ siècle sur la formation de la *Royal Society*[4]. Au cours de toutes ces recherches sur le sujet, je ne cessais de remarquer qu'il existait une dimension spirituelle sous-jacente qu'il ne semblait toutefois jamais approprié de traiter dans des travaux sur les origines de la franc-maçonnerie. Car ces livres posaient la question du *où* et non du *comment*. Dans le présent ouvrage, je suis finalement revenu à cette question du *comment*, c'est-à-dire pour être plus précis : *comment* la franc-maçonnerie affecte-t-elle un individu ?

Au cours de toutes ces années, j'ai grandement apprécié *ma* franc-maçonnerie. Mais souvent, dans mon propre esprit, je n'ai pas déterminé clairement pour quelles raisons je l'appréciais. En lui-même, le rituel semble produire une forme de magie. Quand je le pratique, je me sens mieux dans la vie en général. Ces toutes dernières années, cet aspect spirituel de la maçonnerie m'a de plus en plus fasciné et j'ai voulu comprendre exactement comment cela fonctionnait. Dans la plus pure tradition du deuxième grade, cette quête m'a entraîné vers de nombreux domaines surprenants de la recherche scientifique moderne.

Mais ne brûlons pas les étapes et revenons au point de départ de ma réflexion. À ce stade de ma quête, j'avais accompli les sept pas de la maçonnerie :

1. La question de l'être suprême : ai-je envie de chercher un sens ou un but à la vie ?

2. Le premier grade : l'étude de mes émotions.

3. La première planche à tracer : comment les quatre parties de la personnalité fonctionnent ensemble.

4. Le deuxième grade : le développement de mes facultés intellectuelles.

5. La deuxième planche à tracer : le sentier en spirale vers le centre caché.

6. Le troisième grade : l'expérience de la mort de mon ego.

7. La troisième planche à tracer : une manière d'intégrer l'intellect, l'émotion et l'ego pour libérer l'esprit.

---

3. *La Clé d'Hiram*, Dervy, 1997, *Le Second Messie*, Dervy, 2000, *Uriel's machine* (inédit en français), *Le Livre d'Hiram*, Dervy, 2004.
4. *Le Collège invisible*, Dervy, 2005.

Mais je ne comprenais pas encore grand-chose de cet enseignement et j'ai passé de nombreuses années à rechercher les origines possibles de ce corpus de connaissances singulier.

Au terme de toute cette étude, j'en suis arrivé à l'opinion suivante : la franc-maçonnerie serait le vestige d'un système philosophique extrêmement ancien qui inspira la religion monothéiste et les actions éminentes de grands personnages au cours des siècles. Pour n'en citer que quelques-uns : Énoch, le prophète juif ; Hiram, le roi phénicien de Tyr ; Jésus-Christ, qui se voulait le messie des juifs et qui inspira la religion chrétienne ; et le comte William Saint-Clair, le fondateur de la franc-maçonnerie au XVᵉ siècle. Mais ce système pouvait-il encore fonctionner pour n'importe qui ?

ET MAINTENANT ?

Il existe quelque 9 000 Loges maçonniques en Angleterre et au pays de Galles et environ 1 900 autres en Écosse. Si chaque Loge compte au moins trente membres, cela signifie qu'il y a plus de 300 000 francs-maçons dans les îles Britanniques. Et dans cette estimation minimale, je n'ai même pas inclus le grand nombre de Loges féminines prospères.

Les idées maçonniques se sont largement répandues et ont imprégné fermement l'esprit de très nombreux individus. Les différences de races et de langues n'ont pas arrêté son développement mondial. Pourtant ce succès passe largement inaperçu au sein même de l'ordre.

Pour certains observateurs profanes, la diffusion du système maçonnique dans le monde entier est probablement due à quelque influence maléfique. Cependant, jamais, dans toutes mes vastes et nombreuses recherches sur la franc-maçonnerie, je n'ai trouvé le moindre élément pouvant soutenir cette hypothèse.

Mais alors qu'est-ce qui peut bien expliquer le formidable attrait que la franc-maçonnerie a suscité au cours des quatre derniers siècles et continue de susciter aujourd'hui ?

S'agit-il simplement d'un lieu de rencontres pour des personnes qui n'ont pas d'autre but que de manger, boire et discuter dans un cadre particulier ? D'un réseau social, fraternel et bienveillant ? Sans oublier les quelques mises en scène amateurs... avant que les frères ne passent aux choses sérieuses : les agapes, avec leur pratique des rituels dévolus au fameux dieu de la sauce suprême.

Honnêtement, de tels motifs semblaient largement insuffisants pour justifier le succès d'une organisation aussi enracinée, aussi robuste et associée aux plus grands de ce monde au cours de tous ces siècles. Car la franc-maçonnerie a ainsi attiré des rois (Georges V, Georges VI…), des archevêques (le Dr Geoffrey Fisher…), des hommes d'État (Winston Churchill, George Washington, Benjamin Franklin…), des musiciens (Haydn, Mozart, Liszt, Duke Ellington, Louis Armstrong…), des astronautes (John Glenn, Buzz Aldrin, Gus Grissom…), des écrivains (Arthur Conan Doyle, Walter Scott, Oscar Wilde, Anthony Trollope, Goethe, Pouchkine…), des scientifiques (Alexander Fleming, Edward Appleton, Edward Jenner, Pierre Simon Laplace…), des philosophes (Voltaire, Burke, Condorcet, Helvétius…).

Qu'est-ce qui a bien pu attirer des personnes aussi différentes dans la franc-maçonnerie ? Si elle n'était qu'un système charitable, faisant la promotion de la générosité et de la philanthropie, cela ne suffirait pas à expliquer son succès durable. Il devait s'agir de bien autre chose. La maçonnerie n'a jamais voulu être une amicale de notables et ses actions charitables sont une conséquence de son existence et non une cause de celle-ci.

Est-ce une école de moralité ? Fut-elle créée pour promouvoir la paix et la bonne volonté ? Même cela ne parvient pas à expliquer les faits. Pourquoi aurait-on besoin de rejoindre une société secrète ou de s'engager par des obligations solennelles pour pratiquer des valeurs morales élémentaires ?

Les théoriciens de la conspiration doivent être désagréablement déçus que l'ordre maçonnique ne soit ni un instrument pour promouvoir socialement ou économiquement ses membres au préjudice de non-membres, ni une couverture pour des intrigues politiques, ni même un paravent pour propager des idées antireligieuses.

Non, ce n'est pas cela la franc-maçonnerie !

Il y a pourtant une raison qui explique l'attirance qu'elle exerce. C'est l'impact de ses rites cérémoniels sur les individus qui y participent. Se trouver dans une Loge exécutant un rituel est éminemment plaisant et enrichissant. Il existe dans les rituels « quelque chose » de voilé et de profond qui correspond aux attentes de ceux qui les exécutent. Mais qu'est-ce ?

Si je voulais comprendre l'attrait spirituel qu'exerce la franc-maçonnerie, j'avais besoin de savoir comment le mythe, le rituel et le symbolisme agissent sur l'esprit humain. C'est précisément ce que j'entends examiner maintenant dans la deuxième partie de cet ouvrage.

Dans le pur esprit du deuxième grade, j'utiliserai les outils de la science pour m'aider à comprendre ce que la franc-maçonnerie peut offrir dès lors que l'on est prêt à l'étudier soigneusement.

Nominalement, je suis déjà un initié, mais qu'est-ce que cela signifie ? Je veux connaître et comprendre les nombreux niveaux de l'initiation maçonnique. Pour cela, il me faut étudier plus attentivement comment fonctionne mon esprit.

Deuxième partie

Les mystères cachés du mythe et du rituel

Le rituel que j'avais appris si soigneusement m'avait enseigné que la maçonnerie est un sujet éminent et sérieux. Je désirais respecter les obligations solennelles que j'avais prononcées à cette occasion. Je voulais aussi ressentir une nouvelle fois l'émerveillement du centre, mais je ne savais pas comment faire. En réalité, ce que je voulais réellement se résumait à une question : comment pouvais-je vivre les principes – les vérités – soulignés dans le rituel et devenir *réellement* – et pas juste nominalement et formellement – un initié et un Maître ?

CHAPITRE VIII

COMMENT FONCTIONNE
LE RITUEL ?

JE SUIS UN MAÎTRE MAÇON. ET ALORS ?

Ne vous trompez pas sur ce point : quand vous la rencontrez pour la première fois, la franc-maçonnerie a toutes les chances de vous paraître très curieuse, et plus vous progresserez, plus elle vous semblera étrange. Si vous êtes déjà maçon, repensez à la première impression qu'elle vous a faite. Comment êtes-vous devenu maçon ? Avez-vous lu des livres sur la franc-maçonnerie, voire des écrits antimaçonniques ? Est-ce qu'un membre de votre famille vous a emmené à une manifestation publique d'une Loge ? Essayez de visualiser la maçonnerie avec les yeux d'un enfant, en oubliant tout ce que vous avez appris à en connaître au cours de toutes ces années. Et si vous n'êtes pas maçon, on peut supposer que les précédents chapitres vous ont laissé entrevoir un peu de cette étrangeté intrinsèque de l'ordre.

Quand je suis moi-même devenu Maître maçon, comment me suis-je senti ? Étrangement, j'ai éprouvé une sensation d'inachèvement, mais d'une manière inexplicable, je me suis aussi senti comblé. Au commencement de tout, quand un groupe de Passés Maîtres m'interrogea, je ne savais quasiment pas ce que j'étais en train de rejoindre. Une fois devenu initié, après avoir obtenu les trois grades de la franc-maçonnerie, l'ordre me restait largement inconnu, et ce même si assister aux tenues me procurait un grand plaisir.

J'avais appris à mémoriser et à réciter de grandes parties de rituel. J'avais exposé différentes parties de mon corps au regard curieux de frères assemblés. À chaque étape de ce périple vers le centre, on m'avait dit en réponse à mes interrogations : « Contente-toi de faire ce qu'on te demande présentement et tout deviendra clair pour toi ensuite. » Mais rien ne devait jamais s'éclairer, avant que je ne décide d'effectuer mes propres recherches.

Maintenant, j'étais un Maître maçon : j'étais en possession d'un certificat de la Grande Loge unie d'Angleterre qui le prouvait. J'avais un tablier bleu et blanc pratiquement neuf et j'avais même le droit de conserver mon pantalon en Loge. Mais je n'étais pas un spécialiste en franc-maçonnerie. Si son rituel était spirituellement stimulant, il était surtout déconcertant. Par ailleurs je ne pouvais ni dire quand l'ordre avait commencé, ni même pourquoi il avait été créé.

Alors je commençai à étudier les origines de la franc-maçonnerie et à donner des conférences sur ce sujet tant dans ma propre Loge que dans d'autres. Comme j'ai déjà eu l'occasion de le mentionner, c'est dans le cours de cette recherche que mes pas ont croisé ceux de Chris Knight. J'ai partagé mes interrogations, mes doutes et mes connaissances avec lui. Sur cette époque, nous avons écrit :

> *La vague explication conventionnelle des origines de l'ordre suscitait chez nous la même frustration. Nos discussions devinrent plus fréquentes et notre intérêt grandit à mesure que nous nous exaltions réciproquement. Rapidement, nous décidâmes d'entreprendre une enquête structurée avec pour objectifs liés l'identification précise du personnage que nous connaissions sous le nom d'Hiram Abif et la redécouverte des secrets perdus de la franc-maçonnerie. À dire vrai, à cette époque, aucun d'entre nous ne croyait que cette quête singulière avait la moindre chance d'aboutir, mais nous savions que l'aventure promettait d'être intéressante. Nous ignorions alors que nous mettions en mouvement l'une des plus grandes enquêtes de détective de tous les temps. Et nous ignorions surtout que nos découvertes allaient se révéler d'une importance majeure, non seulement pour les francs-maçons, mais pour le monde en général[1].*

Le résultat de cette coopération fut l'écriture d'une série de best-sellers internationaux, *La Clé d'Hiram*, *Le Second Messie*, « La Machine d'Uriel » [inédit en français], et finalement *Le Livre d'Hiram*. Ces livres cherchaient à répondre aux questions *quoi ?* (qu'est-ce qu'était l'ordre exactement ?) et *où ?* (où avait-il commencé ?). J'ai voulu m'intéresser ensuite à la question du *comment* : comment la franc-maçonnerie transformait-elle ses membres ? Comment en faisait-elle de meilleurs

---

1. Lomas & Knight, *La Clé d'Hiram*, p. 26, Dervy, Paris, 1997 (p. 17 de l'édition originale anglaise, *The Hiram Key*).

citoyens ? Comment, à leur tour, amélioraient-ils la société ? J'ai continué d'approfondir ce thème dans *L'Invisible Collège* et « La Franc-maçonnerie et la Naissance de la science moderne » [inédit en France].

Mais il y avait une autre question sans réponse qui me troublait encore : *pourquoi*, à l'instar de tant d'autres, aimé-je la franc-maçonnerie ?

La maçonnerie m'avait enseigné quelques vérités – et, globalement, en faire partie a fait de moi un être meilleur. Mais je n'étais pas devenu un initié en quoi que ce soit, sauf, comme je l'ai dit, sur un plan purement nominal. La plupart de mes frères se trouvaient dans une situation semblable, aussi éminent que puisse être leur rang maçonnique. Nous étions tous aussi loin d'être de vrais Maîtres de la science mystique qu'un profane.

J'avais besoin de comprendre les outils psychologiques de la franc-maçonnerie, c'est-à-dire les rituels, les mythes et le symbolisme. Pour cela, je décidai de commencer par l'étude du mythe et de son cousin, le rituel, deux aspects clés de l'art du conte.

L'ART DES CONTEURS

Les humains aiment les histoires. Quand vous proposez à un jeune enfant de lui en raconter une, il bat des mains en pensant déjà à la joie qu'elle va lui apporter. Il s'attend à ressentir du plaisir. Il espère vivre une expérience qui va stimuler son imagination et le transporter vers des lieux exaltants qu'il aimerait visiter. Cette passion pour les bonnes histoires nous accompagnera, nous les humains, tout au long de notre vie. En réalité, si on me demandait en quoi les humains diffèrent des autres espèces de primates, je serais enclin à répondre que nous sommes la seule espèce à raconter des histoires.

Les mythes que créent des groupes d'individus définissent les valeurs et les croyances d'une société. Ces mythes peuvent survivre aux personnes qui les ont racontés à l'origine. Charles Squire, un grand collecteur d'anciens mythes, expliquait le pouvoir d'une bonne histoire et notamment comment elle édifiait ceux qui les préservaient et les racontaient de nouveau.

Les plus anciens textes légendaires et poétiques présentent un très grand intérêt et une grande valeur pour toutes les nations. Les merveilleux mythes de la Grèce en sont un parfait exemple. De trois manières, ils ont influencé la destinée du peuple qui les a créés et du pays dont ils étaient le cadre imaginaire. D'abord, en un temps où leur création était encore récente, ils ont véhiculé une foi et une fierté communes suffisamment puissantes pour rassembler des tribus éparses en une grande confédération. Deuxièmement, ils ont inspiré au sculpteur et au poète un art et une littérature insurpassés et peut-être même jamais égalés depuis par quelque peuple du monde. Enfin, quand « la gloire qu'était la Grèce » et son peuple se furent éteints, au gré d'invasions successives, et qu'ils n'eurent peut-être même plus le droit de se donner le nom d'hellènes, ses mythes lui permirent de survivre dans les littératures du monde moderne. Et ainsi ils donnèrent à la Grèce un intérêt poétique qui a accordé à ce petit royaume une plus grande importance aux yeux du monde que de nombreux autres pourtant bien supérieurs en taille et en moyens [2].

La naissance de l'art du conte se perd dans les plus lointaines brumes du temps. J'aime penser qu'il est au moins né à l'époque néolithique et peut-être même au Paléolithique. C'est un art qui peut changer votre manière de penser. Il peut être un outil puissant. On le voit bien, notamment, avec l'exemple de Shéhérazade, l'auteur légendaire des contes des *Mille et Une Nuits*, qui échappa à la mort grâce à ses talents de conteuse. E. M. Forster – dans ses cours au King's College de Cambridge (chaire Clark), en 1927 – décrivait le talentueux art du conte comme « le seul outil littéraire ayant un effet sur les tyrans et les sauvages ». De Shéhérazade spécifiquement, il disait :

> *Aussi grande romancière qu'elle fut – exquise dans ses descriptions, tolérante dans ses jugements, ingénieuse dans ses péripéties, avancée dans sa morale, brillante dans ses portraits de personnages, experte dans sa connaissance de trois piliers de l'Orient –, elle ne s'appuya pourtant sur aucun de ces talents quand elle tenta de sauver sa vie face à son intolérant mari. Ils ne furent qu'accessoires. Elle ne dut sa survie qu'au fait d'avoir su tenir en haleine le roi, d'avoir fait en sorte qu'il se demande constamment ce qui allait survenir ensuite. Chaque fois qu'elle voyait le soleil se lever, elle s'interrompait au milieu d'une phrase et laissait le souverain bouche bée. « Lorsque Shéhérazade vit le matin apparaître, elle se tut soudain. » Cette insignifiante petite phrase est l'épine dorsale des* Mille et Une Nuits, *le liant de l'ensemble, qui, subrepticement, permet à la vie d'une princesse des plus accomplies d'être épargnée. Nous sommes tous comme des époux de Shéhérazade, en ce sens que nous voulons tous savoir ce qui va se passer ensuite* [3].

Les histoires sont une manière de donner du sens à une information. Tant que nous ne l'avons pas ordonnée en un récit construit, une suite de faits n'a pas forcément de lien, donc pas de signification. C'est pour

2. Squire (1912), p. 1.
3. Forster (1927), p. 41.

cette raison qu'une grande partie des enseignements spirituels se présente sous la forme de paraboles ou de mythes. Une parabole est une brève histoire morale, souvent censée véhiculer un message religieux. Le mythe, quant à lui, est probablement la forme la plus élémentaire de conte que les humains ont développée. C'est assurément la plus ancienne version écrite d'histoire que nous possédions. Le premier grand mythe est apparemment l'épopée de Gilgamesh, l'histoire d'un roi de Sumer, qui date de 3000 AEC. Son thème sous-jacent est celui de la quête d'un héros cherchant à comprendre le but de la vie. Cette histoire fut retranscrite avec soin en caractères cunéiformes sur des tablettes d'argile molle, qui furent ensuite cuites au soleil. Toutefois cette épopée n'a pas seulement été mise en forme dans un but de pure distraction : elle fut conçue dans un but plus noble. Il s'agissait de véhiculer une connaissance spirituelle par le biais d'un conte.

L'anthropologue Joseph Campbell a étudié le mythe et sa place dans le développement de la société humaine. Il considère que tous les mythes sont des productions littéraires de la psyché humaine et que les conteurs sont les faiseurs de mythes d'une culture spécifique. Il ajoute que les mythologies sont la « manifestation littéraire du besoin qu'a l'homme d'expliquer les réalités psychologiques, sociales, cosmologiques et spirituelles [4] ».

Un mythe peut attirer votre attention sur ce qui est important. En ce qui concerne votre vie spirituelle intérieure (Campbell croyait que toutes les religions sont fondées sur des mythes), ils peuvent formuler les principes profonds les plus authentiques relatifs à la condition humaine. Cela permet aux informations, aux symboles et aux thèmes sous-tendant le mythe de toucher l'esprit humain d'une manière que la logique ou la raison seules ne pourraient jamais réaliser. Il est certainement vrai que la franc-maçonnerie est fondée sur un très grand mythe.

Si je voulais la comprendre, il me semblait sensé d'étudier plus en détail le mythe et sa relation avec le rituel. Le premier concept auquel le rituel maçonnique m'avait confronté était celui du voyage ou plus précisément du pèlerinage (en tant que voyage spirituel). Les yeux bandés, on m'avait fait effectuer un grand périple tout autour de la loge. Pourquoi ?

---

4. Campbell (1988), p. 23.

PÈLERINAGE

Paul Devereux voit un pèlerinage comme :

> *Un périple vers un lieu saint dans un esprit de piété, d'obéissance ou de supplique [...] une quête spirituelle ou une méditation conçue comme un véritable voyage physique ; ou à l'inverse, un voyage physique réel avec une destination intérieure. Le pèlerinage est un élan instinctif qui part du plus profond de l'être*[5].

Ma franc-maçonnerie avait commencé avec un « pèlerinage ». Le rituel me demandait de voyager, mais je ne pouvais effectuer ce périple autour de la loge sans que quelqu'un me montre le chemin. Le message était le suivant : si on me laissait dans les ténèbres que le rituel m'imposait – les yeux bandés –, je ne pourrais jamais trouver la route vers l'endroit où je pourrais voir la lumière. Le pèlerinage était donc un moyen de rendre réel pour moi la différence entre l'endroit d'où je venais et celui où la franc-maçonnerie envisageait de m'emmener.

Le voyage de mon initiation dans les ténèbres m'a sorti de la routine de ma vie. Il m'a dépouillé de tous les attributs de mon existence et des signes extérieurs de mon rang dans la société. Pour l'anthropologue Victor Turner, il existe un élément clé dans tous les pèlerinages. Cet élément s'accorde parfaitement avec ce qui arrive à un candidat entrant dans le premier grade de la maçonnerie.

> *Le pèlerin, comme l'initié, est détaché de la routine ordinaire. Il est sorti du cadre sécurisant de sa communauté. Et tant qu'il suit la route de son pèlerinage, il n'a pas encore atteint celui de sa destination sacrée. Tant qu'il est en route, les caractéristiques du pèlerin sont ambiguës. Il traverse un univers culturel qui possède peu, voire aucun, des attributs de son état passé ou futur. Tandis qu'il se trouve en pèlerinage, le sujet n'est littéralement ni ici, ni là*[6].

Selon Devereux, il est possible d'effectuer mentalement un pèlerinage en visualisant la route que vous voulez emprunter. Ce périple mental vous permettrait d'acquérir une compréhension plus profonde des niveaux de sens que votre désir de pèlerinage a mis en lumière et cette technique favoriserait les changements mentaux et spirituels[7]. Devereux semble avoir identifié un principe déjà connu de la

---

5. Devereux (2002), p. 51.
6. Turner (1969), p. 46.
7. Devereux (2002), p. 52.

franc-maçonnerie. Mais où le pèlerinage enténébré de cette dernière vous emmène-t-il ? Comme je l'ai vu en atteignant le troisième grade, il vous entraîne vers la plus grande menace que l'esprit humain puisse concevoir.

En tant qu'humain, nous avons un prix à payer pour avoir la capacité de penser et de planifier : c'est la conscience de devoir mourir un jour. Quand nous nous sentons menacés, notre cerveau produit une réaction de peur qui nous encourage soit à lutter, soit à fuir la menace. Plus nous avons été capables de penser en termes d'abstraction, plus nous avons pu imaginer des menaces théoriques, telle que celle de notre future mort. Cependant, pour nous protéger de l'effet paralysant de la peur, nous avons développé des mythes et des rituels pour atténuer la crainte de notre trépas. Nous appelons ce sentiment spécifiquement humain « crainte existentielle ». De très nombreuses histoires mythiques nous aident à faire face à cette peur et le « pèlerinage » maçonnique oblige ceux qui parcourent à se confronter à la réalité de la mort. Cette volonté de comprendre l'idée de la mort individuelle et de nous faire à celle-ci constitue une partie du mystère du centre maçonnique.

Darryl Reanney, un biologiste évolutionniste australien, a étudié le rôle que la peur de la mort joue dans la pensée humaine.

La mort est unique. Elle est le seul aspect de la réalité que les humains ne peuvent regarder en face. C'est le paradoxe ultime : elle révèle une contradiction fondamentale entre l'héritage de nos gènes et celui de notre expérience [...] Le processus de la mort commence dès la conception. La seule chose qui diffère d'une personne à l'autre, c'est la distance relative qui les sépare de la même finalité [...] vers laquelle nous, et tout ce qui est mortel, progressons inexorablement [8].

Le premier mythe écrit nous raconte comment un roi mortel affronte cette peur. Quand son ami Endiku meurt, Gilgamesh entame un grand périple pour aller à la recherche d'une source de vie éternelle.

La tablette X nous parle de sa rencontre avec la « cabaretière des dieux », Siduri. Il l'interroge sur ce grand secret.

Ô, Siduri, toi qui es la gardienne de la coupe des dieux, toi qui leur verse le breuvage d'immortalité. Toi qui procure la vie éternelle [...] À toi, j'adresse cette prière. Vois, je suis un étranger et je viens implorer ton aide [9].

---

8. Reanney (1995), p. 1-2.
9. Temple (1991), p. 104.

Pascal Boyer, professeur d'anthropologie cognitive (traitant de la mémoire individuelle et collective) à l'université Washington de Saint-Louis [10] [chaire Henry Luce], a étudié comment l'art du conte créait les systèmes sociaux et religieux.

> *Les animaux ne se déplacent jamais pour le plaisir de changer de lieux. Ils sont en quête de nourriture, de sûreté ou de sexe. Dans ces différentes situations, leurs déplacements sont suscités par des processus différents. Il en va de même en ce qui concerne le besoin d'expliquer [...] L'esprit contient de nombreux moteurs explicatifs différents et spécialisés. Les concepts religieux sont probablement influencés par la manière selon laquelle les systèmes d'inférences du cerveau produisent des explications sans que nous en soyons conscients [...] L'étude de l'esprit social peut nous montrer pourquoi les individus ont des attentes particulières concernant la vie sociale et la morale et comment ceci est relié à leurs conceptions surnaturelles [11].*

Boyer s'intéresse à la diffusion et à la persistance des mythes. Il voit les systèmes de croyances comme le résultat d'une sélection qui intervient tout le temps et partout. Les anthropologues ont maintenant développé des outils mathématiques formels pour décrire la transmission des cultures. Le mécanisme utilisé pour exposer cette diffusion est appelé un « mème [12] » et Boyer pense que ce sont les mèmes qui nous rendent différents des autres espèces [13].

Alors que sont ces mèmes ?

LA RÉPÉTITION ET LA *MÈMISATION* DE LA VIE

Le concept du mème fut suggéré pour la première fois par un biologiste, le professeur Richard Dawkins, en 1976. Voilà comment il dévoila le concept :

> *Les lois de la physique sont supposées vraies pour tout l'univers accessible. Des principes de biologie peuvent-ils avoir pareillement une validité universelle ? [...] Je parierai sur un seul principe fondamental. C'est la loi selon laquelle toute vie évolue par la survie différentielle d'entités qui se*

---

10. L'anthropologue Pascal Boyer est détaché du CNRS français à l'université Washington de Saint-Louis. (*N.d.T.*)

11. Boyer (2002), p. 106-122

12. Le terme *mème* (en français « même ») conçu par Richard Dawkins (né en 1941) est construit comme une contraction des termes anglais *mime* et *gene* (sur l'idée que les gènes ont un équivalent culturel interne – le même – qui se reproduit par mimétisme), et s'il fait penser au mot français « même », cela n'a rien de fortuit, mais c'est bel et bien une volonté de son créateur. (*N.d.T.*)

13. Boyer (2002), p. 39-40 [éd. française, p. 53-55].

répliquent [qui se reproduisent à l'identique] *[...] Je pense qu'une nouvelle sorte de réplicateur*[14] *est récemment apparu sur notre planète même [...] Nous avons besoin d'un nom pour ce nouveau réplicateur, un nom qui véhicule l'idée d'une unité de transmission culturelle ou une unité d'imitation. « Mimème » vient d'une racine grecque idoine, mais je préfère un monosyllabe qui sonne un peu comme « gène ». J'espère que mes amis épris de classicisme me pardonneront d'abréger mimème en même*[15].

Les mèmes de Dawkins sont des airs de musique, des idées, des slogans, des modes vestimentaires, des manières de faire des poteries ou des méthodes de construction des arches. Selon lui, de même que les gènes se propagent dans le patrimoine ou pool génétique en sautant d'un corps à un autre *via* le sperme ou les œufs, les mèmes se propagent dans le pool mémétique en sautant d'un cerveau à l'autre *via* le processus d'imitation. Dans l'introduction d'un livre de Susan Blackmore, il explique pourquoi il pense que l'idée du mème est importante.

Le mot « mème » fut introduit à la fin d'un livre qui, pour le reste semblait entièrement célébrer le gène égoïste comme finalité de toute évolution [...] La véritable entité de la sélection naturelle était n'importe quel type de réplicateur [...] La sélection naturelle génétique identifiée par le néodarwinisme comme la force motrice de l'évolution sur cette planète n'était qu'un cas particulier d'un processus plus général que j'en vins à baptiser « darwinisme universel » [...] Mais je suis toujours resté ouvert à l'éventualité qu'un jour le mème puisse être développé en une véritable hypothèse sur l'esprit humain[16].

Dawkins donna naissance à toute une nouvelle discipline. Le philosophe Daniel Dennett, professeur d'arts et de sciences à l'université Tufts, de Medford, Massachusetts, reprit l'idée et l'utilisa pour développer une théorie de la conscience humaine. Il a exposé sa conception des mèmes modelant les attitudes des individus. Je ne pouvais m'empêcher de noter les analogies entre cette théorie et les idées de Charles Squire, un siècle plus tôt, quand il disait que « les mythes formaient et définissaient les sociétés ». Mais Dennett a poussé l'idée plus loin et a montré *pourquoi* cela arrivait.

---

14. Le terme réplicateur a été popularisé par Dawkins dans son livre *Le Gène égoïste*. Il s'agit d'une entité capable de se reproduire à l'identique et que David Deutsch a défini ainsi : « *Un réplicateur fait que l'environnement dans lequel il se trouve en fabrique une copie ; il contribue de façon causale à sa propre réplication.* » (D. Deutsch, *L'Étoffe de la réalité*, Paris, 2003).

15. Dawkins (1976), p. 192 [trad. française : (1996), p. 260-261].

16. Blackmore (1999), p. XVI [trad. française : (2006), p. 24-25].

Dès que nos cerveaux ont bâti des voies d'entrée et de sortie pour les véhicules du langage, ils ont été promptement parasités par des entités qui ont évolué pour prospérer dans une telle niche : les mèmes. Les grandes lignes de la théorie de l'évolution par la sélection naturelle sont claires. L'évolution survient quand les conditions suivantes existent :

1. La variation : un afflux continuel de différents éléments.

2. L'hérédité ou la réplication : les éléments ont la capacité de créer des copies ou des répliques d'eux-mêmes.

3. La « conformité » [fitness[17]] différentielle : le nombre de copies d'un élément qui sont créées à un moment donné varie, en fonction de l'interaction entre les caractéristiques de cet élément (quel que soit ce qui le rend différent des autres éléments) et des caractéristiques de l'environnement dans lequel il se maintient[18].

Le Dr Susan Blackmore, une psychologue, a prolongé les idées de Dennett et conclut que « les cerveaux et les esprits humains sont les produits de la combinaison de gènes et de mèmes[19] ». Elle explique que la fonction réelle des mèmes est de fournir au cerveau humain des outils pour penser.

La manière dont nous nous comportons, les choix que nous faisons, et les choses que nous disons sont tous un résultat [...] d'un ensemble de mème-plexes (groupes de mèmes coopératifs) évoluant dans un système biologiquement élaboré. La force motrice derrière tout ce qui se produit est le pouvoir réplicateur. Les gènes le combattent pour s'introduire dans la nouvelle génération, et au cours du processus, le motif biologique se produit. Les mèmes le combattent à leur tour pour passer dans un autre cerveau, livre ou objet et, au cours du processus, le motif culturel ou mental se crée[20].

Par ailleurs, la recherche de Blackmore la convainquit que « le cerveau que nous avons est un cerveau conçu pour propager les mèmes[21] ». Comment ce cerveau se manifestait-il ?

Les mèmes ne pouvaient naître que quand les gènes avaient alimenté des cerveaux qui étaient capables d'imitation – et la nature de ces cerveaux doit avoir eu une influence sur le fait que certains mèmes parvenaient à s'imposer

---

17. J'indique ici le terme originel anglais, dans la mesure, où il a été choisi de le restituer en français, mais qu'un certain nombre de traducteurs – et notamment les traducteurs de Dennett – optent pour une conservation du terme original. (*N.d.T.*)

18. Dennett (1990). [On retrouve ce passage dans Dennett 1992 ; voir la version française *La Conscience expliquée*, 1993, p. 250].

19. Blackmore (1999), p. 11.

20. *Ibid.*, p. 19-21.

21. *Ibid.*, p. 67.

et d'autres pas. Cependant, une fois que les mèmes étaient nés, on s'attendait à ce qu'ils aient une vie en propre [22].

Mais y a-t-il une réalité tangible derrière cette idée selon laquelle les cerveaux humains se sont développés pour servir d'hôtes à des mèmes ? Ou est-ce simplement une manière un peu alambiquée pour dire simplement que les êtres humains aiment écouter des histoires ?

Pour répondre à cette question, je devais essayer de découvrir exactement où et comment les mèmes pouvaient être « hébergés ». Pour cela, je retournais voir ce que Richard Dawkins disait :

> *Il (le mème) a une structure définie, élaborée dans n'importe quel médium physique que le cerveau utilise pour stocker les informations. Si le cerveau stocke l'information sous la forme d'une configuration de connexions synaptiques, un mème devrait en principe être visible sous un microscope comme une configuration déterminée de structure synaptique. Si le cerveau stocke une information sous une forme « distributive » [[23]], le mème ne pourra pas être localisable sous un microscope, mais je continuerai quand même de considérer qu'il réside physiquement dans le cerveau* [24].

Donc les mèmes sont créés sous la forme de configurations de connexions neuroniques dans nos cerveaux. Mais comment sont-ils formés ? Dawkins avait-il examiné cette conséquence de sa théorie ? Oui.

> *Les mèmes ne font pas que sauter simplement d'un esprit à l'autre par imitation au sein d'une culture. Ce n'est que le sommet émergé de l'iceberg. Ils se développent aussi, se multiplient et se font concurrence dans nos esprits. Quand nous révélons au monde une bonne idée, qui sait quelle sélection inconsciente quasi darwinienne a opéré en coulisses dans nos têtes* [25] *?*

Dawkins croit que les mèmes sont modelés dans nos esprits par la réflexion et la méditation, avant d'être restitués sous la forme de « bonnes » histoires qui peuvent alors circuler. Ils nous laissent utiliser des données brutes et les transforment en information utilisable pour guider notre comportement. C'est une idée très intéressante qui offre une explication simple de la raison pour laquelle un humain est différent de, disons, un pigeon – en dehors des ailes, naturellement.

---

22. Blackmore (1999), p. 91.
23. Pribram (1974).
24. Dawkins (1999), p. 109.
25. *Ibid.*, p. 307.

Dennett expliqua que la différence cruciale est la manière dont nous réagissons aux données brutes et comment nous les utilisons.

> *Les véhicules des mèmes (la donnée brute) habitent notre monde à côté de toute la faune et la flore, grandes et petites. Dans l'ensemble, cependant, ils ne sont « visibles » qu'aux yeux des espèces humaines. Considérons l'environnement du pigeon new-yorkais moyen, dont les yeux et les oreilles subissent quotidiennement l'assaut d'à peu près autant de mots, d'images et d'autres signes et symboles que n'importe quel New-yorkais humain. Ces véhicules physiques de mèmes peuvent peser de manière considérable sur le bien-être du pigeon, mais pas en vertu des mèmes précis qu'ils véhiculent : pour le pigeon, cela n'a aucune importance que ce soit sous une page du* National Enquirer [26] *ou du* New York Times [27] *qu'il trouve une miette.*
>
> *En revanche, pour des êtres humains, chaque véhicule de mèmes est un ami ou un ennemi potentiel, porteur d'un vrai don qui accentuera nos pouvoirs ou d'un faux cadeau qui nous distraira, encombrera notre mémoire, dérangera notre jugement [28].*

La franc-maçonnerie a développé des manières efficaces de raconter des histoires et d'implanter des idées dans les esprits de ses adeptes. Mais s'agit-il d'un don qui accentue nos pouvoirs ou d'une distraction qui va encombrer notre mémoire avec un rituel absurde ? Instinctivement, je penchais vers la première hypothèse, mais j'étais encore loin de comprendre comment cela fonctionnait et ce que cela pouvait en fin de compte m'apporter.

Quoi qu'il en soit, plus je lisais les travaux de Dennett, plus j'avais la confirmation que cette théorie méritait d'être approfondie. Il pense que les mèmes sont une force motrice sous-tendant le développement de la civilisation humaine :

> *L'évolution mèmétique significative est un phénomène extrêmement récent : elle n'est devenue une puissance déterminante qu'au cours des cent mille dernières années et n'a explosé qu'avec le développement de la civilisation il y a moins de dix mille ans. Elle est circonscrite à une seule espèce, l'*Homo sapiens, *et nous pouvons remarquer qu'elle nous a maintenant amenés à l'aube d'un quatrième médium de développement potentiel [potential R & D], grâce aux mèmes de la science [29].*

---

26. Journal bas de gamme sensationnaliste. (*N.d.T.*)
27. Quotidien d'information réputé. (*N.d.T.*)
28. Dennett (1992), p. 204 [trad. française (1993), p. 255].
29. *Ibid.*, p. 199 [trad. française : p. 260]. [Le passage complet de Dennett (utile pour mieux saisir la nature des trois premiers médias de développement) est le suivant : « *Chacun des trois média [de développement] – l'évolution génétique, la plasticité phénotypique et l'évolution mèmétique –, à tour de rôle et à des vitesses croissantes, a contribué à la mise en forme de la conscience humaine. Comparée à la plasticité phénotypique, qui opère depuis des millions d'années, l'évolution mèmétique significative est un*

Daniel Dennett a résumé ainsi le concept évolutionniste du mème de Dawkins : faire de notre cerveau « une sorte de tas de fumier dans lequel les larves des idées d'autres gens se renouvellent, avant d'envoyer des copies d'elles-mêmes dans une diaspora informationnelle[30] ». Ce mème donc offre une théorie possible pour expliquer pourquoi la franc-maçonnerie s'est répandue et pourquoi elle améliore ses membres.

Le rituel est un système formel d'imitation. Pouvait-il s'agir d'une structure délibérée pour transmettre des mèmes ? Était-ce une méthode pour adapter les aptitudes innées d'un humain à reproduire ou imiter, afin de transmettre des dons utiles pour la vie ? Le rituel maçonnique exploite-t-il quelque chose que nous possédons tous à la naissance ?

Alison Gopnik, Andrew Meltzoff et Patricia Kuhl travaillent sur le développement psychologique des enfants. Ils ont découvert des preuves déterminantes de l'aptitude des très jeunes enfants à imiter et à apprendre par imitation :

> Des bébés d'un mois imitent les expressions du visage [...] Il est apparu qu'il existe une relation systématique entre ce que les bébés font et ce qu'ils voient. D'abord, Andy a réalisé ces expériences avec des bébés de trois semaines. Mais pour démontrer que cette aptitude était réellement innée, il devait démontrer que des nouveau-nés pouvaient imiter [...] Il a testé des bébés de moins d'un jour. Le plus jeune de ses sujets n'avait que quarante-deux minutes de vie. Or les nouveau-nés imitaient eux aussi.
>
> À première vue, cette aptitude à l'imitation pourrait sembler curieuse et émouvante, mais sans véritable signification profonde. Toutefois, si vous y réfléchissez une minute, elle est vraiment fascinante. Il n'y a pas de miroir dans le ventre de la femme : les nouveau-nés n'ont jamais vu leur propre visage [...] (mais) dès l'instant de notre naissance, nous semblons relier notre soi parfaitement personnel aux mouvements corporels d'autres individus, des mouvements que nous ne pouvons que voir et pas sentir [...] Nous savons, assez immédiatement, que nous sommes comme d'autres personnes et qu'ils sont comme nous[31].

---

phénomène extrêmement récent : elle n'est devenue une puissance déterminante qu'au cours des cent mille dernières années et n'a éclaté qu'avec le développement de la civilisation il y a moins de dix mille ans. Elle est circonscrite à une seule espèce, l'Homo sapiens, et nous pouvons remarquer qu'elle nous a maintenant amenés à l'aube d'un quatrième médium de développement potentiel, grâce aux mèmes de la science : la reconsidération directe des différents systèmes nerveux individuels par la technologie neuroscientifique et la révision du génome par la génétique. » (N.d.T.).]

30. *Ibid.*, p. 207 [trad. française : p. 253].
31. Gopnik, Meltzoff & Kuhl (1999), p. 29-31.

Le psychologue d'Harvard David McClelland a noté lui aussi que l'aptitude à imiter et à apprendre est intimement liée à la réalisation humaine :

> *L'humanité est engagée dans l'espace et le temps dans une variété d'« expériences » sociales et culturelles qui impliquent différentes méthodes d'organisation économique, politique, religieuse ou sociale. De temps à autre, une « mutation » sociale intervient – une combinaison particulièrement heureuse d'intérêts, de leaders ou de méthodes pour organiser différentes sphères d'activité, un nouveau développement qui amène la croissance aussi bien dans le domaine économique que dans quelque autre sphère culturelle. Une méthode d'organisation du monde aussi ostensiblement efficace se propage par la « diffusion », c'est-à-dire que des tiers, qui ne sont pas à l'origine, de l'innovation, perçoivent immédiatement l'avantage des nouvelles techniques et les adoptent dès qu'ils en entendent parler[32].*

Est-ce là le véritable secret de la franc-maçonnerie ? Quand nous revêtons nos tabliers bleu et blanc, apprenons-nous tout simplement à mieux nous débrouiller dans la vie ? Et cela signifie-t-il que cette méthode s'est développée selon un cheminement évolutionniste ? La franc-maçonnerie a-t-elle découvert un utile ensemble de mèmes qui promeut l'accomplissement de chaque individu et aide ceux qu'elle touche à mieux évoluer dans la société ?

Boyer pense que si les mèmes peuvent être un bon point de départ pour examiner comment fonctionne le rituel spirituel, il y a quelque chose de plus dans ce processus qu'une simple réplication[33]. Il parle d'épidémies culturelles.

> *Les esprits humains sont habités par une grande masse de représentations mentales. La plupart d'entre elles ne se trouvent que chez un individu, mais certaines sont présentes sous une forme grossièrement semblable chez différents membres d'un groupe [...] La diffusion de représentations particulières au sein d'un groupe, comme les similarités entre groupes, peut être prédite si nous avons une bonne description des ressources mentales que des individus utilisent pour comprendre ce que d'autres proposent comme matériel culturel, en particulier quels processus déducto-inférentiels ils appliquent à ce matériel[34].*

Les francs-maçons se rencontrent en groupes, où les manifestations ou murmures réprobateurs des frères plus anciens garantissent que le

---

32. McClelland (1961), p. 36.
33. Boyer (2002), p. 38-43.
34. *Ibid.*, p. 43.

nouveau venu exécute correctement ce qu'il a à faire. Boyer liste les facteurs qui permettent à un système spirituel de réussir :

> *Il apparaît que certains concepts se connectent à des systèmes d'inférences dans le cerveau d'une manière qui rend la mémorisation et la communication très aisées. On constate que certains concepts déclenchent nos programmes émotionnels de manière particulière. Certains se connectent à notre esprit social. Certains d'entre eux sont représentés d'une telle manière qu'ils deviennent bientôt des comportements plausibles et directs. Ceux qui réalisent tout cela sont les concepts religieux que nous observons réellement dans les sociétés humaines. Ce sont ceux qui fonctionnent le mieux parce qu'ils combinent des caractéristiques appropriées à une grande variété de systèmes mentaux[35].*

Certains principes et concepts sont intuitifs pour les esprits humains, et, quand les bons sont réunis dans une structure idoine, le système en résultant fonctionne pour ses utilisateurs. Cela signifie qu'il survit et se répand. Les types particuliers d'inputs culturels sont faciles à acquérir, parce qu'ils correspondent à ce que nous attendons. De tels matériaux nécessitent peu d'efforts pour les assimiler. Mais nous devons nous rappeler l'observation de Boyer : « Nous n'avons pas les concepts culturels que nous avons parce qu'ils ont du sens ou sont utiles, mais parce que la manière selon laquelle nos cerveaux sont assemblés rend très difficile de ne pas croire en eux[36]. » La franc-maçonnerie n'a pas à se soucier de réussir. Elle a simplement à faire appel à nos croyances innées.

Certaines « réponses » émotionnelles, souvent sous le niveau de notre conscience éveillée, en sont des exemples : citons notamment les réactions qui nous font passer le sel à quelqu'un avant même que cette personne l'ait demandé. Ces effets émotionnels sont si infimes que nous ne savons bien souvent même pas ce qui a motivé notre geste. La moralité en est un autre exemple. Nous n'obtenons pas de « rétributions » évidentes quand nous nous comportons moralement, alors pourquoi ce comportement devrait-il susciter des émotions positives ? Peut-être simplement parce que se comporter moralement nous fait nous sentir mieux. Boyer indique que, si une majorité d'individus au sein d'une espèce ressent cet effet gratifiant du comportement moral, cela donne à cette espèce un avantage en termes d'évolution. Mais comment rationalisons-nous notre réponse à ces rétributions subliminales ? Boyer

---

35. *Ibid.*, p. 105.
36. *Ibid.*, p. 154.

dit que l'esprit humain aime se raconter des histoires qui représentent des événements liés, causalement parlant. Nous voulons ordonner les événements, de manière à ce que chacun soit le résultat de quelque autre occurrence et pave la route de ce qui va suivre[37]. En nous identifiant à des héros moraux dans des histoires exaltantes, nous sentons que nous les imitons et que nous partageons leur notoriété et leur gloire. Alors, nous avons une raison de nous sentir bien en matière de comportement moral.

Les docteurs Andrew Newberg et Eugen d'Aquili, des spécialistes du cerveau de l'université de Pennsylvanie, disent que la naissance de l'art du conte fut une étape importante dans l'évolution de l'esprit humain :

> À cause de cette connaissance des menaces potentielles les entourant, les premiers humains ont probablement perçu le monde comme un lieu complexe et infiniment dangereux [...] Heureusement, le gros cerveau qui a engendré ces peurs a aussi fourni une manière de les résoudre [...] des idées pour se protéger – les lois, les cultures, les religions et les sciences, qui leur ont permis de s'adapter à leur monde. Tous les sommets atteints par les réalisations humaines [...] n'auraient pu être possibles sans le besoin de l'esprit d'atténuer l'anxiété intolérable qui est la manière du cerveau de nous avertir que nous ne sommes pas en sécurité[38].

L'une de ces manières de réduire notre anxiété est de donner du sens au monde. Nous le voyons encore une fois dans l'épopée de Gilgamesh. En prenant une série d'événements et en les transformant en une histoire sensée et logique, le conteur donne une explication au destin. Quand nous réalisons que nous allons mourir, cette connaissance entraîne toute une série de questions qui y sont liées. Pourquoi sommes-nous nés ? Pourquoi devons-nous mourir ? Que nous arrive-t-il quand nous mourons ? Quelle est notre place dans le monde ? Comment pouvons-nous vivre dans ce monde incertain sans avoir peur ?

Si l'histoire qui est mise en avant pour expliquer les événements semble souligner une vérité profonde, alors elle peut devenir un mythe. J'avais donc besoin de découvrir exactement comment une bonne histoire devient un mythe.

---

37. *Ibid.*, p. 340.
38. Newberg, d'Aquili & Rause (2002), p. 16 [trad. française : p. 30-31].

La création du mythe

Un mythe fournit toujours une information sur un fait générateur de peur.

Pourquoi y a-t-il du mal dans le monde ? La réponse mythique sera : « parce que Ève a mangé la pomme » ou « parce que Pandore a ouvert la boîte qu'elle ne devait pas ouvrir » et ainsi de suite. À partir de là, nous avons quelqu'un à blâmer pour le problème qui nous intéresse et celui-ci est ramené à quelque chose de compréhensible.

Joseph Campbell a montré que tous les mythes pouvaient être réduits à quelques éléments communs. D'abord, ils prennent une question présentant un intérêt déterminant. Par exemple : d'où vient l'humanité ? Ensuite, ils posent le problème sous la forme d'une paire d'éléments ou d'entités apparemment antagonistes. Finalement, le mythe réconcilie les opposés par l'action de puissances spirituelles d'une manière qui permet aux humains d'arrêter de s'inquiéter à propos de ce problème.

Voici deux exemples de mythes pris dans le rituel maçonnique.

D'abord, intéressons-nous à la création de l'homme. Le mythe maçonnique dit qu'un Être Suprême – auquel on donne le titre métaphorique de Dieu – était assis avec son conseil d'anges et qu'il eut l'idée de créer l'homme. Alors il demanda aux anges ce qu'ils pensaient de son idée. Voici comment le rituel raconte l'histoire :

> *Quand Dieu en Son Conseil éternel conçut l'idée de la création de l'homme, il convoqua les trois ministres qui servaient continuellement le trône. Leurs noms étaient Justice, Vérité et Miséricorde.*
>
> *Et Il s'adressa à eux en disant : « Allons-nous créer l'homme ? » Justice répondit : « Ô Dieu, ne le crée pas, il piétinera Tes Lois », et Vérité répondit également : « Ô Dieu, ne le crée pas, car il souillera Tes Sanctuaires ». Mais Miséricorde, tombant à genoux et levant ses yeux en larmes, s'exclama : « Ô mon Dieu, crée-le et je veillerai sur lui sur les mornes chemins sombres qu'il devra parcourir. »*
>
> *Et écoutant la supplique de Miséricorde, Dieu créa l'homme et l'appela Adam. Et il lui dit : « Ô homme, tu es le fils de Miséricorde. Va et rejoins ton frère. »*

D'après ce mythe – que l'on peut retrouver dans le 22e degré du Rite écossais ancien et accepté –, en dépit des mises en garde l'avertissant que Sa créature se révélerait menteuse et injuste, Dieu a créé l'homme en raison de l'intervention de la déesse de miséricorde. En somme, l'histoire dit que nous pouvons avoir à lutter pour être honnête, que nous ne nous comportons peut-être pas toujours correctement vis-à-vis de nos prochains, mais que nous pouvons compter sur la « Miséricorde », notre mère spirituelle, pour intervenir en notre nom et, finalement, tout se passera bien.

Un second exemple découle de la question : que se passe-t-il à notre mort ? De nouveau, le mythe maçonnique – que l'on retrouve cette fois au 28ᵉ degré du Rite écossais ancien et accepté – a une réponse.

> *Il n'y a pas de mort réelle dans la nature ; tout est vivant. Ce que nous appelons « mort » est un changement. La raison suprême, étant intangible, est donc impérissable. Les pensées, une fois exprimées, sont immortelles. La source dont elles proviennent est-elle moins immortelle qu'elles ? Comment les pensées peuvent-elles exister, si l'âme dont elles émanent devait cesser d'être ? L'univers, les pensées manifestées de Dieu, pourrait-il continuer d'exister s'Il n'était plus ?*

Dans ce mythe, la mort n'est pas une fin, mais un changement. Le récit explique que, pas plus que nous ne pouvons voir comment les pensées d'un homme changent, nous ne pouvons davantage voir comment la mort modifie un esprit.

Newberg et d'Aquili pensent que notre cerveau structure les mythes de cette manière parce qu'il « donne du sens aux problèmes mythiques en utilisant les mêmes fonctions cognitives sur lesquelles il s'appuie pour donner du sens au monde physique[39] ». Le mythe de la création implique d'utiliser l'opérateur causal ou cognitif du cerveau, qui est son aptitude à relier des causes abstraites à des événements réels. Mais ce n'est que l'une des fonctions de notre cerveau qui crée des histoires. La seconde est l'opérateur binaire : l'aptitude du cerveau à réduire des situations complexes à de simples opposés polaires fondamentaux, comme le haut et le bas, dehors et dedans. Comme l'expliquent Newberg et d'Aquili :

> *Quand l'impératif cognitif, activé par une peur existentielle, oriente la fonction binaire pour donner du sens à l'environnement métaphysique, il se rend utile en interrompant ce problème existentiel et en le réarrangeant en paires d'opposés irréconciliables qui deviennent les éléments clés du mythe : le Ciel et la Terre, le Bien et le Mal, la célébration et la tragédie, la naissance et la mort... et la renaissance ; l'isolement et l'unité[40].*

---

39. *Ibid.*, p. 54.
40. *Ibid.*, p. 51 (trad. française : p. 99).

Les mythes qui satisfont les besoins structurels de notre esprit nous paraissent bons quand nous les entendons ; ils résonnent en nous et réduisent notre crainte de l'inconnu en nous racontant une histoire apparemment sensée à propos d'une peur absurde. Si la mort n'est pas une fin, mais purement un changement, alors pourquoi la craindre ?

Mais raconter une bonne histoire est seulement le début de ce qui permet de comprendre comment fonctionne un rituel. Que se passe-t-il quand nous interprétons les histoires que nous inventons ?

LE RITUEL DANS LA NATURE

Quand le printemps arrive dans les Pennines [41], un étrange rituel est exécuté sur les landes au-dessus de ma maison. Si, tôt le matin, quand la rosée est encore sur l'herbe, je sors pour une promenade, j'ai parfois la chance de voir les lièvres de Mars fous se boxant dans le brouillard. Deux mâles se font face, debout sur leurs pattes arrière, et boxent avec leurs pattes avant. Ils n'exécutent cet étrange rituel de danse de combat qu'au printemps et celui-ci constitue une partie de leur processus d'accouplement.

Depuis de nombreuses années maintenant, les rituels animaliers font l'objet d'études scientifiques. Nos télévisions nous en présentent des exemples beaucoup plus exotiques que celui de mes petits lièvres de la campagne anglaise. Elles amènent dans nos salons des images aussi merveilleuses qu'incroyables : des oiseaux à berceau construisant de véritables temples décorés avant de procréer ; la pavane des paons mâles, avec leurs queues invraisemblables ; le vol d'accouplement rituel des papillons ; ou simplement le rituel de soumission des chiens cherchant à se faire admettre par une meute. Chez de nombreux animaux – et j'inclus l'animal humain –, le rituel semble avoir une base biologique.

De nombreux rituels animaliers sont liés au sexe et à l'accouplement. Le docteur Michael Bastock, le biologiste qui a fait œuvre de pionnier en matière d'évolutionnisme, a été le premier à décrire le rituel d'accouplement des argynnes (ou fritillaires) damiers argentés, une espèce de papillons avec des ailes brunâtres marquées de noir et d'argent. Ce papillon n'est pas réputé pour avoir un grand cerveau ou une aptitude certaine à la mémoire. Pourtant, malgré toutes ses limites neurologiques, cette petite créature exécute un rituel de courtise

---

41. Chaîne hercynienne du Nord de l'Angleterre (culminant à 893 m). (*N.d.T.*)

complexe. Quand un mâle énamouré aperçoit une éventuelle compagne, il s'approche d'elle avec une claire intention amoureuse. La femelle timide – si elle est bien une autre argynne damier argentée – s'envole immédiatement pour s'éloigner du mâle. Celui-ci se met à évoluer autour d'elle en exécutant une série de cercles et de loopings acrobatiques pour impressionner celle qu'il s'est choisie. Il va voler si près d'elle que ses ailes vont presque caresser le corps de la femelle. Si cette dernière finit par accepter le mâle, elle va poursuivre son vol en ligne droite, tandis que lui va continuer de faire montre de ses talents en matière d'acrobaties aériennes autour d'elle. Quand la femelle se pose enfin, les deux papillons vont se faire face en adoptant une posture aussi rigide qu'anormale avant d'aller se renifler réciproquement les glandes odoriférantes. Ce n'est qu'au terme de tout cela que cette femelle difficile va laisser son séducteur s'accoupler avec elle. Bastock montre qu'avant que le mâle puisse s'accoupler, il doit exécuter sept actes rituels et la femelle doit faire la réponse rituelle correcte à chaque mouvement pour que la courtise de son soupirant aboutisse positivement [42].

Une décennie avant la publication de son étude approfondie des rituels de séduction des animaux, Bastock avait déjà suggéré que de tels comportements complexes chez des créatures élémentaires pouvaient avoir des causes génétiques [43]. De récentes études évolutionnistes ont prouvé qu'il avait raison : elles montrent que cette fausse timidité des femelles dans les rituels d'accouplement – obligeant à ce rituel complexe – ont un caractère vital en matière de survie [44]. Bastock a démontré que le rituel fonctionnait pour les papillons parce qu'il permettait à deux individus, « ne se connaissant préalablement pas, de s'identifier comme un compagnon idoine grâce à une conversation neurologique ». Il expliquait cela comme une « résonance biologique » établie entre les deux insectes provoquée par les rythmes répétitifs qui amenaient leurs systèmes nerveux respectifs à vibrer en harmonie [45] ».

Les rituels maçonniques fonctionnent-ils d'une manière semblable ? Sont-ils simplement le développement sophistiqué d'un rituel d'accouplement d'insectes, adapté à des espèces ayant un cerveau sensiblement plus gros ? J'avais besoin d'en découvrir davantage à propos de la neurobiologie du rituel.

---

42. Bastock (1967), p. 68.
43. Bastock (1956).
44. Wachmeister & Enquist (1999).
45. Bastock & Manning (1955).

LE RITUEL ET LE CERVEAU

Que ressentons-nous quand nous prenons part aux rituels ? Newberg et d'Aquili disent que, d'un point de vue neurobiologique, « le rituel humain a deux caractéristiques principales. Premièrement, il produit des décharges émotionnelles, à divers degrés d'intensité, qui représentent les sensations subjectives de tranquillité, d'extase et d'effroi ; et deuxièmement, il a pour résultat des états mentaux qui sont souvent expliqués comme un certain degré de transcendance spirituelle [46] ».

En 1992, un groupe de recherche basé à l'université de l'État de Californie a voulu étudier les effets de la participation à différents rituels, comme la prière, les cérémonies religieuses, la méditation et l'exercice physique [47]. Ils ont découvert que, parmi les bénéfices que l'on pouvait retirer de ces pratiques, on pouvait noter entre autres une baisse de la tension artérielle, une diminution du rythme cardiaque, un abaissement du taux respiratoire, une réduction des niveaux de cortisol et, en revanche, des accroissements positifs du système immunitaire. Newberg et d'Aquili ont indiqué que toutes ces fonctions sont régulées par l'hypothalamus et le système nerveux autonome du cerveau et ils ont suggéré que ce sont les comportements rythmiques associés à de nombreux rituels qui provoquent les changements dans les états mentaux. Des actions répétitives, comme la danse et le chant, dans les cérémonies peuvent avoir un effet significatif sur les systèmes limbiques et autonomes et produisent ce qui est décrit comme « des sensations ineffables et intensément agréables [48] ».

Combiner des actions répétitives avec des gestes délibérément exagérés peut induire une action électrique dans la région amygda-lienne du cerveau [49]. Ceci résulte en de légères sensations de peur ou de crainte révérencielle [50]. La franc-maçonnerie possède plus que son compte de gestes « exagérés » voire extravagants et ils sont certaine-ment utilisés d'une manière rituellement répétitive. Quand le Maître lève les bras pour former le grand et royal signe [51], tous les

---

46. Newberg, d'Aquili & Rause (2002), p. 88-90 [trad. française : p. 129].
47. Jerving, Wallace & Beidebach (1992).
48. Gelihorn & Kiely (1972).
49. Les amygdales du cerveau (qui doivent leur nom à leur forme en amande) impliquées dans la création des émotions et de la mémoire notamment, ne sont naturellement pas à confondre avec les amygdales lymphoïdes de la gorge. (*N.d.T.*)
50. D'Aquili & Newberg (1993).
51. Également appelé dans certains rites ou obédiences « signe de joie et d'allégresse ». (*N.d.T.*)

francs-maçons assemblés ressentent la crainte révérencielle que son geste suscite.

En outre, le cadre cognitif dans lequel le rituel est exécuté provoque un impact émotionnel direct sur le cerveau du participant. C'est là que le sens du mythe de l'art du conte se combine avec des effets d'excitation émotionnelle pour produire de puissants moyens de transmission d'information. Quand vous faites l'expérience d'une sensation de transcendance spirituelle dans un cadre rituel, vous avez souvent l'impression de vivre un contact direct avec la source de l'ordre dans l'univers. Si vous êtes religieux, vous appelez cette source, cet Être Suprême, Dieu. Un scientifique comme moi pense qu'il peut prendre la forme d'une vision de la lumière et de l'ordre au centre.

Pour Joseph Campbell, une fonction utile du rituel est d'utiliser la mythologie pour réduire la peur existentielle en nous aidant à sentir qu'il existe quelque grand créateur qui veut être réuni à nous et vers qui nous retournons à notre mort :

> *C'est l'unique grande histoire du mythe ; celle selon laquelle, au commencement, nous étions unis à la source, mais que nous en avons été séparés et que, maintenant, nous devons trouver le moyen d'y retourner*[52].

Newberg et d'Aquili disent que « l'effet neurobiologique des comportements ritualisés donne une substance cérémonielle » aux mythes qui sont exécutés[53]. Par ce moyen, ils veulent signifier que, si des mythes puissants sont exécutés dans un cadre théâtral spectaculaire, nous sentons que nous faisons partie de la vérité, que l'histoire paraît renfermer.

La fonction la plus importante du rituel est de prendre une *histoire* spirituelle et de la transformer en une *expérience* spirituelle – transformer une chose en laquelle on *croit* en une chose que l'on *ressent*. Newberg et d'Aquili concluent que « notre compréhension croissante de la fonction neurologique nous porte à croire que le besoin de rituel peut être enraciné dans quelque chose de plus profond que les nécessités culturelles d'une société donnée. Cela suggère que les humains sont poussés à exécuter leurs mythes par les activités biologiques fondamentales du cerveau[54] ».

---

52. Campbell (1988), p. 58.
53. Newberg, d'Aquili & Rause (2002), p. 85 [trad. française : p. 137].
54. *Ibid.*, p. 86 [trad. française : p. 138].

Quand nous exécutons nos mythes, ils deviennent réels pour nous. C'est quelque chose que le système de la franc-maçonnerie exploite pleinement.

Mais y a-t-il également des secrets à découvrir concernant les effets des postures humaines ?

IMITE MA POSTURE

Comme je l'ai rapporté dans la première partie de cet ouvrage, quand j'ai été initié au premier grade de franc-maçonnerie, on m'a dit : « Veuillez vous tenir parfaitement droit devant moi, avec vos pieds dans une position que je vais vous montrer. »

Alors, je suis resté quelques minutes dans une posture aussi effroyable qu'humainement anormale, en déséquilibre, tandis que les « secrets » du grade m'étaient révélés. Mes pieds avaient été coincés l'un contre l'autre, si bien que je ne pouvais ni les bouger pour me soulager, ni même faire le moindre mouvement qui m'aurait normalement permis de garder l'équilibre. À l'époque, j'avais pensé que cette posture invraisemblable avait pour but de créer une tension dans mes jambes et je soupçonnais qu'il devait s'agir d'un moyen rituel pour induire une libération d'hormones de stress dans mon sang et ainsi moduler mon cerveau. Je devais plus tard découvrir qu'il s'agissait bien de quelque chose d'important.

Les gestes et les postures peuvent-ils accentuer les réactions rituelles ? Je décidai d'examiner plus attentivement les effets des postures sur l'état d'esprit. J'avais entendu parler d'une méthode que l'on appelait la « technique Alexander ». On disait qu'elle soulageait toute une série d'états mentaux, émotionnels et physiques en apprenant aux individus comment se tenir et s'asseoir correctement. Liz Hodgkinson, une enseignante réputée de cette technique, en dit ceci :

La technique Alexander est fondamentalement une série de mouvements physiques conçus pour corriger les mauvaises postures et réaligner correctement le corps, en l'aidant ainsi à fonctionner efficacement, comme le veut la nature [...]. L'idée est la suivante : dès que vous avez appris à mouvoir vos muscles et vos articulations correctement, différents maux du corps provoqués par de mauvais mouvements peuvent alors commencer à se corriger tout seuls. La technique est nécessaire parce que la grande majorité d'entre nous bougent mal leurs corps – souvent sans même réaliser que nous le faisons, jusqu'à ce que les problèmes de santé apparaissent. [...] Alexander lui-même croyait que la plupart des maux de l'humanité – mentaux, émotionnels et physiques –

sont provoqués par l'acquisition progressive et largement inconsciente de mauvaises habitudes[55].

Ce concept avait l'air prometteur. Le rituel de la franc-maçonnerie – dont les réactions réprobatrices des frères aînés assurent la parfaite exécution – insiste sur le fait que l'on ne peut apprendre de choses sur soi-même que si l'on se tient d'une manière particulière. Les travaux de Frederick Matthias Alexander pouvaient-ils m'expliquer pourquoi ?

Alexander est né à Wynyard, dans le Nord-Ouest de la Tasmanie, en Australie, le 20 janvier 1869. Il était l'aîné de huit enfants. À l'école, il fut un élève difficile, parce qu'il refusait constamment de croire quoi que ce soit sur parole. En vérité, il se montra même tellement odieux que son père dut finalement se résoudre à faire appel aux services d'un précepteur pour lui donner des cours à domicile. Depuis sa petite enfance, il aimait le théâtre et à l'âge de dix-neuf ans, il devint acteur professionnel à Melbourne. Mais il découvrit alors qu'il avait un sérieux problème pour un acteur : sa voix ne cessait de se casser pendant les récitations. Quand cela survint pour la première fois, il courut chez le médecin. Seulement le traitement médical de l'époque ne put le guérir. Son état s'aggravait tant qu'Alexander n'osait bien souvent même pas solliciter d'engagements car il n'était jamais certain de pouvoir assumer toute une soirée de représentation. Puis, un jour, au beau milieu d'une représentation importante, il devint totalement aphone.

Son médecin ne put l'aider. Alexander commença donc une observation attentive de l'utilisation physique de son corps quand il parlait en public. Son élève, George Bernard Shaw, écrivit plus tard : « Ayant à la fois le véritable esprit scientifique et l'ardeur au travail, il chercha à découvrir ce qu'il pouvait bien faire réellement pour s'handicaper pareillement alors qu'il déployait tous les efforts pour obtenir le résultat inverse[56]. » Au bout du compte, Alexander découvrit ce qui n'allait pas – et même beaucoup d'autres choses au passage. Comme Shaw le disait encore : « Il posa non seulement les bases d'une science majeure des mouvements apparemment involontaires que nous appelons réflexes, mais il conçut également une technique de correction et de maîtrise de soi qui vient substantiellement s'ajouter à nos très maigres ressources en matière d'éducation individuelle. »

Le rhumatologue Wilfred Barlow étudia la technique Alexander pour essayer d'aider ses patients. Il constata que l'approche

---

55. Hodgkinson (1988), p. 1.
56. Lettre de Shaw citée dans Alexander (1969), p. XXIX.

d'Alexander lui fournissait un moyen de détecter leur état mental : l'anxiété était toujours accompagnée par une tension musculaire aiguë, et il y avait un lien étroit entre les états mentaux négatifs et la douleur physique. « De différentes manières, disait le Dr Barlow, il est apparu clairement que ceux qui étaient mentalement malades étaient physiquement tendus. Il est souvent impossible de séparer les aspects physiques et psychologiques de la condition des patients[57]. »

En recensant les signaux électriques activant les muscles de ses patients, le Dr Barlow découvrit que tous les états mentaux, qu'ils soient positifs ou négatifs, sont accompagnés par des mouvements physiques distincts. Ils pouvaient être infimes, comme un clignotement des yeux légèrement accentués, ou très décelables, comme dans le cas d'enfants hyperactifs. Barlow conclut que des états de tension musculaire interviennent toujours quand le patient est sous le coup d'une tension émotionnelle. Mais – ce qui est encore plus important pour mon étude –, il ne manqua pas de faire remarquer qu' « en apprenant l'utilisation correcte des muscles, nous pouvons empêcher des rétroactions négatives ».

Ce que j'avais supposé, à savoir que les postures du rituel maçonnique pouvaient bien être conçues pour créer des états d'esprit émotionnels particuliers, se révélait tout à fait plausible. Liz Hodgkinson le confirme quand elle écrit :

> L'utilisation correcte des muscles permet que des rétroactions plus positives soient envoyées vers le cerveau, pour que tant ce dernier que le corps puissent être libérés des tensions habituelles. [...] La leçon la plus profitable que l'on puisse tirer de la compréhension de la thérapie d'Alexander, c'est que les conditions de nos cerveaux et de nos corps sont largement sous notre contrôle. Dans une très grande mesure, nous pouvons choisir d'avoir une bonne posture, une utilisation correcte du corps et une pensée positive – ou nous pouvons choisir d'être des victimes déformées par la mauvaise santé et avec un cerveau encombré de pensées négatives et inutiles[58].

Un commentaire d'Alexander à propos de sa propre technique fait écho à l'expérience de l'initiation maçonnique que je décrivais plus tôt :

> Nous sommes confrontés au fait indiscutable que le subconscient peut être « éduqué » sous le plan du conscient. Les actes très fréquemment exécutés deviennent si mécaniques qu'ils peuvent être répétés sans que l'opérateur en ait la moindre conscience. Après des répétitions intensives, le pianiste sera

---

57. Barlow (1991), p. 2.
58. Hodgkinson (1988), p. 34-35.

capable d'exécuter un passage d'une grande complexité alors que son atten-
tion est ailleurs. Mais, de ce point de vue, il sera sans doute utile de faire
remarquer que, lorsqu'un art comme la musique tombe temporairement dans
une telle répétition automatique, le connaisseur repérera immédiatement
la perte de qualité – on parlera généralement de « feeling » dans l'interpréta-
tion. [...]

Le point important à noter, c'est que notre façon d'être, à mesure que
nous progressons dans la vie, devient un composé d'habitudes et d'instincts
animaux acquis sous le plan du conscient soit par suggestion, soit par répéti-
tion. [...] Nous partageons les caractéristiques de l'esprit subconscient avec le
monde animal. Car dans les organismes inférieurs tout autant que dans ceux
de l'humanité, ce subconscient peut être éduqué. Les observations des natura-
listes confirment maintenant la croyance selon laquelle les petits de certains
oiseaux – l'hirondelle est particulièrement citée en exemple – apprennent à
voler avec leurs parents qui les éduquent. Par ailleurs, quiconque a formé un
chien sait que des ruses de dressage, comme la « quête » de nourriture,
peuvent devenir si habituelles qu'elles apparaîtront instinctives[59].

Je ne me suis senti « à peu près bien » dans les tenues de Loge
qu'après avoir appris ce que je devais dire et comment me tenir. Mais
je ne me suis senti *vraiment* à l'aise qu'après avoir répété ces leçons de
nombreuses fois.

Comme Alexander le souligne, mon subconscient a été éduqué par
la répétition du rituel maçonnique.

Bien que je puisse maintenant voir ce qui s'était passé, je n'en savais
toujours pas assez sur le cerveau et le système nerveux pour
comprendre exactement comment tout cela fonctionnait.

DONNER VIE AU MYTHE

Il y a de bonnes et de mauvaises manières de transmettre une
histoire. Je crois que la franc-maçonnerie est bonne pour raconter les
siennes. Elle sait que pour être efficace, un rituel doit présenter le
contenu essentiel d'une histoire mythique dans un contexte comportemental. Ce processus donne au mythe une vie neurologique dans le
cerveau du participant.

Pascal Boyer liste trois propriétés importantes que les rituels performants partagent :

1. Un caractère spécifique. Prendre part à un rituel n'est pas la
même chose que jouer dans une pièce. Ce qui rend notamment le rituel

---

59. Alexander (1969), p. 51-60.

spécial, c'est que vous avez la sensation absolue qu'il vous faut l'exécuter d'une manière parfaite sous peine de provoquer quelque conséquence terrible – même s'il n'y a généralement rien qui puisse expliquer pourquoi l'exécution parfaite du rituel conjurerait le danger. Si vous doutez de la réalité de cette assertion, essayez simplement de glisser pendant que vous exécutez un rituel maçonnique en Loge et voyez ou écoutez les manifestations réprobatrices que vous allez susciter.

   2. Des conséquences au plan des interactions sociales. La cérémonie du premier grade fait de vous un maçon. Avant le rituel, vous n'étiez qu'un individu ordinaire ; après, vous êtes devenu un frère.

   3. Une dimension spirituelle. De nombreux rituels sont spécifiquement religieux et invoquent Dieu au cours de la cérémonie. La franc-maçonnerie invoque une croyance dans le fait qu'il existe un principe ordonnateur au centre de l'univers et que ses rituels aident les francs-maçons à comprendre ce centre, à l'approcher et à se relier à lui.

   Boyer indique que les rituels qui possèdent toutes ces caractéristiques sont ceux qui se transmettent le plus efficacement[60]. Les personnes qui ont développé le rituel maçonnique semblaient le savoir au moins instinctivement.

   Mais, ne nous emballons pas. Avant que les francs-maçons ne montrent trop d'autosatisfaction, il nous faut encore considérer un autre aspect. La répétition sans fin des trois cérémonies fondamentales peut finir par ressembler à une obsession compulsive. Y a-t-il une forme de trouble obsessionnel compulsif [en abrégé, TOC ; en anglais, OCD, *Obsessive Compulsive Disorder*] dans la manière d'exécuter les rituels ? L'anthropologue Alan Fiske s'est aperçu que les TOC prenaient leur source dans des zones du cerveau qui servent d'intermédiaire pour combiner nos projets avec nos émotions[61]. Il dit que le rituel peut activer les systèmes mentaux qui nous font nous sentir bien. Ce fut l'un des premiers éléments que je remarquai à propos des réunions maçonniques : une fois que j'eus franchi mes trois grades, les tenues ultérieures me parurent des plus appréciables. Mais cela signifie-t-il simplement que je ne suis qu'un obsessionnel compulsif qui a trouvé un exutoire pour son comportement étrange ?

---

60. Boyer (2002), p. 169 [éd. française, p. 340].
61. Fiske & Haslam (1997).

L'anthropologue Frederick Barth a étudié les imitations humaines en Nouvelle-Guinée :

> *La connaissance secrète (de l'initiation) paraît souvent vide de sens ou paradoxale. Dans de nombreux rites, on enseigne aux candidats que le secret du rite est précisément qu'il n'y a pas de secret ou qu'on ne leur révélera pas celui-ci avant qu'ils aient atteint un niveau supérieur d'initiation. Les rites promeuvent une idée selon laquelle la connaissance serait intrinsèquement dangereuse et ambiguë*[62].

Cela me faisait fortement penser aux secrets perdus du Maître maçon. Après que l'on m'ait communiqué les « secrets », le rituel m'avait appris que ce n'étaient pas les « vrais » secrets parce que ceux-ci avaient été perdus.

Les rituels produisent leurs effets de différentes façons qui ne sont souvent pas comprises par les personnes qui les exécutent. Les anthropologues décrivant les rituels disent que ceux-ci ont comme un « parfum de transcendance », signifiant par là que, pour leurs exécutants, les rituels paraissent activer des forces mystérieuses qui peuvent être senties mais pas décrites. Je pouvais certainement m'inscrire dans ce rapport : j'aimais prendre part au rituel maçonnique, mais j'ignorais pourquoi je trouvais ces réunions si exaltantes. Boyer indique que « vous ne pouvez pas exécuter des rituels sérieusement sans supposer qu'une série d'actions prescrite aura un certain résultat et en devinant simultanément que cette série d'actions ne peut seule expliquer le résultat[63] ». Il ajoute que « le fait que des personnes d'un groupe exécutent ensemble des rituels importants affine leur sensation de former vraiment un groupe aux limites clairement définies ». En se tenant à la porte de la loge avec son épée tirée en main, le Tuileur marque une claire frontière entre les maçons et les profanes (les non-maçons).

Boyer pense que, lorsque notre cerveau élabore des concepts religieux, il utilise des systèmes mentaux et des aptitudes qui sont de toute façon présents[64]. Cela implique que des concepts spirituels se parasitent sur des aptitudes mentales qui servent d'autres buts évolutionnaires et que, de là, ils se diffusent largement dans le pool génétique. C'est ici que la théorie des mèmes s'intègre dans son travail. Il indique que nous pouvons beaucoup mieux comprendre la religion si nous

---

62. Barth (1975), p. 23.
63. Boyer (2002), p. 268.
64. *Ibid.*, p. 146.

Figure 1
La planche à tracer du premier grade (copyright www.tracingboards.com).

Figure 2
La planche à tracer du deuxième grade (copyright www.tracingboards.com).

Figure 3
La planche à tracer du troisième grade (copyright www.tracingboards.com).

Figure 4
Le parchemin de Kirkwall
(copyright www.tracingboards.com).

prenons en compte le fait que les processus sous-tendant la « croyance » sont les mêmes dans la religion et dans les matières quotidiennes ordinaires[65]. Ces idées pouvaient-elles m'aider à comprendre la franc-maçonnerie ?

Boyer soulève une question intéressante sur le conflit entre la religion et la science. Il parle de tentatives de certains scientifiques de créer une religion apurée, une doctrine métaphysique qui ne retiendrait que certains aspects des concepts religieux. Il identifie le concept clé selon lequel il existe une force créatrice, qu'il serait difficile pour nous de la connaître, mais qu'elle expliquerait pourquoi le monde est ce qu'il est, etc. Il se demande si une telle religion serait compatible avec la science et finit par répondre par l'affirmative. Mais quand il pose la question de savoir si une telle religion aurait des chances de devenir une religion populaire, il conclut que non. Pour expliquer ce dernier point de vue, il estime qu'elle ne parviendrait pas à fournir des idées déterminantes concernant des situations comme la naissance, le mariage ou la mort. Pourtant, ce qu'il a brièvement décrit, ce sont tout simplement les concepts de base de la franc-maçonnerie. Apparemment, il semble ne pas s'être rendu compte que la franc-maçonnerie a connu un succès certain et qu'elle utilise exactement ce concept. La franc-maçonnerie se concentre quasi exclusivement sur la naissance et la mort, en laissant de côté le mariage qui, pour elle, est hors de son champ.

La maçonnerie ne prétend pas être une religion, mais, en dépit des doutes de Boyer, c'est un système spirituel qui a réussi. Pourquoi ? C'est Boyer lui-même qui suggère une explication et une piste pour aller plus loin quand il dit :

> L'esprit humain n'est pas devenu vulnérable à n'importe quel type étrange de croyances surnaturelles. Au contraire, parce qu'il possède de nombreux systèmes d'inférence sophistiqués, il n'est devenu vulnérable qu'à un ensemble très restreint de concepts surnaturels ; ceux qui peuvent conjointement activer les systèmes d'inférences dédiés à l'action, la prédation, la mort, la morale et l'échange social[66].

Son succès universel montre que la franc-maçonnerie correspond parfaitement à cette définition. Alors que sont ses secrets réels ? Le rituel m'indique que ces secrets sont éclairés par les symboles. Par conséquent, c'étaient ces derniers qu'il me fallait examiner à présent.

---

65. *Ibid.*, p. 57.
66. *Ibid.*, p. 154.

CHAPITRE IX

COMMENT FONCTIONNE LE SYMBOLISME ?

LA VALEUR DE MILLE MOTS

Q : Qu'est-ce que la franc-maçonnerie ?

R : Un système particulier de morale, dissimulé sous le voile de l'allégorie et illustré par des symboles.

En tant qu'Apprenti maçon, j'ai travaillé durement pour imprimer cette question et sa réponse dans mon esprit. Mais comment les symboles peuvent-ils expliquer un « système particulier de morale » ? Je commençais à avoir quelques idées sur la manière selon laquelle les mythes pouvaient être des allégories dissimulant des vérités innées. En étudiant l'art du conte, j'en savais un peu plus sur la manière de rendre vivants les mythes dans les rituels. Maintenant que le problème de l'allégorie était relativement réglé, je devais m'intéresser davantage au symbolisme. Mais où commencer ?

La forme la plus commune de symbolisme – une forme que nous connaissons tous –, c'est le langage. Les mots sont des symboles oraux ou écrits. Le son ou la forme écrite du mot n'a pas vraiment d'importance. Ce qui compte, ce sont les idées, les images et les émotions qu'il véhicule jusqu'à l'esprit de la personne réceptrice. Cette forme de symbolisme transporte directement des idées d'un esprit à l'autre.

Steven Pinker est professeur de psychologie au Massachusetts Institute of Technology. Il voit le symbolisme du langage comme un don exclusif de l'humanité.

> *Vous et moi appartenons à une espèce ayant une aptitude remarquable : nous pouvons aller créer des événements dans le cerveau de tiers avec une précision parfaite. Je ne suis pas en train de parler de télépathie, de contrôle mental ou d'autres obsessions de la science marginale. Même dans les descriptions de ceux qui y croient, ce ne sont que des instruments émoussés comparés à une aptitude qui est sans la moindre controverse présente en chacun de nous. Cette aptitude, c'est le langage. En faisant simplement des bruits avec nos bouches, nous pouvons de façon certaine susciter de nouvelles combinaisons précises d'idées dans les cerveaux de tiers. Cette capacité vient si naturellement que nous pouvons finir par oublier que c'est pourtant un formidable miracle*[1].

Ce don exceptionnel, cette aptitude à mêler de nouvelles idées dans nos esprits, se trouve au cœur de notre rituel maçonnique. Quand nous écoutons un frère, debout au centre de la loge, nous raconter l'histoire traditionnelle, celle-ci revit dans nos cerveaux. Mais comment les symboles contribuent-ils à ce processus ? Souvent, au cours des cérémonies, on vous demande de considérer les *landmarks*, outils et symboles, en suggérant qu'ils vous aideront à saisir une idée subtile. C'était la conception de Joseph Fort Newton, un savant maçon mort en 1950. Il disait de l'utilisation maçonnique des symboles :

> *Les maçons de jadis n'avaient pas besoin d'aller apprendre le mysticisme auprès d'enseignants cachés. Ils vivaient et travaillaient à la lumière de celui-ci. Il brillait dans leurs symboles. C'est l'âme même du symbolisme que tout emblème traduise une réalité trop grande pour être exprimée en mots. La maçonnerie est mystique, comme la musique, la poésie, l'amour, la foi, la prière et tout ce qui vaut la peine d'être vécu sont mystiques. Mais le mysticisme de la maçonnerie est doux, sain et naturel, loin de l'irrationnel, et en aucune manière inquiétant, irréel ou déséquilibré. Naturellement, ces mots mêmes ne peuvent le décrire, à l'instar de n'importe quel autre mot, et c'est pourquoi la maçonnerie utilise des symboles*[2].

Cette définition est poétique, mais pas très utile quand on essaye de comprendre comment les symboles peuvent véhiculer quelque chose que les mots ne peuvent exprimer. Alors que je réfléchissais à cette question, je réalisai soudain qu'il existe un système de symboles qui accomplit exactement ceci. Nous possédons un système particulier de symboles pour repérer et ordonner les mystères cachés de la nature et de la science : ce sont les mathématiques. Les maths sont une discipline qui utilise des symboles clairement définis. Ses symboles ont des

---

1. Pinker (1994), p. 15.
2. Fort Newton (1921), p. 50.

relations universellement admises qui s'accordent avec des données sensorielles. Et ils peuvent expliquer des choses qui ne se traduisent pas en mots.

La géométrie d'Euclide en est un bon exemple. Elle détermine un petit nombre de symboles élémentaires, comme le point, la ligne et le plan. Puis elle utilise des règles pour organiser les relations entre ces concepts primaires. Ces quelques symboles et leurs différents types d'interactions sont la base de tous les autres concepts et définitions. La représentation géométrique du théorème de Pythagore qui pend au cou d'un Passé Maître de l'ordre maçonnique est une illustration symbolique de la nature des côtés d'un triangle rectangle (triangle ayant un angle droit).

Einstein dit du langage des mathématiques :

> La nature supranationale des concepts et du langage scientifiques est la conséquence du fait qu'ils ont été établis par les meilleurs cerveaux de tous les pays et de toutes les époques. Solitairement, mais également collectivement en ce qui concerne le résultat final, ils ont créé les outils spirituels des révolutions techniques qui ont transformé la vie de l'humanité des derniers siècles. Leur système de concepts a servi de guide dans le chaos déroutant des perceptions pour nous permettre d'apprendre à identifier des vérités d'ordre général à partir d'observations particulières [3].

En termes quasi maçonniques, Einstein décrit les mathématiques comme un « outil spirituel pour transformer l'humanité ». Les symboles mathématiques permettent à un « adepte » de comprendre et de partager des vérités profondes qui souvent ne peuvent clairement être formulées en mots.

En affirmant qu'elle est « éclairée par des symboles », la franc-maçonnerie dit que son système peut s'adjoindre le pouvoir d'un idiome symbolique. Mais les formes géométriques peuvent-elles réellement offrir de nouveaux modes de pensée ? Le symbolisme de la franc-maçonnerie peut-il être utilisé pour décoder ses « secrets » ?

La géométrie commence avec une série de postulats généraux : par exemple, « la ligne droite est la plus courte distance d'un point à un autre ». À partir de ces principes, des conclusions peuvent être déduites. Donc la méthode se décompose en deux étapes : d'abord, découvrir les principes de base – ceux à partir desquels on ne peut déduire de principes plus simples –, puis tirer les conclusions qui en procèdent.

---

3. Einstein ([1941] 1982), p. 270.

Établir les principes pouvant servir de point de départ à des déductions ultérieures est l'étape la plus difficile. Il n'existe pas de méthode absolue permettant d'identifier immédiatement ce qui est important et ce qui ne l'est pas. Les géomètres des premiers temps déployèrent de grands efforts pour extraire de la nature les principes généraux. Ils observèrent des groupes de faits empiriques pour voir s'il existait des caractéristiques générales qui les autoriseraient à établir des règles ou des théorèmes. Dès que les règles de base furent découvertes, les déductions s'enchaînèrent. Ce processus a conduit à de nouvelles données, allant bien au-delà de la réalité initiale qui avait donné naissance aux symboles : on peut ne vous avoir donné que la longueur d'un côté d'un triangle et ses angles, mais les principes de la géométrie vous permettront alors de déduire tout ce qu'il est possible de savoir sur ce triangle spécifique. Seulement, sans principe de base, il ne peut y avoir de fondations sur lesquelles bâtir des déductions. Des théorèmes isolés ne permettent pas de comprendre quoi que ce soit, à moins qu'ils ne puissent être reliés à une structure théorique globale.

Par conséquent, vous devez apprendre comment manipuler tous les symboles et comment ils fonctionnent ensemble, avant de pouvoir les utiliser pour résoudre des problèmes. De nombreux francs-maçons n'acquièrent jamais ce corpus cognitif décisif. Ils n'assimilent que des parties du rituel et de sa signification, mais, en général, leur perception du système symbolique global demeure très parcellaire et décousue.

Tant que vous n'avez pas appris les principes spirituels sous-tendant l'ordre maçonnique, votre compréhension est limitée. Vous restez englué au stade de la science d'avant Newton. Avant la découverte du calcul, il n'y avait aucun moyen de trouver les orbites des planètes autour du Soleil. Une fois qu'Isaac Newton eut formulé le rôle clé de la gravitation, c'est-à-dire de l'attraction vers le centre du système solaire, tout ce qui concernait le mouvement des planètes est devenu clair. Il était maintenant possible d'utiliser les mathématiques pour prédire à quel moment la brillante étoile du matin allait apparaître à l'horizon.

Je commençais à soupçonner la franc-maçonnerie de se servir d'un ensemble de symboles extrêmement anciens pour fournir un langage permettant de discuter de matières profondément spirituelles difficiles à mettre en mots. La maçonnerie définit la signification de ses symboles par analogie. Cela veut dire que des personnes d'environnements différents peuvent les utiliser pour partager des idées. Ils n'ont pas à adopter ou partager de dogme religieux spécifique. Le scientifique peut parler au chrétien, le musulman au juif, et tous peuvent utiliser un langage symbolico-spirituel commun. On peut dire que c'est une sorte de « calcul » de l'esprit. Les symboles sont abstraits et géométriques, mais véhiculent une signification profonde. Le losange, le triangle, la ligne de la colonne et le cercle paraissent tous être des symboles simples, presque primitifs. Or je devais bientôt découvrir qu'ils constituent un ensemble déterminant de l'héritage symbolique de la race humaine.

LES PLUS VIEUX SYMBOLES

Les plus anciens symboles tracés par la main de l'homme ayant été découverts à ce jour datent de 70 000 ans. On les a trouvés en Afrique du Sud. Voici comment *The Times* a rapporté cette découverte :

> *Une paire de parures décorées exhumée dans une grotte d'Afrique du Sud a été datée de plus de 70 000 ans. Cela prouve que les êtres humains ont pu penser de manière abstraite et apprécier la beauté beaucoup plus tôt qu'on ne l'imaginait généralement. Les petits blocs gravés d'ocre rouge – un type de minerai de fer –, sont de loin les plus vieux exemples d'art symbolique. […] Les plus anciens objets semblables découverts en Europe datent de moins de 35 000 ans. […]*
>
> *La découverte de la grotte de Blombos, à 180 miles du Cap, dans la province du Cap-Ouest […] indique que non seulement les premiers êtres humains se sont développés à partir de l'Afrique pour se répandre dans le monde entier, mais qu'ils se sont sophistiqués mentalement à cette époque.*
>
> *Les morceaux d'ocre, l'un de deux pouces de long et l'autre de trois pouces de long, n'avaient pas de fonction pratique, mais ils avaient clairement une fonction décorative ou un usage rituel. Cela prouve que les individus qui les ont créés devaient être capables de pensée subtile et cela indique probablement que leur langage avait aussi bien une syntaxe que des temps, a dit le professeur Henshilwood[4].*

Et qu'ont choisi de graver sur leurs petits bijoux en ocre ces *Homo sapiens* d'il y a 70 000 ans et depuis longtemps disparus ? Le symbole est identique à celui que l'on voit sur le piédestal du Second Surveillant dans ma Loge : c'est la forme que représente le compas et l'équerre quand ils sont conjoints – une forme en carreau (que les archéologues appellent « losanges »). Les humains vivant autour de la grotte de Blombos, qui sont les plus anciens utilisateurs de symboles connus à ce

---

4. Henderson (2002).

jour, usaient d'un symbole dont la franc-maçonnerie se sert encore aujourd'hui.

La regrettée Marija Gimbutas était professeur d'archéologie européenne à l'université de Californie. Elle étudia l'évolution des symboles humains et découvrit qu'ils avaient une signification réelle pour les personnes qui les dessinaient. Elle a toujours espéré que nous pourrions un jour redécouvrir leur message.

> *Les symboles sont rarement abstraits au sens véritable du terme. Leurs liens avec la nature perdurent et peuvent être découverts par l'étude du contexte et des associations. De cette manière, nous pouvons espérer déchiffrer un jour la pensée mythique qui est la raison d'être de cet art et la base de sa forme. [...] Fondamentalement, je présuppose qu'ils peuvent être compris sur leurs propres plans de référence et regroupés selon leur cohérence interne. Ils constituent un système complexe dans lequel chaque unité est entrelacée avec toutes les autres dans ce qui paraît être des catégories spécifiques. Aucun symbole ne peut être traité isolément. Comprendre les parties conduit à comprendre le tout. Je crois que nous connaîtrons un jour la signification de l'art et de la religion préhistoriques. Certes, la rareté des sources rend la reconstruction difficile dans la plupart des cas, mais la religion de la période agricole primitive de l'Europe et de l'Anatolie est très richement documentée. Les tombes, les temples, les fresques, les reliefs, les sculptures, les figurines, les peintures et d'autres sources doivent être analysées[5].*

Dans *Uriel's Machine*, j'ai émis l'hypothèse selon laquelle le symbole du losange avait pour but de consigner l'angle formé par la différence d'orientation de l'ombre d'un piquet au lever de soleil des solstices d'hiver et d'été (sujet sur lequel je reviendrai ultérieurement de manière plus approfondie). Je décidai de vérifier si cela s'appliquait à ces tout premiers losanges de l'histoire et je découvris qu'à la latitude où ils avaient été trouvés, cet angle était de 57°. Ayant tracé cet angle comme apex sur une feuille de papier-calque, je fis apparaître une photo des losanges de Blombos sur l'écran de mon ordinateur. Je posai le calque avec mon angle sur le dessin vieux de 70 000 ans, en positionnant soigneusement le papier sur l'image informatique : mes lignes et celles de l'artiste préhistorique s'épousaient parfaitement. Marija Gimbutas avait raison. Ces symboles ne sont pas abstraits. Ils montrent l'amplitude des mouvements du soleil sur l'horizon au cours des saisons de l'année.

Gimbutas lie le losange au culte de la Déesse. Ma recherche avait déjà relié une bonne partie du rituel maçonnique du temple de

---

5. Gimbutas (2001), p. XIX.

Salomon à la déesse Vénus des Phéniciens, Baalat-Gebal[6], et la déesse égyptienne Ma'at[7]. Baalat-Gebal était symbolisée par une coiffe faite de deux cornes incurvées, semblables à celles d'une vache ou d'un cerf, et elle a beaucoup d'analogies avec la déesse nordique Freya. William Saint-Clair, le fondateur de la franc-maçonnerie, avait des ancêtres norrois qui ont construit un temple dédié à Freya près de Trondheim (je reviendrai ultérieurement sur ce sujet dans cet ouvrage). Des colonnes de type maçonnique se trouvaient à l'entrée orientale de ce temple[8].

Gimbutas a étudié l'utilisation des symboles de la Déesse sur des milliers d'années.

> *Ce qui frappe, ce n'est pas la métamorphose des symboles, mais plutôt la continuité de ceux-ci depuis les temps paléolithiques. On peut remonter la trace des aspects majeurs de la Déesse du Néolithique – l'accoucheuse, la donneuse de vie et de fertilité, et la dispensatrice de mort – jusqu'à la période où les premières sculptures sur os, ivoire ou pierre apparurent, vers 25 000 AEC, et celle de leurs symboles – les vulves, triangles, seins, chevrons, zigzags, méandres, coupes – jusqu'à un temps encore plus ancien. Le principal thème du symbolisme de la déesse est le mystère de la naissance et de la mort et du renouveau de la vie, pas seulement de la vie humaine, mais de toute vie sur terre et, en vérité, dans tout l'univers. [...] » Ce système symbolique utilise le temps cyclique et non linéaire[9].*

Le symbole le plus important de la franc-maçonnerie, le compas et l'équerre, est constitué de deux chevrons superposés. Cette configuration n'est pas apparente quand la Loge est fermée. Le compas et l'équerre ne sont ouverts et superposés pour former ces deux chevrons que quand le Passé Maître Immédiat les place sur le volume de la Loi sacrée, à l'ouverture de la Loge. Mais les symboles peuvent-ils implanter de nouvelles combinaisons d'idées dans un esprit réceptif aussi simplement que le peuvent des mots ? Il m'apparut bientôt clairement qu'ils en étaient capables.

---

6. Lomas & Knight (2004), p. 93-185 [trad. française : p. 107-192].
7. Lomas & Knight (1996), p. 143 [trad. française : p. 167].
8. Liden (1969).
9. Gimbutas (2001), p. 3.

Le professeur Gimbutas dit qu'une manière élémentaire de représenter la zone pubienne d'une femme est de dessiner un V. Ce raccourci graphique est utilisé partout, des croquis de Léonard de Vinci aux graffitis sur les murs des toilettes masculines. Elle liste le grand nombre de représentations féminines où les chevrons symbolisent les organes génitaux. Par exemple, elle cite une table de quarante-sept variations du symbole du chevron féminin appartenant à la culture néolithique de Vinca [10], qui s'épanouit dans les Balkans vers l'an 5000 AEC [11].

Sa description a même fait son chemin dans les romans populaires. Le héros de Dan Brown, le docteur Robert Langdon, un spécialiste des symboles d'Harvard, se voit raconter par Marie Saunière, la conservatrice tout aussi imaginaire du Rosslyn Chapel Trust, que le triangle pointant vers le bas « est le calice qui représente la femme [12] ». Je me suis demandé d'où venait cette idée ?

Après l'an 5000 AEC, une nouvelle version de ce symbole féminin apparaît (et encore une fois, on remarque que cette version est encore utilisée dans l'art moderne). C'est le filet – et son cousin l'échiquier. Ce symbole s'est largement répandu dans toute l'Europe centrale à partir de cette date. Gimbutas recense plus de deux mille grottes avec des motifs d'échiquiers gravés à l'intérieur, du Bassin parisien en France jusqu'en Sardaigne, les plus anciens datant du Néolithique. Les commentaires de l'érudite sur la signification de ce symbole me firent penser au sol de la loge en échiquier et au filet recouvrant les piliers de la planche à tracer du deuxième grade.

Au début du Néolithique, le motif du filet et la peinture des poteries émergent simultanément. L'importance symbolique du filet est traduite par les épaisses bordures qui l'encadrent depuis l'origine – bandes, losanges, triangles, carrés et cercles. [...] Le rapport intime qu'il y a entre le filet et le triangle pubien, l'utérus et l'œuf suggère qu'il symbolise une substance embryonnaire capable de donner la vie [...] tout en mettant l'accent sur le pouvoir nourricier et fécondant de la Déesse [13].

---

10. Dite également culture « vieux européen ». (*N.d.T.*)
11. Gimbutas (2001), p. 6.
12. Brown, D. (2003).
13. Gimbutas (2001), p. 81.

Sa description des bordures en triangle et en losange rappelle tant le pavé mosaïque de la loge que la bordure de la planche à tracer du premier grade. Mais elle parlait de symboles remontant à plus de 7 000 ans et, dans le cas des losanges, dix fois plus vieux encore. Quoi que vous puissiez penser des symboles de la franc-maçonnerie, ils doivent avoir un impact et un attrait émotionnels pour que les hommes les aient dessinés et redessinés tant de fois au cours des millénaires.

La forme du losange a aussi un usage pratique : elle peut quasiment être utilisée comme un code postal, pour indiquer une latitude[14]. Cela a une fonction symbolique importante en liaison avec l'agriculture. Cette dernière avait toute une dimension religieuse. Par exemple, si nous pensons que les semailles rituelles étaient justement l'une des justifications principales de la religiosité en matière agricole, alors la forme du symbole de la déesse, quand il est tracé par le mouvement saisonnier du point de lever du soleil sur l'horizon, peut vous dire si votre graine va pousser à cette latitude. Quand les premiers grains cultivés furent exportés vers l'ouest depuis les plaines de l'Anatolie, autour de l'an 9000 AEC, l'aptitude à mesurer la latitude a dû être un pan important de la connaissance sacrée[15].

Le problème de la mesure de la latitude devient un jeu d'enfant dès que vous savez comment reproduire un losange à partir des mouvements du soleil. J'ai réalisé cela pour la première fois quand j'ai construit un mesureur d'orbite primitif, appelé un « déclinomètre d'horizon », dans le cadre de mes recherches pour le livre, *Uriel's Machine*. J'ai noté que les ombres projetées par les pieux repères des levers de soleil aux solstices d'été et d'hiver formaient une croix de Saint-André. L'angle exact du X, qui varie selon la latitude où il est mesuré, est produit par les ombres créant deux triangles dont l'apex se fait face[16]. Gimbutas dit que les triangles jumeaux ont été utilisés pour représenter la Déesse depuis l'an 5000 AEC[17]. Est-ce un pur hasard que ce lien avec les mouvements saisonniers du soleil ait été conservé dans le rituel maçonnique ?

À n'importe quelle latitude, une croix de Saint-André spécifique est produite. Ses angles peuvent varier, mais le motif de base est toujours le même. Ce symbole est une sorte de code sténographique pour représenter le mouvement du soleil au cours d'une année complète et il est

---

14. Lomas & Knight (2000), p. 236.
15. Diamond (1997), p. 104.
16. Voir *Uriel's Machine* pour un exposé détaillé de ce processus. Lomas & Knight (2000), p. 173, p. 236-261.
17. Gimbutas (2001), p. 265.

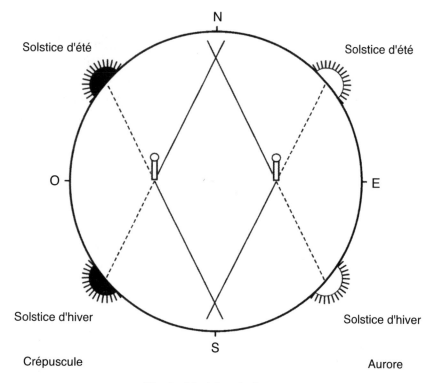

Fig. 1 : L'origine du losange
Au lever et au coucher du soleil aux deux solstices, l'ombre projetée par les deux poteaux, alignés est-ouest, forme un losange qui varie selon chaque latitude. Le cercle représente l'horizon visible.

fort possible que, par le passé, ce symbole ait bien été utilisé dans ce sens. À la latitude où William Saint-Clair construisit le temple de Roslin, les angles des solstices produisent un carré parfait et c'est là que la franc-maçonnerie moderne a commencé.

Le losange est un motif commun dans le fameux tunnel du tumulus de Newgrange, en Irlande, comme dans de nombreux autres sites néolithiques. Si les angles du losange sont dérivés de la géométrie des rayons du soleil, sa signification symbolique est potentiellement claire. La croix diagonale (croix de Saint-André) de l'année a quatre branches qui représentent la *direction* des levers et des couchers de soleil. Mais on peut donc aussi planter des pieux pour repérer les ombres projetées par le soleil au moment de ces mêmes levers et couchers de soleil solsticiaux. En marquant le tracé de ces ombres, on s'apercevra qu'elles forment un losange, dont les angles varieront selon la latitude (voir fig. 1).

Ainsi chaque latitude a un losange distinctif. Plus on va vers le nord, plus le losange s'allonge en hauteur et mincit, tandis que plus vous êtes proche de l'équateur, plus il se raccourcit et s'écrase en grossissant en largeur. À 55° nord, l'ombre projetée par le soleil levant forme un carré parfait avec quatre angles droits. Les lieux situés au sud de cette latitude produisent des carreaux de plus en plus larges, tandis que ceux qui sont plus au nord donnent des carreaux plus hauts. Cette forme unique explique pourquoi un losange peut servir à identifier un lieu à la manière d'un code postal d'aujourd'hui. Ce processus est précisément décrit dans *Uriel's Machine* [18].

En 1999, des chasseurs de trésors fouillant près de la ville de Nebra (Centre de l'Allemagne) ont découvert une cache renfermant des armes de bronze et un petit disque dans le même métal. Des images en or représentant le soleil, la lune et un ciel à trente-deux étoiles sont plaquées sur ce disque. Sur les bords opposés de ce dernier, on voit deux arcs en or, qui coïncident exactement avec les angles des levers et couchers de soleil aux solstices d'hiver et d'été [19]. Cette découverte – datée de l'an 1600 AEC – confirme l'idée, déjà avancée dans *Uriel's Machine*, selon laquelle le mouvement du soleil sur l'horizon était observé et consigné en Europe à la fin du Néolithique et au début de l'âge du bronze. En observant le disque de Nebra, je me rappelai la planche à tracer du premier grade – qui encode également le positionnement du candidat, à l'intérieur de la loge, sur la ligne virtuelle des levers de soleil aux deux solstices. Les uns et les autres avaient-ils été conçus dans le même but ? Je ne pouvais m'empêcher d'être romantiquement enclin à répondre par l'affirmative.

Le Dr John North, un archéoastronome, en est arrivé à la même conclusion sur l'origine du symbole du losange :

Supposons, par exemple, qu'un architecte religieux eût à tracer deux lignes parallèles orientées sur le lever de soleil au solstice d'hiver puis qu'il ait à tracer en travers deux lignes parallèles [deux lignes parallèles supplémentaires] (avec le même espacement) dirigées vers le coucher de soleil au solstice d'hiver. Une forme en losange en résultera, ses angles dépendant de la latitude géographique et de l'horizon local. [...] Le fait est qu'à l'instar de la croix du christianisme ou du croissant de l'Islam, le losange et le chevron pourraient aisément avoir été récupérés d'un symbolisme plus ancien avec un sens précis, avant d'être finalement reproduits encore et encore sans qu'on se souvienne réellement de cette signification originelle [20].

---

18. Lomas & Knight (2000), p. 173, 236-261.
19. http://www.archlsa.de/sterne (consulté en août 2004).
20. North (1996), p. 503.

Mais quel est ce symbolisme plus ancien que le Nord s'est approprié ? Marija Gimbutas a montré que le losange est un symbole clé du
culte de la Déesse. Elle explique sa survie simplement :

> *Les vieux symboles et images sacrés européens ne furent jamais totale-
> ment éradiqués. Ces traits persistants de l'histoire humaine étaient trop
> profondément implantés dans la psyché pour en être extirpés. [...] La reli-
> gion de la Déesse est devenue souterraine. Une partie des vieilles traditions
> – particulièrement celles reliées aux rituels de la naissance, de la mort et de la
> fertilité de la terre – ont perduré jusqu'à ce jour, sans subir beaucoup de chan-
> gements dans certaines régions ; dans d'autres, elles furent assimilées dans
> l'idéologie indo-européenne* [21].*

Mon expérience de l'ordre maçonnique me souffle que ces symboles
ont une profonde résonance émotionnelle, et plus je m'assieds dans la
loge et les regarde, plus ils me semblent attirants. À la lumière des
commentaires du professeur Gimbutas, je me demandais dans quelle
mesure l'évolution avait connecté une attirance instinctive pour ces
symboles dans mon cerveau. Au regard de ses travaux, il ne fait aucun
doute que ces symboles ont été continuellement reproduits pendant des
milliers d'années. Puis, je trouvai un ouvrage qui explique ce qui peut
rendre ce symbole attirant dans le cerveau humain.

L'ATTRACTION INSTINCTIVE DE L'ART

Betty Edwards est professeur d'art à l'université de l'État de Californie. C'est aussi une artiste respectée. Elle a nourri une passion de
longue date pour l'enseignement du dessin. Or, tout en étudiant les
méthodes d'enseignement, elle a appliqué les travaux de Jerome Bruner
et Roger Sperry, deux neurophysiologistes qui ont découvert les aptitudes différentes des hémisphères gauche et droit du cerveau. Leurs
idées l'amenèrent à développer de nouvelles méthodes d'enseignement
du dessin qui aidèrent ses étudiants à faire un meilleur usage du côté
droit du cerveau [22].

Ses résultats furent étonnants, même avec ses étudiants les moins
prometteurs. Elle acquit une grande réputation pour sa capacité à
enseigner les techniques du dessin. Mais ce qu'elle nota surtout, c'est
qu'en encourageant ses étudiants à utiliser activement l'hémisphère

---

21. Gimbutas (2001), p. 318.
22. Edwards (1979), p. 26.

droit du cerveau pour dessiner, ils exploitaient de nouvelles veines de créativité.

Edwards permit de faire un bond important dans la compréhension du fonctionnement des symboles. Elle remarqua que la pensée créatrice requiert un mélange unique du mode oral et analytique du cerveau gauche et du mode visuel et perceptuel du cerveau droit. Apprendre à lire, à écrire et à réciter des rituels ne fait appel qu'au mode oral. Elle avança l'hypothèse qu'apprendre à voir et à dessiner était une bonne manière d'exercer le côté visuel du cerveau. Quand les deux modes sont capables de fonctionner conjointement sur un plan d'égalité, un mode renforce l'autre et, ensemble, ils libèrent la créativité humaine. Cette idée d'apprendre à l'esprit à utiliser la mémoire verbale et à développer l'appréhension visuelle des symboles semble rappeler les méthodes de la franc-maçonnerie pour stimuler ses initiés. Mais Edwards a abouti à la confirmation de l'idée de Gimbutas selon laquelle certains symboles sont ancrés profondément dans la psyché humaine.

Elle a découvert que ses étudiants pouvaient voir des significations dans les dessins. Voici comment elle explique le processus :

> *Travaillant avec des étudiants en dessin, je me rappelle souvent qu'ils pouvaient soudainement voir que les dessins (et d'autres travaux d'arts plastiques) avaient un sens. Naturellement, je ne fais pas ici seulement allusion à la signification de ce qu'ils avaient représenté – portraits, paysages, natures mortes. Cette sorte de signification – ce qu'est un dessin – peut être résumée en quelques mots. Mais le sens est aussi exprimé dans le langage visuel parallèle d'un dessin, que celui-ci représente des objets identifiables ou qu'il soit totalement abstrait. Cette autre sorte de signification requiert aussi un mode différent de compréhension. Pour qu'on puisse lui donner un sens, un dessin doit être lu au moyen du langage utilisé par l'artiste et, une fois compris, ce sens peut se découvrir au-delà de ce que les mots peuvent exprimer. Et il peut être identifié tant au niveau des parties du dessin que du tout[23].*

Betty Edwards parle ici du sens qu'un symbole peut véhiculer, mais qui peut être difficilement exprimable en mots. C'est exactement ce que la franc-maçonnerie entend quand elle dit qu'elle est « illustrée par des symboles ».

Edwards considère que les « dessins » – c'est-à-dire, des motifs sur du papier avec ou sans image identifiable – peuvent être lus comme un langage. Elle pense que les symboles abstraits peuvent révéler à la

---

23. Edwards (1987), p. 38.

personne faisant les motifs – comme à celui qui les regarde – ce qui se passe dans l'esprit du dessinateur[24]. Elle a commencé par tester avec ses étudiants l'idée selon laquelle les dessins peuvent représenter une expression pure, même s'ils sont dépourvus d'images réalistes. Elle a découvert que les motifs sur papier peuvent exprimer des pensées dont même le « penseur » pouvait être inconscient.

En 1940, George Orwell a écrit un essai appelé *New Words* [« Nouveaux mots »][25]. Estimant que les mots limitent notre capacité à décrire ce qui se passe dans notre esprit, il expliquait dans ce texte qu'un exercice utile serait de rendre « la pensée visible » : « Quiconque pense a noté que notre langage est pratiquement incapable de décrire tout ce qui peut se produire à l'intérieur de notre cerveau. » Orwell a suggéré qu'une manière d'avancer serait d'inventer de nouveaux mots, idée qu'il a développée dans son célèbre roman de 1949, *1984*, avec son concept de « novlangue ». Il réalisa néanmoins que ce serait le chaos si tout le monde inventait à tout instant ses propres néologismes pour décrire des événements mentaux semblables. C'est là qu'il estima que la seule chose nécessaire était de pouvoir rendre la pensée visible :

> *Dans les faits, toute l'affaire se réduit à donner aux mots une existence physique (probablement visible). Parler purement de définitions est futile ; tout un chacun peut le constater en essayant simplement de définir l'un des mots utilisés par les critiques littéraires (par exemple, « sentimental », « vulgaire », « morbide », etc.). Tous sont dénués de sens – ou plutôt, ils ont une signification différente pour chacun de ceux qui les utilise ou les reçoit. Ce qu'il faut, c'est montrer une signification sous une forme incontestable. Alors, et seulement alors, quand des personnes différentes l'auront identifiée dans leurs esprits et l'auront reconnue digne d'être désignée par un nom, on pourra effectivement lui donner un nom. La question est simplement de trouver une manière de donner une existence objective à la pensée[26].*

Il se demanda si le film pouvait être une manière de communiquer des processus mentaux. Il se représenta lui-même assis dans un cinéma privé en train de regarder ses pensées passant sur un écran tremblotant :

> *Si on y pense, il y a très peu de chose dans l'esprit qui ne pourrait être d'une certaine manière représenté par les étranges pouvoirs du film. Un millionnaire disposant d'une salle de cinéma privée, de tous les accessoires*

---

24. *Ibid.*, p. 56.
25. Orwell (1968), p. 87.
26. *Ibid.*

nécessaires et d'une troupe d'acteurs intelligents pourrait, s'il le voulait, faire connaître pratiquement toute sa vie intérieure. Il pourrait expliquer les raisons réelles de ses actions au lieu de raconter des mensonges rationalisés, montrer les choses qui lui semblent belles, touchantes, drôles, etc. – des choses que la plupart des individus doivent garder enfermées dans leur esprit parce qu'ils ne peuvent les exprimer en mots. En général, il pourrait se faire comprendre des autres individus [...] même si mettre ses pensées sous une forme visible ne serait pas toujours facile [27].

Mais l'ordre maçonnique, avec sa technique de l'illustration/enseignement par des symboles, était peut-être en avance sur lui de ce point de vue. Ses symboles sont toujours exhibés pendant les cérémonies.

Maintenant, retournons aux travaux de Betty Edwards. Elle est convaincue que le dessin permet aux individus d'exprimer des idées ou des sentiments qui sont trop complexes ou trop imprécis pour être circonscrits dans le carcan des mots. Selon elle, « les dessins peuvent montrer des relations qui sont instantanément saisies sous la forme d'une image unique, là où les mots sont nécessairement enfermés dans un ordre séquentiel [28] ». Les mots doivent être ordonnés linéairement – on les reçoit l'un après l'autre –, tandis que toutes les idées contenues dans les symboles peuvent atteindre votre esprit simultanément.

Edwards indique que les mots et la pensée séquentielle qui va avec ont dominé la vie humaine depuis que nos ancêtres ont inventé l'écriture. Il est donc aujourd'hui difficile pour nous d'imaginer qu'il pourrait y avoir eu jadis un langage *visuel* – n'utilisant pas de mots – pour traduire l'expérience. Pourtant il a existé et existe encore bel et bien et ce langage des symboles est accessible à tous. Les mathématiques et la science requièrent au moins un minimum d'apprentissage ; même la nature, si ses secrets doivent être pénétrés, réclame l'utilisation de techniques avancées de science, de méditation ou de philosophie – mais les symboles peuvent parler directement à nos émotions.

Betty Edwards se mit à apprendre à ses étudiants à utiliser ce langage visuélo-perceptuel inné. Elle leur a montré comment l'appliquer en parallèle de processus de pensées verbales et analytiques. De cette manière, elle a redécouvert une tradition de conceptualisation plus ancienne.

Sir Francis Galton, un cousin de Charles Darwin, s'est intéressé aux principes de l'hérédité. Au XIXᵉ siècle, il écrivit une étude sur le génie

---

27. *Ibid.*
28. Edwards (1987), p. 66.

humain, dans le cadre de laquelle il décrivit le fonctionnement de son propre processus mental :

> *Lorsque j'écris – et plus encore lorsque j'essaye de m'expliquer une chose à moi-même –, c'est un sérieux inconvénient pour moi de ne pouvoir penser aussi aisément en mots qu'autrement. Après avoir travaillé durement et être parvenu à des résultats clairs et satisfaisants à mon sens, je me rends souvent compte qu'il me faut me placer sur un plan intellectuel assez différent lorsque je veux les restituer en mots. Je me vois contraint de traduire mes pensées en un langage qui ne s'accorde pas tout à fait à celles-ci. Je dépense donc une grande quantité de temps à chercher des termes et des phrases appropriés et je suis conscient, quand j'ai besoin de m'exprimer oralement, que je peux être souvent obscur en raison d'une maladresse purement verbale, et non pas du fait d'un manque de clarté de mes idées* [29].

Betty Edwards a trouvé une manière de contourner le problème en utilisant une approche qu'elle a appelée le « dessin analogique ». Elle a demandé à ses étudiants de dessiner des images représentant des qualités ou des émotions humaines, comme la colère, la joie, la tranquillité, etc., et de les dessiner sans utiliser de mot ni de symbole trop connu, comme les cœurs ou les fleurs pour signifier l'amour. Voilà comment elle explique que l'exercice doit être réalisé en prenant l'exemple de la colère :

> *Repensez à la dernière fois que vous avez été vraiment en colère. Sans utiliser du tout de mots, même pour qualifier l'événement ou la raison de votre colère, sentez en vous-même à quoi ressemblait cette colère. Imaginez que vous êtes en train d'éprouver de nouveau cette émotion, qu'elle remonte de loin au fond de vous, puis qu'elle se répand dans votre bras, descend dans votre main, et dans le crayon, où elle émerge de la pointe du crayon pour se manifester sous la forme de motifs correspondant au sentiment concerné – des motifs qui ressemblent à l'émotion ressentie* [30].

Elle exécuta cet exercice avec un grand nombre d'étudiants et a reproduit beaucoup de dessins réalisés à cette occasion dans son livre.

L'un des résultats se détache : ce sont les images de la féminité. Nombre des dessins analogiques exprimant la qualité d'être une femme la surprirent. Ils représentaient ce qu'elle décrit comme « une structure étrange de formes croisées, une structure qui était totalement inattendue [31] ». Betty Edwards ne s'était peut-être pas attendue à ce résultat,

---

29. Galton (1869), p. 68.
30. Edwards (1987), p. 67.
31. *Ibid.*, p. 92.

mais Marija Gimbutas aurait immédiatement reconnu la source des images. Les dessins montraient des filets, des échiquiers, des chevrons et des losanges ; des symboles qui, dit Gimbutas, sont « associés à l'aspect primaire de la Déesse, celle de l'humidité dispensatrice de vie du corps de la Déesse – ses seins, ses yeux, sa bouche et sa vulve [32] ».

Les élèves de Betty Edwards n'étaient pas des archéologues et ils n'étaient pas davantage formés à l'histoire de l'art. Pourtant ils se sont montrés capables de reproduire intuitivement des représentations primordiales de la féminité. Voici ce que dit leur professeur de cette circonstance singulière :

> *Ce qui est réellement surprenant, c'est que les étudiants, qui n'avaient aucune connaissance du domaine de l'art, ont été capables de générer intuitivement un tel analogue visuel aussi expressif que subtil [33].*

Existe-t-il quelque chose au plus profond du cerveau humain qui a évolué pour réagir émotionnellement à certaines formes visuelles ? Peut-être. En lisant l'ouvrage d'un spécialiste du cerveau, V. S. Ramachandran, je trouvai un indice qui me lança dans une nouvelle série de recherches sur le fonctionnement possible de la franc-maçonnerie.

RÉACTIONS CONDITIONNÉES

Vous avez peu de contrôle sur ce qui vous fait transpirer. De nombreuses émotions fortes peuvent vous faire suer, ce qui permet aux scientifiques d'examiner avec les appareils à leur disposition ce qui se passe dans des parties de votre cerveau dont vous n'êtes pas conscient. Ce besoin inconscient de transpirer est appelé la « réaction galvanique de la peau » (RGP [en anglais, *Galvanic Skin Response, GSR*]). Quand vous ressentez de fortes émotions, votre cerveau vous fait transpirer, et – dès lors que la sueur est un bon conducteur d'électricité –, plus vous suez, plus il devient aisé de faire circuler un courant électrique ou galvanique à la surface de votre peau. Vous n'avez même pas à être conscient que cette transpiration subliminale se produit pour qu'elle soit mesurée.

Les scientifiques connaissent la RGP depuis des années – c'est un des éléments clés des tests de détecteurs de mensonges. Mais ce n'est

---

32. Gimbutas (2001), p. 99.
33. Edwards (1987), p. 92.

que récemment que des scientifiques du Département Wellcome[34]de neurologie cognitive [*Wellcome Department of Cognitive Neurology*] de l'université de Londres ont utilisé la résonance magnétique fonctionnelle pour scanner le cerveau afin de voir exactement quelles parties de celui-ci provoquaient la transpiration. Les zones concernées sont le cortex préfrontal intermédiaire gauche, les cortex visuels extrastriés bilatéraux, et le cervelet – en d'autres termes, les parties du cerveau qui nous font suer sont celles qui créent nos émotions. La RGP intervient quand notre attention active ces parties émotionnelles de notre cerveau, qui forment le système limbique, une zone qui réagit en dessous du niveau normal de conscience. C'est d'abord une réaction évolutive qui attire notre attention vers des événements intervenant hors de nos corps et qui nous fait alors réagir émotionnellement aux stimuli[35]. La RGP peut se définir formellement comme :

> *Un changement de la résistance électrique de la peau suivant la stimulation, une variation aisément mesurable et largement utilisée dans les études expérimentales. Un changement dans la conductivité électrique de la peau causée par un accroissement d'activité des glandes sudoripares* [qui sécrète la sueur] *quand le système nerveux sympathique est actif, en particulier quand l'organisme est anxieux.*

C'est en tous les cas une réaction très utile si vous voulez étudier comment les individus répondent aux symboles ou aux idées émotionnellement chargées – et c'est exactement ce qu'utilisait V. S. Ramachandran, professeur de neuroscience à l'université de Californie. Il se servait d'une machine RGP qui, selon ses propres termes, mesurait « les réactions viscérales ou le soi viscéral subconscient[36] ».

Le RGP-mètre fait circuler un petit courant électrique à la surface de la peau du sujet test. Pour l'utiliser, vous placez un contact sur le pouce et l'autre sur l'index, puis vous connectez les deux à la machine, qui restitue alors la résistance de la peau sur un moniteur. Quand le sujet éprouve une émotion la résistance de la peau se modifie, parce que la libération involontaire de sueur permet à davantage de courant de passer. Le degré de changement peut se lire sur le mesureur ou être rapporté sous la forme d'une séquence temporelle. Ce n'est pas le niveau absolu de résistance de la peau qui importe, mais sa manière de

---

34. Le Wellcome Trust est l'organisme privé le plus important pour la recherche biomédicale en Grande-Bretagne et il impose un libre accès aux publications issues de ses financements. (*N.d.T.*)

35. Critchley, Elliott, Mathias & Dolan (2000).

36. Ramachandran & Blakeslee (1999), p. 248.

changer. Cette dernière indique à l'observateur que le sujet ressent une émotion ou une excitation.

D'après le professeur Ramachandran :

> *Le système limbique tire ses données entrantes [inputs] de tous les systèmes sensoriels – vue, toucher, ouïe, goût et odorat. Ce dernier sens est en réalité relié directement au système limbique, car il va droit à l'amygdale. Ce n'est pas vraiment surprenant dans la mesure où, chez les mammifères inférieurs, l'odorat est intimement lié à l'émotion, à la notion de territoire et à la sexualité. Les données sortantes [outputs] du système limbique sont principalement dirigées vers l'expérience et l'expression des émotions[37].*

Ayant étudié les épileptiques, il sait qu'il existe deux types d'attaques. La plus commune intervient dans le cortex moteur du cerveau et a pour résultat le type de crise foudroyante avec contraction des muscles que l'on associe le plus couramment à cette maladie. Mais dans le cas de certains patients, on assiste à des crises moins virulentes ayant pour siège le système limbique. Ramachandran a ainsi décrit cette épilepsie limbique :

> *Les symptômes les plus manifestes sont émotionnels. Les patients disent que leurs « sens sont en feu », allant d'une extase intense à un profond désespoir, à une impression de catastrophe imminente ou même de crise de rage et de terreur extrême. Au cours d'une crise, les femmes expérimentent parfois des orgasmes, alors que, pour quelque obscure raison, cela n'arrive jamais aux hommes. Mais les plus remarquables de tous sont ces patients qui ont vécu au plus profond d'eux-mêmes d'intenses expériences spirituelles, incluant une sensation de la présence divine et l'impression qu'ils sont en communication directe avec Dieu. Autour d'eux, tout est imprégné d'une signification cosmique. […] J'ai trouvé ironique que cette sensation d'« illumination », cette absolue conviction que la Vérité leur est enfin révélée, doive dériver des structures limbiques concernées par les émotions plutôt que des parties rationnelles ou intellectuelles du cerveau qui mettent tant de fierté à savoir discerner le vrai du faux[38].*

L'épilepsie est définie comme un état électrique chaotique du cerveau. Les cerveaux sont constitués d'une grande masse de cellules spécialisées, nos neurones, qui transmettent des signaux électriques. Pour comprendre l'épilepsie, vous avez besoin de savoir qu'un neurone, c'est :

---

37. *Ibid.*, p. 177.
38. *Ibid.*, p. 179.

Une cellule spécialisée qui agit sur une autre cellule en transmettant une impulsion électrique appelée potentiel d'action ou influx nerveux, par lequel elle libère une substance chimique spécialisée appelée un neurotransmetteur[39].

Le problème de l'épilepsie, c'est de connaître la différence entre ce que fait un neurone isolé et ce qu'il fait quand il est au milieu d'une foule d'autres neurones. Le cerveau a deux systèmes pour permettre à ses neurones de rester en contact les uns avec les autres. L'un est chimique, l'autre est électrique. (Je devais finalement découvrir que les deux systèmes ont un rôle important à jouer dans la manière selon laquelle la franc-maçonnerie utilise sa magie créative, mais j'en parlerai davantage plus loin.) Je me suis d'abord intéressé au système neurologique électrique.

L'activité électrique à l'intérieur du cerveau peut être enregistrée par des fils placés à l'extérieur du crâne. Autrefois, les « ondes cérébrales » combinées étaient représentées sur un graphique. Maintenant les nouvelles méthodes pour scanner le cerveau permettent de fournir des tracés informatiques montrant quels groupes de neurones sont actifs pendant que le sujet pense.

L'appareil appelé « électroencéphalogramme » (ÉEG) mesure la tension électrique créée par l'activation de groupes de neurones. Il les représente sur un moniteur et les graphiques imprimés montrent ce que l'on appelle communément les « ondes cérébrales », les données électriques sortant du cerveau (*outputs*). Le tracé a une hauteur (qui est l'amplitude des impulsions), une fréquence (la fréquence à laquelle une configuration identique se répète dans une période de temps fixée) et une forme (celle qu'elle crée en se répétant). Ces configurations furent examinées pour la première fois en 1929 par un psychiatre allemand, Hans Berger. Le type et le motif des ondes électriques qui sortent de votre esprit varient en fonction de votre excitation : si vous êtes éveillé et alerte, vous générez des ondes à basse amplitude avec une fréquence rapide, mais si vous êtes détendu, vous générez de longues ondes lentes de plus grande amplitude, appelées des « rythmes alpha ». Quand vous êtes endormi, vous générez des ondes delta, qui ont une plus haute amplitude avec une fréquence de répétition de 1 à 2 cycles/seconde. L'activité des ondes cérébrales commence tôt dans la vie. Ces ondes ont pu être enregistrées dans le fœtus dès l'âge de trois mois de gestation, en utilisant des électrodes placées sur le ventre de la mère. D'autres rythmes lents, appelés « rythmes thêta » (ayant une fréquence de 4 à

---

39. Freeman (1999), p. 33.

7 cycles/s.) et des rythmes delta, peuvent apparaître chez des enfants plus jeunes à l'état d'éveil, mais une fois que vous avez atteint l'âge de dix ans environ, ces rythmes lents ne se manifestent plus que lorsque vous dormez[40].

Revenons en arrière et pensons à l'intérieur chaotique d'un cerveau au cours d'une attaque d'épilepsie. Qu'arrive-t-il électriquement dans le cerveau quand les yeux du sujet deviennent vitreux, qu'il se roule sur le sol et que de l'écume sort de sa bouche alors que son corps se débat ? C'est comme si une tempête électrique faisait rage dans le cerveau. Les ondes cérébrales ayant une fréquence de 3 cycles/s. et une forme de « pics et de vagues » distinctives apparaissent sur les tracés ÉEG des personnes subissant une attaque. Un certain nombre d'études montrent que des parties du cerveau agissent comme des foyers d'attraction pour les ondes épileptiques de 3 cycles/s. et les multiplient dans tout le cerveau. Les ondes épileptiques commencent dans des groupes de neurones qui sont facilement excités dans les cerveaux des sujets souffrants[41].

Les symptômes externes que ces phénomènes provoquent sont décrits dans un manuel courant :

> *Claquement de langue, mâchonnement, bâillonnement, nausée ou déglutition. Certains patients peuvent exécuter toute une série d'actes compliqués qui paraissent se mêler au comportement normal. Généralement, le comportement est inapproprié. Quelques patients peuvent affecter des postures étranges. Certains patients ont des élans de fugue. Heureusement, les accès de comportements agressifs sont extrêmement rares, mais ils peuvent survenir. Souvent, le patient n'est pas responsable de ses actes*[42].

Le cerveau doit former un nombre critique de liens neuronaux avant que l'épilepsie puisse apparaître – si votre cerveau est trop simple, vous ne pouvez en souffrir. Mais, comme le professeur Ramachandran le fait remarquer, certaines formes d'épilepsie n'affectent que vos émotions. Il s'intéressait surtout à une question : cette forme spécifique d'épilepsie modifie-t-elle la manière de penser de la personne ?

Parmi les théories qu'il examina, il se demanda notamment si les crises épileptiques dans le système limbique n'ouvraient pas de nouvelles voies de conscience spirituelle dans le cerveau des sujets, ce qui aurait modifié leur personnalité. Il testa cette hypothèse en

---

40. Van de Castle (1994), p. 232.
41. Pincus & Tucker (1978), p. 13.
42. *Ibid.*, p. 9.

observant la réaction galvanique de la peau des patients tandis qu'ils regardaient des images et des mots particuliers. À cette fin, il leur présenta des séries aléatoires d'images et de symboles de plusieurs types. Ils consistaient en mots désignant des objets ordinaires (vase, table, chaussure, etc.) et des visages familiers de membres de leur famille proche mélangés à des visages anonymes. Il leur montra aussi des mots et des images sexuellement excitants et des photos ou dessins violents et horribles. Au milieu de ces images, destinées à exciter, répugner ou rester neutre, il ajouta un certain nombre de mots et de symboles religieux. Les résultats furent surprenants : il y avait une amplification sélective de la RGP face aux mots et symboles religieux et aussi une réduction de la réaction aux autres catégories, notamment celles qui étaient sexuellement chargées.

> *La seule conclusion claire qui émerge de tout cela, c'est qu'il existe des circuits dans le cerveau humain qui sont impliqués dans l'expérience religieuse et que ceux-ci deviennent hyperactifs chez certains épileptiques. Nous ne savons pas si ces circuits se sont développés spécifiquement pour la religion ou s'ils ont engendré d'autres émotions qui ont servi purement de conducteur à de telles croyances* [43].

Quand je lus ceci, je me demandai si un type d'effet semblable pouvait être mesuré avec les symboles que Gimbutas avait identifiés comme fortement attractifs au cours des millénaires. Je décidai de tester une série de symboles avec mes étudiants pour voir si certains d'entre eux provoquaient une réponse RGP. Pour certains de ces symboles, ce fut bien le cas... et c'étaient précisément les symboles néolithiques tirés des ouvrages de Gimbutas.

J'ai retenu un ensemble de douze formes – six tirées de bijoux contemporains modernes et six symboles utilisés dans les bijoux néolithiques, extraits des illustrations de Gimbutas – et je les ai reproduites sur des cartes. Ensuite, j'ai placé le RGP-mètre entre le pouce et l'index de la main droite de chaque membre d'un groupe de vingt étudiants. Dès que leur niveau de lecture zéro était stabilisé, je montrais une carte à chacun d'eux à tour de rôle et je les laissais la contempler pendant au moins une minute, jusqu'à ce que leur RGP se stabilise de nouveau. Puis, je notais la lecture, avant de leur montrer une autre image. Quand j'analysai ensuite les résultats, je découvris que les symboles de l'ancienne déesse présentaient un changement significatif dans la réaction galvanique de la peau. Ce test révélait que les symboles de la

---

43. Ramachandran & Blakeslee (1999), p. 188.

déesse provoquaient une réponse émotionnelle subconsciente chez mes sujets. Mais ces données ne me permettaient pas de déterminer si cette réponse était positive ou négative. Aimaient-ils ces symboles de la déesse ou les trouvaient-ils perturbants ? La réponse étant subconsciente, cela ne servait à rien de poser la question aux cobayes. La seule manière sûre de le découvrir était d'organiser un test à plus grande échelle et de poser des questions différentes.

Je sélectionnai alors un groupe échantillon d'environ 250 étudiants venant du monde entier et je leur demandai de classer le même ensemble d'images en termes d'attractivité. Je tirai mon groupe témoin d'un large ensemble de cultures et de systèmes d'écriture. Ils formaient trois groupes de taille égale : les sujets issus de la culture britannique, ceux de culture orientalo-arabe et le dernier de culture chinoise. C'étaient des individus ayant appris à lire dans trois systèmes d'écriture distincts, utilisant des méthodes différentes de consignation des mots : à savoir les alphabets gréco-romains, les pictogrammes chinois et les écritures orientalo-arabes. Je testai aussi un nombre égal d'hommes et de femmes de chaque groupe culture/alphabet.

Pour chaque sujet, je collectais d'abord les données démographiques, autrement dit leur culture d'origine, leur système d'écriture et leur sexe. Puis, je plaçais tour à tour devant chaque sujet sur une table les mêmes douze images imprimées sur des cartes que j'avais utilisées pour le test RGP. Je leur demandais de les examiner. Je leur disais de regarder chaque image individuellement et de me signaler le moment où ils jugeaient avoir disposé d'assez de temps pour les examiner toutes en détail. Alors, je leur demandais de me donner celle qu'ils considéraient comme la plus attirante. Je notais le numéro et plaçais la carte hors de vue. Je leur demandais ensuite de dire laquelle était la plus attirante parmi les cartes restantes. Et ainsi de suite jusqu'à ce qu'il ne restât plus qu'une carte. De cette manière, je créai un système de classification, chaque image ayant un rang possible de douze à un. Quand j'eus achevé l'expérience avec tout mon groupe, je calculai la moyenne d'attractivité de chaque image.

Si toutes les images avaient autant attiré les unes que les autres, tous les résultats auraient tendu vers une moyenne de 6,5. Mais ce ne fut pas le cas. Comme je m'attendais à trouver un certain taux de variation aléatoire dans les valeurs, j'utilisai un test chi-carré[44] pour voir si les

---

44. Ou simplement test chi-deux (également appelé test du « chi-deux d'ajustement » ou « test d'équirépartition »). Ce test statistique du x^2 – qui enregistre ses résultats sur un tableau croisé – permet de vérifier si les valeurs de fréquence obtenues par une enquête sont sensiblement différentes de leur valeur théorique. (*N.d.T.*)

valeurs traduisaient un niveau statistiquement significatif d'attractivité. Transcendant les différents groupes (sexe, culture et alphabet natal), trois images présentaient un niveau d'attractivité statistiquement significatif et chacune utilisait des combinaisons du losange et de la spirale [45].

Marija Gimbutas observait :

> La vieille culture européenne a pu s'épanouir au sein d'une civilisation jouissant d'une paix et d'une créativité enviables jusqu'en 1500 AEC, soit mille à mille cinq cents ans après que l'Europe centrale a été totalement transformée. Néanmoins, la religion de la Déesse et ses symboles survécurent de manière souterraine dans de nombreux secteurs. En fait, nombre de ces symboles sont encore présents sous la forme d'images spécifiques dans notre art et notre littérature, de motifs puissants dans nos mythes et d'archétypes dans nos rêves [46].

Ces découvertes suggéraient une nouvelle question. Ces symboles avaient-ils survécu parce qu'ils étaient inconsciemment attractifs ? Ou nos cerveaux avaient-ils été modelés par quelque force évolutionnaire pour aimer ces formes ? Et si les cerveaux humains sont programmés pour aimer des symboles particuliers, quelle en est la conséquence sur le plan de l'évolution ? Cette circonstance pouvait-elle expliquer l'attraction particulière du symbolisme maçonnique ? L'équerre et le compas forment un losange, dont la vision, comme je l'avais découvert, était attractive et plaisante et produisait une réaction galvanique de la peau. Mais que dire de l'autre symbole qui présentait un fort taux d'attractivité quels que soient les cultures et les systèmes d'écriture que j'étudiais ?

La spirale est le symbole caché du deuxième grade. Où celle-ci s'insère-t-elle dans la chronologie du symbolisme selon Gimbutas ? Elle dit que la spirale est apparue comme motif sur des poteries dans le sud-est de l'Europe autour de l'an 6300 AEC et que, de là, elle se répandit vers l'ouest. En l'an 3500 AEC, le symbole était présent dans toute l'Europe et il était associé à la force vitale de la Déesse :

> La spirale apparaît souvent au centre d'un plat ou d'un bol et autour d'elle, on voit des cercles dans des carrés ou des bandes ; généralement, ceux-ci sont au nombre de douze ou treize, symbolisant peut-être le cycle annuel avec ses douze ou treize mois lunaires [47].

---

45. Ce travail expérimental fut rapporté dans une conférence donnée lors du Festival de la science des Orcades [*Orkney Science Festival*] de 2004.

46. Gimbutas (2001), p. 318.

47. *Ibid.*, p. 279.

Ma recherche sur le rituel a montré que les symboles pénètrent notre système visuel *via* le nerf optique et que, quand ce processus est accompli directement par le système limbique du cerveau, ils peuvent avoir un impact émotionnel subconscient. Les éléments que j'ai trouvés dans les recherches publiées sur l'utilisation par le cerveau du symbolisme et du raisonnement symbolique montrent que ce processus caché peut être plus flexible que les concepts concrets.

La franc-maçonnerie a adopté le langage du mythe pour voiler ses secrets et le langage des symboles pour illustrer ses vérités. Mais ces vérités, quelles sont-elles ? Ce sont les secrets de l'esprit et, en tant que scientifique, je pense que notre esprit n'existe qu'à l'intérieur de l'environnement de notre cerveau. D'une façon ou d'une autre, la quête que j'avais entreprise pour comprendre la franc-maçonnerie était loin d'être terminée. J'avais l'impression d'avoir généré davantage de questions que de réponses. Alors, si je voulais comprendre comment l'esprit humain répond à la franc-maçonnerie, j'avais maintenant besoin d'en savoir davantage sur le cerveau qui l'abritait.

Chapitre X

NOTRE CERVEAU RITUÉLIQUE

L'EXPÉRIENCE DE DIEU

Y a-t-il une science de la conscience transcendantale cachée dans les rituels et les symboles de la franc-maçonnerie ? Un écrivain maçonnique bien connu, Walter Wilmshurst, le pensait :

> Tant la franc-maçonnerie que la religion traitent du même sujet et conduisent au même but, mais dans leur approche, il existe une différence marquée. Si nous traduisons maintenant notre raisonnement philosophique en termes religieux familiers, nous reconnaissons que ce que nous avons en nous est un état de conscience transcendantale. Le maçon apprend ceci comme une science et il a donc une compréhension scientifique exacte des vérités à propos desquelles le profane – le non-initié – n'a que d'obscures notions. Il sait ce que d'autres ne peuvent que conjecturer[1].

Mais la franc-maçonnerie peut-elle réellement être une science de l'esprit ? Une science au sens où j'entends ce terme ?

Il y a un fil commun qui court à travers toutes les religions. Il suggère que les humains ont un désir viscéral de se connecter à quelque chose de plus grand qu'eux. Albert Einstein en parlait dans un article de 1930 :

> (Toutes les religions) ont en commun [...] le caractère anthropomorphique de leur conception de Dieu. En général, seuls des individus dotés de dons exceptionnels et des communautés à l'esprit exceptionnellement

---

1. Wilmshurst, notes de son journal non publié.

supérieur s'élèvent largement au-dessus de ce niveau. Mais il existe un troisième stade de l'expérience religieuse qui peut appartenir à tous, même si on le trouve rarement sous une forme pure. Je l'appellerai le sentiment religieux cosmique. Il est très difficile de comprendre ce sentiment pour ceux qui en sont entièrement dépourvus, surtout dans la mesure où il n'existe aucune conception anthropomorphique de Dieu lui correspondant.

L'individu ressent d'une part la futilité du désir et des buts humains et d'autre part la sublimité et l'ordre merveilleux qui se révèlent tant dans la nature que dans le monde de la pensée. Il perçoit l'existence individuelle comme une sorte de prison et il veut expérimenter l'univers comme un tout signifiant[2].

Il continue en proposant un défi :

Comment le sentiment religieux cosmique peut-il être communiqué d'une personne à une autre, s'il ne peut donner naissance à aucune notion définie d'un Dieu et aucune théologie ? Selon moi, c'est la fonction la plus importante de l'art et de la science de réveiller ce sentiment et de l'entretenir chez ceux qui y sont réceptifs. [...] Dans cette époque matérialiste qui est la nôtre, les scientifiques sérieux sont les seules personnes profondément religieuses.

La franc-maçonnerie a-t-elle développé une manière de véhiculer cette profonde perception spirituelle – cette perception qu'Einstein appelle « le troisième stade de l'expérience religieuse » et qui n'a « aucune notion définie d'un Dieu et aucune théologie » ? C'est possible, si le cerveau humain a développé des modes de pensée transcendantale auxquels on peut avoir accès en utilisant le mythe, le rituel et le symbolisme. La franc-maçonnerie produit certainement cet effet sur moi. Je considère qu'elle me fournit une occasion de discuter d'expériences spirituelles et d'en vivre sans avoir à compromettre mes conceptions scientifiques. Pour comprendre comment la franc-maçonnerie fonctionne, il me fallait maintenant examiner la science balbutiante de la neurothéologie, qui étudie pourquoi et comment le cerveau peut développer un concept de dieu.

Einstein appelait cette conscience de la transcendance le « sentiment religieux cosmique » et il disait que même les scientifiques le ressentent. La nouvelle discipline scientifique de la neurothéologie pose comme postulat que pour que la croyance en Dieu soit aussi répandue, elle doit avoir une explication objective.

La perception qu'un être humain a du monde pénètre son esprit sous la forme de séries d'impulsions électriques véhiculées par les nerfs

---

2. Einstein ([1930] 1982).

depuis les extrémités du corps jusqu'au cerveau. Une fois dans ce dernier, ces impulsions créent un modèle de réalité qui se développe pour nous aider à survivre et à nous battre dans un monde hostile. Toute vie animale fondée sur l'ADN – du ver le plus élémentaire se tortillant dans le sable jusqu'à Albert Einstein et ses éminentes pensées – utilise le même type de cellule électriquement mue pour se relier au monde[3]. Il existe certaines caractéristiques de base du comportement neurologique que les ancêtres de tout animal vivant aujourd'hui – y compris l'homme – ont acquis. Ils ont dû apprendre à naviguer en toute sécurité dans le monde, à éviter de se faire prendre ou d'être mangé, à trouver des membres de leur propre espèce et à s'accoupler, à dénicher de quoi se nourrir (une créature qui n'est pas parvenue à remplir cette tâche clé n'a pas survécu pour transmettre son ADN). Dès que notre bonne vieille mère Nature aveugle a eu l'occasion de développer une cellule spécialisée capable d'exécuter ces tâches, elle l'a utilisée encore et encore dans de nombreuses créatures. Le pas évolutionnaire décisif fut l'apparition de la cellule nerveuse appelée « neurone ».

Tous les cerveaux animaux sont constitués d'un enchevêtrement de neurones. La différence entre le cerveau élémentaire d'un ver et le cerveau étonnamment créatif d'Einstein n'est pas une question de principe, mais de complexité. À mesure que les aptitudes des cerveaux animaux se sont accrues, leurs connexions internes sont devenues plus complexes. Et c'est précisément l'interconnexion complexe du cerveau humain qui lui permet de concevoir l'idée d'un dieu.

Le premier scientifique à avoir publié une analyse détaillée expliquant comment la structure du cerveau humain pouvait créer une croyance en dieu – ou dans des dieux – fut un psychologue, le Dr Michael Persinger, directeur du Groupe de recherches neuroscientifiques de l'université laurentienne [*Laurentian University*] de Sudbury (Ontario). Dans l'introduction de son livre de 1987, *Neuropsychological Bases of God Beliefs*, il écrivait :

> *Une compréhension objective de l'expérience de Dieu [God Experience] n'est pas qu'une recherche philosophique de plus. C'est bien davantage. Les témoignages de relations signifiantes et profondes avec des dieux, tels qu'Allah, Jéhovah, Yahvé ou même le Grand Tout cosmique, sont des comportements extraordinairement fréquents. Une brève expérience de Dieu peut changer la vie d'un individu. Quand elle est intégrée dans les règles de*

---

3. Colbert (1980), p. 80.

la culture humaine, une série de semblables expériences peut constituer le noyau dynamique d'un mouvement religieux[4].

Cette « expérience de Dieu » est une forme du « sentiment religieux cosmique » qu'Einstein décrivait. Au cours d'une expérience de Dieu, le sujet sent son être s'unir avec tout l'espace-temps (qui peut être désigné sous le nom d'Allah, de Dieu, de Conscience cosmique, ou se voir donner quelque autre qualification particulière, en fonction des croyances du sujet ; Persinger rapporte qu'il l'a même entendu appelé « équilibre mathématique », « conscience du temps » ou « intrusions extraterrestres »). Les individus qui ont ces expériences les décrivent aussi bien comme des « états mystico-spirituels » que comme des « expériences paroxystiques » [*peak experience*].

Le point de départ de Persinger est que le cerveau humain diffère par sa structure de ceux des autres espèces. Il a constaté que l'émergence de la société humaine n'a été possible qu'après le développement de grands lobes frontaux dans le cerveau, qui permirent aux humains d'inhiber des actions impulsives et d'anticiper l'avenir. Cette aptitude eut un rôle décisif dans le développement de l'humanité et sa capacité de vivre ensemble au sein de communautés cohérentes. Sans elle, nous n'aurions pas été capable de créer et de faire perdurer des sociétés complexes, car elle nous aide à penser d'une manière logique et concentrée. Selon les termes de Persinger, « les personnes qui ne peuvent inhiber des réponses non pertinentes ne sont pas capables de parler ou de penser de manière claire et précise. Ces personnes font des associations incohérentes, prononcent des absurdités et embrouillent mots et phrases. »

Nos lobes frontaux cérébraux nous permettent de créer l'idée de temps. Être capable de prédire et d'anticiper nous aide à survivre ; les groupes qui développent cette aptitude évoluent positivement. Mais Persinger a tout de même identifié un revers à cette médaille. Pouvoir regarder vers le futur, cela veut également dire que nous avons la faculté d'anticiper notre propre mort. Cette conscience serait susceptible de nous neutraliser, de nous inhiber, l'idée de notre mort provoquant des sentiments funestes. Notre espèce ne serait jamais devenue ce qu'elle est, elle ne serait pas parvenue à évoluer positivement, si nous n'avions pas trouvé de moyens de déjouer cette paralysie mentale. Et si nous n'avions pas cherché à contrebalancer cette peur de la mort, il n'aurait pas été possible d'assurer la pérennité du phénomène mental

---

4. Persinger (1987), p. IX.

humain que l'on appelle le « moi ». Cette construction mentale « aurait été fragmentée par la conscience rongeante et persistante que la mort peut intervenir à n'importe quel moment ».

Selon Persinger, l'un des secrets de notre réussite en tant qu'espèce repose sur notre capacité à avoir des « expériences de Dieu ». Il testa des individus présentant des degrés divers de dommages aux lobes temporaux et constata toute une série de réactions différentes. Or, même chez les patients les plus atteints, il remarqua que ces expériences de Dieu n'interviennent pas tout le temps : elles surviennent brièvement au cours de périodes de crises ou après avoir ingéré des médicaments ou encore après avoir participé à des rituels répétitifs. Quand les troubles se mettaient à peser trop lourdement sur ses patients et que leur vie apparaissait soudain vaine et futile, ils pouvaient brusquement avoir une perception innée de leur condition et de leur but dans la vie. Et ce changement comportemental était toujours soudain et total.

Persinger découvrit que ces retournements mentaux se produisaient quand les cerveaux des patients souffraient d'un phénomène appelé « état transitoire du lobe temporal [5] ». (C'est une forme de crise épileptique intervenant dans les régions émotionnelles du cerveau, qui ne présente aucun des effets secondaires physiques normaux, mais a de profonds effets sur les sentiments des patients). Il supposa que ces crises émotionnelles devaient intervenir largement tant en fréquence qu'en intensité même chez des individus sains. La plupart des personnes n'en développaient que des formes légères – autour de une par année peut-être –, tandis qu'un petit pourcentage d'individus pouvait avoir des crises intenses et extrêmes. Étant parti en quête de traces de telles variations comportementales dans la littérature, il en trouva [6]. Et ainsi il put démontrer qu'une fois dépouillés de leur langage poétique, les écrits et les enseignements de nombreux leaders religieux des anciens temps présentent des témoignages évidents d'effets transitoires du lobe temporal, qui les placent au sommet de cette classification [7].

Persinger dresse la liste des facteurs déterminants qui accroissent les chances d'avoir une expérience de Dieu :

– taux faibles de glucose dans le sang (hypoglycémie) ;
– fatigue ;

---

5. Persinger (1983).
6. Bear & Fedio (1977).
7. Dewhurst & Beard (1970).

– manque d'oxygène ;
– anxiété ;
– instabilité du lobe temporal causée par l'épilepsie.

Persinger poursuivit sa recherche avec l'étude de sujets se considérant comme religieux et il les compara à des personnes qui avaient eu des expériences de Dieu [8]. Il constata qu'on pouvait les diviser en quatre groupes principaux.

Groupe 1

Des personnes qui n'ont jamais eu d'expérience de Dieu significative, qui ne vont pas à l'église et qui n'assistent pas davantage régulièrement à un quelconque type d'assemblée rituelle. Les membres de ce groupe ont tendance à être jeunes. Plus les personnes vieillissent, plus elles ont de chances de passer dans l'un des trois autres groupes.

Groupe 2

Des personnes qui affirment avoir eu des expériences mystiques ou religieuses qu'elles croient être réelles, mais qui ne vont pas à l'église, même après avoir eu cette expérience. Elles cherchent à répéter les stimuli – quels qu'ils soient – qui ont amené la première expérience de Dieu. Parmi les catalyseurs typiques de ce type de phénomène, on relève notamment l'introspection, la méditation, les pratiques occultes ou psychédéliques. C'est le groupe le plus excentrique. Ses membres présentent des signes de névroses et ils croient de manière déterminée qu'« il existe une force éternelle et infinie ». Comme l'a constaté Persinger, ces sujets ont tendance à être attirés par les groupes religieux radicaux qui cultivent la répétition des expériences de Dieu, mais qui réclament une loyauté émotionnelle absolue. Selon Persinger, ce groupe est éminemment égocentrique.

Groupe 3

Des personnes qui assistent régulièrement à la messe, mais n'ont jamais eu d'expérience mystique. Pour elles, la croyance religieuse est un cadre les protégeant contre les angoisses de la vie et elles trouvent les rituels religieux apaisants et rassurants. Elles forment le groupe le plus conformiste.

Groupe 4

Des personnes qui étaient déjà des croyants pratiquants à l'époque où elles ont fait l'expérience d'un événement mystique. Elles tendent à souffrir de désordres cliniques de la personnalité et Persinger a constaté qu'elles n'étaient pas capables d'autodiscipline et qu'elles étaient perdues dès qu'elles se trouvaient hors du cadre de leur religion.

---

8. Persinger (1984).

Persinger en a conclu cela :

> *L'expérience de Dieu a eu une grande importance en matière de survie. Elle a permis aux espèces humaines de faire face à la famine, à la peste et à des horreurs sans nom. Quand les états transitoires du lobe temporal survenaient, les hommes et les femmes qui pourtant avaient peut-être sombré dans une stupeur schizophrénique continuaient à bâtir, à espérer et à planifier. [...] [Cela a] permis à des individus de croire qu'ils étaient dans le juste quand ils frappaient les crânes d'autres humains qui habillaient Dieu un peu différemment ou le décrivaient avec un accent étranger. Quand les états transitoires du lobe temporal intervenaient, chaque soldat sentait que, d'une manière ou d'une autre, il survivrait à la bataille* [9].

Persinger fait également remarquer qu'il y a au moins une menace intrinsèque dans l'expérience de Dieu. C'est le principe de vertu absolue adopté par les extrémistes religieux :

> *Malheureusement, les expériences de Dieu présentent plusieurs aspects négatifs. Elles alimentent une inclination persistante à l'égoïsme. Tout en se voilant la face derrière un sourire chaleureux, les religions encouragent le croyant à se considérer, d'une certaine manière, comme spécial et unique. [...] Chaque croyant sent que son expérience est plus vraie et plus réelle que celle des autres. La duplicité faussement amicale est largement pratiquée. Parfois, des francs-tireurs conciliateurs essayent de montrer que toutes les religions sont des expériences différentes d'une même chose, mais sur le fond l'impression d'être unique demeure* [10].

Côté positif, observe-t-il néanmoins, cette fonction du cerveau peut réduire l'anxiété existentielle. Elle peut « métamorphoser les êtres humains de primates tremblants et incapables en individus confiants et créatifs. »

De récentes études ont montré que la pratique de quelque forme de croyance religieuse ou spirituelle améliore la santé mentale et émotionnelle. Cette activité peut permettre de réduire le taux d'usage de stupéfiants, d'alcoolisme, de divorce et de suicide. Les pratiques spirituelles comme la méditation, la prière et la participation à des offices rituels diminuent le sentiment d'anxiété et de dépression, accroissent l'estime de soi et améliorent la qualité des relations interpersonnelles. Il en résulte souvent une approche plus positive de la vie [11].

---

9. Persinger (1987), p. 138.
10. *Ibid.*, p. 4.
11. Worthington, Kurusu, McCullough & Sandage (1996).

Une autre recherche a démontré que la pratique rituelle joue un rôle dans la bonne santé physique, en modifiant les réactions nerveuses du corps :

> *Une prière silencieuse, un hymne majestueux ou une heure passée en méditation peuvent activer le système immunitaire du corps, abaisser le rythme cardiaque et la tension artérielle, restreindre la libération d'hormones de stress nuisibles dans le sang et produire des sensations de calme et de bien-être* [12].

Il semblerait que le cerveau humain a développé des structures qui permettent facilement de croire qu' « il existe une force éternelle et infinie ». Cet aspect de la neurologie humaine est-elle un facteur jouant un rôle dans l'impact spirituel de la franc-maçonnerie ? Persinger a examiné les effets négatifs de l'expérience de Dieu sur les membres de groupes religieux, mais il n'a pas étudié la franc-maçonnerie, dont le rituel enseigne que :

> *Aucun homme n'obéit vraiment à la loi maçonnique qui tolère purement ceux dont les opinions religieuses sont opposées aux siennes. Les opinions de chaque homme appartiennent à sa sphère privée, et chaque homme a parfaitement et équitablement le droit de maintenir celles-ci comme les siennes propres. Purement tolérer, supporter une opinion opposée, c'est considérer qu'elle est hérétique et proclamer le droit de persécuter, si nous le voulions, et de présenter notre tolérance comme un mérite.*

Persinger a fait œuvre de pionnier et il a depuis inspiré d'autres chercheurs. Andrew Newberg et Eugène d'Aquili de l'université de Pennsylvanie ont réalisé des scanographies du cerveau de personnes ayant une expérience religieuse. Des bouddhistes en état de méditation et des religieuses en prière notamment y furent soumis pour voir ce qui se passait au moment de l'extase religieuse. Le résultat le plus saisissant qu'obtinrent ces scientifiques fut la scanographie du cerveau d'un bouddhiste en méditation au moment où il atteignait l'état de *samadhi* – cet état même que Persinger appelle l'« expérience de Dieu ».

Newberg et d'Aquili ont étudié les états modifiés de conscience dans lesquels les mystiques sentent leur moi se faire absorber dans quelque chose de plus grand. Pour réaliser cette étude, ils ont mis au point une méthode spécifique pour saisir des instantanés de l'activité cérébrale.

---

12. Jevning, Wallace & Beideback (1992).

Il existe essentiellement trois technologies pour scanographier l'activité du cerveau : 1. la Tomographie par Émission de Positon [*TEP ;* en anglais *Positron Emission Tomography, PET*], 2. l'Imagerie par Résonance Magnétique fonctionnelle [*IRMf ;* en anglais *Functional Magnetic Resonance Imaging, fMRI*], 3. la Tomographie par Émission Monophotonique [*TEMP ;* en anglais, *Single Photon Emission Computed Tomography, SPECT*]. Les deux premières restituent une scanographie en temps réel de l'activité du cerveau. Il peut s'agir d'un outil de diagnostic utile pour les médecins, mais pour un chercheur étudiant l'expérience spirituelle, ces techniques présentent de sérieuses limites. La plus importante est assurément que pour scanographier le cerveau d'un sujet ayant une expérience de Dieu, celui-ci doit être allongé à l'intérieur du scanographe au moment précis où survient le phénomène. Or, il est bien évident que de telles expériences ne sont pas reproductibles à la demande. Il fallait donc imaginer une autre manière de prendre un cliché à un moment clé dans le temps.

La solution trouvée par Newberg et d'Aquili fut d'injecter un traceur radioactif dans le sang du sujet à l'instant précis où il atteignait l'apogée de l'intensité spirituelle. Ce traceur inoffensif était absorbé dans le tissu du cerveau au début du phénomène et il restait là pendant quelques heures. De cette manière, on pouvait obtenir un arrêt sur image de l'activité du cerveau au moment où il était injecté. La caméra de TEMP pouvait subséquemment restituer des scanographies de la densité du traceur dans le cerveau du sujet.

Avec cette technologie, il était possible d'attendre que le sujet test atteigne le niveau de méditation voulu pour injecter alors le traceur. Ensuite, le chercheur disposait d'une paire d'heures pour réaliser une scanographie du cerveau de son « cobaye ».

Le moine bouddhiste, qui avait une grande expérience de la méditation, pouvait s'adonner en paix à sa pratique. Par l'intermédiaire d'un petit fil qu'il tirait, il devait simplement signaler aux chercheurs se trouvant dans la pièce adjacente qu'il atteignait son « pic d'intensité ». À cet instant, les deux scientifiques injectaient le traceur radioactif dans le sang du sujet, afin de réaliser un arrêt sur image de l'état de son activité électrique mentale qui serait scanographiée par TEMP dans les minutes suivantes.

Ils avaient trouvé un mécanisme pour expliquer l'« expérience de Dieu » psychique que Persinger avait découverte.

LES DEUX COLONNES DE NOS CERVEAUX

Il y a quelques trois millions et demi d'années, un singe nu appelé Lucy marchait debout autour d'un lac dans la grande Rift Valley en Afrique quand elle eut l'infortune de tomber dans un marécage. Heureusement pour nous, ses os furent ainsi préservés et nous avons donc pu retrouver presque intact l'un des premiers ancêtres de l'espèce humaine. Ce singe est notre mère ancestrale. Son cerveau avait environ la taille de celui d'un chimpanzé moderne, mais, bien que Lucy marchât debout, elle n'avait pas de cortex cérébral, ce renflement de nos têtes modernes qui nous rend mentalement humain [13].

Quelque trois millions trois cent mille ans plus tard, l'une de ses filles, l'Ève mitochondriale, vivait encore en Afrique. Si elle avait un cerveau beaucoup plus gros, elle demeurait fondamentalement indécise à tout point de vue [14]. Le cerveau d'Ève avait trois fois le volume de celui de Lucy. Il avait développé un cortex cérébral et s'était divisé en deux hémisphères. Chaque hémisphère avait un esprit fonctionnant pleinement et ses deux esprits « communiquaient » l'un avec l'autre par l'intermédiaire d'un faisceau de nerfs appelé le « corps calleux ». L'hémisphère droit contrôlait le côté gauche du corps d'Ève et l'hémisphère gauche son côté droit. Son cerveau droit permettait efficacement de voir les formes et les motifs, tandis que le gauche était meilleur pour la discussion. Mais la duplication et la redondance [15] inhérentes de cette configuration donnèrent à son espèce un avantage considérable en matière de survie. Nous le constatons même encore aujourd'hui : quand une attaque cérébrale a détruit une partie du cerveau, la victime peut apprendre à utiliser une autre partie de son cerveau pour exécuter la fonction perdue.

Cette configuration complexe du cerveau n'a pas changé au cours des deux cent mille années suivantes et nous sommes connectés de la même manière que l'était l'Ève mitochondriale. Notre hémisphère gauche s'occupe du langage verbal, de l'analyse et des maths. L'hémisphère droit pense d'une manière plus abstraite, utilise le raisonnement

---

13. Johanson & Edey (1981), p. 46.

14. Brown, W.M. (1980).

15. La redondance est un processus permettant, selon les neurologues, de focaliser le mental sur des tâches importantes. « La redondance permet au cerveau de masquer des informations superflues et de se concentrer sur un objectif. C'est ce qui permet de lire un livre dans un restaurant bruyant ou de rêver tout en marchant dans une rue pleine de monde. » Newberg, A. & d'Aquili, E., *Pourquoi Dieu ne disparaîtra pas*, Vannes, Sully, 2003, p. 49. (*N.d.T.*)

non verbal ou symbolique tout en assumant la perception visio-spaciale, et c'est dans celui-ci que nous ressentons les émotions [16].

Les deux hémisphères fonctionnent ensemble dans un cerveau normal en bonne santé, parce qu'ils sont reliés par les fibres nerveuses du *corpus callosum*. Mais les deux côtés de notre cerveau ne redistribuent pas la totalité de leurs informations. Le lien passant par le *corpus callosum* n'a pas encore assez évolué pour permettre à nos hémisphères de partager des schémas de pensées complexes : ils ne peuvent échanger que des nuances [17].

Voici ce que disent Newberg et d'Aquili de cette nature binaire du cerveau :

> *La formation d'une prise de conscience humaine en pleine connaissance, et dans toute l'entièreté de ses multiples niveaux, dépend de l'intégration harmonieuse des deux côtés du cerveau* [18].

Il y a quatre fonctions principales qui permettent à notre conscience de comprendre le monde et elles sont réparties entre les deux hémisphères [19]. Chacun de nos sens – la vue, l'ouïe, l'odorat, le toucher et le goût – a une zone de réception primaire dans le cerveau. Et chaque hémisphère gère les données brutes arrivant du côté opposé du corps. Ces zones ou aires spécialisées gèrent et combinent les entrées sensorielles de notre cerveau pour créer notre perception du monde extérieur.

L'AIRE ASSOCIATIVE POUR LA VISION
[AAV ; EN ANGLAIS, *VAA*, (*VISUAL ASSOCIATION AREA*)]

Nous ne sommes pas explicitement conscient des formes visuelles brutes, c'est-à-dire des points de lumière semblables aux pixels d'un écran d'ordinateur, qui sont enregistrés par l'aire visuelle primaire. Ces données grossières sont organisées par l'aire visuelle secondaire qui ordonne l'enchevêtrement de lignes, de formes et de couleurs pour matérialiser une image que notre cerveau a appris à reconnaître. Prenons un exemple : disons que je regarde *une* femme. L'image primaire, rassemblée à partir de l'activation de milliers de traits et de

---

16. Joseph (1996), p. 23.
17. Marzi (1986).
18. Newberg, d'Aquili & Rause (2002), p. 21 [trad. française : p. 40].
19. Joseph (1988).

cônes distincts dans la rétine, sera bien l'image composite de cette femme avec des caractéristiques comme la taille, la couleur des cheveux, la forme caractéristique du corps, le type de vêtements, etc. ; tous ces éléments étant mélangés. À ce stade, l'image finie n'est pas encore identifiée comme une femme. Pour cela, il faut passer à l'étape suivante, celle de la reconnaissance qui utilisera la mémoire stockée dans d'autres parties du cerveau. Elle extraira des informations des deux hémisphères, pour replacer cette image dans le contexte de mon expérience passée. Et une fois que ce processus sera réalisé, je pourrai reconnaître que cette femme en est une et, mieux encore, qu'elle est *ma* femme.

Si l'aire associative de la vision de mon cerveau est endommagée, alors je perds la capacité de reconnaître les personnes ou les objets que je connais. Newberg et d'Aquili croient que cette aire joue aussi un rôle majeur dans les expériences spirituelles. Celles-ci impliquent souvent l'utilisation d'imagerie visuelle, ce qui laisse entendre que le type de vision spontanée qui se manifeste fréquemment pendant une méditation ou une prière provient de cette partie du cerveau. Mais toutes les images dans la conscience ne viennent pas des entrées (*inputs*) sensorielles et on sait que d'autres types d'expériences visuelles, de visions ou de souvenirs réalistes peuvent être produits par une stimulation électrique de ces aires du cerveau pendant une opération chirurgicale[20].

L'AIRE ASSOCIATIVE POUR L'ORIENTATION
[AAO ; EN ANGLAIS, *OAA*, (*ORIENTATION ASSOCIATION AREA*)]

Il y a deux aires d'orientation : une dans l'hémisphère droit, qui me donne le sens de mon positionnement dans l'espace, tandis que l'aire semblable dans l'hémisphère gauche contrôle ma connaissance de la limite physique de mon corps : elle me dit où celui-ci s'achève et où l'extérieur commence. Quand elles fonctionnent conjointement, ces aires combinent leurs données pour me permettre de percevoir mon soi – ma personnalité – et le monde dans lequel ce soi évolue – c'est-à-dire tout ce qui ne fait pas partie de moi.

Newberg et d'Aquili affirment que quand un individu perd le contrôle du soi, sa perception du soi, l'aire pour l'orientation peut développer un sens de l'expérience mystique et religieuse, c'est-à-dire un état d'esprit ressemblant à l'expérience de Dieu de Persinger.

---

20. Penfield & Perot (1963).

L'AIRE ASSOCIATIVE POUR L'ATTENTION
[AAA ; EN ANGLAIS, *ATTENTION ASSOCIATION AREA*]

Cette partie du cortex préfrontal est la région du cerveau qui dirige nos processus de prise de décision. Sa fonction principale est de nous permettre de concentrer notre attention. Quelques chercheurs ont été jusqu'à décrire cette aire comme le siège de la volonté[21]. C'est là que nous élaborons nos intentions et que nous décidons comment nous allons agir. Si cette zone du cerveau est endommagée, nous devenons incapables de nous concentrer, de maintenir notre volonté assez longtemps, ne serait-ce simplement que pour formuler des phrases. Nous devenons également incapables de manifester des émotions et indifférents à ce qui se passe autour de nous. Dans cet état, nous pouvons dangereusement nous déconnecter de la société[22]. On pense que c'est à cause du haut degré d'interaction entre le cortex préfrontal et le système limbique, qui est la zone cérébrale clé qui contrôle les réactions émotionnelles dans tout le corps[23].

L'AIRE ASSOCIATIVE POUR LA VERBALISATION
ET LA CONCEPTUALISATION [AAV/C ; EN ANGLAIS, *V/CAA*, (*VERBAL/CONCEPTUAL ASSOCIATION AREA*)]

Dans cette aire, nous engendrons des pensées abstraites, puis nous transformons ces pensées en mots grâce auxquels nous pouvons partager ces concepts avec d'autres personnes[24].

Newberg et d'Aquili disent de cette zone cérébrale :

> *Cette aire abrite d'autres fonctions importantes du cerveau, comme la pensée causale, qui sont associées à la manière de créer un mythe, et, finalement, à la manière dont ce dernier s'exprime dans le rituel[25].*

Ce sont les perceptions riches et intégrées de ces quatre aires du cerveau, réparties et souvent dupliquées dans les deux hémisphères, qui nous permettent d'être conscients de la réalité du monde. Notre

---

21. Libet, Freeman & Sutherland (1999), p. 46.
22. Raine, Buchsbaum & Stanley (1994).
23. Pert (1998), p. 73-93.
24. Kandel, Schwartz & Jessell (2000), p. 84.
25. Newberg, d'Aquili & Rause (2002), p. 31 [trad. française : p. 52].

réussite en tant qu'espèce dépend de la justesse globale de cette interprétation. Seulement, comme j'ai déjà eu l'occasion de le mentionner, élaborer de bons modèles mentaux de la réalité présente au moins un revers : nous finissons par prendre la mesure de notre propre existence et, donc, d'extrapoler de celle-ci notre mort. À ce stade, toutes nos émotions, nos sensations et nos pensées nous assurent que nous sommes plus que le conglomérat visqueux calé dans notre crâne et que nous appelons notre cerveau. Notre pouvoir de visualiser le monde est si puissant que nous ne pouvons croire que nous cessons simplement d'exister quand notre cerveau s'arrête de fonctionner et que nous mourons.

Quoi qu'il en soit, c'est notre cerveau qui a fabriqué l'esprit. La chaleur du berceau africain a contraint l'espèce à faire un saut dans le processus de l'évolution pour aboutir à la complexité cérébrale de l'Ève mitochondriale. Alors le réseau neural était devenu assez complexe pour développer et entretenir la conscience que nous appelons esprit[26]. Nous naissons sans conscience de soi et c'est seulement l'évolution somatique des voies neuronales viables pendant la prime enfance qui créent notre esprit et notre conscience[27]. Mais à l'autre extrémité de la vie, des maladies comme celle d'Alzheimer, peuvent détruire nos esprits tout en laissant subsister dans notre crâne – mais dans un piteux état – le conglomérat gris et visqueux qu'est le cerveau. Alors comment notre esprit est-il relié à notre corps ?

Quatre états d'esprit

Nos gros cerveaux posent des problèmes. Ils consomment une grande quantité d'énergie même quand notre corps se repose. En moins de deux minutes, quand nous sommes en manque d'oxygène, le cerveau commence à mourir. Maintenir un cerveau opératif coûte cher en termes de besoin alimentaire. Et la taille de notre cerveau provoque des difficultés énormes pour les femelles de notre espèce qui doivent faire passer les grosses têtes des bébés par leurs canaux vaginaux. Avoir des bébés à gros cerveaux augmente le risque de mort à l'accouchement.

Mais au regard de notre espèce, nous pensons évidemment que la taille importe. Si à la naissance, notre cerveau peut juste passer par le col de l'utérus et le canal vaginal de la mère, au cours de nos deux

---

26. Ornstein (1991), p. 55-66.
27. Edelman & Tononi (2000), p. 82-92.

premières années de vie, il grossit considérablement. De nouveau, cela coûte cher à notre espèce, car nos jeunes enfants ne peuvent se débrouiller seuls et sont donc extrêmement dépendants. Payer un prix aussi élevé en termes de besoin énergétique, de risque à l'accouchement et de dépendance des enfants doit nécessairement avoir un avantage sur le plan de l'évolution, car, sinon, nous serions morts depuis longtemps. Mais quel est donc, pour notre espèce, l'avantage d'avoir une grosse tête ?

La réponse ? Cette grosse tête nous donne une aptitude remarquablement polyvalente à nous adapter à notre environnement et à l'exploiter. Nos cerveaux jumeaux alimentent un système de contrôle physique binaire éminemment efficace qui nous stimule quand c'est nécessaire et nous ralentit quand il est plus sage de le faire. Nous possédons à la fois un système qui est capable de nous exciter et un autre de nous tranquilliser. Ces deux-là font partie du même système nerveux autonome, mais ils produisent des effets très différents.

Observons comment cela fonctionne au regard des quatre actions clés que n'importe quelle créature doit exécuter pour que son espèce survive – ce que les biologistes anglophones appellent souvent les 4 F : *Fight, Feed, Flee, Fun.* Quand on est confronté à n'importe quel événement, il y a quatre manières d'y répondre : le combattre [*fight*], le nourrir [*feed*], le fuir [*flee*] ou prendre du plaisir [*fun*] sexuel et s'en servir pour se reproduire. En ce qui concerne la question de la survie, quand on n'a pas besoin de répondre à une sollicitation par l'un des quatre F, nous pouvons sans problème nous reposer.

La plupart du temps, notre système nerveux autonome s'occupe des questions internes qui conservent notre corps en vie. Par exemple, nous n'avons pas à vouloir consciemment que notre cœur batte, que nos poumons pompent ou que notre estomac digère pour qu'ils le fassent. C'est probablement aussi bien : si nous devions penser à faire ces actions, nous n'aurions pas assez de temps pour nous concentrer sur d'autres questions vitales, comme ne pas se faire dévorer par un prédateur, ne pas se faire renverser par un bus, etc. Cependant, quand nous sommes menacés, attirés par un partenaire sexuel potentiel ou que nous avons besoin de grimper dans un arbre pour cueillir une pomme et la manger, notre corps ajuste alors son fonctionnement et notre système de stimulation autonome s'occupe de cette tâche. La respiration s'accroît, la tension artérielle monte et notre tonus musculaire nous prépare à l'action : en d'autres termes, notre corps se met en place, prêt à agir. Face à une menace et afin de protéger notre vie, notre corps va générer une réponse « fuite » ou « combat ». C'est cette réaction qui fait accélérer notre cœur quand nous entendons un bruit inexpliqué la nuit ou qui nous fait bouger pour nous protéger quand nous pensons que quelqu'un est sur le point de nous agresser.

Si notre corps demeurait constamment à ce haut niveau d'alerte et de préparation à l'action, nous nous userions rapidement. C'est pour cette raison que nous avons le système de relaxation autonome. Ce système de tranquillisation conserve l'énergie, régule nos rythmes de sommeil, amène la relaxation, contrôle la digestion de notre alimentation et produit de nouvelles cellules pour réparer notre corps.

La plupart du temps, nos deux systèmes de contrôle fonctionnent de manière antagoniste. Une augmentation de l'état d'alerte neutralise le système de relaxation et vice versa[28]. Mais il existe aussi des occasions où les deux systèmes peuvent être actifs simultanément. Une de ces occasions – que la plupart des adultes ont pu goûter –, c'est l'état d'orgasme sexuel. Quand notre système de stimulation/excitation atteint son niveau de saturation, l'activité neurale se déverse dans le système de tranquillisation en provoquant une poussée d'énergie extatique. L'état d'hyperstimulation combiné avec une relaxation intense produit un effet émotionnel profond sur nous. C'est un système de récompense sexuel qui a évolué il y a très longtemps pour nous encourager à partager notre ADN.

Elaine Morgan a étudié la genèse de l'orgasme.

> Le problème [évolutionnaire] qui se posait était assez simple : comment faire en sorte qu'un animal A et un animal B s'accouplent en vue de procréer. La réponse devait être tout aussi simple : faisons en sorte qu'ils prennent du plaisir en s'accouplant. Quel but évolutionnaire potentiel aurait été servi si la moitié seulement de cette solution avait été mise en œuvre (c'est-à-dire si l'animal A avait ressenti désir et plaisir, alors que l'animal B n'avait été que doux, soumis et programmé pour accueillir l'autre) ? Tous les éléments circonstanciels en notre possession concernant le comportement animal tendent à prouver que les pulsions sexuelles sont une affaire mutuelle – les deux sexes ressentent un besoin, les deux sont forcés de le satisfaire et les deux expérimentent l'accouplement comme un acte d'accomplissement[29].

Ce mécanisme de rétribution neurale, qui active simultanément nos systèmes nerveux autonomes tant de stimulation/excitation que de relaxation/tranquillisation, a produit des incitations émotionnelles à la procréation bien avant même que Lucy ait arpenté le veld africain. Et la partie de notre cerveau qui crée cette réaction émotionnelle est le

---

28. Kandel, Schwartz & Jessell (2000), p. 138.
29. Morgan (1972), p. 97.

système limbique. Persinger[30] et Ramachandran[31] sont d'accord avec Newberg et d'Aquili pour dire que le système limbique est étroitement impliqué dans les expériences mystiques et spirituelles. Était-ce là que j'allais enfin trouver des éléments susceptibles de m'aider à comprendre comment fonctionne la franc-maçonnerie ?

De nombreux animaux possèdent des cerveaux avec un système limbique et son avantage évolutionnaire est indiscutable. Il engendre l'agressivité nécessaire pour trouver de la nourriture ; il suscite la peur pour éviter les prédateurs et génère l'attraction émotionnelle pour amener son propriétaire à s'accoupler et à se préoccuper de sa progéniture. Mais le système limbique n'engendre pas seulement nos émotions ; il dirige aussi la plupart de nos fonctions de contrôle involontaires. En revanche, comme il n'est pas sous notre contrôle conscient, quel que soit l'effet qu'il ait sur nous, nous le ressentons comme quelque chose d'externe à notre esprit, même si, biologiquement, il fait partie de notre cerveau.

Newberg et d'Aquili ont identifié quatre états autonomes extrêmes par lesquels notre cerveau peut passer[32].

L'hypertranquillité [*Hyper-quiescence*] : c'est un état de relaxation que l'on n'expérimente normalement qu'au cours d'un sommeil profond. Mais Newberg et d'Aquili indiquent qu'il peut aussi être produit par la pratique de rituels lents et délibérés, comme les chants ou les prières de groupe. Celui-là est un état de « tranquillité et de béatitude océaniques dans lequel aucun sentiment, aucune pensée ou sensation corporelle ne vient s'immiscer dans notre conscience ».

L'hyperstimulation [*Hyper-arousal*] : c'est l'opposé de l'hypertranquillité. Cet état intervient quand nous ressentons de l'excitation combinée avec un état de vigilance extrême et une profonde concentration. C'est l'état d'esprit dans lequel se placent les coureurs de marathon, les pilotes de course motorisée et les pilotes de chasse dans un combat aérien. Newberg et d'Aquili disent qu'il survient quand nous avons besoin de prendre des décisions instantanées sur la base du traitement de vastes quantités de données [*inputs*] sensorielles. Ils ajoutent que, dans ces circonstances, des pensées conscientes normales pourraient être de dangereuses distractions. Les personnes en état

---

30. Persinger (1993).
31. Ramachandran, Hirstein et al. (1997).
32. Newberg, d'Aquili & Rause (2002), p. 40-42 [trad. française : p. 64-67].

d'hyperstimulation ont l'impression de canaliser sans effort d'immenses quantités d'énergie dans leur conscience, aboutissant à une expérience de flux quintessencielle.

L'hypertranquillité avec poussée de stimulation [*Hyper-quiescence with rousal breakthrough*] : dans certaines conditions mentales, disent Newberg et d'Aquili, quand le système de tranquillisation atteint ses plus hauts niveaux d'activité, la réaction d'équilibre normale entre les systèmes de stimulation et de tranquillité est débordée. Ce « débordement » peut entraîner des états de conscience considérablement modifiés. Dans la méditation et la prière contemplative, l'activité de tranquillisation intense peut produire des sensations de grande béatitude, mais quand les niveaux de tranquillité atteignent le maximum, le système de stimulation peut simultanément s'activer et générer une poussée d'énergie grisante. Celui qui fait l'expérience de cet état tout en se concentrant sur un objet peut se sentir comme absorbé dans cet objet.

L'hyperstimulation avec poussée de tranquillisation [*Hyper-arousal with quiescence breakthrough*] : c'est l'état de transe – ou confinant à la transe – qui intervient brièvement pendant un orgasme sexuel. Newberg et d'Aquili disent qu'il existe des moyens non sexuels d'atteindre cet état d'esprit. Ils citent des exemples comme les contemplations intenses et prolongées, les danses rituelles rapides ou les rituels répétitifs stimulants.

Comme je l'ai déjà mentionné, Newberg et d'Aquili ont réalisé une scanographie électrique du cerveau d'un moine bouddhiste au moment où il atteignait l'état de *samadhi*. Leur résultat montrait comment les deux systèmes limbiques autonomes se combinaient pour atteindre un point culminant de l'expérience spirituelle.

Les deux chercheurs ont réalisé d'abord une scanographie de référence de l'activité cérébrale de leur sujet au repos. Puis, quand ce dernier signala qu'il atteignait un état d'extase, ils lui injectèrent le traceur radioactif pour refaire une scanographie TEMP au point culminant de sa méditation. Maintenant Newberg et d'Aquili disposaient d'une image de l'activité cérébrale du moine à ce moment clé, que le sujet test, Robert, décrivait ainsi :

> *D'abord, nous a-t-il dit, son esprit conscient s'apaise, laissant émerger une part de lui-même plus profonde et plus simple. Robert croit que ce soi*

intérieur est la partie la plus authentique de sa personne, la partie qui ne changejamais. Pour Robert, ce soi interne n'est pas une métaphore ou une attitude ; il est littéral, constant et réel. C'est ce qui reste quand les soucis, les peurs, les désirs et toutes les autres préoccupations de l'esprit conscient sont éradiqués. Il considère ce soi interne comme l'essence même de son être[33].

Quand ils étudièrent l'image TEMP, les chercheurs découvrirent que l'aire associative pour l'orientation [AAO] dans son cerveau était surchargée. Cela signifiait que l'AAO était « temporairement aveuglée et privée de l'information dont elle a besoin pour faire son travail ». Ils en conclurent que l'AAO ne pouvait être en mesure d'identifier la séparation entre le soi de Robert et le reste du monde. « Dans ce cas, le cerveau n'aurait pas d'autre choix que de percevoir que le soi est infini et intimement entrelacé avec tout être et toute chose que le mental aurait pu sentir. Et cette perception serait ressentie comme totalement et indiscutablement réelle[34]. » Newberg et d'Aquili appellent ce processus la « déafférentation ».

L'AAO a besoin d'un flux constant d'informations sensorielles pour bien accomplir son travail. Quand ce flux de données permettant de nous localiser dans l'espace physique est interrompu, l'AAO doit utiliser n'importe quelle autre information disponible ; mais il en résulte automatiquement des définitions moins précises des limites du soi. Une surcharge sensorielle interrompt cette conscience du monde physique et peut entraîner une expérience de Dieu.

Ils répétèrent l'expérience avec un groupe de religieuses franciscaines en prière et trouvèrent des effets semblables.

Les expériences de Dieu de Persinger, la sensation que le soi est absorbé dans quelque chose de plus grand, ne sont pas le résultat de méprises émotionnelles ou de simples désirs pris pour des réalités : ce sont des événements neurologiques observables, qui font bien partie du champ des fonctions normales du cerveau. La présente recherche montre que les expériences spirituelles n'ont aucune raison d'être les symptômes de maladies mentales. Tout le monde possède le mécanisme mental nécessaire pour expérimenter ces phénomènes, même si peu atteignent ces culminances psychiques ou la profondeur méditative des pratiquants les plus accomplis de la contemplation spirituelle.

Newberg et d'Aquili ont montré qu'il existe toute une série d'états mentaux qui sont associés à la gamme des expériences transcendantales. Ils vont d'un « sens superficiel de l'esprit de communauté spirituelle

---

33. *Ibid.*, p. 2 [trad. française : p. 10].
34. *Ibid.*, p. 8 [trad. française : p. 16].

ressenti par les membres d'une congrégation, jusqu'aux plus profonds états d'unité déclenchés par des rites religieux plus intenses et prolongés ».

Pour compléter cette source de plaisir inné, Persinger a reproduit des parties de cette gamme d'expériences mystiques électriquement contrôlées en utilisant un casque envoyant des impulsions pour créer des champs électromagnétiques. Il a ainsi démontré qu'en envoyant vers le cerveau des motifs d'impulsions électriques générés de l'extérieur, on pouvait aussi reproduire cet effet subjectif naturel. Sur le site web de son université, il note :

> *Après avoir écrit* Neuropsychological Bases of God Beliefs *(1987), j'ai entamé l'application systématique des champs électromagnétiques complexes pour identifier les motifs types qui pouvaient produire les expériences (présence sentie) attribuées à la myriade d'intrusions d'*ego-aliens [entités étrangères à soi] *qui vont des dieux aux extraterrestres. Le sens de ma recherche n'était pas de disqualifier l'expérience religieuse/mystique de qui que ce soit, mais au contraire de déterminer quelles parties du cerveau ou de ses motifs types électromagnétiques produisent l'expérience* [35].

Il semble qu'il existe deux manières différentes de créer des expériences spirituelles « réelles » dans le cerveau humain. L'une est électrique, comme mon expérience de la foudre me l'avait déjà appris. Cet état électrique naturel peut être induit par le stress, le rituel ou la méditation. Mais un autre système de communication indépendant opérant dans notre cerveau peut aussi créer des expériences extatiques. Je devais maintenant examiner comment celui-ci peut avoir un impact sur les événements spirituels.

NOTRE CERVEAU CHIMIQUE

À l'automne 1970, une jeune diplômée en chimie du *Bryn Mawr College* commença à travailler sur un doctorat à l'université John Hopkins. Elle devait bientôt découvrir tout un nouveau système de communication entre le cerveau et le corps, basé sur un groupe de molécules, aujourd'hui connues comme les peptides. Pour une chercheuse scientifique de l'époque, sa démarche était largement anticonformiste, dans la mesure où elle s'intéressait à des sujets qui,

---

35. http://laurentian.ca/neurosci/_people/Persinger.htm (consulté en août 2004).

généralement, mettent les scientifiques mal à l'aise. Mais laissons-la parler :

> *La mesure ! C'est le fondement même de la méthode scientifique moderne, le moyen par lequel on donne le droit au monde matériel d'exister. Si une chose ne peut être mesurée, la science n'admet pas qu'elle existe. C'est la raison pour laquelle la science refuse de s'occuper de « non-choses » comme les émotions, la conscience, l'âme ou l'esprit* [36].

Le travail du Dr Candace Pert m'a fourni une autre pièce clé dans le puzzle des découvertes scientifiques que j'assemblais pour comprendre comment la franc-maçonnerie fonctionne et pourquoi je l'aime tant. J'avais présumé que la clé pour comprendre l'effet du rituel et du mythe sur le cerveau reposait dans l'étude des effets électriques à l'intérieur des neurones. Je suppose que deux raisons principales expliquaient ce postulat.

1. J'avais eu la première expérience de l'état de conscience reposant au cœur spirituel de la franc-maçonnerie lorsqu'un champ électrique intense m'avait frappé au cours d'un orage.
2. Toutes mes premières lectures dans le domaine de la neurologie se concentraient sur les propriétés électriques du cerveau et étudiaient des méthodes d'utilisation des analogues électriques pour modeler l'intelligence. Il n'était donc pas surprenant que j'aie d'abord vu le cerveau comme une simple version un peu plus complexe des réseaux neuraux que je mettais en forme sur mon ordinateur.

J'ai donc abordé le problème en présumant que toutes les activités internes du cerveau, même les niveaux d'activité et de comportements mentaux les plus complexes, pouvaient être déterminées en étudiant les connexions synaptiques entre les neurones. En ma qualité d'ingénieur électrique, je me sentais à l'aise avec les idées du professeur Walter Freeman de l'université de Californie. Celui-ci considère que les synapses, les points de contact entre les neurones, forment les réseaux et déterminent les circuits neuraux dont les impulsions électriques contrôlent tous les domaines de l'esprit humain, relatifs à la perception, à l'intégration et à la performance [37].

Mais Candace Pert a ajouté une nouvelle dimension à cette idée. Voilà ce qu'elle écrit :

---

36. Pert (1998), p. 21.
37. Freeman (1999), p. 21.

> *J'ai abordé une nouvelle théorie de l'échange d'informations hors des limites du système nerveux connecté en réseau, concentrée sur une communication purement chimique, non synaptique, entre les cellules. [...] En étudiant la tonne de nouvelles données sur les nombreux neuropeptides et leurs récepteurs [...] quelque chose n'allait pas. Si les peptides et leurs récepteurs communiquaient entre eux via les synapses, ils auraient dû n'être qu'à d'infimes distances les uns des autres. Or leur localisation réelle ne se conformait pas à cette attente. Bon nombre des récepteurs se trouvaient dans des zones éloignées, à des pouces des neuropeptides. Nous devions donc nous demander comment ils communiquaient entre eux, si ce n'était pas via la porte synaptique. [...] J'observai les peptides circuler à travers le corps. Ils allaient chercher leurs récepteurs cibles dans des zones beaucoup plus distantes qu'on ne l'avait cru possible jusque-là. Ce mode de circulation des peptides faisait ressembler le système de communication du cerveau au système endocrinien, dont les hormones peuvent voyager de long en large dans tout notre corps. Le cerveau est comme un sac d'hormones ! Notre perception du cerveau et les métaphores que nous utilisons pour le décrire étaient en permanence modifiées* [38].

La découverte de cette théorie fut pour moi une révélation. Tout ce que j'avais lu jusque-là sur la « conscience cosmique » et l'« expérience de Dieu » m'avait fait penser qu'il s'agissait purement d'un phénomène électrique. Mais ici, je me trouvais en présence d'une autre dimension qui pouvait peut-être expliquer le contenu émotionnel puissant et positif de l'enseignement maçonnique. Je voulais en apprendre davantage.

Candace Pert faisait remarquer que l'envergure et la complexité des modes de relation entre le corps et le cerveau dépassaient ce qu'aurait permis un simple réseau électrique. Elle parlait d'un système de communication mécanique. Son système utilisait des molécules comme véhicules pour transporter des messages concernant le corps ; chaque molécule messagère étant constituée d'un ensemble d'acides aminés, ces minuscules constituants indispensables à la vie. Elles font passer la charge ionique d'électricité de l'axone à la dendrite par la porte synaptique ouverte. Mais si les molécules chargées délivrées par un axone « émetteur » ne peuvent s'accrocher à la surface de la dendrite réceptrice, aucun signal électrique ne peut être alors transféré. Vous ne pouvez utiliser n'importe quelle molécule ; il faut que ce soit une molécule idoine.

Le Dr Pert a découvert qu'un neurone type pouvait avoir des millions de récepteurs à sa surface et chacun est comme un trou de serrure auquel une seule clé correspond. Elle voit les récepteurs qui

---

38. Pert (1998), p. 139.

s'agglutinent sur les synapses des neurones comme des « scanners molé-
culaires sensibles ». Exactement comme nos yeux, nos oreilles, notre
nez, notre langue, nos doigts et notre peau fonctionnent comme des
organes sensoriels, explique-t-elle, nos récepteurs neuroniques en font
autant, si ce n'est qu'ils se manifestent au niveau microscopique des
molécules. Elle l'explique poétiquement de la manière suivante :

> [J']aime décrire ces récepteurs comme des « trous de serrure », bien que
> ce ne soit pas un terme parfaitement adéquat pour quelque chose qui est
> constamment en mouvement, dansant d'une manière rythmique et vibratoire.
> Tous les récepteurs sont des protéines. Ils se regroupent dans la membrane
> cellulaire en attendant que les bonnes « clés » chimiques nagent vers eux via
> le fluide extracellulaire et s'ajustent à eux en s'adaptant parfaitement au trou
> de serrure – processus que l'on connaît sous le nom d'accouplement.
> Accouplement ? C'est du sexe au niveau moléculaire[39] !

Un exemple ressort clairement : elle avait observé le rôle des
hormones sexuels dans le cerveau. Peu après que l'existence des récepteurs neuraux eut été prouvée, faisait-elle remarquer, les « trous de
serrure » des hormones sexuels furent « de manière inattendue identifiés dans le cerveau puis ignorés » par la recherche officielle. On savait
toutefois déjà que l'effet de la testostérone ou des œstrogènes sur le
cerveau en développement du fœtus affectait l'identité sexuelle d'un
enfant[40].

La manière selon laquelle ces chaînes chimiques complexes – que
l'on appelle les peptides – peuvent affecter des variables élémentaires
de la personnalité telles que l'orientation sexuelle aurait dû suggérer
que le système de réseau électrique n'expliquait peut-être pas tout.
Mais tout le monde savait que ce sont les neurones vibrant électriquement qui sont les clés permettant de faire fonctionner l'esprit humain.
Le cerveau chimique fut donc négligé. À ce stade, il est peut-être bon
de nous rappeler ce que sont les neurones et comment ils fonctionnent.

Un neurone ressemble à une minuscule jonquille, avec une tige, un
bulbe et beaucoup de petites racines, appelées « dendrites ». Ce bulbe
est le corps ou noyau de la cellule, la longue tige est appelée
« l'axone », tandis que la fleur qui forme la terminaison est la
« synapse ». Les neurones reçoivent des signaux des autres neurones via
leurs dendrites. Quand suffisamment de dendrites sont stimulées, le
potentiel électrique à l'intérieur du corps de la cellule grimpe à un

---

39. Ibid., p. 23.
40. Moir & Jessel (1989), p. 38-52.

niveau appelé le « potentiel déclencheur » et le neurone « tire ». En faisant cela, il envoie une impulsion électrique le long de l'axone vers la zone synaptique, où l'impulsion est transmise aux dendrites d'autres neurones. Simple, n'est-ce pas ? Si vous titillez assez de racines du neurone, vous pouvez provoquer un « éternuement » compulsif ou un « frémissement » le long de sa tige, et sa fleur – la synapse – ira à son tour « titiller » les racines du neurone adjacent dans l'alignement. Qui a dit que penser NE peut être amusant ?

D'accord, j'admets que la réalité est un peu plus complexe que cela. Mais, en observant le cerveau au regard de ce modèle électrique, ce que je veux dire, c'est que les neurones ont une activité binaire dans le processus : soit ils agissent, soit ils ne font rien. Il n'y a pas de demi-mesure dans l'activation neuronique. Soit ils atteignent un seuil de tension électrique (entre 50 et 70 mV) et se déclenchent, soit ils restent tranquillement immobiles. Les neurones qui s'activent provoquent les pensées. S'ils ne s'activent pas, vous ne pouvez avoir de souvenirs, de réflexes ou de conscience. Or, vous avez besoin de ces derniers avant de pouvoir avoir une personnalité.

Mais Candace Pert a encore complexifié sa théorie. La synapse est l'endroit où l'axone d'un neurone se connecte à la dendrite du suivant, mais il y a bel et bien entre les deux un fossé physique. La charge électrique est transportée à travers ce trou par des molécules chargées ioniquement. Or ce que le Dr Pert a mis en lumière, c'est que certaines molécules chargées allaient être reçues par la dendrite suivante tandis que d'autres ne le seraient pas. Les neurotransmetteurs possédaient un code chimique propre qui pouvait moduler l'opération du système électrique.

En somme, elle ajoutait à l'intérieur même du modèle ordinaire du système nerveux, un second système nerveux qui mettait plus de temps à opérer, mais qui avait la capacité de communiquer dans tout le corps. Néanmoins ce n'était pas simplement la simple existence de ce second système nerveux qui provoquait les ondulations, mais c'était aussi le fait qu'il était plus vieux, en termes évolutionnaires, que le système électrique. Pert a souligné que les peptides avaient été créés dans les cellules bien avant que les neurones se soient développés. En fait, les peptides véhiculaient déjà des messages entre les cellules avant le développement du cerveau.

Avant la découverte de la fonction des peptides (la clé) et des récepteurs (le trou de serrure dans lequel s'ajuste le peptide/clé), les scientifiques pensaient que les neurotransmetteurs n'étaient qu'un moyen de transporter le signal électrique à travers le fossé synaptique. On pensait qu'ils fonctionnaient comme un commutateur, c'est-à-dire en étant soit allumé, soit éteint. Mais le Dr Pert et ses collègues ont découvert que ces molécules codées pouvaient provoquer des changements complexes et fondamentaux quand leurs clés s'ajustaient à leurs trous de serrure à l'intérieur du cerveau et d'autres organes du corps.

> *Ces récepteurs en sont venus à être perçus comme des « molécules d'information » – les unités de base d'un langage utilisé par les cellules dans tout l'organisme pour communiquer à travers des systèmes comme l'endocrinien, le neurologique, le gastro-intestinal et même l'immunitaire. Globalement, le ronflement musical des récepteurs quand ils s'accouplent à leurs nombreux coordinats, souvent dans des parties éloignées de l'organisme, crée une intégration de structure et de fonction qui permet à cet organisme de fonctionner sans problème et intelligemment* [41].

Pert savait que les drogues psychotropes (littéralement, modifiant l'« esprit ») comme l'héroïne, la marijuana, le Librium et le PCP (acide ou « poussière d'ange [*angel dust*] ») ne pouvaient fonctionner que s'il y avait des récepteurs pour celles-ci dans le cerveau. Toutes ces drogues sont extraites de plantes, mais les coordinats (ou ligands, les molécules de type « clé ») modifient l'état de conscience du cerveau dans lequel elles pénètrent. Cela laisse entendre que le cerveau de tout individu est plein de « trous de serrure » attendant qu'un psychotrope (une substance ou un événement capable de modifier la conscience) les active. Comme le disait Pert, peu importe que vous soyez un rat de laboratoire, la première dame d'un quelconque pays, ou un accro aux drogues : tout le monde possède dans son cerveau le même mécanisme pour créer l'extase et l'expansion de sa conscience.

> *Nous savions que les récepteurs du cerveau n'avaient pas été créés simplement pour se connecter à des extraits de plantes venant de l'extérieur, comme la morphine et l'opium. Non, si un récepteur à opiacés se trouvait dans le cerveau, il n'y avait qu'une raison sensée qui l'expliquait : c'était que le corps lui-même produisait quelque sorte de substance, un produit chimique qui correspondait au minuscule trou de serrure lui-même – un opiacé naturel* [42].

Notre espèce devait avoir développé cet ensemble de « trous de serrure » particuliers pour correspondre aux peptides que les systèmes de notre propre corps créent et utilisent. Mais dans quel but ? Des hamsters amoureux ont fourni la réponse.

---

41. Pert (1998), p. 27.
42. *Ibid.*, p. 64.

Le Dr Pert avait constaté que pour un accro à l'héroïne, l'effet de la drogue était semblable à celui d'un orgasme sexuel. Elle s'était dit alors que l'extase ressentie au cours d'un orgasme résultait du fait que le corps crée ses propres substances psychotropes, appelées « endorphines ». Les molécules endorphines étaient la substance chimique corporelle naturelle pour lesquelles les récepteurs à opiacés s'étaient développés afin de les recevoir.

La morphine, qui est largement utilisée par le corps médical comme analgésique, amène aussi un plaisir intense tout en calmant la douleur. Il y a quelques années, je me suis fracturé le coude dans un accident de cheval et j'ai dû subir un certain nombre d'opérations extrêmement douloureuses. Après l'une de ces opérations, on m'a administré de la morphine en intraveineuse et je suis resté étendu pendant une période interminable dans un état d'extrême béatitude. Ce que j'ai ressenti alors ressemblait à la sensation voluptueuse suivant immédiatement un bon rapport sexuel, mais sans aucune des contractions musculaires qui accompagnent généralement ce dernier ni l'état nébuleux relatif qui le suit. À mesure que le traumatisme de l'opération s'estompait, je me sevrais de la morphine pour revenir dans la réalité. C'est alors que j'ai remarqué que mon bras me faisait mal comme l'enfer. Mais au moment où la douleur était la plus intense, j'avais été au septième ciel et je n'avais pas remarqué la souffrance.

Cela fait un moment que l'on sait que les orgasmes peuvent guérir les maux de tête. Le Dr Catherine Blackledge explique ainsi :

> L'orgasme est un puissant analgésique. C'est-à-dire que l'orgasme féminin relève le seuil de résistance à la douleur d'une femme (c'est-à-dire le point où une pression exercée de l'extérieur devient douloureuse) ; en d'autres termes, l'orgasme a le pouvoir d'éradiquer la douleur. Quelle que soit son intensité, l'orgasme féminin y parvient sans altérer la réaction de la femme à une stimulation tactile ou à une pression (ce n'est pas un anesthésique et il n'endort pas les sensations). Étonnamment, les études montrent que le seuil de résistance à la douleur de la femme s'élève de plus de cent pour cent à l'occasion d'une stimulation orgasmique vaginale et cervicale[43].

Cette découverte fut confirmée par une étude approfondie des docteurs Komisaruk et Whipple[44].

Les hamsters dorés que le Dr Pert et sa collègue le Dr Nancy Ostrowski utilisèrent pour mesurer la modification du taux

---

43. Blackledge (2003), p. 295.
44. Komisaruk & Whipple (2000).

.d'endorphine dans le cerveau pendant l'acte sexuel ont sans aucun doute ressenti du bonheur dans leurs ultimes instants. Comme elle l'explique :

> *Nous avons utilisé des hamsters [...] en raison de leur cycle parfaitement prévisible de comportement sexuel – deux minutes à lécher ceci ou cela, trois minutes à copuler, etc., et l'acte est consommé. Les mâles sont extrêmement prolifiques, éjaculant environ vingt-trois fois par cycle. [...] Nancy devait injecter à l'animal un opiacé radioactif avant la copulation. Puis, à différents moments du cycle, elle les décapitait et enlevait le cerveau. En utilisant une visualisation autoradiographique des cerveaux des animaux, nous pouvions voir où les endorphines étaient libérées pendant l'orgasme et en quelle quantité. Nous avons découvert que le taux d'endorphine dans le sang s'accroissait d'environ deux cents pour cent entre le début et la fin de l'acte sexuel[45].*

Le Dr Pert continua en étudiant les « sommets d'extase » que pouvait atteindre un joggeur et elle fournit une validation physiologique du phénomène. L'exercice physique du coureur accroît le niveau d'endorphines dans le sang ce qui affecte les récepteurs d'endorphine dans le cerveau et induit le plaisir.

Ensuite, elle poursuivit sa recherche avec l'étude du rôle des opiacés naturels dans l'expérience de l'extase au cours de l'orgasme humain. Ne pouvant pas couper la tête de ses cobayes pendant qu'ils s'accouplaient, elle dut envisager des moyens moins dramatiques pour collecter ses données.

Tous les couples de volontaires acceptèrent de mastiquer du parafilm (qui génère de la salive) à différents moments au cours du rapport sexuel, puis de cracher dans des éprouvettes. À partir de l'analyse des taux d'endorphine dans la salive, le Dr Pert conclut que l'orgasme humain s'accompagne de la libération d'une substance chimique de plaisir dans notre cerveau et notre flux sanguin.

Elle savait que le Dr Donald Overton de la *Temple University* avait drogué des rats à l'aide d'un peptide artificiel qui venait se relier à des récepteurs de leur cerveau et de leur corps. Puis il leur avait appris à courir dans un labyrinthe. Pendant qu'ils étaient drogués, les rats se rappelaient cet enseignement, mais ils l'oubliaient dès qu'ils n'étaient plus drogués. Cette constatation amena le Dr Pert à suggérer la chose suivante : les peptides affectaient non seulement nos émotions, mais ils avaient un effet sur ce dont nous nous souvenons.

---

45. Pert (1998), p. 103.

> *De même qu'une drogue permet à un rat de se rappeler plus facilement ce qu'il a appris antérieurement sous l'influence de cette même drogue, le coordinat peptide véhiculant l'émotion facilite la mémorisation chez les êtres humains. L'émotion est l'équivalent de la drogue, les deux étant des coordinats qui se relient aux récepteurs dans le corps. Ce que cela traduit dans l'expérience du quotidien, c'est qu'il y a plus de probabilité pour que l'on puisse se rappeler les expériences émotionnelles positives quand nous sommes dans une humeur optimiste, tandis que l'on se souviendra plus facilement des expériences émotionnelles négatives quand nous sommes déjà de mauvaise humeur [46].*

Cette découverte a une implication importante en termes d'évolution. Ce processus a permis aux grands simiens ancestraux qui ont engendré nos espèces de décider ce dont ils allaient se souvenir et ce qu'ils allaient oublier. La femelle primate qui tomba amoureuse d'un gentil mâle qui lui avait donné à manger et qui se souvint de la route pour aller le retrouver a beaucoup plus de chances d'avoir été notre arrière-arrière-grand-mère maternelle que l'écervelée qui se perdit et fut dévorée par des ours.

Elaine Morgan fait remarquer que :

> *Le rapport entre l'amour et les relations sexuelles n'est pas une invention romantique récente. Depuis l'origine, dès que l'hominidé a placé ses bras autour de sa femelle et l'a embrassée, ce ne fut pas seulement pour la faire taire. Et quand une mère berce dans ses bras et embrasse un bébé qui pleure, elle le fait aussi par tendresse. Le mâle n'aimait pas voir sa femelle effrayée et les démonstrations de bonté et d'affection [...] tendaient à susciter en lui les mêmes sentiments de plaisir que ceux qu'ils éveillaient chez elle. Si, en soi, le sexe des primates est une affaire fugace et comparativement impersonnelle, les autres relations qui étaient maintenant incorporées à celui-ci en faisaient une question plus personnelle et plus durable [47].*

Candace Pert pouvait expliquer pourquoi il en allait ainsi. Elle avait découvert que les pics émotionnels de l'amour – ou de l'émotion antagoniste, la peur – avaient aidé à fixer les souvenirs de notre arrière-arrière-grand-mère. Comme elle l'expliquait :

> *De même que les drogues peuvent affecter ce dont nous nous souvenons, les neuropeptides peuvent agir comme des coordinats internes pour modeler nos souvenirs tandis qu'ils se créent et ils peuvent nous remettre dans l'état d'esprit que nous avions alors, dès que nous avons besoin de nous les rappeler. C'est l'apprentissage. Les états émotionnels ou les humeurs sont*

---

46. Pert (1998), p. 144.
47. Morgan (1972), p. 129.

produits par les différents coordinats neuropeptides. Et ce que nous expéri-
mentons comme une émotion ou un sentiment est aussi un mécanisme
destiné à activer simultanément un circuit neuronal particulier dans tout le
cerveau et le corps – ce qui engendre un comportement impliquant toute la
créature, avec tous les changements physiologiques nécessaires que ce compor-
tement pourrait nécessiter [48].

Ces théories soulèvent une autre question : existe-t-il une sorte de peptide spécifique pour chaque émotion que nous ressentons ? Selon le Dr Pert, il pourrait en être ainsi, mais elle considère elle-même qu'une réponse véritable requerrait davantage de recherches. Cependant, il existe un dernier élément qui laisse penser que les peptides jouent un rôle beaucoup plus important dans le plaisir de l'orgasme que la plupart d'entre nous ne l'imaginent. Une étude de Komisaruk, Gerdes et Whipple a montré que les femmes qui étaient restées hémiplégiques à la suite de lésions vertébrales graves, donc qui n'avaient aucune sensibilité dans la moitié inférieure de leur corps, pouvaient néanmoins éprouver un orgasme suscité par une stimulation génitale, même si elles ne pouvaient sentir le contact. Ils ont montré que toutes les réactions de plaisir orgasmique habituelles incluent des changements de rythme cardiaque et de tension artérielle [49]. Apparemment, il semblerait que les peptides peuvent affecter les centres de plaisir dans le cerveau sans avoir besoin de connexion électrique *via* le système nerveux.

Mais pour en revenir à mon sujet, ce qui m'intéressait vraiment, c'était de savoir comment tout ceci pouvait m'aider à comprendre la franc-maçonnerie. L'ordre maçonnique met délibérément les candidats dans une position inconfortable et parfois il fait même mine de les effrayer. Puis, il les récompense – il leur règle leur « salaire » – et les fait se sentir bien. Je commençai à me demander si le but des mises en scène émotionnellement puissantes du mythe et du rituel n'était pas de causer des interactions entre les peptides chimiques et les ondes cérébrales électriques. Fort de cette connaissance des systèmes nerveux électriques et chimiques, j'étais maintenant prêt à revisiter les enseignements de la franc-maçonnerie. Je me fixai comme tâche suivante d'utiliser cette nouvelle compréhension des facultés du cerveau pour étudier plus attentivement les implications spirituelles du rituel maçonnique.

---

48. Pert (1998), p. 144-145.
49. Komisaruk, Gerdes & Whipple (1997).

Troisième partie

À la redécouverte
d'anciens trésors

Jusqu'à présent, dans cet ouvrage, j'ai examiné les études scienti-fiques concernant le mythe, le symbolisme et l'effet du rituel et de la posture sur le cerveau et son état d'esprit. Il me fallait maintenant revenir aux sept pas de la maçonnerie que j'ai décrits au chapitre VII et à ce qu'ils pouvaient m'enseigner. À cette fin, il était temps de revenir à l'œuvre d'un instructeur maçonnique qui pouvait m'éclairer.

Walter Leslie Wilmshurst, c'est de lui qu'il s'agit, a de l'art maçon-nique une vision symptomatiquement différente de celle de la plupart des maçons ordinaires. Il lie l'étrange état d'esprit que j'ai rencontré au milieu de l'orage, à la connaissance secrète qui se trouve au centre de la franc-maçonnerie.

CHAPITRE XI

LA SIGNIFICATION
DE LA MAÇONNERIE

LE MAÇON MYSTIQUE

Quinze ans après sa mort, Walter Leslie Wilmshurst fut honoré par la Loge qu'il avait fondée. Elle publia un livre intitulé *The Life & Work of W. L. Wilmshurst* (« La Vie et l'Œuvre de W. L. Wilmshurst »). Alors même que j'écris ces lignes, un exemplaire de cet ouvrage se trouve sur mon bureau. Une jaquette de papier translucide protège sa couverture cartonnée bleu sombre. Mais sous la fine pellicule de papier, on remarque les ravages de l'humidité. Je l'ouvre et constate avec bonheur que les pages intérieures sont intactes, sans tache. Le sous-titre exprime les sentiments de la Loge à l'endroit de « WLW », comme ils en sont venus à l'appeler : « L'un des plus grands maçons du monde, des plus profonds mystiques et des plus parfaits gentlemen anglais. »

Sur la page de garde, on voit la photographie d'un petit homme chauve, assez replet, avec un col cassé, une chemise blanche unie et un nœud papillon noir. Au-dessus de la chemise, il porte un smoking noir avec de larges revers de satin. Il détourne ses yeux sombres vers sa gauche, comme s'il n'était pas heureux de faire face à l'objectif. Les commissures de ses lèvres esquissent l'expression froide et maussade qu'il devait régulièrement arborer dans son métier d'avoué [*solicitor*]. Sa main droite disparaît presque dans son dos, mais les doigts écartés de sa main gauche s'avancent comme s'ils voulaient sortir de la photo. Ils sont posés sur une table recouverte d'une nappe sombre. L'incongruité de sa posture laisse penser qu'il veut attirer l'attention vers l'antique anneau qu'il porte à son quatrième doigt. Suivant une tradition entamée par WLW lui-même, le Vénérable Maître en exercice de la Loge des Pierres Vivantes [*Lodge of Living Stones*] – celle-là même qu'il avait créée – porte encore cet anneau chrétien gnostique du deuxième siècle lors des tenues de la Loge.

Wilmshurst n'avait que quinze ans quand il arriva à Huddersfield en 1893. Il venait de quitter une école privée du Surrey et fut placé dans une firme d'avoués de bonne réputation, Moseley & Co., dont l'associé principal était un ami de son oncle Ben. Six ans plus tard, Walter obtint son diplôme d'avoué. Le samedi 22 juin 1888, il acheva son travail à l'heure du déjeuner et sortit avec ses amis de la chorale de Huddersfield pour célébrer sa majorité. En l'espace de quelques semaines, il loua un bureau à Kirkgate et installa sa propre étude – qu'il administra jusqu'à sa mort le 19 juillet 1939.

En tant que jeune juriste ambitieux, Walter voulait se hisser dans la hiérarchie sociale de sa prospère petite ville lainière. Par conséquent, sur le conseil de M. Moseley, il sollicita son admission au sein de la Loge de francs-maçons locale. Et ainsi, à dix-huit heures, par une froide soirée d'hiver, le 11 décembre 1889, le jeune Walter fut dépouillé de ses biens terrestres. On le revêtit d'une grossière tenue de lin blanc qui fut arrangée de manière à laisser exposées différentes parties de son corps. Puis, dans un état de ténèbres créé par le capuchon qu'on lui avait passé autour de la tête, il fut initié devant la Loge d'Huddersfield n° 290. Dès le deuxième mercredi du mois suivant, il fut élevé au deuxième grade et, sans aucune pause pour lui laisser un temps de réflexion, il fut élevé à la pleine connaissance des « secrets » d'un Maître maçon en février 1890.

Voilà ce qu'il dit de cette expérience :

> *Souvent les trois grades sont passés rapidement, parfois même en trois mois successifs. Il est très improbable que vous puissiez en un si court laps de temps saisir toute la mesure de ce qu'ils impliquent. On vous a communiqué trop rapidement pour que vous l'ayez parfaitement saisi tout un corpus d'instruction relatif au progrès spirituel. Pourtant, on s'attend à ce que vous concentriez désormais votre vie dessus. Mais il vous faudra peut-être des années de réflexion et d'effort avant de comprendre ce qu'il faut faire.*
>
> *Nos rituels ne parviendront peut-être pas à ouvrir votre esprit au moment de leur transmission. Vous ne verrez peut-être pas immédiatement la lumière et vous ne percevrez peut-être pas la Vérité la plus profonde que l'initiation offre. Souvent, vous aurez à exécuter d'autres travaux spirituels pour atteindre le niveau de conscience supérieur. Mais un réveil soudain peut survenir si vous venez correctement préparé de cœur et d'intention. Certains vont ressentir au cours du rite un stimulus vraiment magique, une accélération*

permanente des facultés dormantes ou réprimées de leur esprit. Mais ce résultat souhaité pourrait être atteint plus souvent si tous ceux qui sont impliqués dans le rituel pouvaient vraiment saisir ce qu'ils ou elles font et œuvraient ensemble plus étroitement pour l'obtenir.

Généralement, l'accélération de conscience se révèle lentement et progressivement. Elle résulte d'une réflexion sur la doctrine et le symbolisme de l'ordre et d'efforts pour identifier le chemin de vie que trace son enseignement et l'emprunter.

Je n'ai découvert ce commentaire qu'après avoir acquis une vision complète des pensées de Wilmshurst sur l'initiation maçonnique. J'ai commencé par son livre *The Meaning of Masonry* et par une conférence qu'il donna devant la *Masonic Study Society* [Société d'études maçonniques], à Londres en 1925, intitulée « Les secrets philosophiques fondamentaux de la maçonnerie ». Dans celle-ci, il disait :

> *Des secrets philosophiques sont dissimulés dans le système maçonnique. On doit les distinguer des secrets purement formels transmis cérémoniellement.*
>
> *Par ces secrets, je n'entends pas des informations qui peuvent être communiquées ou tues à volonté, mais des vérités inhérentes au système lui-même ; des vérités ayant besoin d'être extraites de celui-ci, comme la poésie ou la musique de pages imprimées, par un effort personnel, et [qui] peuvent être reconnues comme des vérités seulement par l'âme après avoir intensément et profondément médité dessus et les avoir assimilées. C'est pourquoi on nous les enseigne au moyen de signes, de symboles et de points d'entrée parfaits, exprimant des facultés appropriées de perception et de compréhension. Des vérités et des mystères intérieurs sont inévitablement secrets pour ceux qui n'ont pas la faculté de les percevoir.*
>
> *Des ordres secrets ont toujours existé pour initier à ces secrets et mystères. Aujourd'hui, nous voyons notre propre ordre s'intéresser aussi peu à de telles choses, mais préférer diriger son énergie vers des desseins sociaux ou séculiers. Dans une telle circonstance, il est utile de réfléchir au fait que la seule justification d'un ordre secret est de chercher à procurer une instruction particulière et un soutien fraternel à ceux qui sont désireux de s'extraire des activités du monde extérieur et d'entrer dans le sanctuaire paisible où ils pourront contempler et accéder à la compréhension de choses qui doivent toujours rester à l'extérieur de la conscience des profanes.*

Ce fut le premier indice qui me laissa penser que WLW voyait la franc-maçonnerie comme une science enseignant la conscience de soi. Ce passage semblait faire allusion à l'état de conscience élargie dont j'avais fait l'expérience au milieu de cet intense champ électrique foudroyant.

J'avais passé des années à chercher les origines de la franc-maçonnerie et à écrire plusieurs livres sur ce sujet. Mais je continuais à considérer qu'elle renferme une connaissance secrète. Celle-ci aide les individus à grandir spirituellement et à se sentir mieux dans leur être et dans la société. Mais comment parvient-elle à le faire ? Wilmshurst avait-il la réponse ?

Son livre *The Meaning of Masonry* est étrange. Wilmshurst semble en savoir beaucoup plus qu'il n'est disposé à en révéler dans son ouvrage. Il l'admet d'ailleurs dès l'introduction quand il écrit :

> *En donnant ces pages à publication, j'ai veillé tout particulièrement à observer une retenue légitime au regard de certaines matières essentielles. Une obligation élémentaire et formelle de silence est requise en guise de précaution logique contre l'indiscrétion de personnes inadéquates et pour se prémunir contre toute profanation* [1].

Ce livre abscons fut écrit trente-trois ans après l'entrée de Wilmshurst en maçonnerie. Donc on peut penser qu'il lui fallut du temps avant d'aboutir aux conceptions relativement prudentes et retenues qu'il exprime dedans. Il nous donne un indice sur la signification réelle de l'ouvrage quand il écrit :

> *Notre système maçonnique actuel fut conçu et compilé comme une expression de l'ancienne doctrine par un groupe d'esprits qui étaient beaucoup plus profondément instruits dans la vieille tradition et la science secrète que ne le sont ceux qui se servent aujourd'hui de leur œuvre* [2].

Wilmshurst lisait beaucoup. Il était aussi à l'aise avec les écrits du philosophe grec Plotin qu'avec la prose des mystiques chrétiens comme Maître Eckhart, saint Jean de la Croix ou sainte Thérèse d'Ávila. Il connaissait les travaux du mystique indien Ramakrishna, du gnostique chrétien George Gurdjieff et de son élève Piotr Ouspensky, comme ceux de R. M. Bucke, ce précurseur en matière de recherche sur les états modifiés de conscience. Il possédait aussi un exemplaire illustré et largement écorné de la traduction de Budge du *Livre des morts* égyptien. La bibliothèque de Wilmshurst, ses papiers privés et ses notes de travail ont été préservés. Dans le cadre de mes recherches pour le présent ouvrage, j'en ai fait un large usage. Toutes les citations de Wilmshurst dont la provenance n'est pas spécifiée proviennent de ses

---

1. Wilmshurst (1922), p. 8-9.
2. *Ibid.*, p. 88.

carnets et de ses annotations qui sont conservées dans cette bibliothèque.

Vers la fin de *The Meaning of Masonry*, il parle de l'intention de cette « ancienne doctrine » en disant :

> *Le système de la maçonnerie spéculative est une expérience sur l'esprit [...] faisant la promotion de la science de la régénération humaine [...] mais le comprendre dépend du don de la lumière céleste, qui à son tour dépend de notre désir de la recevoir. Si la sagesse est veuve, tous les maçons sont les fils de la veuve. Nous la cherchons et œuvrons pour elle comme s'il s'agissait d'un trésor caché* [3].

Parlait-il du grand nuage flamboyant que j'avais vu avec mes neurones électriquement surchargés quand le dieu du tonnerre s'était invité à l'arrière de ma jeep ?

Dans ses notes privées, il va plus loin, en voyant le but spirituel de la franc-maçonnerie comme :

> *Passer de la pure humanité et de la compréhension charnelle à la divinité consciente alors que nous sommes encore dans la chair. C'est la prise de conscience de notre unité et de notre identité fondamentale avec l'absolu des absolus* [4].

Il continue :

> *Si donc, c'est cela l'objet et le but de l'Initiation, le postulat fondamental et le secret philosophique de la maçonnerie sont que Dieu et l'âme humaine sont en essence une unité, pas une dualité, et que le seul but de notre système initiatique est, par l'instruction et la discipline, de provoquer en chacun de nous la réalisation consciente de cette unité* [5].

Wilmshurst était parvenu à formuler en mots ce que j'avais ressenti juste avant que la résistance ionisée de l'atmosphère au-dessus de Queensbury se libère dans un éclair.

Mais WLW parle de l'état de conscience qu'il parvint à acquérir au moyen d'une discipline précise de son esprit, pas au moyen de quelque acte de foi hystérique, ni même d'un effet physique sur les neurones de son cerveau. C'est l'« expérience de Dieu » de Persinger. Un peu plus loin dans ce même texte, Wilmshurst est encore plus clair.

---

3. Wilmshurst (1922), p. 170.
4. Wilmshurst (1925).
5. *Ibid.*

> *La maçonnerie n'est pas non religieuse, mais supra-sectaire* [littérale-ment, au-dessus des groupes et des divisions religieuses], *et elle est orientée vers les secrets et les mystères de l'être dont la religion populaire ne traite pas. Elle est ontologique et philosophique, mais non théologique*[6].

Dans un article publié par l'*Occult Review*, en mars 1924, il décrivit cet état d'esprit plus précisément et l'appela la « conscience cosmique ». Il définit ainsi cette dernière :

> [*C'est*] *une vision intérieure qui transcende la vue dans la même mesure que la vue transcende le toucher, et* [*c'est*] *une conscience dans laquelle le contraste entre l'ego et le monde externe et la distinction entre le sujet et l'objet disparaissent*[7].

Walter Wilmshurst, le maçon mystique, savait déjà tout à propos de l'état d'esprit que Newberg, d'Aquili, Persinger et Ramachandran ont mesuré et décrit. Il a fait l'expérience de l'expansion de son esprit allant remplir l'univers. Et il n'avait pas besoin d'un orage pour déclencher ce phénomène. Mieux encore, il affirmait que la fonction du rituel maçon-nique est d'enseigner à ses fidèles comment atteindre cet état. Ayant apprécié ma première expérience de celui-ci, j'avais très envie d'apprendre comment je pouvais visiter à nouveau ce royaume mystique.

LA VOIE MYSTIQUE VERS LE CENTRE

Après cinquante années d'études de la question, Wilmshurst conclut que la franc-maçonnerie enseigne qu'un humain est constitué de quatre parties, chacune formant le quart d'un cercle. Ce dernier représente la totalité de l'être dont un Maître de l'ordre maçonnique devra s'efforcer d'équilibrer toutes les parties. Quand cet équilibre est réalisé, l'esprit devient un tout complet et circulaire avec un point de focalisation au centre, et c'est là, au centre, que la lumière peut alors – et seulement alors – être vue. C'est l'instant de l'expansion de la conscience ou de l'« expérience de Dieu » de Persinger.

Wilmshurst dit que « chaque pas quotidien sur la voie de la connais-sance maçonnique devrait nous aider à développer notre art maçon-nique, pour que nous puissions progresser dans notre capacité à percevoir cette grande lumière et cette harmonie, qui se trouvent au

---

6. Wilmshurst (1922).
7. Wilmshurst (1924).

centre de notre être ». Ce n'est que lorsque nous apprenons à percevoir « la lumière inextinguible » dans notre propre esprit que nous devenons véritablement un Maître maçon. Alors, nous connaissons ce qu'il appelle la « conscience cosmique » : l'état d'esprit dont ma première expérience fut une réaction involontaire à un éclair.

Il élabora un diagramme pour montrer le chemin en spirale qu'il suivit alors qu'il apprenait à se discipliner pour atteindre l'état d'esprit qui lui permettrait de voir la lumière au centre. Pour accéder à un état de « conscience cosmique », raconte-t-il, il a parcouru les quatre parties d'un cercle, tandis que son esprit évoluait circulairement autour de cette connaissance de lui-même. Ce diagramme présente la séquence de symboles qu'il contempla alors qu'il progressait vers le centre.

Le premier quartier représente son corps physique et il concerne le contrôle des pulsions irrationnelles de la chair.

Le deuxième quartier est son esprit ou cerveau rationnel, qui peut contrôler et contrebalancer le corps irrationnel.

Le troisième quartier est son esprit ou cerveau émotionnel, qui peut être influencé à la fois par les éléments rationnels et physiques, et qui le sera particulièrement par ceux que l'on laissera dominer.

Le quatrième quartier est son esprit proprement dit, qu'il qualifie de principe supra-rationnel, pouvant connaître la nature transcendantale qui unifie l'univers.

Ce n'est qu'une fois que les trois premiers quartiers sont réunis et harmonisés qu'ils peuvent soutenir la recherche de la grande lumière entreprise par l'esprit ; grande lumière, disait Wilmshurst, que l'on trouverait au centre (le point qui, nous rappelait-il, est « celui autour duquel aucun maçon ne peut s'égarer »).

Il continue en expliquant comment chacun des grades contribue à notre voyage spirituel.

Le premier grade nous aide à développer un esprit rationnel. Il nous enseigne comment équilibrer notre intellect par rapport aux pulsions irrationnelles de notre chair. Ce grade nous procure des postures, une structure de Loge pour concentrer notre pensée, et un ensemble de symboles et d'outils spirituels. Une fois que notre esprit rationnel parvient à contrebalancer les désirs charnels et que nous savons comment utiliser les postures, le symbolisme et les outils spirituels, nous sommes prêts à progresser vers le deuxième grade.

Celui-ci va alors nous aider à équilibrer notre intellect et nos émotions. Nous apprenons comment faire la différence entre les pulsions irrationnelles de la chair et la vérité de l'esprit. On nous fournit de nouvelles postures, de nouveaux outils et symboles pour

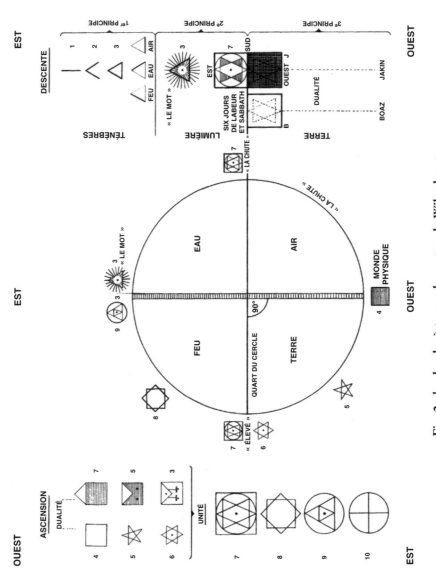

Fig. 2 : la planche à tracer du centre, de Wilmshurst.
Celle-ci nous montre symboliquement comment harmoniser les quatre quartiers de l'être.

renforcer notre esprit rationnel. Nous apprenons à maîtriser nos émotions pour nous apprêter à recevoir la révélation d'une étoile de vérité flamboyante, qui n'est encore « visible » ou plutôt devinable que sous la forme de ténèbres au centre. Dans ce grade, nous rencontrons le symbole de la spirale qui nous enseigne que la pratique rend parfait. Nous devons poursuivre sur ce chemin tournoyant – chaque tour nous rapprochant un peu plus du centre. Les postures transforment notre corps et alimentent des réactions hormonales dans nos esprits rationnels pour nous permettre d'apprendre à dompter notre émotion.

Mais avant de pouvoir progresser vers le troisième grade, nous devons nous préparer à nous débarrasser de notre ego et de notre amour-propre.

Dans la fleur de nos pouvoirs physiques et mentaux, ce sublime degré vous demandera instamment de subir une épreuve cruciale. Elle n'implique pas la fin physique de votre vie corporelle, mais la mort définitive de votre ego. Cette expérience vous dotera de la connaissance, des pouvoirs et des qualités d'un Maître.

Au troisième grade, nous laissons mourir notre ego et notre esprit rationnel. Ce n'est qu'alors que « notre esprit peut renaître comme la pierre d'angle de notre être et être soutenu dans sa quête pour atteindre la lumière qui émane du centre ». Ce rituel de mort et de renaissance neutralise les désirs de notre corps, de notre intellect et de nos émotions et ramène à la vie notre esprit qui avait été supprimé. Peu de Maîtres maçons atteignent cet état au cours de la cérémonie. Ce n'est que par la méditation prolongée sur la signification et les symboles du grade que l'on obtient l'expansion de la conscience.

Wilmshurst dit qu'en accédant à ce troisième grade, nous achevons de compléter le cercle de notre être. Il est maintenant parfait puisque nous avons la maîtrise des quatre parties égales le composant. Quand vous y parvenez, vous êtes un Maître de l'ordre et vous avez subi une transformation radicale de votre esprit et une régénération de votre nature tout entière. Alors, vous êtes prêt à laisser la lumière du centre se répandre dans les canaux tout neufs de votre cerveau et à intério- riser le vrai secret de l'ordre maçonnique. Cet éveil vous permet de connaître l'état d'esprit transcendantal qui voit, dit Wilmshurst, la « lumière inextinguible ».

WLW possède sa propre réponse à la question : « qu'est-ce que la franc-maçonnerie ? » Il répond que l'ordre maçonnique est une discipline d'instruction spirituelle pratique qui mène au centre transcendantal de notre esprit. Une fois là, pendant de brefs moments d'extase, nous expérimentons ce que c'est que devenir une partie de tout être et de toute chose existant.

À chaque étape de la progression spirituelle, nous nous améliorons. Nous acquérons des talents en matière de concentration, de mémoire, d'empathie, de charité et de bienveillance.

Selon Wilmshurst, la franc-maçonnerie est fondée sur trois grands principes : l'amour fraternel, l'assistance et la vérité. Dans nos réunions, nous manifestons l'amour fraternel ; par nos dons charitables, nous pratiquons l'assistance aux nécessiteux ; mais nous négligeons souvent la quête intellectuelle maçonnique de la vérité. Pourtant, dit-il, cette quête devrait être la force motrice alimentant notre désir de rendre visible la lumière du centre.

Il nous dit encore que le sentier vers le centre est ternaire. Premièrement, nous avons besoin de perfectionner notre travail en Loge, par la compréhension du rituel et son utilisation. Deuxièmement, nous avons besoin de développer notre compréhension par une discussion libre et ouverte sur la signification et le but du voyage spirituel qu'est la franc-maçonnerie. Et finalement, par un usage quotidien des postures, des symboles et des outils spirituels de l'ordre, nous devons accroître le pouvoir de notre esprit. Si nous intériorisons cet enseignement, promet-il, nous réaliserons l'état d'esprit transcendantal qui est notre « preuve improuvable » que nous avons compris le mystère intérieur de l'ordre.

Wilmshurst considère que la franc-maçonnerie est un « système spirituel d'auto-amélioration qui aide les individus à réaliser leur plein potentiel individuel et les encourage aussi à prendre une part pleine et active dans l'amélioration de la société en général ». Un système spirituel, certes, mais ce n'est pas une religion, même si elle utilise quelques composantes des croyances religieuses de ses fidèles. C'est une manière de comprendre et de développer votre esprit.

UNE SCIENCE DU MYSTICISME

L'éclair dans le Queensbury changea mon attitude envers le mysticisme. Je ne cessais de chercher des citations dans les ouvrages de Wilmshurst et les écrits d'autres penseurs mystiques, disant que l'initiation est une science empirique, et non quelque chose que l'on peut apprendre dans un livre. Un initié peut communiquer le système et les rituels à suivre, mais pas les résultats du parcours spirituel.

Pour comprendre l'initiation, vous ne pouvez pas simplement y penser : vous devez la vivre. C'était le grand secret de la foudre. J'avais vécu l'extase de la conscience du centre. Je savais maintenant ce que l'on ressentait et je voulais savoir comment le refaire. Mais pour un scientifique, cette connaissance pose un intéressant dilemme. Comment une interférence électrique dans mes données [*inputs*] sensorielles ou une méditation maçonnique spécifique, peuvent-elles provoquer une expérience magique telle que la conscience du centre ?

Mon moi conscient se trouve à l'extrémité d'un fil de télégraphe. Le fil est l'axone d'un neurone qui connecte mon cerveau à mes sens. Tout ce que je sais du monde extérieur passe par cet axone sous la forme d'une série d'impulsions brèves ou longues ressemblant aux points et aux traits du code Morse.

Tous les nerfs fonctionnent de la même manière. Donc, si les nerfs de mes yeux étaient connectés aux zones auditives de mon cerveau, je pourrais alors « entendre » la lumière. Je sais que c'est vrai parce que c'est exactement ce qui est arrivé quand j'ai entendu le bourdonnement du champ électrique de l'éclair. La sphère de ma connaissance intellectuelle s'arrête aux limites de ma personnalité et les terminaux externes de mes nerfs sensoriels circonscrivent l'étendue de ma compréhension. Imaginez ce qui arriverait si d'une manière ou d'une autre tous mes sens s'emmêlaient et étaient interchangeables. Je pourrais goûter la rougeur d'une voiture de sport, toucher le parfum du foin fraîchement coupé, entendre l'acidité d'un citron, voir les notes pures d'une flûte et respirer la douceur d'une peau de bébé. Comment pourrais-je décrire le monde que je perçois autour de moi à quelqu'un dont les sens n'auraient, quant à eux, pas été bouleversés ? Ce serait impossible.

Le champ électrique intense de l'orage que je décris dans le prologue de ce livre a frappé mon cerveau qui se trouvait dans un état différent de perception. Après avoir vécu cette expérience, j'ai été en mesure de comprendre pourquoi Wilmshurst avait écrit dans un de ses carnets :

> *Notre science est expérimentale. Nous ne pouvons que communiquer notre système, jamais son résultat. Nous venons à vous non comme penseurs, mais comme acteurs. Abandonnez votre ferme et absurde confiance dans les sens, avec leur langage de points et de traits, qui est peut-être en mesure de rapporter des faits, mais qui ne pourra jamais communiquer la personnalité. Si la philosophie vous a enseigné quelque chose, c'est surtout la longueur de sa longe et l'impossibilité d'atteindre la prairie grasse, verdoyante et indubitablement admirable qui se trouve au-delà. Les uns après les autres, des idéalistes se sont manifestés. Ils ont essayé de tirer frénétiquement sur cette corde*

qui les entravait en proclamant au monde l'imminence de la libération [...]
pour finalement se retrouver tous rejetés dans le petit cercle des sens. Mais
ici [dans la maçonnerie], *nous ne sommes qu'une petite famille, certes, mais*
une famille qui refuse de mourir, et nous vous assurons que nous avons défait
le nœud qui nous empêchait d'atteindre les prairies grasses. C'est le seul
élément que vous devez prendre en compte avant de pouvoir additionner la
somme totale des connaissances potentielles. Car vous constaterez qu'il est
impossible de prouver que le monde tel que le voit l'initié – inimaginable,
sans forme, sombre avec des excès de clarté – est moins réel que l'univers
physico-chimique proposé par un jeune chercheur plein d'avenir.

Mais est-il possible d'apprendre à atteindre cet état de conscience
cosmique à volonté ? Alors que je réfléchissais à ce sujet, je lus le
manuscrit de l'autobiographie d'un écrivain plus expérimenté en cette
matière, qui était aussi l'un de mes amis. Il avait beaucoup réfléchi à
ce problème. En fait, son premier best-seller, *The Outsider*
[« L'Étranger »], parlait déjà de ce sujet.

L'ESPRIT DE L'« ÉTRANGER »

À l'âge de seize ans, Colin Wilson décida de se suicider. Dans son
autobiographie, il raconte comment il s'est retrouvé avec une bouteille
ouverte d'acide cyanhydrique en main, sur le point de boire ce liquide
mortel :

> *Puis une chose étrange est arrivée. Je suis devenu deux personnes à la fois.*
> *Je fus soudainement conscient de cet adolescent idiot appelé Colin Wilson,*
> *avec sa misère et sa frustration. Il semblait tellement stupide et limité que je*
> *ne me serais vraiment pas soucié du fait qu'il se tue ou pas. Seulement s'il se*
> *tuait, il allait me tuer aussi. Pendant un moment, je sentis que je me tenais à*
> *côté de lui et que je lui disais que, s'il ne se débarrassait pas de cette tendance*
> *à l'auto-apitoiement, il n'arriverait jamais à grand-chose.*
> *C'était comme si ce moi « réel » avait dit à l'adolescent : « Écoute, idiot,*
> *pense à tout ce que tu rates », et à cet instant, j'entrevis l'immense et merveil-*
> *leuse richesse de la réalité, qui s'étendait jusqu'à l'horizon*[8].

Dans un moment de grand stress, Colin avait ressenti une forme de
la conscience cosmique dont Wilmshurst dit qu'il est le centre de la
franc-maçonnerie. L'un et l'autre semblent s'accorder pour dire que cet
état d'esprit est étroitement lié à la mort. Colin pense que de
nombreuses personnes qui réalisent quelque chose d'original en

---

8. Wilson (2004), p. 3-4.

littérature ou en philosophie ont été tentées par l'idée du suicide. Selon lui, cela s'explique par le fait que quiconque regarde dans cet abîme parvient à séparer le soi réel du soi superflu, un processus qui est comme une renaissance. Ces idées ressemblent à celles de Wilmshurst :

> Les méthodes des officiers [maçonniques] initiateurs et la nature de l'expérience elle-même doivent être vécues pour comprendre leur effet. Personne ne peut jamais comprendre sans les expérimenter. C'est une expérience dans laquelle votre conscience se retire ; elle meurt à toutes les préoccupations terrestres. Elle est introvertie et redirigée à travers des ténèbres psychiques vers le centre. C'est la source et la racine de son propre être, et là elle s'unit à la lumière du centre cosmique qui est la source et l'inspiration de notre esprit individuel. Il a déjà été dit que cette expérience soit vous trouve déjà dans un état de sainteté, soit elle vous laisse dans cet état.
>
> L'événement sublime vous oblige à prendre conscience de votre mortalité. Il établit une union entre votre esprit humain et l'ego cosmique. En resoudant votre personnalité inférieure et charnelle à votre centre (votre soi supérieur ou principe spirituel), vous devenez parfait. Après cette expérience, vous êtes un Maître initié[9].

Colin raconte qu'un jour il a eu peur que sa compagne soit enceinte. Puis il a découvert qu'elle ne l'était pas. Le soulagement ressenti provoqua un état d'exaltation.

> Ce qui me frappa clairement, ce fut que ce que je voyais – cette immense profondeur du mystère, de la beauté, de la magie qui semblait être exhalée de la mer et de la péninsule d'Exmouth au-delà – était assez objectif. C'était réellement là, à tout instant. Le mécanisme de tension et de soulagement avait purement écarté un voile comme le rideau au théâtre s'ouvre pour révéler la première scène. S'il en était vraiment ainsi, l'homme devait être capable d'induire une extase mystique en apprenant simplement à voir les choses telles qu'elles sont. Comment ? Évidemment, en apprenant d'une certaine manière à reproduire le processus mental qui venait de m'être révélé.
>
> L'idée fondamentale que j'avance ici n'est pas nouvelle : c'est l'idée de Blake selon laquelle toutes les choses seraient vues comme « infinies », si les portes de la perception étaient nettoyées. Mais c'est alors que ma formation scientifique a repris le dessus. Quelle serait précisément la nature de l'acte mental qui nettoierait les portes de la perception ?
>
> Les êtres humains possèdent certains pouvoirs curieux qui les distinguent des animaux ; il y a non seulement leur aptitude à atteindre un état de béatitude proche de la transe grâce à la poésie ou à la musique, mais également la capacité d'induire une excitation sexuelle – voire un orgasme – sans avoir besoin de la présence réelle de l'objet du désir sexuel. Aucun animal ne peut se masturber sans la présence de quelque stimulus ; seul l'homme possède ce

---

9. Wilmshurst (Lomas édition). À paraître.

pouvoir de construire un ensemble complexe de réactions psychiques par la seule imagination.

De la même manière, il n'existe aucune raison expliquant pourquoi l'homme ne devrait pas apprendre à repousser ces voiles d'indifférence et d'habitude qui le séparent de la réalité. C'est simplement une question de reproduction de l'acte mental[10]*.*

D'accord, mais comment peut-on y arriver ? Quels sont les pas disciplinés que l'on doit accomplir pour retourner à l'extase du centre ? Voici ce qu'en pense Wilmshurst :

> *L'engouement populaire pour la maçonnerie et la tendance de ses membres à se contenter d'une approche superficielle de celle-ci ont entraîné un désintérêt de plus en plus accentué pour le concept originel de la Loge. À l'origine, les Loges étaient des petites communautés se consacrant à un travail collectif de nature philosophique. Celui-ci visait le développement intellectuel et le perfectionnement spirituel de ses membres. Les avantages sociaux n'étaient que des incidences secondaires. Il est souhaitable de restaurer cette idée originelle si vous voulez revivre la dimension spirituelle de l'ordre.*
>
> *La force et la valeur d'une Loge ne dépendent pas du nombre de ses membres et de l'attraction qu'elle exerce. Elles se fondent sur la qualité de la vie collective des frères qui la composent. Elle dépend de leur unité, de la consistance de leur coopération tournée vers un idéal commun. Son succès repose sur la capacité à former une conscience de groupe.*

Il poursuit plus loin :

> *La maçonnerie n'est pas une communauté monastique. C'est une discipline du secret adaptée à des personnes qui vivent dans le monde réel et qui assument des devoirs domestiques et séculiers. Elle ne réclame pas de vous le suivi de la moindre règle de vie uniforme, comme c'est le cas à l'intérieur de n'importe quel ordre fermé. Elle vous laisse vivre comme vous l'entendez, mais elle vous aide justement à trouver votre voie pour harmoniser vos vies intérieures et extérieures.*
>
> *Cependant, elle fait des stipulations précises à trois égards. Ces lignes directrices constituent une règle de vie.*
>
> *1. Elle insiste sur une obéissance constante à la loi morale.*
>
> *2. Elle requiert un « progrès quotidien dans la science maçonnique » par la pratique de quelque forme d'étude utile, de réflexion ou de pratique méditative, adaptée au goût et au tempérament de chacun.*
>
> *3. Elle fournit le symbolisme des outils opératifs et les planches à tracer pour la contemplation et la réflexion quotidiennes.*

---

10. Wilson (2004), p. 3-4.

Il vous est conseillé de faire attention à ces différents points. Ceci s'applique particulièrement à l'utilisation personnelle des outils opératifs symboliques et des planches à tracer sur lesquels on ne saurait trop méditer et que l'on ne saurait trop mettre en pratique.

Si vous n'appliquez pas les plus simples et les plus élémentaires prescriptions de l'ordre, comment pouvez-vous espérer percevoir ses enseignements les plus poussés et les plus cachés ?

L'idée de Wilmshurst est de suivre une voie méditative. Il suggère d'utiliser les outils spirituels et mentaux de la maçonnerie pour amener l'état mental désiré.

Mais, comme Colin Wilson l'a noté, il y a une sensation tout à fait commune qui est très semblable à la béatitude de la conscience cosmique. C'est l'orgasme sexuel.

Newberg et d'Aquili décrivent un état d'esprit qu'ils appellent « l'hyperstimulation avec poussée de tranquillisation ». Cet état semblable à la transe intervient brièvement pendant l'orgasme sexuel, bien qu'il y ait aussi des moyens non sexuels de l'atteindre : ils en donnent des exemples comme la contemplation intense et prolongée, la danse rituelle rapide ou un rituel répétitif stimulant – ils auraient pu inclure le fait d'être frappé par la foudre. Il semble que l'état de béatitude que l'initié ressent quand il devient conscient du centre est un état que « l'horloger aveugle » (pour reprendre un titre de Richard Dawkins) de l'évolution a intégré dans le cerveau pour encourager les humains à partager leurs gènes.

Selon Wilmshurst – et c'est là la principale idée de son étude –, la franc-maçonnerie serait un système éminemment évolué d'éveil spirituel. S'il a raison, comment cela fonctionne-t-il ?

L'ÉVOLUTION DE LA CONSCIENCE COSMIQUE

« Il est universellement reconnu que les orgasmes des hommes et des femmes sont le résultat d'une stimulation cérébrale pendant le rapport sexuel. » Ce n'est pas vraiment Jane Austen qui a dit cela, mais une biologiste, le Dr Catherine Blackledge. Elle pense que les extases spirituelles de l'une des héroïnes mystiques de Wilmshurst, sainte Thérèse d'Ávila, ressemblent à un orgasme sexuel.

Plaisir ou douleur ? Extase ou agonie ? [...] Sainte Thérèse est en pâmoison, le corps penché en arrière. Elle a perdu la conscience de l'instant et s'abandonne à sa vision sacrée. Elle gémit. Elle a les lèvres entrouvertes, le visage inondé de sensation, les yeux fermés. Les plis de son vêtement flottent, fluides comme l'eau, caressant ses formes, tandis que des rayons de lumière dorée tombent du ciel, et l'ange du seigneur se prépare à transpercer de sa lance à la pointe enflammée le cœur [de la sainte], *encore et encore.* L'Extase de sainte Thérèse, *la sculpture que le Bernin* [Giovanni-Lorenzo Bernini] *a réalisée de la sainte espagnole d'Ávila en communion intime avec son dieu, est à la fois rayonnante de gloire et perturbante, et suprêmement capable d'induire des frissons involontaires chez ceux qui passent à côté d'elle sans même s'en rendre compte*[11].

Le Dr Blackledge observe que pour certains individus, la sculpture du Bernin (XVIIe siècle) représentant une extase religieuse confine au blasphème. « [Ils] voient en elle une représentation de l'orgasme éternel. » Mais vous comprenez pourquoi, dès que vous réalisez que l'état d'esprit d'un saint spirituellement initié est aussi l'état naturel des cerveaux humains ordinaires sexuellement stimulés. Le cerveau de sainte Thérèse est parasité par la récompense comportementale que l'évolution a trouvée pour nous encourager à concevoir des enfants. Exprimé plus simplement, l'orgasme est un mécanisme de rétribution qui encourage les primates à partager leur ADN. En observant comment cela fonctionne on fait un pas vers la conscience cosmique.

Wilmshurst dit ceci des visions de sainte Thérèse :

> *Les expériences mystiques de sainte Thérèse furent légion. Elles incluaient les stigmates – c'est-à-dire les marques sur son corps des cinq plaies de la Crucifixion –, la lévitation, la clairvoyance, la clairaudience, etc. Elle eut même une expérience qu'elle appelle l'« oraison d'union », qui correspond étroitement par sa description à la conscience cosmique.*
>
> *Dans cette oraison d'union [dit sainte Thérèse], l'âme est pleinement éveillée en ce qui concerne Dieu, mais totalement endormie au regard des choses de ce monde et d'elle-même. Pendant le bref laps de temps que l'union dure, elle est, pour ainsi dire, privée de toute sensation, et même si elle l'avait voulu, elle n'aurait pu penser à la moindre chose particulière. Ainsi, elle n'a besoin d'aucun artifice pour se servir de sa compréhension. En bref, elle est totalement morte aux choses du monde et ne vit qu'en Dieu. [...] Ainsi quand Dieu élève l'âme pour qu'elle s'unisse à Lui, Il suspend l'action naturelle de toutes les facultés. Mais ce laps de temps est toujours court et il paraît même encore plus court qu'il n'est. Dieu s'installe à l'intérieur de cette âme d'une manière telle que, quand elle reprend conscience d'elle-même, il est totalement impossible pour Thérèse de douter qu'elle a été en Dieu et Dieu en elle. Cette vérité reste si fermement imprimée en elle que, même si des années devaient s'écouler avant que cette condition ne revienne, elle ne pourrait ni oublier la faveur qu'elle a reçue ni douter de sa réalité. Si vous*

---

11. Blackledge (2003), p. 251.

demandez comment c'est possible que l'âme puisse voir et comprendre qu'elle a été en Dieu, dès lors qu'au cours de l'union elle ne pouvait ni voir ni comprendre, je réponds qu'elle n'a pas pu le voir alors, mais qu'elle l'a vu clairement plus tard, après qu'elle est revenue à elle, non pas sous la forme d'une quelconque vision mais par une certitude qui demeure en elle et que Dieu seul peut lui donner.

Elle ne le percevait pas sous sa forme réelle, et néanmoins la vision qu'elle en eut était d'une clarté souveraine et elle est restée nettement imprimée dans son âme. La vision était si subtile et délicate que l'entendement ne pouvait la saisir [12].

Wilmshurst cite le récit d'une intense souffrance de sainte Thérèse comme un témoignage de l'état d'esprit mystique chez un initié. Le Dr Blackledge cite aussi sainte Thérèse, à partir du manuscrit du *Livre de la vie*, écrit en 1565 :

La douleur était si intense que j'ai hurlé ; mais simultanément, je ressentis une douceur si infinie que j'ai souhaité qu'elle dure éternellement. Ce n'était pas une souffrance corporelle, mais psychique, bien qu'elle ait affecté également le corps dans une certaine mesure. C'était la plus douce caresse de l'âme par Dieu.

Il ne faut sans doute pas être surpris que sainte Thérèse ait du mal à décrire sa sensation intense. Comme le précise le Dr Blackledge :

Les descriptions de l'orgasme défient souvent la précision. Après tout, qu'exprime-t-on ? Est-ce un pinacle de plaisir et de passion ou simplement des secondes de douce souffrance, intense et exquise ? Est-ce un moment de bonheur évanescent et extatique où une personne peut se tenir à l'extérieur du soi et de la vie consciente ou juste des contractions musculaires délicieusement plaisantes centrées sur et autour des parties génitales de la personne ? L'orgasme, semble-t-il, est paradoxal [13].

L'anthropologue Elaine Morgan, formée à Oxford, est assez claire sur les raisons expliquant les orgasmes. Comme je l'ai déjà mentionné, elle a écrit :

Tous les éléments circonstanciels en notre possession concernant le comportement animal tendent à prouver que les pulsions sexuelles sont une affaire mutuelle – les deux sexes ressentent un besoin, les deux sont forcés de

---

12. Wilmshurst (1924).
13. Blackledge (2003), p. 251.

le satisfaire et les deux expérimentent l'accouplement comme un acte d'accomplissement [14].

J'ai déjà évoqué les récentes recherches du Dr Blackledge. Elle a montré que l'état d'esprit extatique que nous ressentons au cours d'un orgasme n'émousse pas les sens [15]. Au lieu de cela, il élève l'état de conscience en supprimant les douleurs parasites pouvant provenir d'autres parties du corps. Et Blackledge pense comme Elaine Morgan que l'orgasme a évolué chez les mammifères comme un moyen d'augmenter la sélection sexuelle. Elle dit ainsi :

> *S'il est certainement exact qu'aujourd'hui l'orgasme féminin chez les humains n'est plus essentiel pour qu'intervienne la conception, je crois que l'influence que l'orgasme continue d'avoir sur la libération de l'œuf et son mouvement (l'ovulation et l'implantation), comme sur le transport et le transfert du sperme, attire notre attention sur l'origine de ce phénomène nerveux et musculaire agréable. L'orgasme – les contractions et les relaxations rythmées, puissantes et ondulantes des muscles génitaux – est né du besoin de la femelle de contrôler et de coordonner le transport tant de l'ovule que du sperme à l'intérieur de son appareil reproducteur. Avec sa symphonie d'hormones qui accompagne le processus, les contractions musculaires (orgasmiques) de l'appareil génital féminin s'occupent en vérité d'orchestrer le mouvement de l'œuf et du sperme, souvent avec un formidable niveau de précision. Pour parler en termes de reproduction, c'est un avantage pour la femme d'être capable de réaliser cette manipulation du mouvement de l'œuf et du sperme à l'intérieur d'elle-même. Si la femelle a le libre choix de ses compagnons d'accouplement et qu'elle contrôle le mouvement de ses organes génitaux, il en résultera le choix de s'accoupler au partenaire le plus génétiquement compatible, d'où une reproduction sexuelle optimale* [16].

L'état de béatitude que nous appelons l'orgasme s'est révélé un outil déterminant en matière d'évolution. Tous les humains descendent d'une longue lignée de reproducteurs sexuels performants. Par conséquent, nous avons tous hérité de la capacité d'avoir des orgasmes jouissifs à des fins sexuelo-reproductrices. En revanche, est-il possible que l'extase de la conscience cosmique soit un atout spirituel que nos cerveaux auraient développé en devenant orgasmiques ? S'il n'y a rien de sexuel dans le rituel maçonnique, utiliserait-il cet état du cerveau d'une autre manière ?

---

14. Morgan (1972), p. 97-98.
15. Blackledge (2003), p. 295.
16. *Ibid.*, p. 292.

Colin Wilson a étudié cette idée d'une expérience paroxystique non sexuelle. Il dit ainsi :

> *Ce qui arrive lors de ces moments d'intensité, c'est un ajustement focal soudain de notre bonheur, de la même manière qu'un infime ajustage d'une paire de jumelles permet soudain à une scène d'être parfaitement claire et nette. [...] Cette expérience amène une prise de conscience intéressante : elle nous fait réaliser que la plupart de nos valeurs – les choses que nous aimons – sont cachées le plus souvent, comme plongées dans un brouillard. Nous avons tous au moins plusieurs centaines de raisons d'être heureux, à commencer par le simple fait d'être vivant. Nous apprécions nos demeures, notre sécurité, nos familles, nos biens ; mais sauf en de rares moments de plaisir soudain – ce que Maslowe appelait les expériences paroxystiques – ces choses que nous aimons demeurent sous le seuil de la conscience* [17].

Colin parle ici d'une idée qui figurait déjà dans l'analyse que Wilmshurst faisait de l'intention du rituel maçonnique. WLW disait que le contrôle des émotions et de l'intellect permet de réduire les activités parasites de l'ego qui nous distraient de nos objectifs et de laisser l'esprit se manifester et briller. Mais Colin a étudié ce principe d'un point de vue différent. Il reconnaît que beaucoup d'actions humaines prennent place sous le niveau de la conscience et il décrit les actions des systèmes neuraux autonomes, qui gèrent la plupart de nos réactions corporelles, comme étant notre « robot » :

> *Le problème central de la conscience humaine est relié au « robot », la partie mécanique de notre être. En tant qu'êtres éminemment complexes, nous avons besoin d'être capables de réaliser mécaniquement, sans même y penser, un grand nombre de choses, de la respiration à la conduite d'une voiture en passant par la communication dans différents langages. En fait, notre « robot » accomplit la plupart des choses difficiles beaucoup mieux que nous ne pourrions le faire sciemment. [...] Mais ce « robot » peut être parfois extrêmement dangereux. [...] Quand je fais quelque chose avec de l'intérêt ou du plaisir, il a pour effet de charger mes batteries vitales, exactement comme la batterie d'une voiture est rechargée quand vous la conduisez. Quand j'accomplis des choses « automatiquement », il y a peu ou pas de charge ou de « feedback ». Si je suis submergé par le travail ou dans un état de dépression, le « robot » prend le dessus et je peux vivre pendant des semaines, des mois, voire des années, dans un état mécanique, dévitalisé, en ne parvenant jamais à mettre assez d'énergie dans quoi que ce soit pour réaliser que cet état est anormal* [18].

---

17. Wilson (1990), p. 223.
18. *Ibid.*, p. 224.

Mais est-il possible de susciter la venue inopinée de ces expériences paroxystiques positives ? Colin le pense.

> *Une fois que nous reconnaissons que l'intensité avec laquelle nous « voyons » le monde dépend totalement du taux d'« intérêt » que nous mettons dans le système perceptif, nous commençons à acquérir une sorte de contrôle précaire de nos propres humeurs et expériences paroxystiques. Je dis précaire parce que la conscience de soi est une étape assez nouvelle dans l'évolution humaine et au début, il y a des chances pour que nous trouvions ce type de contrôle aussi effrayant que de marcher sur une corde raide*[19].

L'expérience paroxystique, la conscience cosmique et l'« expérience de Dieu » sont des visions différentes d'un état d'esprit qui est central dans le rituel maçonnique. Mais la conscience cosmique est différente de l'orgasme ; la première n'a pas les contractions musculaires et l'émission de fluides de la seconde. Cependant, elles amènent toutes deux une expérience d'extase et de bonheur. Serait-ce la raison insaisissable expliquant pourquoi les francs-maçons aiment tant exécuter leurs rituels ? Serait-ce pour cela que, *moi*, j'apprécie tant la franc-maçonnerie ?

La plupart des maçons font apparemment l'expérience de cet état à des degrés variables. Mais tous les témoignages que j'ai pu lire – et ma propre expérience de l'orage le confirme – ont un trait en commun : ces états de conscience ne sont manifestement pas continus. Ils sont discrets (au sens mathématique du terme) et séparés. Le changement d'un état à un autre est instantané. Quand je fus presque frappé par l'éclair, je suis passé en une fraction de seconde d'un état de mauvais pressentiment à une extase cosmique, sans percevoir comment la métamorphose s'était opérée. Ce fut une transition soudaine d'un état stable à un autre de nature assez différente. Le cerveau étant constitué de sous-systèmes linéaires et imprégnants, cet aspect me fournissait maintenant un nouveau fil à tirer pour toujours essayer de comprendre comment fonctionne le rituel maçonnique. À ma connaissance, les seuls systèmes manifestant un basculement caractéristique du désespoir à l'extase, des ténèbres à la lumière, du haut au bas, sont chaotiques. C'est donc aux mathématiques du chaos qu'il me fallait maintenant m'intéresser.

---

19. *Ibid.*, p. 225.

LE CHAOS DE LA RÉACTION ORGASMIQUE

René Thom (1923-2002), professeur de mathématiques à l'institut des hautes études scientifiques de Bures-sur-Yvette, près de Paris, a créé une nouvelle branche des maths appelée « la théorie des catastrophes ». Il explique comment des forces linéaires évoluant lentement en exerçant une action sur un système provoquent des changements abrupts de l'état général de ce dernier. Ces idées ont de larges applications en physique, en biologie et dans les sciences sociales. Thom les a décrites dans un livre intitulé *Stabilité structurelle et morphogénèse*[20].

Il voulait savoir pourquoi une force changeant graduellement paraît ne pas avoir le moindre effet dans un premier temps pourtant si elle continue son mouvement, certains types de systèmes peuvent devenir instables. Ils passeront rapidement d'un état stable à un autre. Il développa une méthode graphique pour montrer cet effet en projetant les mouvements d'un point d'une surface plane sur une surface pliée. Deux paramètres interagissant, comme les systèmes de stimulation et de tranquillisation du cerveau, pouvaient être représentés sur une surface plane, et la modification de cette feuille (en la pliant ou en la froissant) pouvait exprimer les modifications de l'état de conscience : en observant les lignes de pliure ou les points de cuspide (les points situés à la commissure des pliures) visibles sur la surface. D'infimes changements dans les paramètres peuvent provoquer des bonds spectaculaires dans les états de conscience. Thom appelait ces sauts « des catastrophes[21] élémentaires » et classifiait les types de surfaces qui les provoquent.

Dans sa nécrologie du *Times*, il était rappelé que l'une de ses inspirations avait été l'utilisation des systèmes dynamiques de Christopher Zeeman pour modeler le cerveau. En réalité, l'inspiration fut réciproque, comme le mentionne l'article :

De nombreux mathématiciens et scientifiques furent inspirés par le génie de Thom, y compris Zeeman, qui introduisit la théorie des catastrophes en Grande-Bretagne et la signala à l'attention de la communauté mathématique internationale, tout en développant de nombreuses applications dans les sciences biologiques et comportementales. Cependant, l'une des limites de la théorie des catastrophes est qu'elle est davantage qualitative que quantitative (c'est-à-dire, fiable dans le cas de changements légers de coordonnées plus que

---

20. Thom (1975).
21. Thom utilise le terme de « catastrophe » dans un sens technique pour décrire un passage soudain d'un état stable à un autre ; ce qui n'implique pas que le changement soit indésirable. Je continuerai à utiliser le mot dans ce sens émotionnellement neutre tout au long de ce chapitre.

dans le cas de changements linéaires), ce qui rend parfois difficile, mais pas toujours, de tester numériquement des modèles : toutefois, pour être honnête, il y a eu plusieurs succès notables. [...]

Jusqu'à présent, la principale contribution de la théorie du chaos a été de permettre une meilleure compréhension de l'imprévisibilité, de la manière selon laquelle de petites perturbations dans les conditions initiales d'un système déterministe peuvent produire de grandes variations dans le mouvement subséquent[22].

Le type de système chaotique qui m'intéresse a deux intrants [*inputs*] de contrôle : les systèmes de stimulation et de tranquillisation du cerveau. Thom appelait cela une catastrophe de type « cuspide ». En utilisant cette méthode pour examiner les différents états de conscience – de la « conscience du flux » à la conscience cosmique, en passant par l'orgasme, la méditation, le sommeil, etc. –, on peut voir comment l'esprit peut rapidement basculer d'un état à l'autre.

Newberg et d'Aquili disent que l'orgasme survient quand une surcharge électrique circule dans les neurones, ce qui normalement provoque le processus de tranquillisation reposant. Une récente recherche du Dr Jozsef Jansky, de l'Institut national de psychologie et de neurologie de Budapest, a donné du poids à cette idée.

Il rapporte le cas d'une Hongroise de trente et un ans souffrant d'épilepsie. Elle lui a raconté qu'elle avait des sensations ressemblant à un orgasme juste avant une crise. En creusant la question, il découvrit que vingt-deux cas d'« aura orgasmique » – c'est le nom qu'on donne à ce phénomène – avant une crise d'épilepsie avaient été notés depuis 1945[23]. Certains de ces rapports fournissaient des comptes-rendus suffisamment précis de l'activité cérébrale pour lui permettre d'identifier la partie du cerveau qui provoquait ces « orgasmes » : en l'occurrence, la région de l'amygdale dans le cerveau droit. C'est précisément la partie du cerveau qui crée la réaction émotionnelle, que Newberg et d'Aquili identifièrent comme le centre du bonheur transcendantal. Jansky a émis l'hypothèse selon laquelle cette aura orgasmique aurait pu être provoquée par une libération d'hormones électriquement stimulée.

Voilà peut-être un indice permettant de comprendre pourquoi à certains moments il est facile d'atteindre la conscience cosmique alors qu'à d'autres, il est quasiment impossible d'y accéder. Pour qu'une diffusion électrique survienne, le cerveau doit être alimenté avec assez de neuropeptides du bon type. Les recherches de Candace Pert laissent

---

22. Times (2002).
23. Jansky et al. (2002), p. 302-304.

entendre que les hormones les plus probables dans ce cas sont l'ocyto-cine et la vasopressine. Ces deux hormones sont connues pour leur importance dans la production de sommeils paradoxaux de grande qualité. Pert a montré qu'elles contribuent à la sensation de bien-être post-orgasmique. L'ocytocine est créée par l'hypothalamus, puis stockée dans l'hypophyse postérieure (ou posthypophyse). À certains stades de la stimulation, elle est soudainement libérée dans le sang. Quand cela survient, les systèmes de tranquillisation et de stimulation sont simulta-nément activés.

Le Dr Mary Carmichael, de l'université de Stanford, en Californie, a étudié les niveaux d'ocytocine chez les femmes et les hommes pendant la masturbation et l'orgasme. Les concentrations de sang des hormones ont été mesurées sans interruption en utilisant des cathéters veineux. Les taux observés au cours de l'auto-stimulation avant l'orgasme étaient encore plus élevés chez les femmes que chez les hommes, mais chez les deux sexes, on relevait des accroissements de taux. Pendant l'orgasme, les femmes généraient des plus hauts taux d'ocytocine que les hommes. Les femmes multi-orgasmiques atteignaient un plus haut niveau de concentration d'ocytocine pendant leur second orgasme. Carmichael a noté qu'au cours de l'orgasme masculin, la libération d'ocytocine aidait à induire des contractions de la prostate et des vésicules séminales [24].

Elle a aussi constaté que les hormones de la famille des adrénalines empêchaient la libération d'ocytocine. Nos corps libèrent ces hormones quand nous avons peur ou froid. Ce sont des hormones de stimulation d'urgence pour nous donner de l'énergie dès qu'il s'agit de nous protéger par le combat ou la fuite, et elles neutralisent le système de tranquillisation. Nous pouvons en déduire que, pour atteindre la conscience cosmique sans stimulation électrique externe, nous avons besoin d'être stimulés, mais pas alarmés : il faut que notre corps libère des ocytocines, mais sans activer l'adrénaline qui annulerait les effets de l'ocytocine sur le système de tranquillisation.

Les neurotransmetteurs excitants font survenir les actions, tandis que les neurotransmetteurs inhibants réduisent les activités. L'ocyto-cine, qui excite les neurones du système de tranquillisation et vous apaise, est libérée en grandes quantités par l'hypophyse postérieure sous certaines conditions de stimulation. En lisant cela, je ne pus m'empêcher de repenser à la piqûre de la dague contre ma poitrine nue au début de mon initiation. La libération de cette hormone est la raison pour laquelle une étreinte amoureuse ou une caresse peut vous

---

24. Carmichael, Humber et al. (1987), p. 27.

détendre et vous apporter une sensation de bien-être. Mais qu'en est-il du système de stimulation ? Celui-ci est activé par l'adrénaline, qui est à la fois une hormone et un neurotransmetteur.

Comme l'adrénaline oriente la réponse que nous donnons à une attaque – fuite ou combat –, elle doit être activée ou désactivée rapidement. Elle est créée dans une partie du cerveau appelée la « médullo-surrénale » et stockée dans le granule chromaffine. Comme l'ocytocine, elle est libérée dans le sang en grandes quantités dès que votre corps est exposé à une forme appropriée de stimulation.

Une libération d'adrénaline affecte votre système nerveux sympathique (cœur, poumons, vaisseaux sanguins, vessie, intestin et organes génitaux). Elle est activée en réponse à une tension (stress) physique ou mentale et elle se connecte à un groupe particulier de protéines transmembranes : les récepteurs adrénergiques. Alors elle accroît le rythme cardiaque et l'intensité du battement ; elle dilate les bronches et les pupilles et provoque vasoconstriction, suée et une réduction du temps de coagulation du sang. Ce dernier est dévié de votre peau et de vos viscères vers vos muscles, vos artères coronaires, votre foie et votre cerveau.

Il semble que l'équilibre entre le stress et la stimulation affecte votre état de conscience. En appliquant ces données au modèle des catastrophes cuspidiformes de René Thom, je pouvais maintenant dessiner un diagramme des états de conscience pouvant potentiellement survenir.

Le point de cuspide et la pliure se déplacent en fonction du degré d'adrénaline (tension) ou d'ocytocine (relaxation) libéré dans le sang. Trop d'adrénaline bloque l'accès à la conscience cosmique (stimulation spirituelle), tandis que trop d'ocytocine vous plonge dans un état de sommeil paradoxal. On remarque que, sauf dans des conditions de tension (stress) extrêmes, le chemin vers l'orgasme sexuel reste toujours ouvert, ce qui n'a, je le suppose, rien de surprenant. Cette fonction du cerveau s'est développée chez les premiers primates pour les inciter à partager leur ADN en leur octroyant une « récompense » chaque fois qu'ils le faisaient. Et elle a parfaitement rempli son rôle. Il semble que nous soyons la seule espèce de primates à avoir adapté les caractéristiques de cette fonction cérébrale à l'expérience spirituelle afin d'acquérir tous les bénéfices supplémentaires que celle-ci peut apporter en matière de survie. Toutefois, les contours de ce mécanisme sont encore relativement imprécis – en particulier, il nous faut remarquer que nous ne pouvons atteindre cet état fugace que si nous parvenons à placer notre système corps/esprit en équilibre entre la stimulation et la relaxation. Tous les écrits mystiques confirment que ce processus peut réclamer des années de pratique. J'ai eu la chance de vivre l'expérience exceptionnelle d'un champ électrique intense – un instant avant que l'éclair frappe – qui imposa un équilibre électrique à mes systèmes de stimulation et de tranquillisation en dépit de l'état de mon équilibre hormonal.

Un modèle de catastrophe à cuspide unique montre ce qui se produit. Commençons par observer le mécanisme connu et fiable de l'excitation sexuelle. Le voici représenté ci-dessous.

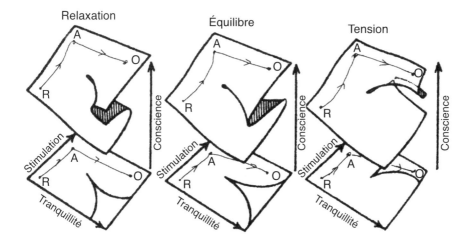

Fig. 3 : la route sexuelle de l'orgasme.
Le plan inférieur montre les combinaisons possibles de stimulation et de tranquillisation et les états de conscience que ceci peut provoquer avec différents degrés de relaxation. Le point O représente l'état transitoire éphémère de l'orgasme sexuel. La progression vers l'orgasme est provoquée par une excitation croissante.

Le graphique inférieur montre tous les niveaux possibles de stimulation et de tranquillisation. La progression vers l'orgasme commence au point R, quand les deux systèmes autonomes se trouvent dans un état normal d'excitation. À mesure que l'activité sexuelle s'accroît, le système de stimulation augmente son activité, mais il active aussi la production d'ocytocine. Au point A, votre esprit se trouve dans un état de conscience du flux, ce que Newberg et d'Aquili appellent l'hyperstimulation. Si la stimulation se poursuit, la production d'ocytocine déclenche une poussée de tranquillisation et vous vous retrouvez simultanément stimulé et tranquillisé. C'est au point O que vous atteignez l'orgasme. Vous goûtez la récompense que mère Nature vous a réservée en échange de l'acte de procréation.

Le graphique supérieur montre le niveau de conscience. Il suit une surface pliée dont la forme change en fonction de l'équilibre entre la tension et la relaxation. Ce système éprouvé de stimulation et de rétribution sexuelles a bien servi la reproduction de tous les primates depuis des millions d'années. Nous descendons tous d'une longue lignée d'ancêtres que ce système incita à procréer. Mais ce processus présente d'autres possibilités et les humains en ont exploité au moins une. Michael Persinger a attiré l'attention sur le fait que la capacité de notre cerveau à avoir des « expériences de Dieu » a une très grande importance en matière de survie : elle renforce la résistance de notre espèce et elle a permis à nos ancêtres de garder espoir et de survivre à la famine, à la peste et à d'autres horreurs innommables. Tout ce qui peut donner un avantage en termes de survie et qui peut être transmis *via* l'ADN permet un développement sélectif. Selon la science du néo-darwinisme, c'est le principal moteur qui mène le changement évolutionnaire[25].

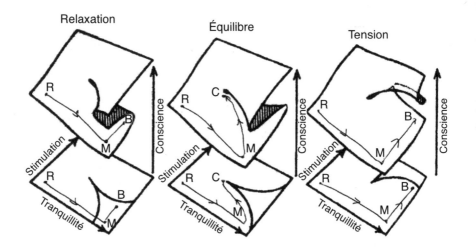

Fig. 4 : la route spirituelle de l'orgasme.
Le plan inférieur montre les combinaisons possibles de stimulation et de tranquillisation et les états de conscience que ceci peut provoquer à différents degrés de relaxation. Le point C représente l'état transitoire éphémère de l'orgasme spirituel. Cette route est provoquée par une tranquillisation croissante.

L'évolution ne peut se planifier : elle doit utiliser ce qui est là. En revanche, les cerveaux à deux hémisphères de notre espèce ont développé une conscience du soi qui nous a ouvert une voie à la

---

25. Dawkins (1988), p. 1-23.

planification et à la prospective. Seulement, cela nous a aussi amené le désespoir quand nous réalisons que nous allons mourir un jour. Selon Persinger, la possibilité de faire l'expérience de ce que nous appelons Dieu peut transformer les êtres humains « de primates tremblants et incapables en individus confiants et créatifs ». Alors comment mère Nature est-elle parvenue à mettre au point ce petit tour ? La théorie des catastrophes de Thom propose une manière possible.

Comme dans le précédent diagramme, le plan inférieur montre les états possibles des systèmes de tranquillisation et de stimulation. Comme auparavant, le chemin vers l'extase commence au point R, où les deux systèmes sont dans un point ordinaire de non-stimulation, mais il va suivre une route différente. Le sujet ne cherche pas la stimulation physique, mais il médite, en essayant d'apaiser l'esprit et le corps, pour accroître la capacité du système de tranquillisation à évoluer vers le point M. Si vous vous relaxez trop, vous glissez dans un état de quasi-sommeil onirique et restez au niveau de conscience inférieur, tandis qu'une légère poussée de stimulation vous emmène vers le point B. Bien que ce soit très relaxant, cela ne vous emmène pas à l'état de conscience cosmique que décrit Wilmshurst. Vous vous heurtez contre la cuspide et vous ne pouvez donc progresser vers un état plus intense. C'est le processus que montre le diagramme de gauche de la figure 4. Le diagramme de droite, quant à lui, présente ce qui arrive si vous êtes trop tendu. Par un effort considérable pour supprimer les pensées parasites, vous pouvez lutter pour gagner le point M. Si vous maintenez cet état assez longtemps, une poussée de stimulation peut survenir, mais elle ne vous emmènera encore une fois qu'au point B, c'est-à-dire toujours à ce même état d'éveil relaxé de type onirique. À aucun moment vous ne pouvez vous élever dans la conscience ni éradiquer votre sens du soi.

En revanche, le diagramme du milieu montre ce qui arrive si votre tension et votre relaxation sont en parfait équilibre. Vous allez du point R au point M, puis, alors que votre système de stimulation s'active, vous remontez le flanc de la cuspide vers le point C, cet état d'esprit à propos duquel Wilmshurst dit :

> *Quand vous cessez ainsi d'être fini, vous devenez un avec l'infini. Cette condition sublime n'a pas une durée permanente et on ne peut l'apprécier que de temps en temps.*

Il n'est guère étonnant que cet état d'esprit ne puisse être « apprécié que de temps en temps ». L'esprit conscient essaye d'utiliser un mécanisme de rétribution subconscient autonome pour atteindre un état d'esprit qui n'est pas seulement extrêmement jouissif, mais également extrêmement fugitif. Il implique d'emmener deux systèmes mentaux, un chimique et un électrique, à un équilibre parfait et de parvenir à garder cet état le plus longtemps possible. C'est comme essayer de tenir en équilibre une bille au bout d'un stylo bille. C'est possible, mais difficile à conserver et cela nécessite beaucoup de pratique.

Mais les enseignements de Wilmshurst sur l'état mystique au centre de la maçonnerie, cette sensation de ne plus faire qu'un avec la création, sont-ils réellement anciens ? A-t-il pu simplement inventer cette idée avant de relever des ressemblances avec le rituel maçonnique ? Pour vérifier cela, j'allais devoir m'intéresser au plus vieux document maçonnique existant encore. Est-ce que celui-ci renferme quoi que ce soit qui puisse étayer les idées de Wilmshurst ?

Par ailleurs, Wilmshurst affirme que le but de la franc-maçonnerie est de tracer une route spirituelle vers la connaissance intérieure. Mais comment puis-je être certain que ce fut le dessein originel de la maçonnerie ? Est-ce réellement la continuation d'une ancienne tradition spirituelle ? Et si tel est le cas, comment a-t-elle pu devenir ce système d'éveil spirituel aussi prospère ? Une rencontre fortuite avec un spécialiste du cerveau de premier plan, dans un hôtel surplombant le port de Kirkwall dans les Orcades, devait me fournir de nouveaux éléments.

CHAPITRE XII

L'ÉNIGME DU PARCHEMIN DE KIRKWALL

COMMENCER PAR LE COMMENCEMENT

En septembre 1999, je fus invité à donner une conférence au Festival des sciences des Orcades le même jour que Karl Pribram. Fringant octogénaire, celui-ci était professeur honoraire de l'université de Stanford et directeur du Centre de recherches sur le cerveau et les sciences de l'information [*Center for Brain Research and Informational Sciences*] de l'université de Radford. Son énergie et son enthousiasme étaient dignes d'un homme trois fois plus jeune que lui.

Il était venu au festival avec son épouse, l'écrivain Katherine Neville, qui intervenait elle aussi. Après les conférences de la journée, je les ai rejoints tous les deux pour dîner au Kirkwall Hotel. Le Dr Andrej Detela, un physicien slovène de l'institut Jozef Stefan de Ljubljana, était présent lui aussi. Ce fut une soirée fascinante. Karl avait passé le plus clair de sa vie à explorer les propriétés et la structure du cerveau. Après le dîner, la discussion porta largement sur la physique quantique et la science du cerveau. Karl nous parla de son travail pour la NASA. Il évoqua aussi ses idées sur la nature de la conscience. Tandis qu'il parlait de la transition du sommeil à la veille, je saisis l'occasion de lui poser une question qui m'intriguait depuis des années.

Parfois, quand je me réveillais dans la lumière du petit matin, je pouvais être conscient de mon corps, mais ni de qui ni de l'endroit où j'étais. J'avais remarqué qu'en un bref laps de temps – objectivement pas plus de quelques secondes –, je retrouvais la conscience de qui j'étais, puis je me souvenais de toute mon histoire. Était-il possible, demandai-je à Karl, qu'au moment du réveil, je passe par un état de conscience dans lequel j'existais, mais sans aucune notion du moi. Cet état me semblait avoir certaines caractéristiques communes avec l'état d'extase religieuse que Newberg et d'Aquili avaient rencontré au cours de leurs études des scanographies cérébrales.

Karl se lança dans un exposé impromptu sur la nature de la conscience de soi, au cours duquel il parla de la différence entre la conscience « primaire » et « le plus haut niveau » de conscience. Il expliqua qu'avant d'espérer avoir le moindre sens du soi, on devait avoir une conscience primaire.

– C'est une capacité de produire une scène mentale dans laquelle vous pouvez intégrer une grande quantité de données diverses afin de rattacher votre comportement immédiat aux sollicitations de votre environnement, dit-il.

Ses yeux brillaient autant que les lumières du port de Kirkwall que l'on apercevait par la fenêtre derrière lui.

Ce niveau de conscience, expliqua-t-il encore, est semblable à celui d'un chien ou d'un bébé avant son apprentissage de la parole. La conscience de soi se construit grâce aux données procurées par les sens. On ne peut la développer qu'une fois que le cerveau a acquis la capacité d'organiser et de connecter des scènes passées et futures. Vous n'avez donc aucun sens du soi tant que vous n'êtes pas capable de vous souvenir du passé ou d'extrapoler votre avenir. Cette sagesse semble avoir été intégrée dans les méthodes d'enseignement de la franc-maçonnerie.

– Cette mémoire acquise, poursuivit Karl, est une propriété physique du cerveau.

Quand je me réveillais sans savoir qui j'étais, je me trouvais dans l'état de conscience primaire d'un jeune enfant avant l'acquisition du langage. À mesure que les souvenirs de ce que j'étais capable de faire et les aptitudes acquises interagissaient et influençaient la zone de mon cerveau qui était le point focal de mes pensées de réveil, je réintégrais ma personnalité et devenais pleinement conscient. Ce n'est qu'alors que je savais qui j'étais.

– Cela arrive souvent quand les personnes se réveillent, mais nous acceptons tout à fait d'avoir été désorienté par le sommeil, donc cela ne pose pas de problème, expliqua Karl.

En somme, de nombreuses personnes endormies ont connu la béatitude de l'inconscience de soi qui semble se trouver au centre de beaucoup de croyances religieuses, mais elles l'ont attribuée aux plaisirs de la somnolence.

Ultérieurement, je suis allé lire les travaux de Karl sur la mémoire et sur la manière dont elle crée la conscience. La mémoire humaine ne fonctionne pas comme la mémoire d'un ordinateur. Elle est non figurative. Cela signifie que, dans nos têtes, les souvenirs se manifestent quand nous avons une confrontation entre l'activité électrique de notre cerveau et les signaux déclencheurs que l'environnement nous envoie. Karl a parlé de ce phénomène dont nous faisons tous l'expérience :

> *Certains événements dont on se souvient à peine reprennent vie quand nous retournons sur la scène de l'expérience. Retrouver de vieux amis, écouter des musiques familières, relire un livre longtemps oublié : autant d'occasions qui ramènent des pensées puissantes qui reconstruisent des souvenirs enfouis depuis longtemps. Nous sommes très peu conscients de la quantité de notre mémoire qui est « là » – pas dans nos cerveaux, mais dans nos maisons, nos professions, et nos bibliothèques. Au regard de ces intrants éminemment structurés, la machinerie de nos cerveaux peut restructurer – reconstruire – un souvenir à partir des fragments réellement stockés dans la tête. […] En matière d'éducation, la morale à tirer de tout ceci est claire : l'instruction (la découverte de structures partagée) devrait compléter l'enseignement (la démonstration)* [1].

Karl considérait que nous changeons et que nous nous développons à mesure que notre cerveau se modifie pour s'adapter aux concepts que nous apprenons. Cette pensée profonde semblait faire écho aux méthodes utilisées par le rituel maçonnique pour communiquer son enseignement. Cela voulait dire que notre personnalité se développe au gré des changements physiques se produisant dans la structure de nos cerveaux. Mais de quelles sortes de changements s'agit-il ? Quel rôle jouent l'activité cérébrale et les souvenirs que nous créons dans la détermination de la personnalité ? Ces types de processus interviennent-ils au cours du rituel maçonnique ? Comment ce dernier transforme-t-il notre cerveau ? Le phénomène ressemblait au passage du stade de l'enfance à celui d'adulte – un domaine que Karl connaissait parfaitement. Celui-ci avait dit qu'un bébé, au cours des premiers jours de sa vie, n'en était qu'au niveau de la conscience primaire. Pourtant, il possédait déjà alors trois fois plus de cellules cérébrales qu'il y a d'individus sur terre.

---

1. Pribram (1969), p. 78.

– Comment grandissons-nous du stade du nouveau-né presque inconscient à celui de l'adulte pleinement conscient ? lui demandai-je.

Il prit la main de sa femme et joua à compter les doigts de celle-ci. Manifestement, il goûtait cette occasion de la toucher.

– Si j'entreprends de compter chaque neurone et que je suis assez vif pour les repérer tous au rythme d'un par seconde, il me faudra trente millions d'années pour achever mon décompte.

– Est-ce qu'on commande d'abord les pâtisseries ? s'enquit le très pratique Andrej.

Karl nous sourit. Il avait l'air heureux de nous avoir amenés à visualiser la formidable complexité d'un simple cerveau de bébé.

Mais je continuais de m'interroger. Le rituel de la franc-maçonnerie fournissait-il des moyens pour nous aider à changer le mode de fonctionnement de notre cerveau ? Ces changements vont-ils dans le bon sens ?

Quoi qu'il en soit, une autre surprise nous attendait. Nous étions tous invités à la présentation privée d'un objet fascinant au temple maçonnique local, siège de la Loge Kirkwall Kilwinning.

Ensemble, nous avons traversé le port pour remonter High Street – une rue étroite et sinueuse – vers la cathédrale Saint-Magnus, avant de tourner dans une petite rue perpendiculaire où se nichait le centre maçonnique. Nous sommes entrés par une porte latérale. Des membres éminents de la Loge nous accueillirent. Ils nous escortèrent jusqu'au temple à l'étage pour nous montrer ce qui ressemblait à un long tapis suspendu à une tringle sur le mur occidental de la loge.

– Voici le parchemin de Kirkwall, nous annoncèrent fièrement nos hôtes.

Les frères de la Loge Kirkwall Kilwinning prennent le plus grand soin de ce vénérable document. Quand nous le vîmes, il était donc encore exposé sur le mur ouest de la loge. La pénombre du temple le protégeait des rayons directs du soleil et les visiteurs occasionnels – *a fortiori* les profanes – ne pouvaient y avoir accès. Même des invités comme nous ne pouvaient le voir que sur rendez-vous. (Malheureusement, après qu'il a été l'objet d'une certaine publicité fâcheuse et d'affirmations extravagantes quant à son origine, il dut être enfermé dans une chambre forte sûre.) Nous fûmes tous extrêmement impressionnés par la qualité et la préservation du rouleau et nous fûmes tout aussi reconnaissants aux frères et officiers de la Loge de nous avoir autorisés à le voir.

Mais qu'est-ce que cet objet ?

Il se présente comme une grande bande de toile et pourrait bien être le plus ancien témoignage documenté des débuts du symbolisme maçonnique.

Comment s'était-il retrouvé sur le mur d'un temple maçonnique de Kirkwall ?

J'avais besoin de connaître l'histoire de la Loge Kirkwall Kilwinning pour comprendre comment ce rouleau était arrivé en sa possession.

L'HISTOIRE ORIGINELLE DU PARCHEMIN

Le parchemin de Kirkwall est constitué de trois pans de lin épais (certains ont même parlé de toile de voile) cousus ensemble et peints sur toute leur longueur. Le rouleau fait dix-huit pieds six pouces de long (environ 5,65 m) et cinq pieds six pouces de large (environ 1,70 m). Il consiste en une bande centrale de quatre pieds de large (environ 1,22 m) et deux bandes externes qui semblent représenter des cartes. Apparemment, ces deux bandes ont été coupées dans une unique pièce de tissu avant d'être cousues aux bords externes du panneau central.

Sur le parchemin, on note un certain nombre d'inscriptions. Elles utilisent un vieux code maçonnique largement en usage en Écosse pour les inscriptions des pierres tombales. On l'appelle parfois l'alphabet énochien, notamment dans certains grades du Rite écossais ancien et accepté. Dans la deuxième scène du rouleau en remontant, on voit un autel arborant une inscription codée sur un pavé mosaïque noir et blanc. Une partie de l'inscription se décode ainsi :

> *Je suis m'a envoyé à vous. Je suis celui qui suis.*
> *Je suis la Rose de Sharon et le Lis de la Vallée.*
> *Je suis ce que je suis ou serai ce que je serai.*

Dans une conférence sur le parchemin de Kirkwall prononcée devant la Loge Kirkwall Kilwinning, en 1976, le frère James Flett disait :

> *Quand j'ai rejoint notre Loge, il y a de cela de nombreuses années, il y avait alors un très vieux frère qui assistait occasionnellement aux tenues de la Loge malgré son âge avancé. Il avait dépassé 90 ans. Un jour, je lui demandai s'il pouvait me dire quelque chose sur le rouleau. Il me répondit qu'il ne connaissait pas grand-chose sur celui-ci, si ce n'est que lors de sa propre initiation, lorsqu'il n'était qu'un jeune homme de vingt ans, [le rouleau] était posé au centre de la loge, sur le sol*[2].

---

2. Flett (1976), p. 5.

Je crois que le parchemin est une ancienne planche à tracer qui devait, dans l'esprit de ses créateurs, être déroulée, section par section, à mesure que les grades concernés étaient travaillés. D'autres auteurs ont fait remarquer que le rouleau est trop long pour être étalé sur le sol du temple actuel de Kirkwall, et le précédent bâtiment – le *Tolbooth*, sur Kirk Green [l'esplanade gazonnée devant l'église], devant la cathédrale Saint-Magnus – était encore plus petit. Cependant, si mes suppositions sur sa raison d'être sont exactes, il n'aurait jamais eu besoin d'être totalement déroulé.

Ce qui ne fait aucun doute, c'est que la Loge est en possession du parchemin depuis très longtemps, et au moins depuis 1786. On a vu fleurir de nombreuses théories quant à sa fonction et à sa signification, mais, pour l'essentiel, celles-ci ont émané de groupes ou de personnes qui entendaient faire jouer un rôle spécifique au parchemin dans l'histoire.

George William Speth (1847-1901) fit partie de ceux qui avaient des idées préconçues sur le sujet. Il fut l'un des fondateurs et un secrétaire de la Loge éminemment dogmatique des *Quatuor coronati*. Cette « première » Loge de recherches autoproclamée a une longue tradition bien attestée de soutien indéfectible à la ligne officielle de la GLUA : celle des origines londoniennes de la franc-maçonnerie que le duc de Sussex instaura quand il imposa la formation de la Grande Loge unie d'Angleterre aux maçons réticents d'Angleterre et du pays de Galles en 1813[3]. En sa qualité de responsable du journal édité par la Loge, *Ars Quatuor Coronatorum (AQC)*, Speth était tenu de soutenir cette idée assez absurde selon laquelle la franc-maçonnerie serait apparue à Londres en 1717. Selon cette version officielle de la GLUA, elle serait née de l'oisiveté d'un groupe de gentlemen : comme ceux-ci s'ennuyaient, ils auraient fait le tour des chantiers locaux en demandant aux ouvriers qu'ils rencontraient s'ils n'avaient pas des rituels intéressants qu'ils auraient pu utiliser pour leur amélioration morale – une théorie qui a tout le charme et la crédibilité d'un scénario de sitcom.

Dans la parfaite tradition des *Quatuor Coronati*, Speth était tout disposé à écarter, détourner, voire détruire tout témoignage ou document pouvant attester l'existence de la maçonnerie en Écosse avant 1717. En 1897, il décida ainsi d'enquêter sur le parchemin de Kirkwall. À cette fin, il commanda un article à un maçon des Orcades, l'archidiacre [*Archdeacon*] Craven, à propos du trésor majeur de la Loge de Kirkwall. L'article fut publié dans le volume X d'*AQC*, avec la propre

---

3. Lomas (2002), chap. XII.

opinion de Speth sur le rouleau. Sans même l'avoir vu par lui-même, Speth décida que c'était un tapis de Loge, datant de « la première moitié du XVIIIe siècle ou vraiment du tout début de la seconde ». Il s'assurait ainsi que le mythe de la naissance londonienne de la franc-maçonnerie en 1717 ne fût pas remis en question.

Dans les années vingt, un autre membre des *Quatuor Coronati*, William Reginald Day – qui appartenait aussi à la Loge de recherches de Sydney en Nouvelles-Galles du Sud (Australie) – s'attaqua à son tour au parchemin et écrivit un article pour *AQC* (vol. XXXVIII, 1925). Il prétendait avoir examiné attentivement la structure et les thèmes du rouleau – bien qu'il semblât avoir davantage étudié l'article de Speth que le parchemin lui-même. Sans surprise, il fit mine de découvrir des indications concernant la datation du tissu en clamant qu'il avait reconnu sur le parchemin « les armes de la Grande Loge des Ancients [*Antient Grand Lodge*] [4] » – seulement les armoiries des Ancients n'ont jamais représenté une étoile à cinq branches ni « un œil qui voit tout » dans le ciel sous l'arche. Comment Day put-il ne pas remarquer ces différences ? Cela reste un mystère. En utilisant une ressemblance assez ténue, Day soutient que le rouleau est postérieur à 1751. Au demeurant, il prétend avoir remarqué d'autres traces de l'influence des Ancients sur le parchemin, mais il ne spécifie pas lesquelles, et, ni moi, ni les frères de Kirkwall Kilwinning que j'ai consultés ne voient ce qu'elles peuvent être. Une fois de plus, *AQC* avait entretenu le mythe d'une franc-maçonnerie inventée à Londres en 1717 et elle avait écarté habilement et prudemment toute allusion à une origine écossaise de l'ordre.

En outre, Day dit avoir également trouvé (de manière cryptée) une citation mot pour mot tirée de la Bible du roi Jacques (la citation de la deuxième scène citée plus haut). Il utilisa celle-ci pour dater cette fois le rouleau postérieurement à 1611. Cependant, je suis incapable de trouver ces mots exacts dans mon exemplaire du roi Jacques ; je ne peux identifier que des fragments entremêlés au milieu d'autres phrases. Moyennant quoi, fidèle à la ligne des *Quatuor Coronati* visant à disqualifier tout ce qui pouvait être écossais, le frère Day utilisa cette « preuve » pour affirmer que le rouleau de Kirkwall était une œuvre d'art moderne. Il alla jusqu'à préciser que c'était un maçon des Orcades qui avait peint le parchemin sur une grande bande de toile. Répondant au nom de William Graham, ce maçon aurait travaillé à Londres

---

4. Scission doctrinale au sein de la maçonnerie anglaise entre les *Ancients* et les *Moderns* qui dura de 1753 à 1813. Les premiers étaient gouvernés par cette Grande Loge des Ancients. (*N.d.T.*)

comme peintre en bâtiment avant de regagner ultérieurement ses îles natales septentrionales.

Le sujet en resta là jusqu'au 21 juillet 2000. À cette date, un article parut simultanément dans le *Times* et le *Daily Telegraph*. Sous la plume d'une journaliste orcadienne, Kath Gourlay, il rapportait le résultat de tests scientifiques entrepris sur le parchemin.

> *Les résultats de la datation au radiocarbone exécutés sur une tenture de mur unique ont bouleversé les membres d'une Loge maçonnique des îles Orcades. Ils ont eu un choc en découvrant que ce décor était un trésor médiéval valant plusieurs millions de livres. [...] La datation au radiocarbone du rouleau a démontré que la toile de dix-huit pieds de long datait du XVe siècle[5].*

En réalité, le mystère s'épaissit ici. Car il existe deux datations au radiocarbone différentes pour le rouleau. L'une s'applique à la partie centrale et l'autre aux parties externes. Kath Gourlay rapporte ceci à ce propos :

> *Le laboratoire de recherches de l'université d'Oxford – qui a effectué la datation au radiocarbone – ajoute au mystère en soutenant simultanément les deux dates.*
>
> *« Nous avons analysé la matière du parchemin de Kirkwall en deux occasions différentes », a expliqué un porte-parole du département d'archéologie et d'histoire de l'art qui exécuta le travail. « L'étalonnage du carbone vous expose à une certaine marge d'erreur que vous devez retenir. Ainsi, le premier échantillon, pris sur le bord externe du matériau, pouvait être du XVIIIe siècle ou du début du XIXe siècle (1780-1840). Le second morceau, qui provenait du panneau central, donna une date plus ancienne : le XVe ou le début du XVIe siècle (1400-1530)[6]. »*

La différence de deux cent quatre-vingts ans entre la bande centrale et les deux bandes latérales rend l'allégation de Day, selon laquelle William Graham aurait peint toute la toile, extrêmement improbable. Si on peut considérer que c'est bien Graham qui offrit le rouleau à la Loge Kirkwall Kilwinning en 1786, faire de lui le peintre de l'ensemble du rouleau est une autre affaire. Si tel était le cas, cela signifie qu'il se serait procuré deux bandes de tissu vierge différentes, l'une récente et l'autre vieille d'au moins deux cent quatre-vingts ans. Ensuite il aurait coupé la bande neuve en deux pour coudre les deux demi-bandes sur

---

5. Gourlay (2000).
6. *Ibid.*

les côtés de l'ancienne avant de commencer à peindre. Pourquoi se donner tant de mal ? S'il avait besoin d'un morceau de toile plus grand, il n'avait qu'à coudre la nouvelle bande – sans la découper – le long de l'ancienne pour obtenir la même surface. Par conséquent, au regard de la datation au radiocarbone, on peut supposer que s'il décida d'ajouter les bandes externes, ce fut pour protéger et préserver le panneau central et non pour le travestir, l'améliorer ou le modifier d'une quelconque manière. J'explorerai plus loin dans ce chapitre les raisons pouvant expliquer cette initiative de Graham.

En attendant, je contactai la Loge pour savoir s'il avait été observé au revers du parchemin une quelconque différence entre le tissage de la bande centrale et celui des panneaux latéraux (l'avers du rouleau étant recouvert d'une épaisse couche de peinture, aucune trace du tissu n'était visible de ce côté-là). Un vénérable frère me répondit :

> *Il apparaît que les trois panneaux ont été rentoilés à l'arrière avec un tissu qui augmente la taille totale du rouleau. La date de ce renfort est incertaine, mais le doublage n'est assurément pas récent. Malheureusement, celui-ci empêche de voir l'arrière des panneaux peints et il est donc impossible de comparer les tissages et les textures des trois bandes. En revanche, on repère nettement les coutures que l'on peut même sentir au toucher, ce qui confirme que le parchemin est bien constitué de trois panneaux verticaux.*

La toile peinte avait donc été doublée avec un renfort de tissu, de la même manière qu'une couverture de laine était renforcée avec de la toile de jute. Ce détail allait dans le sens de ma théorie, à savoir que le parchemin était censé être déroulé sur le sol, et non suspendu à un mur.

L'écrivain Andrew Sinclair avait avancé plusieurs autres hypothèses : il pensait qu'un secret du XVᵉ siècle avait pu être dissimulé dans les côtés externes (les « cartes ») du rouleau. Mais la datation au radiocarbone rend insoutenable cette thèse. Par ailleurs, il s'était demandé si le parchemin n'avait pas fait partie de l'héritage de Kirkwall datant « de la fin du XIVᵉ siècle, quand le prince Henry Saint-Clair était devenu le comte des Orcades », ce qui n'est pas davantage possible. D'un autre côté, il n'existe aucune trace de franc-maçonnerie à Kirkwall avant 1736. Alors si le rouleau s'était déjà trouvé dans cette ville avant cette date, Sinclair ne se demande pas qui aurait pu conserver cet objet maçonnique pendant plus de deux cents ans.

Toujours est-il que les sections externes du rouleau datent bien de l'époque de William Graham. Donc Day peut avoir raison quand il affirme qu'il les a peintes. Mais la bande centrale est incontestablement plus ancienne. Fort de la connaissance du sentier heptapartite de la franc-maçonnerie – que j'avais redécouvert chez Wilmshurst et que j'ai retracé dans les sept premiers chapitres du présent livre –, une hypothèse commençait à se faire jour dans mon esprit.

La tradition de la planche à tracer a évolué à partir d'une pratique plus ancienne : la représentation des symboles clés d'un grade sur le sol de la loge. Avant que les Loges ne possèdent leurs propres temples, les symboles des grades à travailler étaient tracés sur le sol de la loge, puis effacés par le candidat. Wilmshurst l'expliqua dans une série de conférences de Loges qu'il donna en 1929. Voici ce que disent les notes qu'il rédigea pour ces allocutions :

> *Dans les premiers temps, quand l'ordre n'était pas encore une institution sociale populaire mais une discipline sérieuse s'inscrivant dans le cadre d'une science philosophique et sacrée, l'instruction n'était pas traitée à la légère. La planche n'était pas, comme elle l'est maintenant, un produit sorti tout droit d'une fabrique de décors maçonniques, mais elle était le symbole le plus vénéré de la Loge. C'était un dessin que chaque frère apprenait à exécuter par lui-même, pour que, simultanément, ses mains et son entendement puissent être instruits dans l'art maçonnique. Les témoignages écrits montrent qu'à chaque tenue de Loge, la planche du grade devant être travaillé était réellement dessinée de mémoire par le Maître avec de la craie ou du charbon de bois sur le sol de la loge. Grâce à sa pratique, le Maître était capable de la tracer rapidement et précisément. En avançant d'ouest en est pendant la cérémonie, le candidat effectuait les pas du grade au-dessus du dessin. L'explication de celui-ci faisait partie intégrante de la cérémonie, et, avant d'être rendu à son confort personnel, on lui demandait de l'effacer avec un torchon et un seau d'eau, pour que des yeux profanes ne puissent le voir et pour qu'il apprenne sa première leçon d'humilité et de secret.*
>
> *Au cours du XVIIIe siècle, le dessin de mémoire sur le sol fut remplacé, dans un premier temps, par l'utilisation d'un tapis de Loge peint, puis, par des planches en bois reposant sur des tréteaux, sur lesquelles le diagramme était reproduit de manière permanente.*
>
> *Les planches sont des prescriptions cryptées de la science d'un ancien monde, enseignées et pratiquées en secret à travers les âges par les quelques individus spirituellement mûrs et assez courageux pour suivre un chemin de vie plus élevé qu'il n'est encore possible d'atteindre pour le monde populaire. L'interprétation détaillée de leur symbolisme est nécessairement difficile, car les symboles renferment toujours beaucoup plus qu'il n'est possible d'expliquer verbalement. Par conséquent peu de maçons se sont formés jusqu'ici dans le langage de l'ancien symbolisme ésotérique.*

La bande centrale du parchemin de Kirkwall correspond parfaitement à cette description. Elle présente sept panneaux, chacun décrivant un pas conduisant de l'ouest vers l'est (il devait se dérouler du bas en haut). On commence en bas avec les symboles fondamentaux de l'ordre. Le panneau central correspondant au pas pivot montre une tombe, symbolisant la mort de l'ego. Puis la séquence progresse jusqu'à une vision idyllique de la béatitude extatique du centre. On constate une continuité des représentations. Elle commence avec le soleil, la lune, les étoiles et l'œil qui voit tout en forme de losange en train de se lever dans le premier panneau (le premier pas de la maçonnerie) pour aboutir à l'ordonnancement des cieux au sommet : on voit les symboles répétés et les étoiles réordonnées sous la forme de piliers entourant la lune au centre. Ce ciel bien structuré se tient au-dessus d'une scène finale traduisant l'unité avec la nature. Chaque scène de ce tableau correspond parfaitement aux pas spirituels que Wilmshurst décrits dans ses textes. Il parle des sept pas que j'ai moi-même exposés en déroulant les sept premiers chapitres de ce livre.

Mais si le parchemin de Kirkwall est un tapis de Loge maçonnique primitif montrant les pas de ce sentier spirituel, où fut-il créé et comment est-il parvenu en possession de William Graham ? On dispose de peu d'informations sur ce dernier, mais on sait notamment qu'il fut membre d'une Loge itinérante (n° 128 sur le rôle de la Grande Loge des Anciens), qui, ne pouvant s'offrir le luxe de posséder son propre temple, se réunissait dans différents pubs de Londres. On louait une pièce pour la soirée qui était apprêtée en vue de la tenue. Dans un des commentaires, Wilmshurst indique que, dans ces circonstances, les premières Loges utilisaient des tapis de Loge. La bande centrale du parchemin de Kirkwall en est assurément un. Mais la loge n° 128 (elle n'avait pas d'autre nom) ne fut formée qu'en 1750, donc le rouleau précède sa formation d'environ deux cent vingt ans.

Dans la série de livres de la *Clé d'Hiram*, je soutiens l'idée d'une naissance de la franc-maçonnerie moderne à Roslin, en Écosse. Selon moi, elle a commencé là, pendant la construction de la chapelle de Rosslyn, sous l'égide de William Saint-Clair, le dernier comte norrois des Orcades. Comme ces livres le soulignent, William aurait donné des rituels aux maçons opératifs. Si tel est bien le cas, une fois qu'ils se seraient dispersés, ils auraient emporté avec eux la tradition du « mot de maçon » (un mot de passe secret connu des seuls Maîtres maçons [7]). Une étude géographique des premières mentions de Loges maçonniques montre qu'elles se sont propagées à partir d'un centre proche du Firth of Forth (l'embouchure de la rivière Forth), là même où William Saint-Clair construisit sa chapelle de Rosslyn [8].

---

7. Pour une discussion plus complète du mot de maçon, voir Lomas et Knight (1996).
8. Lomas & Knight (1996), p. 358.

La plus ancienne référence écrite à une Loge maçonnique trouvée dans une source non maçonnique apparaît à Aberdeen en 1483. À cette époque, le chœur de l'église paroissiale de Saint-Nicolas était en cours de reconstruction. William Saint-Clair était mort le 3 juillet 1480. Après sa disparition, ses domaines avaient été scindés et les maçons qui travaillaient sur la chapelle de Rosslyn avaient quitté le village de Roslin pour se disperser dans toute l'Écosse et au-delà. Il ne paraît pas impossible ni même improbable que quelques-uns de ces maçons aient cherché du travail à Aberdeen. Au moins six maçons faisaient alors partie d'une Loge dans cette ville. Le professeur David Stevenson, de l'université de Saint-Andrews, rapporte que les minutes du *Burgh Council* (le conseil municipal de l'époque) d'Aberdeen fut appelé pour régler un différend entre « six maçons de la Loge » [*six masownys of the luge*]. Des amendes furent infligées pour les délits commis, avec menace d'exclusion de la Loge en cas de récidive[9].

La Loge d'Aberdeen consigna tous ses rituels et ses traditions historiques quand le Maître des travaux du roi Jacques VI, William Schaw, instaura un système de Loges formel en 1599. Cette initiative avait encouragé toutes les Loges à mettre par écrit leurs statuts et règlements internes. Ceux d'Aberdeen montrent que la Loge pratiquait le mot de maçon bien plus de cent ans avant que les francs-maçons de Londres aient soi-disant appris les rituels de la franc-maçonnerie auprès des artisans de leurs chantiers locaux :

> *Nous tous, Maîtres maçons et Apprentis entrés qui avons signé, proclamons et jurons comme nous l'avons fait lors de notre intronisation, quand nous avons reçu le bénéfice du mot de maçon, que nous tiendrons [serons présents] cette honorable Loge en toute occasion sauf ceux qui peuvent fournir une excuse pour raisons légales, maladie ou absence de la ville*[10].

Cela prouve qu'une Loge de maçons existait à Aberdeen à l'époque où la section centrale du parchemin de Kirkwall fut créée. Cette Loge se manifesta pour la première fois dans les trois années ayant suivi la mort de William Saint-Clair de Roslin. Si j'ai dit ailleurs qu'il était probablement à l'origine des rituels de la franc-maçonnerie, je pense qu'il est éminemment improbable que Saint-Clair ait eu quoi que ce soit à voir avec la création de ce rouleau. Il est de facture simple et grossière, ce qui augmente la probabilité qu'il ait été l'œuvre de maçons

---

9. Stevenson, 1988, p. 15 [trad. française (1992) : p. 30].
10. *The Original Statutes of the Lodge of Aberdeen, Grand Lodge of Scotland.*

opératifs tels que ceux qui formèrent cette Loge primitive d'Aberdeen. S'ils voulaient continuer à pratiquer et à enseigner des rituels qui leur avaient été enseignés pendant la construction de Roslin, la création d'un tapis de Loge exposant les principaux pas et symboles de la maçonnerie balbutiante avait un sens. Quel que soit l'auteur du rouleau, il s'est trouvé au départ de la franc-maçonnerie.

Le parchemin de Kirkwall pourrait-il être un ancien tapis de la Loge d'Aberdeen ? La date de la plus ancienne mention de la Loge (1483) concorde avec la datation au radiocarbone du rouleau (1400-1530). En outre, Aberdeen a traditionnellement entretenu des liens étroits avec les Orcades. Mais comment un rouleau créé par des maçons primitifs à Aberdeen aurait-il pu arriver en possession de William Graham, pour que celui-ci le remette à la Loge de Kirkwall ? Est-ce que le père de William, Alexander Graham, un commerçant de Stromness, aurait pu servir d'intermédiaire dans cette affaire ?

Au cours du XVIIIe siècle, un groupe privilégié de lairds [11] orcadiens s'enrichit grâce au commerce de la soude de varech (les cendres calcinées de certaines variétés d'algues brunes). Les Orcades possédaient de vastes réserves d'algues, mais les ramasser et les traiter réclamaient une main-d'œuvre importante. Les propriétaires terriens avaient l'habitude de recueillir leurs fermages en nature. Ils réalisèrent bientôt qu'en exigeant de le récupérer sous la forme d'une participation à la récolte du varech, ils avaient à leur disposition une source toute prête – à défaut d'être volontaire – d'ouvriers bon marché.

Le varech était coupé à marée basse, à l'aide de faucilles. On l'empilait ensuite sur la plage pour le laisser sécher. L'algue sèche était alors brûlée pour fournir de la soude, une matière brute essentielle pour la production d'alun et d'autres produits alcalins. Le prix de ces produits commença à monter en 1760, quand des usines d'alun furent installées dans le Firth of Forth. Et quand les nouveaux industriels des bords de la Tyne commencèrent à payer de bonnes sommes pour la fourniture régulière d'alcali de qualité, ce fut le début d'un boom. Cette aubaine dura de 1770 à 1830. Soixante mille tonnes de soude de varech étaient acheminées par mer et par année au prix de vingt livres sterling la tonne. L'historien Willie Thomson dit de cette période :

> *L'appât du commerce touchait toutes les classes des plus élevées aux plus*
> *basses. Des tentatives répétées furent entreprises pour limiter ses bénéfices*

---

11. Petits seigneurs écossais propriétaires d'un manoir et de terres. (*N.d.T.*)

aux seuls citoyens de Kirkwall (ce qui incluait la plupart des propriétaires fonciers) et pour interdire ces activités aux marchands ambulants et aux gens de la campagne qui commerçaient à une petite échelle avec les navires de passage. Les Country Acts *[lois sur la campagne] n'interdisaient pas seulement le trafic, mais ils le distinguaient à peine du vol et de la mendicité [12].*

Finalement, ce furent les propriétaires de domaines des Orcades qui bénéficièrent le plus des avantages inattendus de cette révolution industrielle. Leurs locataires et leurs métayers travaillaient la terre et récoltaient le varech pour payer leur loyer et conserver un toit au-dessus de leur tête (ils ne pouvaient commencer à travailler pour se nourrir qu'une fois qu'ils s'étaient acquittés de leur loyer en nature). Donc la collecte et le travail du varech s'intégraient dans le montant du loyer des propriétaires et les maîtres du varech de Kirkwall réalisaient des profits d'environ un million de livres par an. Les riches prospéraient et faisaient de leur mieux pour conserver leurs privilèges. Au cours de la série de mauvaises moissons de 1782 à 1785, de nombreux métayers moururent de famine dans l'ouest de Mainland [13], où il n'y avait pas d'algues. Mais dans le reste des Orcades, les « généreux » propriétaires de varech firent crédit à leurs locataires récoltant cet « or brun » et leur avancèrent même de l'argent pour s'assurer que cette main-d'œuvre survive à la famine. Quand, au terme de ces mauvaises années, les dettes furent réclamées, les lairds firent des bénéfices encore plus importants grâce à des coûts de production particulièrement bas. Thomson estime qu'au cours de cette période, les propriétaires gagnèrent trois fois plus avec la production du varech qu'avec ce qu'ils gagnaient du revenu des loyers de leurs domaines.

Naturellement, des profits aussi importants suscitèrent des jalousies et des affrontements pour savoir qui allait véritablement profiter de cette manne. En sa qualité de ville royale, Kirkwall détenait le monopole du commerce avec les Orcades. Seuls ses citoyens avaient le droit d'importer et d'exporter. Mais cette position n'était pas acceptée par la corporation des marchands de Stromness [14] en pleine ascension. Le détroit de Hamnavoe offrait un bien meilleur accès aux navires de l'Atlantique et attirait les activités commerciales de la Compagnie de la baie d'Hudson et des baleiniers de l'Atlantique nord. Les citoyens de Kirkwall voulurent taxer le commerce du nouveau port prospère, mais ils se heurtèrent à un adversaire singulièrement vindicatif en la

---

12. Thomson (1987), p. 209.
13. La principale île des Orcades également appelée parfois Pomona. (*N.d.T.*)
14. Autre ville des Orcades, sur la côte sud-ouest de Mainland. (*N.d.T.*)

personne d'Alexander Graham (parfois orthographié Graeme dans les textes anciens). L'historien des Orcades Willie Thomson dit de lui :

> *L'affaire prit un tour décisif en 1742 quand Alexander Graham et un certain nombre de ses collègues marchands de Stromness reçurent un avis de taxation des magistrats de Kirkwall. On réclamait à Graham la simple somme de seize livres écossaises, mais Kirkwall allait trouver en lui un adversaire entêté, résolu et chicaneur, prêt en dernier ressort à se ruiner lui-même et sa famille rien que pour le principe ou peut-être simplement en vertu d'une pure obstination. [...] L'affaire traîna pendant seize ans des cours locales à la Cour des sessions[15] et jusqu'à la Chambre des Lords devant laquelle Alexander Graham finit par l'emporter[16].*

En dépit de sa ténacité et de sa victoire finale, Alexander Graham ne récupéra pas tout ce qu'il avait dépensé. Il continua donc à perdre encore plus d'argent en essayant vainement d'obtenir une décision de la Chambre des Lords pour rentrer dans ses fonds.

Pendant ce temps, son fils William vivait à Londres, où il gagnait bien sa vie comme peintre en bâtiment. Comme je l'ai déjà mentionné, il rejoignit une Loge maçonnique locale, la Loge n° 128 dans la Constitution d'Atholl ou *Antient Constitution*[17], qui, avant 1771, se réunissait à la *Red Horse Inn* [« Auberge du Cheval rouge »] dans Old Bond Street, et, de 1771 à 1793, se rencontrait au pub *Crown and Feathers* [« La Couronne et les plumes »], dans Holborn[18]. (Après la création de la Grande Loge unie d'Angleterre [GLUA, ou *United Grand Lodge of England*, UGLE], ce numéro de Loge passa à la Loge Prince Edwin, qui se réunit à Bury, dans la province maçonnique de l'East Lancashire. Cette Loge est encore listée sous ce numéro de rôle.) William Graham était décrit par ses amis comme le « fou de maçonnerie », et en 1785, quand il est rentré aux Orcades pour reprendre le poste d'officier des douanes pour la cité de Kirkwall, il voulut continuer à pratiquer sa maçonnerie[19].

---

15. *Court of Sessions*, tribunal civil en Écosse. (*N.d.T.*)

16. Thomson (1987), p. 219.

17. La Constitution d'Atholl ou *Antient Constitution* était un groupe dissident de maçons, mécontents des penchants hanovriens de la *Grand Lodge* de Londres, et qui considéraient que les Hanovriens avaient trahi les anciens enseignements écossais de la franc-maçonnerie. En 1748, ils formèrent leur propre *Grand Lodge* sous le patronage du duc d'Atholl et opérèrent selon un rituel qui, disaient-ils, était plus fidèle à l'« ancienne franc-maçonnerie. » Ils appelèrent les maçons de la Grande Loge de Londres les « *Moderns* » et furent eux-mêmes baptisés les « *Ancients* » (*Antients*). Voir Lomas (2002), p. 272 [p. 287-288 de l'édition française].

18. Lane's List.

19. Flett (1976), p. 47.

Les Orcades venaient juste de subir leur troisième mauvaise moisson de suite, mais les propriétaires terriens appartenant à la Loge Kirkwall Kilwinning – et au premier chef, son Maître, James Traill – faisaient des affaires en or grâce au boom du varech. Pendant ces années de profit, les vaisseaux quittaient Stromness chargés de soude de varech. Ils faisaient voile vers la côte est de l'Écosse qu'ils descendaient jusqu'au Firth of Forth, déchargeaient la soude à Leith et retournaient récupérer un chargement de charbon à Inverness avant de remonter vers les Orcades. Cette route impliquait une escale régulière à Aberdeen. En outre, les navires de Stromness faisaient aussi le commerce de ce que l'historien des Orcades, Willie Thomson, décrit comme de « petits luxes » – il donne des exemples comme les gants, le papier, le tabac, les clubs de golf, la cire à sceller et le sucre blanc [20]. De manière significative, le père de William, Alexander, faisait du négoce avec les navires qui s'arrêtaient à Aberdeen. Par conséquent, il a fort bien pu avoir l'opportunité d'acquérir un tapis de Loge provenant de ce vieux centre maçonnique (souvent, à la mort d'un frère, des reliques maçonniques passent dans les mains de parents profanes et, dans de telles circonstances, elles finissent par être vendues). Son fils William, le « fou de maçonnerie » exilé à Londres et membre d'une Loge Atholl qui respectait les traditions écossaises de la maçonnerie, aurait assurément reconnu la valeur d'un tel tapis de Loge. Et, comme Alexander passa un temps considérable à Londres quand son conflit judiciaire avec les citoyens de Kirkwall arriva devant la Chambre des Lords, je me dis que c'est à cette époque qu'il a fort bien pu donner le parchemin à son fils. C'est en tous les cas une hypothèse vraisemblable qui expliquerait comment William Graham est entré en possession du rouleau.

Mais comment la Loge Kirkwall Kilwinning en est-elle arrivée à avoir la garde du plus vieux témoignage tangible des croyances et symboles primitifs de la franc-maçonnerie ? Pour répondre à cette question, j'avais besoin d'étudier l'histoire originelle de la Loge.

LA FRANC-MAÇONNERIE ARRIVE AUX ORCADES

Le lundi 1er octobre 1736, la franc-maçonnerie naquit à Kirkwall. Deux visiteurs venaient d'arriver à Tankerness House à l'invitation de quatre citoyens de la ville : Alexander Baikie, James Berrihill, James Mackay et Robert Sutherland. Les deux visiteurs étaient francs-maçons.

---

20. Thomson (1987), p. 207-209.

L'un des deux était John Berrihill, le propre père de James, membre de la Loge de Stirling. L'autre était William Meldrum de la Loge de Dunfermline[21].

Alexander Baikie était un marchand et un constructeur de navires. Son grand-père, Thomas Baikie, avait fait fortune en construisant des navires de commerce connus sous le nom de « grands bateaux » [*Great boats*], des navires de trente pieds de long (environ neuf mètres), propulsés par six rames et deux mâts, et qui pouvaient transporter jusqu'à sept tonnes de cargaison entre les Orcades, les Shetland et même jusqu'en Norvège. En 1736, les Baikie étaient des marchands et des propriétaires terriens prospères. James, le frère d'Alexander, était le prévôt [*Provost*][22], l'officier principal du *Burgh* royal de Kirkwall[23]. Quoi qu'il en soit, Alexander avait son plan pour asseoir son statut social : il voulait installer une Loge de francs-maçons à Kirkwall. S'il ne pouvait égaler l'influence civile de son frère, il allait peut-être pouvoir développer un autre groupe d'influence sous la forme d'une Loge maçonnique. La franc-maçonnerie en Écosse avait une tradition de patronage royal depuis Jacques VI et il courait alors des rumeurs selon lesquelles une nouvelle Grande Loge allait bientôt être formée à Édimbourg.

Ce soir d'octobre 1736, ses deux visiteurs étaient des membres de Loges maçonniques bien établies et influentes. Mais plus important encore peut-être pour Alexander Baikie, les Loges de Stirling et de Dunfermline étaient signataires des statuts Schaw de 1601, les patentes qui confirmaient le patronage royal sur la franc-maçonnerie[24]. Ces documents officiels confirmaient aussi les droits héréditaires des Saint-Clair de Roslin à être les patrons de la franc-maçonnerie :

> *De génération en génération, on a observé chez nous* [les maçons] *que les seigneurs de Roslin ont toujours été nos patrons et les protecteurs de nos privilèges*[25].

Ce lien avec le patronage politique tant de la couronne d'Écosse que des comtes de Roslin importait pour Baikie parce que William Saint-Clair de Roslin – le patron et le protecteur originel des francs-maçons confirmé par le Maître des travaux de Jacques VI, William Schaw – avait aussi été comte des Orcades. Éric VII de Norvège et Danemark

---

21. Flett (1976), p. 5.
22. Correspondant à la charge de maire dans l'administration écossaise. (*N.d.T.*)
23. Thomson (1987), p. 5.
24. Pour une explication plus complète, voir Lomas (2002).
25. Stevenson (1988), p. 34 [trad. française (1992) : p. 79].

l'avait ainsi anobli en 1434. Les premières minutes de la Loge Kirkwall Kilwinning confirment l'importance sociale de cette connexion pour les fondateurs de la Loge :

> *Il est notoire qu'un comte des Orcades, William Saint-Clair, occupait la fonction de patron des maçons d'Écosse vers 1430 et 1440, ce qui correspond à une période antérieure au rattachement de nos îles à l'Écosse qui intervint en 1468. Cette position était héréditaire et fut détenue par les descendants de ce comte jusqu'en 1736, quand le dernier William Saint-Clair, n'ayant pas de fils pour revendiquer cet honneur, remit sa démission à la Grande Loge d'Écosse qui avait été inaugurée cette année-là*[26].

Est-ce une coïncidence qu'une Loge fut fondée aux Orcades juste avant la création de la Grande Loge d'Écosse ? Elle fut formée par des maçons de deux Loges qui avaient soutenu la revendication des Saint-Clair sur le patronage dans la Charte de 1601 et qui furent aussi les Loges fondatrices de la nouvelle Grande Loge d'Écosse. John Berrihill, en tant que membre de la Loge de Stirling, devait être au courant de la prochaine création d'une Grande Loge d'Écosse cette même année et il devait savoir qu'il était prévu d'offrir le rôle de Grand Maître de la maçonnerie à William Saint-Clair de Roslin. (La Grande Loge d'Écosse fut formée le jour de la Saint-Jean, en décembre 1736, deux mois après l'installation de la Loge Kirkwall Kilwinning.) En tant qu'Orcadien, Berrihill connaissait certainement les liens norrois des Orcades et des Saint-Clair de Roslin. Toujours est-il que la stratégie fut couronnée de succès et que le moment choisi pour créer cette Loge fut parfait. Même le choix du nom trahit un réel talent politique. La Loge mère de Kilwinning était la seule autre source du patronage maçonnique. Elle s'était tenue à l'écart de la formation initiale de la Grande Loge et se réservait le droit de délivrer des patentes à des Loges sœurs. Donc, en incorporant Kilwinning dans leur nom de Loge, les nouveaux maçons de Kirkwall se laissaient ouverte la possibilité de chercher une patente auprès de la Loge mère de Kilwinning dans le Ayrshire, si les « seigneurs de Roslin » refusaient de les soutenir. D'une manière ou d'une autre, ils étaient déterminés à apposer leur marque sur la société de Kirkwall.

Donc, ce soir d'octobre 1736, la Loge de Kirkwall Kilwinning fut établie quand les maçons visiteurs des Loges de Stirling et de Dunfermline transmirent les secrets du « mot de maçon » à James Mackay, Alexander Baikie, Robert Sutherland et John Berrihill. Ces quatre-là devinrent alors Maîtres, Surveillants et Gardien du coffre (ce que nous

---

26. Flett (1976), p. 4.

appelons maintenant Secrétaire et Trésorier) de la nouvelle Loge. Peu après, ils requirent une patente de la Grande Loge d'Écosse à peine formée. Et ils réussirent. (Cette patente – signée par William Saint-Clair de Roslin, lui-même, le premier Grand Maître maçon de la Grande Loge d'Écosse – est encore accrochée au mur du temple de Kirkwall, et la nuit de ma visite avec Karl Pribram, elle nous fut montrée avec une grande fierté.) Le premier édit de la nouvelle Loge fixait la date de l'élection de ses officiers :

> [...] et qu'il y aura une élection des détenteurs d'office chaque année, le jour de la Saint-Jean, c'est-à-dire le vingt-septième jour de décembre, comme le veut l'ordre de la susdite Loge[27].

La Loge Kirkwall Kilwinning devait devenir un lieu de rencontre pour le gratin de Kirkwall. James, le frère d'Alexander et le prévôt de Kirkwall, lui succéda à la maîtrise de la Loge. Et un an plus tard, Mungo Graham, l'un des nombreux descendants opulents de l'évêque George Graham, hérita à son tour du fauteuil du Maître.

La maîtrise de la Loge était un honneur clairement recherché par les lairds et la petite noblesse de Kirkwall. James Flett cite une note des minutes de la Loge concernant une discussion sur le déroulement des réunions de la Loge :

> Peu de réunions se tenaient au cours de l'année, dans la mesure où les membres de la Loge étaient essentiellement les propriétaires terriens des Orcades – des noms aussi remarquables que Baikie, Traill, Graham, Moodie, Riddoch et Young étant en bonne place. Pendant la saison, quand leurs domaines respectifs réclamaient leur surveillance personnelle, ils consacraient leur énergie à leur développement et résidaient dans leurs maisons de campagne. Vers Lammas[28], quand les longs et mornes hivers nordiques arrivaient, ils rentraient dans leurs résidences citadines à Kirkwall, contribuaient à l'animation de la ville et occupaient leurs longues soirées en assistant aux nombreux bals et fêtes donnés dans le vieil hôtel de ville sur Broad Street. Sans nul doute, une tenue maçonnique offrait une distraction bienvenue après les obligations de leurs domaines et les devoirs civiques[29].

L'un des devoirs de la Loge était d'organiser les bals maçonniques. Au début du XIXᵉ siècle, cette tâche importante était exécutée par un comité spécial. Il avait la responsabilité, devant le Maître de la Loge,

---

27. Flett (1976), p. 5.
28. Le 1ᵉʳ août. Également appelé *Lughnassad*, dans d'autres pays celtiques. (*N.d.T.*)
29. Flett (1976), p. 68.

« de s'assurer que le bal annuel soit donné aux dames et aux gentlemen de Kirkwall[30]. » Le rôle social de la Loge dans la société orcadienne était ostensiblement important.

Le retour de William Graham aux Orcades en 1785 déclencha une cascade de manœuvres de séduction, de rejets et de réconciliations entre lui et ces notables, qui ne déparerait pas n'importe quel feuilleton moderne. Tout commença avec la visite de Graham le « fou de maçonnerie » à la Loge Kirkwall Kilwinning pour l'installation du nouveau Maître, Robert Baikie. Il fut invité par ce dernier et bientôt il demanda aux frères son intégration dans la Loge. Les minutes du mardi 27 décembre 1785 rapporte :

> Le F. William Graham, frère visiteur de la Loge n° 128, de l'Ancienne Constitution d'Angleterre, fut selon son propre vœu admit à devenir membre de cette Loge[31].

Robert Baikie avait des ambitions politiques et il visait le siège à la Chambre des Communes de Charles Dundas, un membre du Parlement en place. Ce siège qu'il convoitait représentait un « bourg pourri[32] », contrôlé par vingt-sept électeurs, dont au moins la moitié étaient ce que l'historien des Orcades, Willie Thomson, qualifiait d'« électeurs de paille ». (Pour avoir le droit de vote, tout ce dont vous aviez besoin, c'était de posséder une parcelle de terre d'une valeur minimale de quatre cents livres. Les factions accroissaient leur potentiel de voix en divisant leurs terres en un nombre artificiel de lots qu'elles mettaient au nom de personnes de confiance.) Parmi ces électeurs de paille, Thomson cite le nom de Graham[33].

Il semble que ce dernier et Baikie aient été faits l'un pour l'autre. Graham voulait être accepté par les propriétaires terriens maçons de Kirkwall et Baikie voulait obtenir un suffrage supplémentaire qui était dans la main de Graham. Ils se faisaient une cour assidue. Et un mois plus tard, celle-ci franchit un nouveau palier quand Graham présenta à Robert Baikie et à la Loge un trésor maçonnique, l'objet même qui devait se faire connaître sous le nom de « parchemin de Kirkwall ». Les minutes du 27 janvier 1786 rapportent :

---

30. Flett (1976), p. 69.
31. *Ibid.*, p. 155.
32. *Rotten burgh* ou *borough*. En Angleterre, ce terme générique désignait une toute petite bourgade qui bénéficiait du droit d'envoyer un de ses représentants au Parlement (Chambre des Communes), mais dont les suffrages étaient facilement achetés par un candidat. (*N.d.T.*)
33. Thomson (1987), p. 233.

Le Maître présenta à la Loge un tapis, offert aux frères par le F. William Graham de [la Loge n° 128] de l'Ancienne Constitution d'Angleterre.

Aux élections parlementaires de 1780, Robert Baikie acheta suffisamment de suffrages pour se faire élire comme membre du Parlement [MP] au titre des Orcades. Et de 1785 à 1787, William Graham fut une étoile montante de la Loge Kirkwall Kilwinning. À la lecture des minutes de celle-ci, on le présente comme n'étant « pas le détenteur d'un office installé, mais occupant les postes vacants quand l'occasion se présentait ». En 1787, il fut chargé d'une tâche socialement importante : l'organisation du bal de la Saint-Jean [34]. La paire connaissait alors une période faste.

Mais soudain, Baikie fut chassé de son siège parlementaire en raison de ce que Willie Thomson appelle une « pratique indélicate [35] ». À sa disgrâce parlementaire fit écho une disgrâce maçonnique quand sa Loge décida de prendre ses distances avec lui : on l'autorisa à en demeurer membre, mais il n'eut plus le droit d'occuper un de ses offices. Dans la foulée, la Loge retira également ses faveurs au protégé de Baikie, Graham. En 1789, on voit ce dernier proposer les noms de six candidats qui désiraient devenir membres de la Loge Kirkwall Kilwinning. Tous étaient ses amis et des commerçants appartenant à la corporation de Kirkwall. Il n'est pas précisé dans les minutes de Kirkwall Kilwinning si ceux-là ont été ou non impliqués dans les « pratiques indélicates » non spécifiées du Passé Maître de la Loge, Robert Baikie, mais tous furent rejetés. Pour Graham, il s'agissait d'un grave affront social.

En 1791, Graham avait abandonné tout espoir de devenir Maître de la Loge Kirkwall Kilwinning. Il avait vu son influence glisser conjointement au revers de fortune de son parrain. Aussi décida-t-il de créer un nouveau foyer d'influence à Kirkwall : il demanda une patente à la Grande Loge pour former une nouvelle Loge, qui allait être connue sous le nom de Loge Saint-Paul de Kirkwall.

Le 21 janvier 1791, en sa qualité de Maître élu de cette Loge Saint-Paul, il écrivit au très Vénérable Maître [*Right Worshipful Master*] de Kirkwall Kilwinning, le frère William Manson, en l'invitant, lui et ses frères, à assister à la consécration de la nouvelle Loge dans la maison du frère George Rendall, à midi précis [36]. Aucun d'eux n'accepta, mais ils conservèrent le rouleau donné par Graham. Celui-ci fit alors un pied de

---

34. Flett (1976), p. 33.
35. Thomson (1987), p. 233.
36. Flett (1976), p. 33.

nez aux « aristos » de Kirkwall Kilwinning en admettant dans la nouvelle Loge les six candidats rejetés par l'autre.

Les frères de Kirkwall Kilwinning furent irrités. Ils sommèrent Graham de se présenter devant leur cour pour s'expliquer. Mais il refusa de se soumettre à leur jugement. Alors, ils l'expulsèrent définitivement et interdirent aux membres de sa nouvelle Loge de venir assister à leurs tenues en qualité de visiteurs. Graham en appela à la Grande Loge pour qu'elle soutienne sa position, ce que cette dernière fit dûment. Mais il se passa encore une année complète avant qu'un membre de Kirkwall Kilwinning accepte l'invitation de Graham de venir visiter la nouvelle Loge. Le premier fut le frère Archibald Stewart. Il rendit visite à Saint-Paul où il lui fut fait bon accueil. Encouragé par cette attitude, Graham écrivit au Maître de Kirkwall Kilwinning en suggérant que les deux Loges partagent leurs locaux maçonniques. Mais celui qui était alors Maître, Andrew Baikie (un cousin du disgracié Robert), voulant probablement éviter d'être souillé par les relents de corruption flottant autour des petits copains de son parent, rejeta la proposition. Graham ne se réconcilia pas avec Kirkwall Kilwinning avant 1812. À cette date, il lui légua les derniers trésors maçonniques qui lui restaient : un linceul cérémoniel, connu sous le nom de « drap mortuaire », et différents livres. Son testament disait :

Renonciation de William Graham au drap mortuaire et au Livre de l'Ancienne Constitution des maçons libres et acceptés en faveur des membres de la Loge Kirkwall Kilwinning.

Que tous sachent par la présente que moi, William Graham, maître des douanes du port de Kirkwall, fais, donne et lègue en mon nom et celui de mes successeurs à et en faveur de la Loge de maçons Kirkwall Kilwinning au nom du respect que j'ai pour l'ancienne fraternité mon drap mortuaire et mon Livre de l'Ancienne Constitution des maçons libres et acceptés. Je désire que ceux-ci, après avoir été utilisés pour mes funérailles, soient immédiatement remis au docteur Andrew Munro pour qu'ils soient présentés aux membres de cette Loge et qu'ils puissent ainsi être utilisés tel qu'il apparaîtra idoine.

Fais par moi à Kirkwall, ce neuvième jour d'avril, dix-huit cent vint devant les témoins Andrew Louttit, cordonnier à Kirkwall, et David Eunson, négociant en vins en cette même ville.

Will. Graham[37].

Pourquoi un tel revirement de sentiment ? On trouve peut-être un indice dans la phrase : « *Je désire que ceux-ci, après avoir été utilisés pour mes funérailles...* » Graham souhaitait de vraies funérailles

---

37. Flett (1976), p. 63.

maçonniques. Pour quelque raison que ce soit, il a pu considérer que la Loge la plus ancienne était plus à même de prendre celles-ci en charge. Et afin de les encourager à le faire, il a pu décider de leur léguer le dernier trésor maçonnique qui lui restait de son passage à la Loge n° 128, son Livre des Constitutions d'Atholl. Son drap mortuaire pose davantage de questions, mais on peut tenter de l'expliquer. Graham avait été un fervent partisan de la liberté religieuse, même si cette ferveur s'était retournée contre lui. En 1796, il avait soutenu la formation d'une congrégation *anti-burgher*[38]. Ses adeptes pratiquaient une forme extrême de presbytérianisme. Cette année-là, ils décidèrent de se séparer de l'Église presbytérienne officielle à cause d'un conflit entre la corporation commerciale de Kirkwall (*Kirkwall Incorporated Trades*, une guilde de commerçants de la ville) et la session[39] de la cathédrale (la structure administrant la cathédrale Saint-Magnus). Le différend portait sur le prix de location du linceul mortuaire de la cathédrale (un voile que l'on disposait sur un cercueil) qui était loué pour les funérailles. Agissant en qualité de Maître de la Loge Saint-Paul, Graham posa la pierre de fondation de la salle de réunion des *anti-burghers* en exécutant un rituel maçonnique en bonne et due forme. Les minutes de Kirkwall Kilwinning devaient faire le commentaire suivant :

> *Il est encore nécessaire de remarquer que cette nouvelle société de la Loge Saint-Paul ne s'était pas réunie pendant de nombreux mois quand ils décidèrent, sur la proposition de M. Graham, d'établir un lieu d'assemblée antiburgher à Kirkwall. Le plan des fondations étant dressé et l'exécution du travail étant sur le point de commencer, Graham et ses frères dissolus, qui, à cette époque, étaient devenus très nombreux, posèrent la pierre de fondation. Après avoir exécuté un grand nombre de gestes anciens, Graham s'agenouilla, fit une longue prière, et consacra cette église à leur saint tutélaire. Puis, avec ses frères, ils paradèrent dans les rues de la ville sans susciter le moindre amusement du public*[40].

---

38. L'Église presbytérienne – en particulier en Écosse – a connu de nombreuses scissions et réconciliations. Dans les années 1730, certains membres de l'Église presbytérienne d'Écosse firent sécession derrière Ebenezzer Erskine. Ils formèrent l'Église sécessionniste, ou dissidente, d'Écosse [*Secession Church*]. En 1747, celle-ci formula le serment citoyen [*Burgess Oath*] qui se référait notamment à « la vraie religion [...] autorisée par les lois ». Certains membres considérant que cette expression désignait l'Église établie d'Écosse firent à leur tour sécession par rapport à la *Secession Church*, qui se divisa désormais en *Burgher Churches* [les Églises citoyennes se référant au *Burgess Oath*] et les *Anti-Burgher Churches* [refusant d'y adhérer]. Chacune de ces deux factions se redivisa en *Auld [Old] Lichts* [« Vieilles Lumières »] et *New Lichts* [« Nouvelles Lumières »]. Les *New Lichts* des deux groupes se réconcilièrent en 1820 et se réunirent pour former le « Synode Associé Uni de l'Église sécessionniste » [*United Associate Synod of the Secession Church*]. (N.d.T.)

39. Dans l'Église presbytérienne, chaque congrégation locale est administrée par une « session » paroissiale comprenant le pasteur et des laïcs élus. (N.d.T.)

40. Flett (1976), p. 48.

Mais bientôt, les membres de la nouvelle Église *anti-burgher* eurent à se soucier de bien autre chose que du simple coût de location d'un linceul cérémoniel. Peu après sa fondation, leur pasteur fraîchement nommé incita sa congrégation à promulguer un décret interdisant aux francs-maçons de continuer à appartenir à leur communauté ou de la rejoindre. Le serment maçonnique et les liens avec la franc-maçonnerie devenaient une cause d'excommunication. Cette initiative coûta à Graham de nombreux membres. Il alla jusqu'à en appeler à la Loge Kirkwall Kilwinning pour qu'elle soutienne l'action de la Loge Saint-Paul pour contrecarrer ce règlement presbytérien radical.

Ainsi, le legs de son propre drap mortuaire à Kirkwall Kilwinning n'était-il pas une demande de pardon de Graham – pardon pour avoir voulu diviser la maçonnerie de Kirkwall en fondant une Loge séparée ? En tous les cas, ce fut peut-être interprété de cette manière, car la Loge Saint-Paul ne survécut pas longtemps à la mort de son Maître fondateur, tandis que Kirkwall Kilwinning continue de se réunir, aujourd'hui encore, dans le centre de Kirkwall.

Ainsi s'achevèrent les vingt-six années de passion tumultueuse de William Graham avec la Loge Kirkwall Kilwinning. Sur son lit de mort, il se réconcilia avec son premier amour, l'amour à qui il avait offert en cadeau de « fiançailles » son plus grand trésor, un tapis de Loge primitif.

Une question restait pourtant en suspens : pourquoi William avait-il voulu travestir ce vieux tapis de Loge maçonnique en lui adjoignant des panneaux extérieurs ?

On peut en deviner la raison en considérant la différence entre les traditions mythiques de Londres et des Orcades. Les Orcadiens allaient immédiatement remarquer les références picturales de la toile au culte de la déesse du Nord, tandis que les maçons londoniens ne verraient qu'Ève dans le jardin d'Éden. Jusqu'en 1468 EC, les Orcades sont restées norroises. Les Norrois ne furent généralement pas christianisés avant le début du XIIᵉ siècle et ils vénéraient toute une série de dieux et de déesses. L'une de leurs divinités préférées était la déesse qui a donné son nom au vendredi dans les langues germaniques : en anglais, *Friday* ; en allemand, *Freitag* ; etc. Autrement dit, le jour [*day, Tag*, etc.] de Freya. Si les représentations et les histoires relatives à cette divinité avaient toutes les chances d'être peu connues à Londres, elles faisaient partie de l'héritage préchrétien des Orcades. Cette incompréhension demeura jusqu'à une date récente, puisque Speth, dans son article de 1897, dit du parchemin de Kirkwall :

Les panneaux centraux parlent d'eux-mêmes. Ils commencent au sommet avec Ève et les animaux dans le jardin d'Éden – mais il serait difficile d'expliquer pourquoi Adam est omis [Et pour cause !] *– et ils s'achèvent à la base avec les grades de l'ordre*[41].

En dehors du problème de l'inversion par Speth de l'ordre des scènes – car il ne comprenait manifestement pas comment le tapis devait être déroulé –, il n'avait pas la moindre connaissance de la tradition nordique. Aux Orcades, la représentation d'une femme nue assise sous un pommier, sur fond de collines, entourée par les créatures du ciel, de la mer et de la terre venant l'adorer, n'allait pas faire penser à Ève, mais à Freya. Seule l'adjonction des panneaux latéraux ostensiblement bibliques pouvait laisser croire que le sommet du rouleau évoquait Ève dans le jardin d'Éden. William Graham l'a certainement compris. Est-ce pour cela qu'il décida d'ajouter les pans latéraux biblicomorphes : pour rendre le tableau plus acceptable par les maçons de Kirkwall ? Dans son histoire de la Loge Kirkwall Kilwinning, James Flett indique :

Rappelons-nous la méfiance et la crainte superstitieuse dans laquelle la majorité de la population tenait la franc-maçonnerie. [...] À cette époque de superstition, les autorités de Kirkwall gouvernaient leur monde d'une « poigne de fer ». En fait, le conseil municipal et l'Église tenaient les Orcades sous leur domination. Les infractions à la loi les plus insignifiantes étaient trop souvent traitées par les magistrats de la manière la plus cruelle. Sans aucun doute, ils outrepassèrent clairement leur autorité en de nombreuses occasions. [...] L'Église, en tant qu'institution, n'était pas toujours impartiale quand elle rendait la justice envers ses propres contrevenants et elle considérait la société secrète des francs-maçons avec peu de sympathie[42].

Mais quelles anciennes croyances écossaises ou nordiques William Graham essaya-t-il de déguiser en christianisant ce vieux tapis de Loge maçonnique ?

LE RÔLE DE LA DÉESSE FREYA

Le professeur Hilda Ellis Davidson explique comment les Norrois voyaient le culte d'une déesse suprême :

---

41. Speth & Craven (1897).
42. Flett (1976), p. 6.

Les sources littéraires tendent à nous présenter l'image d'une déesse suprême et puissante qui pouvait être vue comme la femme ou la maîtresse de celui qui la vénérait. Si celui-ci était roi, le culte de la déesse était intégré à la religion d'État, et, à ce titre, elle allait être officiellement vénérée à côté des dieux majeurs. Dans la tradition scandinave, la principale déesse apparaît être Freya[43].

Les temples à Freya étaient extrêmement importants pour les jarls[44] norrois qui les construisirent. Ils croyaient que leur puissance politique dépendait de la protection qu'ils accordaient à ces édifices sacrés. Quand Olaf Tryggvason voulut renverser le jarl Hakon d'Halogaland, le roi de Norvège de fait à la fin du Xe siècle, il le fit en abattant la statue de Freya dans le temple où Hakon la vénérait. Tryggvason accrocha la sculpture en bois derrière son cheval et il la sortit ainsi du temple. Finalement, il la fracassa et la brûla pour déshonorer son rival[45].

À Trondheim, les ancêtres de sir William Saint-Clair construisirent un temple à Freya. C'est de ceux-là que William avait hérité son droit sur le comté norrois [*jarldom*] des Orcades. Mais du point de vue maçonnique, on peut relever d'autres aspects intéressants de ce temple. D'abord, il faisait face à l'est et deux colonnes encadraient son entrée. On fit cette constatation quand le temple fut exhumé à l'occasion de la réfection du sol de l'église médiévale consacrée à la Vierge Marie que les chrétiens avaient érigée dessus. Sous ces colonnes, un ensemble de minuscules images gravées sur des feuilles d'or avait été délibérément enterré[46]. L'une d'elles présente un intérêt maçonnique particulier, car elle montre deux êtres étranges dans une étreinte à cinq points (voir fig. 5).

Quand je vis cette image pour la première fois, je me suis dit qu'elle ressemblait assez à deux poissons exécutant une cérémonie du troisième grade dans une Loge maçonnique : l'une des silhouettes ressemble à un poisson mâle et l'autre à un poisson femelle. L'or était dédié à Freya. On a ici une image soigneusement gravée dans cette matière précieuse et rituellement enfouie sous les fondations d'un pilier du temple de Freya, dans la ville de l'ancien *jarldom* de Møre que l'on appelle aujourd'hui Trondheim. Ce temple était cultuellement utilisé par le *Jarl* Hakon, qui se voyait comme l'époux de la déesse.

---

43. H. Ellis Davidson (1993), p. 48.
44. Seigneurs nordiques. Le mot norrois *jarl* a notamment donné l'anglais *earl*, « comte ». (*N.d.T.*)
45. H. Ellis Davidson (1993), p. 126.
46. Liden (1969), p. 23-32.

Fig. 5 : feuille d'or avec deux personnages gravés.
Celle-ci fut enterrée sous une colonne à l'entrée du temple de Freya à Trondheim.

Dans *Le Livre d'Hiram*, Chris Knight et moi-même avons utilisé le témoignage de l'archéologie phénicienne, les écrits de contemporains et les inscriptions déchiffrées dans les tombes de rois phéniciens morts de longue date pour reconstituer le cycle de la royauté qui impliquait la hiérogamie d'un roi et d'une déesse pour que celui-ci devienne lui-même dieu. Et nous avons alors attiré l'attention sur les similarités entre cette union sacrée et les rituels de la franc-maçonnerie :

> *Nous savions maintenant que notre Grand Maître Hiram, le roi de Tyr, croyait que, chaque année, Baal, le fils de Baalat et El, mourait à l'équinoxe d'automne et qu'il renaissait à l'équinoxe de printemps. Au regard des données et des dates fournies par Flavius Josèphe, nous savions également que Hiram de Tyr avait été conçu à l'équinoxe de printemps et qu'il était né au solstice d'hiver, à un moment où Vénus se levait très près du Soleil. Cela faisait de lui un fils de Vénus. Quand son père mourut, Hiram dut quitter son statut de fils de la déesse pour épouser celle-ci. Ce processus le transforma de prince en roi.*
> *En tant que Baal, il pénétra dans le temple de Vénus la veille de l'équinoxe d'automne et mourut rituellement – mais seulement symboliquement – en jouant son rôle de Baal. Il s'allongea, les pieds vers l'est et la tête vers l'ouest, **dans les ténèbres du sanctuaire intérieur du temple. Juste avant l'aube, Vénus se lève sous la forme de l'étoile flamboyante du matin ; et à***

mesure que la lumière de la déesse descend sur la terre, entre les deux piliers du porche, à travers la lucarne et dans le temple, la grande prêtresse, la lumière de Vénus éclairant donc par-derrière la blancheur de son corps contre les ténèbres du sanctuaire, relève Hiram, le nouveau roi, dans une étreinte d'épouse. L'étreinte que nous pouvons voir représentée sur l'image rituelle retrouvée dans le temple de Vénus à Møre [Auj. Trondheim]. L'étreinte dont nous avons tous les deux fait l'expérience en devenant Maîtres maçons. Mais pourquoi une étreinte à cinq points[47] ?

La planète Vénus, telle qu'elle se déplace dans le ciel, touche le chemin du Soleil (le zodiaque) juste en cinq endroits. Donc la grande prêtresse de Baalat personnifie la déesse qui s'approche de son époux à l'aube, au moment où il se relève de la tombe de la terre sombre.

D'abord, elle se penche pour prendre sa main, puis elle place son pied droit contre le sien. Deux prêtres de El, qui célèbrent le Soleil à son zénith et à son coucher, l'assistent pour arracher le roi à la froideur du sépulcre et le faire glisser dans la chaude étreinte de la déesse. Quand Hiram est soulevé par les prêtres de El, la grande prêtresse appuie son genou droit contre le sien ; elle l'attire étroitement contre son sein et l'étreint fermement, en passant son bras autour des épaules d'Hiram et en laissant sa main descendre dans son dos tandis qu'elle lui souffle à l'oreille les mots secrets de la royauté. […]

Donc, le nouveau roi enlace la déesse dans une étreinte à cinq points – que chaque génération peut observer dans le ciel – et ainsi son pouvoir est établi. Voilà la connaissance secrète que Salomon essaya d'acheter à Hiram, le roi de Tyr, et dont les détails sont préservés dans les anciens rituels étranges de la franc-maçonnerie[48].

Mais il existe un autre lien entre le culte de Freya et les origines de la franc-maçonnerie. Tous les événements clés des débuts de la franc-maçonnerie écossaise interviennent le jour de la Saint-Jean l'Apôtre, c'est-à-dire le 27 décembre. Il s'agit ici d'une autre coïncidence. De même que le christianisme s'était emparé du site du temple de Freya pour construire dessus une église dédiée à la Vierge Marie, la franc-maçonnerie avait récupéré le jour de fête de la naissance de Freya, le 27 décembre, et l'avait renommé en l'honneur de saint Jean. Ainsi, ce dernier devint-il le saint patron des maçons parce que son nom était rattaché à une date clé dans le calendrier du nordisant William Saint-Clair. Il incorpora de nombreux symboles dans la chapelle de Rosslyn. Certains étaient d'inspiration chrétienne, d'autres d'inspiration juive, mais il y en avait surtout beaucoup qui étaient issus des croyances

---

47. Tout ce passage en gras (les gras sont de notre fait) n'existe pas dans l'édition originale anglaise mentionnée en référence et, par conséquent, pas davantage dans la traduction française. À la place, on trouve une simple question : « Ce rituel pouvait-il être associé à un attouchement ou une étreinte de résurrection à cinq points dans la lumière aurorale de Vénus ? » (*N.d.T.*)

48. Lomas & Knight (2004), p. 157-158 [trad. française : p. 167-168].

préchrétiennes de ses ancêtres norrois. Son ascendance nordique était importante pour lui : c'étaient ses liens familiaux avec le *jarldom* de Møre qui lui avaient donné le comté des Orcades.

En tout cas, tous les témoignages et documents primitifs de la franc-maçonnerie écossaise évoquent l'importance des décisions prises lors des tenues maçonniques du jour de la Saint-Jean, le 27 décembre. Concernant William Schaw et sa première réunion de maçons écossais qui mena à la création du système moderne des Loges défini dans les statuts Schaw, David Stevenson écrit :

> *Il y a de fortes chances pour que William Schaw ait réuni son assemblée de Maîtres maçons le 27 décembre, le jour le plus important du calendrier maçonnique, mais qu'en raison des discussions qui eurent lieu alors, les premiers statuts Schaw ne furent rédigés et entérinés que le lendemain* [49].

Mais ce n'est pas fini. Il existe encore un autre lien singulier entre les rituels de Freya et ceux de la franc-maçonnerie : c'est la manière selon laquelle le candidat est préparé pour l'initiation. Celui-ci a les yeux bandés et il est rituellement menacé de mort par strangulation ou d'être poignardé. Cette forme de sacrifice humain a une longue histoire en Europe occidentale. De nombreuses preuves viennent l'étayer, et en premier lieu les découvertes faites dans les tourbières où étaient jetés ces sacrifiés offerts à Freya.

UN CANDIDAT CORRECTEMENT PRÉPARÉ

En 1963, le Dr Alfred Dieck, de l'université de Hanovre, a réalisé une étude de tous les corps préservés – six cent quatre-vingt-dix au total – découverts dans des tourbières de l'Europe du Nord-Ouest [50]. Les plus anciens dataient de la période mésolithique, ce qui les situe au moins cinq mille ans en arrière, et les plus récents étaient des soldats tués dans la région des lacs de Mazurie en Pologne pendant la Première Guerre mondiale. Mais la majorité de ces hommes des tourbières est datée entre 500 AEC et 100 EC. Et les conditions de leur mort présentent de nombreux traits communs. Ils furent incontestablement offerts en sacrifice humain [51].

---

49. Stevenson (1988), p. 47 [trad. française (1992) : p. 68].

50. Dieck (1963).

51. Glob (1971), p. 22. [On a ainsi retrouvé des dizaines (en Hollande, en Angleterre, au pays de Galles, en Suède, en Irlande, en Norvège, etc.) voire des centaines (en Allemagne et au Danemark) d'hommes et de femmes des tourbières manifestement sacrifiés. (*N.d.T.*)]

P. V. Glob, professeur d'archéologie à l'université d'Aarhus au Danemark, a fait une étude détaillée de la manière dont sont morts ces hommes.

> *En examinant le vaste ensemble de découvertes datant du début de l'âge du fer danois et en le rapprochant de ce que nous savons des nombreuses exhumations d'hommes des tourbières, il ressort clairement que l'inhumation de ces derniers ne présente rien de commun avec des coutumes funéraires ordinaires. Au contraire, elle a tout d'un ensevelissement sacrificiel. Il est donc probable que les hommes des tourbières étaient offerts aux mêmes puissances que les objets découverts dans ces marais et qu'ils appartenaient aux dieux*[52].

Et dans sa *Germanie*, l'historien romain Tacite dit de la religion des tribus du Nord-Ouest de l'Europe d'il y a deux mille ans :

> *Enfermer les dieux entre quatre murs ou les représenter sous quelque apparence humaine leur semble peu convenable à la grandeur des puissances célestes. Ils leur consacrent des bois et des bosquets et donnent le nom de dieux à cette mystérieuse réalité que seules leur piété et leur révérence leur font voir*[53].

Il existe une manière particulière de tuer une personne qui est destinée à être sacrifiée à la déesse. Quand Walfred, un missionnaire chrétien anglais, brisa les représentations de celle-ci à Uppsala en 1070, ses fidèles locaux étranglèrent promptement le moine et son corps fut jeté dans une tourbière[54]. Dans son cas, ce châtiment sanctionna son acte hérétique et blasphématoire à l'encontre de la déesse. Mais dans le cas des sacrifices formels des premiers temps, un rituel plus complexe était exécuté.

Tacite raconte comment ces émissaires honorés dépêchés auprès de la déesse étaient choisis par le sort.

> *Ils coupent à un arbre fruitier un rameau qu'ils taillent en petits scions. Chacun d'eux est marqué de certains signes distinctifs, afin de les distinguer les uns des autres. Puis ils les éparpillent sans ordre et au hasard sur une étoffe blanche*[55].

---

52. Glob (1971), p. 108.
53. Tacite (1980), p. 109 [p. 75-76 de l'édition française].
54. Adam de Brême ([1070] 2002).
55. Tacite (1980), p. 109 [p. 76 de l'édition française].

Celui qui tirait la plus longue baguette était l'élu[56]. Cette méthode est confirmée par une découverte archéologique faite à Borre Fen [littéralement La « tourbière de Borre »], dans la région de l'Himmerland au Danemark. Sous le corps d'une femme, tuée d'une manière rituelle[57], on trouva un certain nombre de petits scions de pommiers, ce qui, dit Glob, « pouvait indiquer un jet de baguettes divinatoires qui avait scellé la destinée de la femme et l'avait envoyée dans la tourbière en guise de sacrifice humain[58] ».

En 1946, il y eut une autre découverte dans une tourbière de l'Himmerland, près de Rebild Skovhuse. C'était une représentation en bois gravé de Freya. Son sexe était accentué par une incision en forme de V dans la zone du ventre[59]. S'agissait-il d'une représentation de la déesse que l'on aspirait à aller retrouver rituélo-sacrificiellement en jetant des scions de pommiers divinatoires ?

> Au commencement de l'ère des hommes des tourbières, ce n'était pas un dieu mais une déesse qui était dominante. Au terme du périple de celle-ci, son serviteur, qui assumait le rôle de divinité mâle, devait être sacrifié pour soutenir le cycle de la nature et lui permettre de progresser[60].

Le sacrifié choisi était nourri : on lui servait un repas cérémoniel consistant en une sorte de bouillie, constituée d'une mixture de céréales. Une étude botanique détaillée du contenu de l'estomac d'une victime sacrificielle trouvée à Tollund, au Danemark, a montré qu'elle consistait en un gruau d'orge, de graine de lin, d'« or du plaisir[61] » et de renouées[62]. Ce repas semble cérémoniel car il ne contenait aucune trace de viande, réputée constituer pourtant une bonne part de l'alimentation normale des Danois de l'époque. Le Dr Helbaek qui effectua les tests pensait que le repas avait été consommé vingt-quatre heures environ avant la mort. Bien que le mélange de graines variât d'une victime à l'autre, les renouées étaient récurrentes.

---

56. En réalité, le texte précis de Tacite se poursuit ainsi : « *Ensuite, le prêtre de la cité, si la consultation est officielle, le père de famille lui-même, si elle est privée, ayant invoqué les dieux et tournant ses regards vers le ciel, en prend successivement trois* [scions marqués] *qu'il interprète alors d'après les signes qu'on y a précédemment imprimés.* » On pense ici à une sorte de tirage runique ; les runes pouvant être les signes gravés sur les scions. (*N.d.T.*)

57. Par pendaison. (*N.d.T.*)

58. Glob (1971), p. 22.

59. *Ibid.*, p. 108.

60. *Ibid.*, p. 132.

61. Un *kenning* (métaphore poétique) désignant la marguerite. (*N.d.T.*)

62. Cette « bouillie » était en outre composée de différentes autres plantes sauvages telles que des patiences, des liserons, des ombellifères diverses. (*N.d.T.*) Helbaek (1950), p. 164.

Les sacrifiés avaient souvent leurs yeux cousus et ils étaient soit nus, soit revêtus sommairement d'une peau de mouton grossière ou d'un manteau de lin passé autour de leurs épaules. Les études des pollens de la tourbe se trouvant juste en dessous des corps découverts dans les tourbières au cours des cinquante dernières années ont indiqué que la plupart des sacrifices avaient eu lieu en hiver[63]. La méthode d'exécution était binaire : d'abord les victimes étaient poignardées et étranglées, puis elles étaient jetées dans les eaux de la tourbière. Apparemment la corde de pendu que l'on passe autour du cou du candidat lors de son initiation appartient à une longue tradition.

> *La cordelette à nœud coulant, que nombre d'hommes de tourbières arborèrent autour de leur cou et qui causa leur mort, est un autre indice trahissant un sacrifice à la déesse. [...] Ce sont les répliques des torques torsadés[64] qui sont la marque d'honneur de la déesse et un signe de consécration à celle-ci. L'anneau de cou est expressément l'emblème de la déesse de la fertilité [...] à la fin de l'âge du bronze. La corde à nœud coulant trouvée autour du cou du mort des tourbières devait être vue comme un collier et donc comme le « billet » lui permettant de franchir le seuil de la mort, de se remettre entre les mains de la déesse et d'être ainsi consacré à celle-ci pour le reste des temps[65].*

Hilda Ellis Davidson dit de cette divinité que l'on « considérait qu'elle possédait le pouvoir sur la vie et la mort ». Heureusement, une description détaillée d'un sacrifice a survécu jusqu'à nous. En 922 EC, le chef d'une tribu rus [les ancêtres nordiques des Russes] venant de Scandinavie mourut à Bulghar, un port sur le fleuve Volga, au moment précis où se trouvait là une ambassade arabe en visite chez le roi local. Au sein de cette délégation se trouvait un érudit répondant au nom de Ibn Fadlân. Ce dernier – surnommé le « diseur de vérité », du fait de sa réputation de chroniqueur fidèle – s'intéressait beaucoup aux coutumes religieuses étrangères. Or il fut le témoin des rites funéraires du chef défunt qu'il consigna par écrit[66]. Dans le cadre de ces rites, une

---

63. Jorgensen (1958), p. 119.

64. Colliers de métal (or, bronze, etc.) en forme d'anneau rigide portés par certains peuples antiques. (*N.d.T.*)

65. Glob (1971), p. 119.

66. On trouvera le commentaire et le texte complet de ces funérailles d'un chef rus dans Régis Boyer, *L'Edda poétique*, Fayard, Paris, 1992, p. 55-60, qui reprend la traduction de Marius Canard, *Ibn Fadlân. Voyages chez les Bulgares de la Volga*, Sindbad, Paris, 1988, p. 76-83, en la complétant par des adjonctions issues d'un autre manuscrit d'Ibn Fadlân. Pour l'anecdote, le personnage d'Ibn Fadlân est le héros du roman intitulé *Les Mangeurs de morts* de Michael Crichton – partant de la chronique du diplomate arabe – dont a été tiré le film *Le 13ᵉ Guerrier* (le roman est depuis reparu sous ce titre), qui met en scène ce récit des funérailles nordiques. (*N.d.T.*)

jeune femme fut sacrifiée à la déesse[67]. Une vieille prêtresse – qu'Ibn Fadlân appelait l'« Ange de la Mort » – se chargea du sacrifice. Elle était aidée par deux assistantes présentées comme ses « filles ». Comme le chef défunt participait à une expédition commerciale et se trouvait donc loin de chez lui, l'intervention de la prêtresse signifie soit qu'elle avait voyagé avec lui, soit qu'un sanctuaire à la déesse existait à Bulghar – qui se trouvait sur une route commerciale régulière. Mais Ibn Fadlân, qui, s'il était un « diseur de vérité », n'en était pas pour autant omniscient, ne dit pas comment la sinistre « Ange de la Mort » s'était retrouvée là au moment des funérailles. Quoi qu'il en soit, la présence de cette prêtresse est probablement une indication de l'importance du culte de la déesse pour les navigateurs scandinaves.

Hilda Ellis Davidson dit de la jeune femme dont le sacrifice était un élément clé des funérailles norroises :

> *Nous savons qu'il existait un certain nombre de femmes esclaves. [...] C'était à celles-ci que l'on demandait si l'une d'elles était volontaire pour jouer le rôle de la femme du chef et pour mourir lors des funérailles de celui-ci. Et une fille acceptait de le faire*[68].

Ibn Fadlân nous assure qu'elle assumait son rôle rituélique avec empressement. Il réclamait pourtant un effort important d'implication et de mémorisation pour intégrer un rituel complexe. Seule une forte motivation religieuse pouvait expliquer cette implication volontaire, car il était difficile de promettre des récompenses matérielles qui n'auraient guère eu de sens au seuil de la mort. Lui offrait-on une chance de faire une avec la déesse ? Une chance d'atteindre un état de béatitude dans un lieu situé au-delà de la mort ? Une chance d'obtenir les faveurs éternelles de la déesse ? Ibn Fadlân n'en sait rien – ou tout au moins ne le précise-t-il pas –, mais l'attrait de la récompense surnaturelle devait être fort pour permettre à la fille de surmonter la peur de la mort et l'exécution même du sacrifice. Mais retournons au récit du diseur de vérité.

Il nous explique que le corps du chef défunt fut tout d'abord enterré pendant neuf jours. Au cours de ce laps de temps, son « épouse » sacrificielle fut escortée par l'« Ange de la Mort » et ses filles et traitée comme une princesse[69]. Elle passa son temps à manger, à boire et à

---

67. Smyser (1965).
68. H. Ellis Davidson (1998), p. 164.
69. Les filles « veillent sur elle et [...] la suivent partout où elle va, au point que parfois elles lui lavent les pieds de leurs propres mains », dit le texte d'Ibn Fadlân. Voir traduction de Maurice Canard, *op. cit.* (N.d.T.)

chanter pour célébrer son avenir. Après neuf jours, le corps fut exhumé, revêtu de ses plus beaux atours et déposé sur une couche à bord d'un navire (qui avait été tiré sur le rivage et placé sur des échafaudages de bois). On apporta au chef mort nourriture et boisson. Des animaux destinés à l'accompagner dans son ultime voyage furent tués – un chien, deux chevaux, un coq et une poule[70]. L'« épouse » elle-même fut chargée de trancher la tête d'une poule. Pour « consommer » son mariage, elle dut s'unir sexuellement avec certains des plus proches parents du défunt. Puis elle entonna un chant d'adieu complexe à l'intention de ses compagnes, dans lequel elle décrivait ce qu'elle voyait : ses parents morts et tous ceux de son peuple qui attendaient avec son nouvel époux dans un beau paradis vert et qui se préparaient à accompagner le couple[71]. Une fois ceci achevé, elle donna ses anneaux de bras à l'Ange de la Mort et ses bagues[72] à ses filles avant de boire de nombreuses coupes d'une « bière de mariage » forte.

Alors, elle fut emmenée dans le pavillon ou la tente où le mort reposait. L'Ange de la Mort plaça sur le cou de la fille une corde de façon que les extrémités divergeassent et elle confia celles-ci à deux hommes. Ils tirèrent sur la corde pour étrangler la sacrifiée tandis que la vieille prêtresse la poignardait au cœur.

Le bateau fut ensuite réduit en cendres et un tumulus fut érigé au-dessus. Pour Ellis Davidson, ce récit d'Ibn Fadlân qui met en scène un bateau funéraire est à rapprocher de celui qui a été exhumé à Oseberg dans le Sud de la Norvège et qui est daté d'environ 850 EC. Ce dernier présente de nombreuses caractéristiques laissant penser qu'il a servi dans un rituel funéraire assez semblable à celui du chef rus, si ce n'est que le bateau d'Oseberg a été enterré, et non brûlé. Il contenait des lits à belles tentures pour les corps du chef et de son épouse :

---

70. Ibn Fadlân mentionne également deux vaches. (*N.d.T.*)

71. Voici ce que dit Ibn Fadlân de ce moment particulier et remarquable du rituel (trad. Marius Canard) : « Ils amenèrent la fille esclave vers quelque chose qu'ils avaient fabriqué et qui ressemblait à un châssis de porte. Elle plaça ses pieds sur les paumes des mains des hommes et [fut soulevée en l'air et] surplomba ce châssis. Elle prononça là certaines paroles, puis ils la descendirent. Ils la remontèrent une troisième fois et elle fit comme elle avait fait les deux premières fois. Puis ils apportèrent une poule et elle lui trancha la tête qu'elle lança. Alors ils prirent la poule et la jetèrent dans le bateau. J'interrogeai l'interprète sur ce qu'elle avait fait. Il me répondit : "Elle a dit la première fois qu'ils la soulevèrent : Voilà que je vois mon père et ma mère. Elle a dit la deuxième fois : Voilà que je vois tous mes parents morts assis. Et elle a dit la troisième fois : Voilà que je vois mon maître assis au paradis et le paradis est beau et vert ; avec lui sont les hommes et les jeunes gens, il m'appelle. Emmenez-moi vers lui." » (*N.d.T.*)

72. Le texte d'Ibn Fadlân parle plutôt ici de ses deux périscélides, c'est-à-dire des anneaux entourant ses jambes, ce qui ne change rien au fait qu'elle se dépouille de ses biens terrestres. (*N.d.T.*)

De nombreux personnages féminins, certains appartenant à l'autre monde, sont représentés sur les tentures, traduisant un lien fort entre la déesse et le royaume de la mort. Il y a aussi beaucoup de symbolisme associé à la déesse Freya[73].

LES CROYANCES NORDIQUES ET LA FRANC-MAÇONNERIE PRIMITIVE

Dans toute une série de livres déjà mentionnés, j'ai développé une hypothèse selon laquelle la franc-maçonnerie moderne fut créée par William Saint-Clair, pendant la construction de la chapelle de Rosslyn. Je crois qu'il a puisé dans différentes traditions comme le judaïsme énochien, le culte de la déesse phénicien, le christianisme et la mythologie nordique de Freya.

Mais résumons-nous. Le parchemin de Kirkwall, datant des premiers jours de la franc-maçonnerie, présente symboliquement le voyage vers ce que l'on appelle aujourd'hui en franc-maçonnerie « le centre ». Le but de ce périple est un état d'être qui est de s'unir à la création, de ne plus faire qu'un avec elle. Or ce rouleau – qui est le plus vieux document symbolique décrivant le but du rituel maçonnique – utilise la métaphore d'une divinité nordique, en l'occurrence Freya. Cette déesse était chère au cœur des ancêtres de William Saint-Clair. N'aurait-il pas été approprié pour ce dernier d'utiliser cette divinité comme symbole de l'« expérience de Dieu » qui est le cœur de la franc-maçonnerie ?

Le chemin symbolique dont Walter Wilmshurst disait qu'il est le but de la maçonnerie se retrouve aussi sur le plus vieux document symbolique de celle-ci. La plus ancienne partie du parchemin de Kirkwall montre le voyage spirituel symbolique de la franc-maçonnerie. Elle a été datée au radiocarbone autour de 1490 EC. C'est l'époque où la franc-maçonnerie fut établie en Écosse par les Saint-Clair de Roslin. Mais le parchemin lui-même est trop grossier pour avoir été commandé par William Saint-Clair, le bâtisseur de la chapelle. Au regard de sa date, on peut penser qu'il a été créé par l'une des plus anciennes Loges de francs-maçons, qui essayait de cette manière d'assurer la survie et la diffusion des secrets spirituels de ce nouvel ordre. Et pour tout dire, je gage qu'il a bien été créé à Aberdeen, au cours de la reconstruction du chœur de l'église paroissiale de Saint-Nicolas.

---

73. H. Ellis Davidson (1998), p. 167.

Si cette hypothèse est exacte, cela signifie que la voie de la franc-maçonnerie s'est développée à partir d'un mélange de certains des plus anciens enseignements spirituels. Nous, les maçons, avons hérité de nos anciens frères un trésor. Mais comment devrions-nous l'utiliser et comment pouvons-nous le transmettre « pur et sans tache » à de futures générations ? C'est l'ultime question qu'il me faut examiner au terme de ma quête. Quelle responsabilité avons-nous, mes frères maçons et moi, dans la préservation des enseignements de l'ordre ?

CHAPITRE XIII

OÙ VA LA FRANC-MAÇONNERIE ?

Fondamentalement, ce livre traite de ma quête du sens de la maçonnerie. J'ai voulu essayer de comprendre et d'expliquer pourquoi l'expérience d'un système ritualiste aussi singulier pouvait être si plaisante et enrichissante. Cette quête a commencé quelques semaines après mon initiation du 27 janvier 1988. Elle m'a entraîné beaucoup plus loin que je ne l'imaginais jusqu'à l'étude d'une fonction du cerveau – étude à laquelle personne n'avait même encore songé –, seize ans après mon initiation et m'a fait remonter de cinq cents ans en arrière jusqu'au plus ancien objet maçonnique connu, le parchemin de Kirkwall.

Dans un premier temps, le périple a été très déconcertant. J'ai passé de nombreuses années à étudier les origines de la franc-maçonnerie avant de tomber sur un précieux fil d'or que j'ai pu tirer. Celui-ci reliait l'artiste inconnu qui avait créé le parchemin de Kirkwall à un avoué édouardien qui occupait son temps libre à étudier les mystères de la maçonnerie. Ces deux hommes avaient compris la puissance et la profondeur du symbolisme. Et tous les deux l'utilisèrent pour baliser le chemin menant vers le véritable secret au centre de la maçonnerie : la connaissance de soi.

Sur un petit morceau de papier couleur saumon glissé dans le dos d'un cahier juridique rouge relié, j'ai trouvé cette note manuscrite de Walter Wilmshurst, datée de juin 1908 :

Le corps d'un être humain est la plus grande merveille de la création et il peut être transformé en l'instrument le plus délicat du monde. C'est l'instrument de la science vivante donné par Dieu et son perfectionnement fait partie intégrante de la formation maçonnique.

Il continuait en parlant du grand sujet au centre de ma propre quête :

Je crois qu'il y a une science des sciences et, selon moi, il s'agit de la science de l'initiation maçonnique. [...] Il y a des hommes évolués, qui, à des degrés divers, possèdent cette science, et qui sont donc familiarisés avec les intelligences vivantes de l'univers, qui sont les voies naturelles de l'esprit divin.

Wilmshurst croyait qu'il avait trouvé une ligne de téléphone directe vers Dieu. Et, bien qu'en tant que scientifique, je considère cela improbable, c'est un sujet à propos duquel je ne serais pas allé lui chercher querelle. En réalité, il n'y a aucune manière objective de dire lequel de nous deux a raison.

Je crois en les lois de la physique. Pour moi, le seul miracle, c'est... qu'il n'y ait aucun miracle. Je partage avec Newton et Einstein la conviction qu'un scientifique a un sens de la causalité universelle. Mes sentiments religieux prennent une forme qu'Einstein décrivait comme :

Une fascination enthousiaste pour l'harmonie de la loi naturelle, qui révèle une intelligence d'une supériorité telle que, comparées à celle-ci, toute la pensée systématique et les actions des êtres humains ne sont que des réflexions totalement insignifiantes [1].

Ce sentiment est un état subjectif de mon cerveau qui peut être reproduit dans un laboratoire ou dans un orage. Il peut même être induit par la méditation sur des symboles maçonniques, comme Walter Wilmshurst me l'a enseigné. Nous partageons cette vision du but de la maçonnerie avec notre ancien frère qui a peint le parchemin de Kirkwall. Dans le septième pas de ce tapis de Loge mystique, il incite le pèlerin maçonnique à voir le monde comme un lieu d'harmonie et d'unité avec la création. Une femme nue est assise sous un arbre fruitier. Elle regarde les animaux du ciel, de la mer et des champs qui vivent en harmonie sous le regard bienveillant du soleil, de la lune et des étoiles. La brillante étoile du matin est remplacée par un symbole qui, lorsqu'on le rencontre sur une poterie du niveau III de la cité néolithique de Çatal Hüyük en Anatolie, est interprété comme la vulve

---

1. Einstein [(1949) 1956], p. 29.

de la Dame des Bêtes[2]. Cette déesse mère régnait sur les loups et les lions, le grain et la naissance, et elle est associée aux montagnes. Au IXᵉ siècle EC, elle était connue des Norrois sous le nom de Freya et l'un de ses symboles était le pommier[3]. Mais c'est une histoire trop longue à raconter dans le cadre de ce livre.

Le lien entre William Saint-Clair, le fondateur de la franc-maçonnerie, et les Chevaliers Templiers, est controversé depuis la sortie de *La Clé d'Hiram*. Je suis heureux que l'hypothèse exprimée dans ce livre soit suffisamment solide pour avoir une valeur en soi et faire l'objet de discussions, mais un examen détaillé de cette question échappe lui aussi au cadre du présent ouvrage. Il est en revanche indiscutable qu'un aïeul de William Saint-Clair fit construire un temple faisant face à l'est avec deux colonnes à son entrée. Cet édifice se trouvait à Møre, (l'actuelle Trondheim), capitale de la région norvégienne éponyme[4]. Comme je l'ai déjà mentionné, il fut détruit vers l'an mille de notre ère par le roi Olaf Tryggvason, dans le cadre d'une série de batailles qui eurent notamment pour résultat de faire de l'ancêtre de William, Rognwald de Møre, le *jarl* des Orcades. À terme, William devait hériter du comté des Orcades, juste avant que le parchemin de Kirkwall ne soit peint.

L'auteur de ce dernier traduit sa vision de l'unité avec le centre comme une unité avec une déesse. Était-ce la norroise Freya ? Quand j'observe le rouleau, je me plais à penser que le personnage du septième panneau est bien cette divinité, mais cela a peut-être plus de sens pour vous de la voir comme Ève dans le jardin d'Éden. C'est la richesse de la flexibilité du symbole : il s'exprime à différents niveaux et il n'y a aucune raison de se précipiter pour imposer une définition particulière d'un quelconque symbole maçonnique.

Mais, passons à la question de la réalité ou non d'un dieu – réalité que je donne probablement l'impression d'avoir tacitement acceptée dans ce livre. Est-ce que faire l'expérience d'un état de conscience transcendantale signifie, pour un humain ordinaire, que Dieu existe ? Il n'y a aucun moyen de le dire. Si un dieu ou une déesse existe bel et bien, et s'il ne veut pas briser les lois de la physique, alors c'est la seule manière qu'il a de communiquer avec nous. Comme je l'ai déjà rappelé plus haut, Einstein parle de « l'harmonie de la loi naturelle, qui révèle une intelligence d'une supériorité telle que, comparées à celle-ci, toute la pensée systématique et les actions des êtres humains ne sont que des

---

2. Gimbutas (2001), p. 107.
3. H. Ellis Davidson (1998), p. 85.
4. Liden (1969), p. 23-32.

réflexions totalement insignifiantes ». Si un tel être existe, il ne peut pas gratuitement briser ses propres lois, sous peine de détruire cette harmonie de la loi naturelle. Donc les seules possibilités de contact avec l'humanité qui lui restent passent par l'état d'esprit que Persinger appelle l'« expérience de Dieu ».

Le peintre du parchemin de Kirkwall pense lui ostensiblement à une « expérience de Déesse ». Et Walter Wimshurst, pilier du XXᵉ siècle de la Grande Loge unie d'Angleterre, Grand Directeur Adjoint Passé des cérémonies, Premier Grand Surveillant provincial Passé de la province du Yorkshire West Riding, et président du Cercle d'études maçonniques, est d'accord avec cet artiste écossais largement méconnu. Dans une conférence non publiée, il explique pourquoi les francs-maçons sont appelés « fils de la Veuve ».

> *Tous les initiés ont une mère commune. En Égypte, elle était appelée Isis, la veuve universelle. Ne soyez pas effrayés par un nom soi-disant païen. Les noms changent, mais la réalité perdure. Plus tard, elle fut appelée « la Jérusalem céleste qui est notre mère à tous ». Les textes hermétiques l'appellent la mère virginale du monde, la sur-âme collective de l'humanité, dont chacun de nous en particulier est le rejeton et dans le sein de laquelle nous serons un jour de nouveau réunis. Elle est appelée veuve en raison de la calamité qui la laissa coupée de son époux, son véritable centre. Elle pleure ses enfants qui sont dispersés par la discorde.*
>
> *Un ancien oracle hermétique proclamait que soulever le voile de la veuve annonce la mort. Rien de mortel ne peut contempler son visage et continuer de vivre. La mort dont il était question ici participe de celle qui est le cœur de notre troisième grade : c'est la mort de tout ce qui en nous-même est vain, sans valeur, irréel. Seul ce qui est immortel en vous peut contempler l'immortalité dévoilée et aucun de ceux qui ont soulevé le voile de la déesse ne peut ensuite continuer à vivre comme avant. Votre vieux moi, votre vieille vie meurent. Et, de même qu'au cours de notre cérémonie le candidat doit se retourner et contempler les funèbres symboles de mort, pour le vrai Maître maçon le temps vient de regarder derrière lui son ancien moi comme s'il s'agissait du souvenir d'un rêve perturbant qui s'en était allé avec l'aube. Dès lors, vous pénétrez dans une nouvelle vie avec la lumière de votre propre étoile du matin pour vous guider.*

Walter Wilmshurst ne connaissait pas le parchemin de Kirkwall. Quelle grande tristesse qu'il n'ait jamais pu voir cette vénérable relique maçonnique exposant sa vision de l'expérience transcendantale qui se trouve au centre de la franc-maçonnerie. Cet état d'esprit merveilleux a toutes les chances d'être une expérience extraordinaire, ce qui ne prouve pas – et n'infirme pas davantage – l'existence d'une divinité. À la lumière de cette idée, la franc-maçonnerie fait preuve de sagesse quand elle dit : « Les opinions et les croyances sont la propriété privée de tout homme et chacun a un droit égal à conserver les unes et les autres. »

L'« expérience de Dieu » semble réelle, mais cela ne prouve pas qu'elle l'est. Les rêves paraissent réels quand vous les faites, mais, à votre réveil, vous comprenez qu'ils ne l'étaient pas. Vous pouvez soutenir, à l'instar de certains mystiques, que ce qui est moins réel est contenu dans ce qui l'est davantage. De même qu'un rêve est présent dans l'esprit du rêveur, l'« expérience de Dieu » est plus réelle que notre conscience subjective du moi, qui paraît contenue dans l'unicité de l'extase transcendantale[5].

Il existe un état du cerveau qui peut être atteint accidentellement ou délibérément et qui génère la conscience transcendantale. Seulement nous n'avons aucun moyen de mesurer sa réalité. Notre sens de la réalité est entièrement fondé sur le traitement par notre cerveau des signaux externes qu'il reçoit. En somme, nous n'avons aucune possibilité de savoir si nous percevons la réalité « réelle » ou si nous créons une fausse impression à partir de la réception d'une séquence inhabituelle d'impulsions nerveuses. L'outil pour mesurer cet état et l'organe susceptible de juger de la réalité de celui-ci sont une seule et même chose. De ce fait, il n'existe aucun critère externe grâce auquel nous pourrions distinguer la réalité de l'illusion.

Newberg et d'Aquili disent :

> *Bien que la notion d'une réalité plus réelle que celle dans laquelle nous vivons soit difficile à admettre sans en avoir fait personnellement l'expérience, dès que l'esprit laisse tomber sa préoccupation subjective pour les besoins du soi et les distractions matérielles du monde, il peut percevoir cette plus grande réalité. La réalité mystique considère – et la neurologie ne la contredit pas – que sous les perceptions par l'esprit des pensées, des souvenirs, des émotions et des objets, sous la conscience subjective que nous pensons être le soi, il existe un soi plus profond, un état de pure conscience qui voit au-delà des limites du sujet et de l'objet, et qui repose dans un univers où toutes les choses sont un*[6].

Atteindre ce soi plus profond produit de réels bénéfices physiques. On peut notamment citer un taux bas de tension artérielle, une diminution des rythmes cardiaque et respiratoire, des niveaux de cortisol réduits et, en revanche, un renforcement du système immunitaire.

---

5. Underhill (1923), p. 1-29.
6. Newberg, d'Aquili & Rause (2002), p. 178 [trad. française : (2003) p. 227-228].

Persinger s'inquiétait des effets secondaires de cet état d'esprit qui pouvaient confiner à l'intolérance, mais il ajoutait que cet état pouvait être utile, si le fanatisme religieux ne venait pas réduire à néant tous ses bénéfices. La franc-maçonnerie est le seul système spirituel que je connaisse qui s'est développé en évitant le piège de l'intolérance religieuse. Elle vous enseigne comment progresser vers le centre. Elle vous explique comment essayer de ne plus faire qu'un avec la création. Mais elle ne vous dit pas quelles croyances religieuses vous devez prôner. Tout ce qu'elle vous demande c'est d'accepter qu'il existe un principe d'ordre dans l'univers. Elle est autant ouverte au scientifique qu'au mystique religieux. Et elle fournit à tous les deux un système symbolique commun pour leur permettre de partager leurs idées sur l'esprit humain sans heurter le système de croyance de l'autre.

Wilmshurst dit ainsi :

> *La maçonnerie n'est pas une société séculière. C'est une maison de l'esprit. Elle doit être vécue dans l'esprit comme dans le rituel. Nous qui la vivons savons que la Loi sacrée de la vie elle-même comme nos cérémonies qui sont des représentations mises en scène de cette vie nous exposent à des épreuves répétées. Ceux qui ne passent pas les épreuves s'interdisent eux-mêmes de progresser vers une plus large connaissance et une plus profonde expérience de ce qui est voilé au centre de l'allégorie maçonnique.*
>
> *Le but de la franc-maçonnerie est d'aider ses membres à devenir des initiés de la science de la vie. Si vous voulez vous connaître vous-mêmes, alors la franc-maçonnerie offre un chemin vers cette connaissance. C'est une aventure spirituelle, adaptée à l'esprit sportif et aventureux.*
>
> *Mais avant de chercher à explorer les profondeurs spirituelles de l'ordre, vous devez d'abord vous asseoir et en évaluer le coût. Vous devez vérifier que vous êtes prêts à bâtir sur un roc, pas sur des fondations personnelles instables. L'initié souffre d'angoisse mentale. La progression dans la science maçonnique implique de grands changements pour vous, dans votre façon de voir les choses mentalement et dans vos manières de vivre. Les récompenses sont immenses, mais rappelez-vous qu'elles ne sont pas pour vous-mêmes. L'initiation vous demande d'éradiquer votre conscience de l'ego pour devenir un instrument altruiste distribuant lumière, sagesse et amour à tous les êtres. Si vous suivez cet enseignement, vous construirez le temple d'une humanité parfaite* [7].

Quand vous ressentez la lumière du centre, vous réalisez que vous avez acquis un large contrôle de ce qui serait autrement soumis aux caprices du destin. Vous percevez que vous n'êtes pas seul dans l'univers et votre vie s'intègre désormais dans un grand plan intelligible.

---

7. Wilmshurst (Lomas éd.). À paraître.

Au plus profond de votre complexe système limbique, vous savez que la bonté peut triompher et que même la mort a un but. Cette conscience reste vraie qu'il existe véritablement une réalité plus profonde ou que tout cela ne soit qu'une perception engendrée par un étrange état cérébral. Dans les deux cas, vous réalisez que toutes les religions et les dieux qu'elles déterminent ne sont que des moyens d'interpréter l'extase transcendantale dont les mystiques ont fait l'expérience d'âge en âge.

La franc-maçonnerie a développé un système spirituel qui a échappé au corpus superstitieux de la plupart des religions. Mais les dangers même qui détruisent lentement l'Église dans la société occidentale moderne la menacent elle aussi. Elle perd la trace de son but originel et se voit dramatiquement incapable de défendre ses croyances fondamentales.

Notre mère Nature aveugle a utilisé une sorte de crible intellectuel pour créer des cerveaux et des intelligences de plus en plus capables de vivre en harmonie avec les lois de la nature. À mesure que l'intelligence humaine se développait, les individus qui eurent les meilleures opportunités de procréer et de transmettre leurs gènes furent ceux dont les cerveaux leur permirent d'abord de comprendre, ensuite de prédire et finalement d'exploiter les lois de la nature. La nature filtrait les sujets dont les cerveaux n'étaient pas assez complexes pour apprendre. L'interaction continuelle entre la conscience et le monde physique permettait à ce processus de fonctionner. Comme le dit le biologiste Stephen Jay Gould :

> Le changement culturel humain est un processus totalement distinct, opérant selon des principes radicalement différents, qui augmente fortement la probabilité de tendre vers ce que l'on peut légitimement appeler le progrès technologique[8].

Ce processus créait une résonance entre nos cerveaux et l'univers qui expliquait peut-être un aspect de ce dernier qui intriguait Einstein : « La propriété la plus incompréhensible de l'univers, disait-il, est qu'il est si compréhensible[9]. »

La prochaine fois que vous verrez un candidat, préparé traditionnellement comme pour un sacrifice à la triple déesse nordique de Trondheim, réfléchissez à quel point notre ordre a de la chance d'avoir préservé un fil de cette ancienne sagesse. Notre symbolisme et notre

---

8. Gould (1997), p. 219.
9. Einstein ([1949] 1956), p. 29.

mythe puisent à de nombreuses sources : le judaïsme énochien, les premières guildes de métier, les bâtisseurs égyptiens, les commerçants phéniciens et les constructeurs de temples norrois. Les mythes se sont peaufinés sur des milliers d'années pour nourrir l'esprit humain. En maintenant et en pratiquant notre rituel, vous développez l'harmonie de votre esprit et vous préservez ce présent extraordinaire pour les générations futures. À condition toutefois que l'ordre encourage et salue l'arrivée de jeunes gens dans ses rangs pour leur transmettre ses enseignements.

QUEL AVENIR POUR LA MAÇONNERIE ?

On assiste apparemment à une nouvelle prise de conscience de la dimension spirituelle de l'ordre maçonnique et notamment de son rôle dans l'amélioration individuelle. Cet aspect de la maçonnerie parviendrait, semble-t-il, à combler un besoin spirituel que la religion ne parvient pas toujours à satisfaire. La nécessité d'avoir à accepter des doctrines on ne peut moins logiques est un problème que la religion pose aux scientifiques. Pourtant, comme je l'ai mentionné plus haut, les recherches démontrent que les pratiques spirituelles proposées par les religions améliorent l'état de félicité des individus.

Il deviendra peut-être bientôt possible, grâce à une intervention chirurgicale ou chimique, d'améliorer les parties du cerveau qui, selon nous, méritent de l'être et de neutraliser celles qui peuvent être responsables des dangers et des contradictions auxquels nous expose la société moderne. En vérité, c'est là le but de la franc-maçonnerie : nous aider à apprendre à vivre en harmonie avec l'univers dans son absolue réalité.

Le succès que rencontre actuellement la franc-maçonnerie féminine au pays de Galles et en Irlande me rend optimiste. Elle croît et recrute des femmes actives plus jeunes. J'adresse tous mes vœux de réussite aux sœurs. Cet engouement répond manifestement à un besoin spirituel et elle y répond bien. Ah, si la franc-maçonnerie masculine pouvait aujourd'hui connaître autant de réussite !

Certes, même cette franc-maçonnerie des hommes mal portante a récemment connu un sursaut dans son recrutement, mais il n'est pas suffisant. La franc-maçonnerie masculine a un réel problème. Elle est victime de son conservatisme naturel associé à des préoccupations et des intérêts tout à fait terre à terre consacrés par un long usage. Ce positionnement empêche d'autant plus les jeunes gens d'accepter des comportements hiérarchisés, qui peuvent sembler passés d'âge.

Aujourd'hui, la jeune génération a bien trop de sollicitations diverses pour se soucier d'intégrer un système relativement contraignant qui, au demeurant, ne se soucie même pas d'expliquer son but. Pourtant la franc-maçonnerie pourrait le faire et le devrait. Elle est l'héritière d'un très ancien enseignement spirituel et il appartient à sa génération présente de le transmettre à ses fils et filles.

Nous avons vu dans la deuxième partie de ce livre que le fait de partager un rituel peut entraîner toute une gamme de réactions spirituelles. Au sein de la maçonnerie, de nombreux types de Loges peuvent coexister. Par exemple, nous avons des Loges qui partagent un intérêt pour le scoutisme, d'autres pour la radio amateur, d'autres encore pour Internet. Il y a de la place pour davantage encore de Loges « spécialisées », où les membres peuvent s'élever spirituellement en exécutant le rituel avant de passer au partage de leurs passions communes dès l'achèvement des travaux. Nous avons la chance de disposer d'un système symbolique propre à élever l'esprit qui s'est développé au cours de centaines d'années. Il serait ridicule de jeter le rituel à l'eau ou même simplement de lui infliger des changements arbitraires. À lui seul, le partage de nos passions communes ne suffirait pas à assurer la cohésion et la survie de notre ordre. Nous avons besoin du sentier spirituel que le rituel nous offre, peu importe de quelle manière nous avons vraiment envie de le suivre et jusqu'où nous sommes prêts à aller.

À ce propos, Wilmshurst nous met en garde :

> *Selon une idée répandue, une Loge prospère serait celle qui a de nombreux membres, travaillerait les rituels à chaque tenue, aurait de nombreux candidats et un solide programme social.*
>
> *Tous ces éléments ont leur valeur, mais le concept originel de la Loge est assez différent. C'est une petite communauté se dévouant dans l'intimité à un travail collectif de nature philosophique. Elle vise le développement intellectuel et le perfectionnement spirituel de ses membres. Les avantages sociaux ne devraient être que des incidences secondaires. Il est souhaitable de revenir à ce concept originel si l'on veut raviver la dimension spirituelle de l'ordre* [10].

La force et la valeur d'une Loge ne dépendent pas du nombre de ses membres ni de l'attraction qu'elle exerce sur les profanes. Elle repose sur la qualité de la vie collective de ses membres. Elle dépend de leur coopération concentrée et consistante autour d'un idéal commun. Sa réussite se fonde sur leur capacité à former une conscience de groupe.

---

10. Wilmshurst (Lomas éd.). À paraître.

Si vous vous rappelez ce que disait Wilmshurst, l'ordre maçonnique est une très vieille discipline de formation et d'élévation qui est adaptée à des individus qui vivent dans le monde réel et assument des tâches domestiques et séculières. Ce n'est pas un ordre fermé. Il ne réclame pas de vous le suivi d'une règle de vie uniforme, mais au contraire, il vous laisse vivre comme vous l'entendez. En revanche, il vous aidera précisément à trouver des manières d'harmoniser vos vies intérieures et extérieures. Et comme le souligne WLW, il fixe tout de même trois lignes directrices précises qui constituent une règle de vie :

1. Il insiste sur une obéissance constante à la loi morale.

2. Il requiert un « progrès quotidien dans la science maçonnique » par la pratique de quelque forme d'étude utile, de réflexion ou de pratique méditative, adaptée au goût et au tempérament de chacun.

3. Il fournit le symbolisme des outils opératifs et les planches à tracer pour la contemplation et la réflexion quotidiennes.

Wilmshurst nous conseillait de faire attention à ces trois points. Il insistait particulièrement sur l'utilisation des outils de travail symboliques et des planches à tracer, à propos desquels il disait que l'« on ne saurait trop méditer et que l'on ne saurait trop mettre en pratique ».

Cependant, cela n'a aucun sens d'essayer d'attirer de nouveaux membres, pour ensuite ne pas être en mesure de les former dans la tradition spirituelle de l'ordre. Les Loges d'instruction doivent faire davantage que répéter sans fin les cérémonies. Les nouveaux maçons ont besoin d'un forum pour discuter des outils de travail, des planches à tracer et des *landmarks* de l'ordre. Idéalement, cela devrait se faire dans le cadre de séminaires informels, où l'on pourrait partager des idées. Là, les frères se réuniraient sur un pied d'égalité, sans insignes d'office ou marques de rang. Dans un forum ouvert, vous devez pouvoir discuter librement des sujets qui vous intéressent, accepter toutes les confrontations et autres échanges de vues, tout en pouvant justifier vos convictions. Vous pouvez même être amené à changer de point de vue. Mais si les francs-maçons ne parviennent pas à faire cela, notre ordre perdra la considération de la prochaine génération. De nouveaux membres nous rejoindront peut-être, mais ils ne resteront pas et, *in fine*, la maçonnerie mourra. Le programme d'instruction des nouveaux maçons que la Grande Loge du Queensland, en Australie, a mis en place est un exemple de bonne pratique dans ce domaine. La franc-maçonnerie a besoin de davantage d'initiatives de ce type.

Rappelons-nous ce que Wilmshurst disait de l'instruction maçonnique :

> *Tout au long des âges, le candidat à l'initiation a trouvé essentiel de rece-*
> *voir l'enseignement particulier d'un instructeur expérimenté qui connaît la*
> *voie à suivre et peut lui fournir une aide adaptée à ses besoins. Par consé-*
> *quent, l'ordre maçonnique, fidèle à cette méthode traditionnelle, déclare que*
> *tout nouvel Apprenti aura à ses côtés un Maître qui lui dispensera l'instruc-*
> *tion. Car la Loge elle-même ne fut jamais conçue comme un lieu d'instruc-*
> *tion. C'est un lieu d'accomplissement collectif des vérités qui nous sont*
> *enseignées, en privé, ailleurs.*
>
> *Ce système repose non seulement sur le devoir moral de tous les frères*
> *plus avancés d'aider les moins avancés, mais aussi sur le principe spirituel que*
> *quiconque a librement reçu doit aussi librement donner, que personne n'est*
> *initié pour son intérêt propre, mais que chacun doit transmettre sa lumière à*
> *quelqu'un qui se trouve au-dessous de lui sur l'échelle de la vie* [11].

En tant que membre d'une Loge, vous accordez de la valeur à cette appartenance. Mais, si vous voulez grandir spirituellement, vous devez faire davantage. Vous êtes invité à coopérer activement et systématiquement avec tous les autres frères pour faire de votre Loge une union d'esprits organique. Elle doit être davantage qu'une association ponctuelle d'individualités. Le rituel doit élever votre esprit et vous régénérer pour vous permettre de faire face au monde extérieur. Les anciens châtiments – bien qu'inapplicables dans la réalité – ne vous relient pas seulement à un monde ancien plus brutal, mais ils focalisent votre esprit sur la réalité de l'existence et vous avertissent que cette progression implique des risques et des efforts. Nous n'avons aucune raison de nous priver de ces puissants outils émotionnels du rituel ou même simplement de les émousser, simplement pour faire plaisir aux peurs superstitieuses de personnes qui ont des desseins hostiles ou intolérants à promouvoir. Les francs-maçons ont autant de droit à pratiquer leurs voies spirituelles que n'importe quelle religion. Et nous devrions encore davantage insister sur notre liberté de croyance. Souvenons-nous des paroles placées par les maçons américains dans la Déclaration d'indépendance :

> *Nous tenons pour évidentes pour elles-mêmes les vérités suivantes : tous*
> *les hommes sont créés égaux ; ils sont dotés par le Créateur de certains droits*
> *inaliénables ; parmi ceux-ci se trouvent la vie, la liberté et la recherche du*
> *bonheur. Les gouvernements sont établis parmi les hommes pour garantir ces*
> *droits, et leur juste pouvoir émane du consentement des gouvernés.*

---

11. Wilmshurst (Lomas éd.). À paraître.

Les francs-maçons devraient aussi insister sur leur droit à partir en quête du bonheur à leur manière, libres de toute persécution. En revanche, la franc-maçonnerie ne doit pas s'enfermer dans un mode de pensée autoritaire. Parfois, elle se comporte comme une entreprise victorienne paternaliste. Pour repérer les écueils à éviter et voir comment nous pourrions évoluer, il suffit de regarder comment des organisations ou structures semblables ont grandi et prospéré.

En 1914, quand Thomas Watson devint son président, la Computing-Tabulating-Recording Ltd (CTR) se trouvait dans une situation que l'on peut qualifier de cataclysmique. C'était un improbable montage hiérarchique de trois compagnies distinctes : la Tabulating Machine Company d'Herman Hollerith, l'International Time Recording Company de Charles Ranlett Flint, et la Computing Scale Company of America. La plupart des analystes financiers de l'époque ne donnaient pas beaucoup de chances de survie, et *a fortiori* de réussite, à cet invraisemblable chaos organisationnel.

Lors de sa première réunion avec tous les directeurs des sociétés fusionnées, Thomas Watson, le président de la nouvelle compagnie, leur présenta ce qu'il appelait la « Proposition de l'homme ».

Il inscrivit cette liste sur un tableau papier :

> *Le fabricant [manufacturer] ;*
> *Le directeur-général [general manager] ;*
> *Le directeur commercial [sales manager] ;*
> *Le commercial [sales man] ;*
> *L'employé [service man] ;*
> *Le directeur de production [factory manager] ;*
> *L'ouvrier d'usine [factory man] ;*
> *Le chef de bureau [office manager] ;*
> *L'employé de bureau [office man].*

Laissons son biographe, Kevin Maney, continuer l'histoire :

> *Puis Watson barra toutes les lettres des intitulés des fonctions, en ne laissant que les lettres MAN [homme]. Watson expliqua que tout le monde au sein de l'entreprise était important et que tous les hommes étaient égaux. « Nous ne sommes que des hommes, poursuivit-il, des hommes debout, côte à côte, œuvrant ensemble pour le bien commun* [12]. »

En utilisant cette philosophie, Watson transforma la CTR moribonde en IBM avec le succès phénoménal que l'on sait.

---

12. Maney (2003), p. 55.

Pareillement, si les francs-maçons coopèrent tous ensemble, ils peuvent faire formidablement prospérer notre ordre. La franc-maçonnerie écossaise qui ne connaît pas de rang supérieur à celui de frère peut être un exemple de bonne pratique. Le très Vénérable Grand Maître des maçons, frère Buggins, reste frère Buggins. C'est l'office lui-même de Grand Maître des maçons qui est « très vénérable », pas l'individu. À notre époque, tous les jeunes actifs comprennent et utilisent le concept « d'organisation horizontale » que Watson développa pour construire IBM. Il prêcha l'idée de travailler ensemble « sur un pied d'égalité » et c'est précisément ce que notre rituel nous invite à faire.

La franc-maçonnerie n'a pas besoin de se moderniser. Elle doit faire évoluer la programmation et le fonctionnement de ses réunions pour s'adapter au temps libre limité des plus jeunes générations qu'elle voudrait séduire. Les jeunes actifs, quand ils rejoignent la Loge, n'ont pas envie de passer leur peu de temps libre comme barmen ou serveurs bénévoles non rétribués. Les Loges les plus progressistes préfèrent engager du personnel pour tenir leur bar et assurer le service, plutôt que de s'aliéner de nouveaux membres en essayant de les obliger à jouer les majordomes. Ce système a pu fonctionner en des temps plus obséquieux, mais il n'a aucun avenir si la franc-maçonnerie veut recruter et conserver un sang neuf. Cependant, réviser son fonctionnement social ne veut pas dire que la franc-maçonnerie doive composer avec son rituel, car celui-ci fonctionne bien. On ne répare pas ce qui n'est pas cassé.

Il y a toujours eu trop de modifications de rituel arbitraires exécutées par des niveleurs. Ils ont charcuté ici des métaphores, là supprimé des actions symboliques qu'ils ne comprenaient pas, tout ça pour se conformer aux préjugés de bigots qui n'étaient même pas francs-maçons. Le rituel est notre héritage. Il s'est développé pour répondre aux besoins spirituels des frères et sa répétition constante lui a permis de s'affiner. Nous ne devrions jamais laisser des censeurs ignorants et autoproclamés le modifier. Seul l'esprit collectif de la Loge est susceptible de le faire évoluer. Le rituel d'une Loge appartient à celle-ci. Il doit être chéri et préservé.

En dépit d'années de conflits et de conciliations, la franc-maçonnerie a grandi et prospéré. C'est parce qu'elle est imprégnée par une force invisible qui la fait fonctionner. Les francs-maçons « se réunissent dans la joie, se séparent dans la joie avant de se réunir de nouveau dans la joie », parce que la culture de la maçonnerie a une discipline interne qui lui permet de continuer. Cette force secrète, c'est le pouvoir du rituel, l'élément clé de la récompense spirituelle que le fait d'être maçon nous octroie.

Le rituel transforme un groupe d'individus distincts en une culture collective vivante et régénérante. C'est l'ADN de la franc-maçonnerie. Comme nous l'avons vu dans la deuxième partie de ce livre, le rituel est un même qui évolue et croît. Sur quatre siècles, il a développé une forme de rétribution spirituelle pour inciter les initiés à partager leurs enseignements. Chaque Loge renferme son propre ensemble d'ADN-rituel, les gènes de son existence future. Ce modèle dit aux membres de la Loge ce qu'ils doivent faire et comment ils doivent travailler avec les autres Loges. C'est le mécanisme qui a permis à notre ordre de rester une entité vivante et régénérante et quand nous décidons d'inter-férer dans le système, nous le faisons à nos risques et périls. Changer le rituel sans comprendre, c'est comme pratiquer une manipulation génétique incontrôlée ou perturber les chromosomes de la maçonnerie en bombardant de manière irresponsable ses gonades avec des rayons radioactifs de grande puissance. Si les résultats sont imprévisibles, il y a de grandes probabilités pour qu'il en résulte des monstres qui ne pour-ront plus se reproduire.

Au sein de leur Loge, les francs-maçons font de nombreuses choses qui peuvent paraître inhabituelles ou incongrues aux yeux des profanes. Parfois, des candidats ne sont pas d'accord avec nos idées et croient qu'ils connaissent de meilleures méthodes. Tant qu'on laisse le rituel exprimer sa magie spirituelle, ce n'est pas un problème. Mais nous devons toujours garder à l'esprit que la puissance du rituel repose dans la manière selon laquelle il a évolué pour créer un esprit de groupe à partir d'une réunion d'individus disparates. Encore une fois, si nous y touchons indûment, nous le faisons au péril de la survie à long terme de notre ordre.

Physiquement, nous sommes des individus distincts. Nous vivons dans des lieux différents. Nous avons nos obligations et nos devoirs personnels. Mais mentalement, nous avons besoin d'apprendre à devenir de vrais francs-maçons, littéralement, des maçons « libres » – et par là, j'entends que nous devons affirmer la liberté de notre esprit à s'élever au-delà des contraintes de limites et de distances. Quand vous rejoignez une Loge, cela signifie que vous êtes d'accord pour vous réunir dans un centre commun, et là – littéralement et maçonnique-ment – vous allez construire, avec les membres de votre Loge, une communauté mentale, c'est-à-dire un esprit de groupe. Tel est le vrai but de l'art maçonnique.

Votre temple de Loge est votre refuge psychologique. Chaque jour, au moins pendant quelques instants, vous pouvez faire une pause pour projeter votre esprit vers celui-ci dans un effort conscient et volontaire afin de former une union psychique avec les membres de votre Loge. Cette volonté de vous projeter vers la Loge concentre et ravive votre esprit. Dans le souvenir du précédent de notre Grand Maître perdu, Hiram Abif, chaque jour, à l'heure du grand midi, bannissez toute autre préoccupation de votre esprit et visualisez-vous avec les autres membres de votre Loge réunis dans votre temple, dans un esprit de paix, de concorde et de charité réciproque.

Si les frères d'une Loge se prêtent à cela consciencieusement et régulièrement, cela produit les résultats suivants :

1. Dans un sens mental mais réel, la Loge se réunit quotidiennement et pas seulement à intervalles distants.

2. Cela accroît l'harmonie mentale, l'unité et la concentration sur le travail lorsque la Loge se réunit physiquement. En outre, cela augmente le plaisir et les bénéfices retirés de la pratique du rituel.

3. Le temple de la Loge remplit pleinement la fonction pour laquelle il a été consacré. Il forme un point de focalisation et de conservation des pensées et des aspirations collectives de ses membres.

Chaque membre devrait consacrer quotidiennement un moment à ce travail mental concerté autour du temple de la Loge. Je suggère qu'il soit intégré dans le « travail maçonnique » quotidien auquel vos obligations vous engagent. Tous les maçons reconnaîtront que c'est là la fonction réelle de la règle de vingt-quatre pouces. Cette activité peut être abordée au choix comme un « travail », une « détente » ou une « prière », mais il est probable qu'elle sera perçue comme les trois à la fois.

Ne renoncez pas à cette pratique spirituelle simplement parce qu'elle vous semble futile ou fantaisiste. Peut-être que vous n'en tirerez aucun bénéfice dans un premier temps. Mais si vous persistez, vous obtiendrez des résultats. Aucun candidat ne peut entrer dans une Loge sans avoir d'abord rencontré une opposition et frappé les coups corrects. En cherchant – au sens le plus éminent du terme – à pénétrer dans le temple, vous pouvez rencontrer des barrières comme l'inertie, la timidité ou le manque de confiance en vous. Ces obstacles ne s'écarteront que si vous leur appliquez résolument les coups requis.

Et ne tombez pas dans le piège de penser que ce travail ne vaut pas la peine de lui consacrer un effort. Le simple désir de collaborer est lui-même une contribution qui participe au bénéfice de votre esprit. Plus vous développez ce désir par la pratique, plus grande sera votre contribution, donc votre récompense. Sur le plan collectif, le but est de se rencontrer sur un pied d'égalité.

Si vous êtes tenté de sauter cette méditation et cette réflexion régulières, alors vous vous volez vous-même et vous vous privez des bénéfices thérapeutiques du rituel. Et s'il ne vous est pas possible d'observer la pratique précisément à midi, exécutez-la aussi près de cette heure que possible. En revanche, en plus de ce « rendez-vous » de midi, vous pouvez, naturellement, répéter cet exercice à d'autres moments de la journée – ou aussi souvent que vous le désirez. De cette manière, vous apprenez à faire des coupures régulières où vous vous détendez activement.

Votre Loge va devenir un refuge psychique contre les pressions de la vie quotidienne. Vous pouvez mentalement vous y retirer à volonté. Si vous suivez cette pratique en en parlant régulièrement dans les tenues de Loge, vous puiserez directement dans le réservoir psychico-énergétique collectif de la Loge. Ainsi, les contributeurs plus faibles et moins efficaces seront enrichis par les plus capables et, progressivement, ils pourront s'élever jusqu'à eux pour atteindre un même pied d'égalité.

Ce livre a examiné les enseignements spirituels de l'ordre maçonnique en essayant de les séparer de la masse des enseignements moraux à l'intérieur desquels ils sont délibérément dissimulés. J'ai évoqué de nombreux secrets philosophiques. Certains peuvent vous effrayer voire vous offenser, jusqu'à ce que vous appreniez à recevoir leur sagesse cachée avec le regard élémentaire d'un enfant.

Mais si vous suivez la discipline du système maçonnique avec l'assiduité requise, vous en viendrez à contempler l'étoile flamboyante se levant dans votre centre. Sa victoriale lumière vous révélera tout ce qui aujourd'hui repose caché et inexpliqué.

Toutefois, si nous voulons transmettre la franc-maçonnerie à la prochaine génération, nous devons nous montrer plus sensible à son but véritable. Sachant qu'il s'agit d'un système de développement personnel et sociétal, nous devons prendre l'exécution de nos rituels au sérieux et nous assurer que la magie spirituelle de nos cérémonies continue de fonctionner pour nos initiés. Appréciant grandement ma franc-maçonnerie, je veux la partager et transmettre les rituels et les enseignements qui m'ont apporté tant de bienfaits.

Wilmshurst disait :

L'objectif de l'ordre est d'aider les individus à atteindre l'état d'initié. Mais n'imaginez pas que l'initiation soit faite pour votre bénéfice personnel.

*L'ordre n'a pas pour vocation de cultiver votre autosatisfaction ou vos inclina-
tions égotiques. Si vous voulez comprendre ce que cela signifie, considérez
deux points.*

*D'abord, le chemin qui mène à l'accomplissement est d'une nature beau-
coup trop harassante et douloureuse pour que la majorité l'emprunte ou
même ait seulement envie de l'emprunter.*

*Deuxièmement, ce sentier implique la mort et l'élimination de votre sens
de l'ego. Pour atteindre un état plus élevé, vous allez devoir renoncer à votre
actuel mode de vie avant d'en retrouver un sur un plan supérieur.*

*Pour chercher l'initiation, vos motifs doivent être altruistes. En tant
qu'initié, vous trouverez la lumière en faisant preuve d'altruisme et en
oubliant votre moi. Vous allez devoir dissiper vos propres ténèbres. Les
profanes sont aveugles ; ils ne voient pas les limites dressées par leur ego. Or
l'aveugle ne peut guider l'aveugle... sauf vers un fossé.*

*Nous avons besoin d'initiés – les individus ayant une vision et qui
connaissent le plan de la vie – pour guider et sauver le monde[13].*

La franc-maçonnerie œuvre à différents niveaux. Vous pouvez la
rejoindre simplement parce que vous êtes attiré par ses aspects socio-
collectifs, pour découvrir ensuite que vous appréciez beaucoup le
travail rituel. Plus vous comprenez et pratiquez, plus vous commencez
à apprécier les cérémonies. Les vrais secrets de la franc-maçonnerie ne
peuvent être que vécus, pas trahis, ni donnés ou volés. Rien de ce que
vous avez lu dans ce livre ne vous permettra de devenir maçon, mais
cela pourra peut-être vous inciter à chercher une Loge et à vivre le
rituel par vous-même.

EXPLICATIONS SYMBOLIQUES

J'ai commencé cette quête avec l'analyse scientifique de la métaphore de l'Être Suprême. Pour éclairer les bienfaits spirituels que peut
apporter le fait d'être maçon, je veux la refermer avec une autre métaphore : celle du temple, qu'un des grands modèles qui continue de
m'inspirer en tant que scientifique a été le premier à utiliser. Ainsi, en
1918, dans un discours devant la Société de physique de Berlin, Albert
Einstein déclara :

*Il existe de nombreuses maisons dans le temple de la science et, en vérité,
nombreux sont ceux qui y vivent et nombreux sont les motifs qui les ont
menés ici. Beaucoup viennent vers la science au nom d'un joyeux sens du
pouvoir intellectuel supérieur. Pour eux, la science est leur sport, celui vers*

---

13. Wilmshurst (Lomas éd.). À paraître.

lequel ils se tournent pour avoir des expériences exaltantes et satisfaire leur ambition. On rencontre beaucoup d'autres individus dans le temple qui ont déposé sur l'autel les produits de leurs cerveaux pour des raisons purement utilitaires. Si un ange du Seigneur venait pour faire sortir du temple toutes les personnes appartenant à l'une de ces deux catégories, il ne resterait plus grand monde à l'intérieur. [...] Je suis tout à fait conscient que nous venons, mentalement, de rejeter allégrement nombre d'hommes excellents qui ont été largement responsables de la construction du temple de la science. [...] Mais je me sens assez sûr d'une chose : si les personnes que nous venons de rejeter aujourd'hui étaient les seules personnes qui s'étaient trouvées là, le temple n'aurait jamais existé, pas plus qu'une forêt ne pourrait être constituée que de plantes grimpantes [14].

Remplacez « science » par « franc-maçonnerie » et l'analyse d'Einstein des raisons qui vous poussent à rejoindre le temple peut parfaitement s'appliquer aux francs-maçons. Il y a deux manières d'approcher l'existence dans ce monde. La première dit que, si vous voulez une vie bien remplie et pleine de satisfactions, vous seul pouvez faire en sorte qu'il en soit ainsi. Si vous souriez à quelqu'un, il vous sourira en retour. Et chacun de vous se sentira mieux dans ses rapports avec l'autre et le monde. Plus il y aura d'individus pour agir ainsi, meilleur deviendra le monde.

La seconde conception dit que la possibilité d'avoir une vie bien remplie et pleine de satisfactions ne dépend que des opportunités que nous offre le monde.

La première conception dit que vous avez – et que vous devez prendre – une responsabilité personnelle dans votre propre développement et que vous devez aussi aider les autres à se développer. Cela conduit à l'auto-amélioration. La seconde dit soit que cela ne sert à rien d'essayer de faire quoi que ce soit, soit que des groupes de pouvoir doivent prendre le contrôle des ressources collectives et s'assurer que tous sont traités équitablement. Cette seconde conception peut induire un vif sentiment d'oppression et de contrôle et inciter à penser que la « société » seule est à blâmer pour la stérilité de nombreuses vies.

Une conception parle de l'égalité d'opportunité, l'autre de l'égalité de rétribution, quel que soit le niveau – faible ou important – de votre contribution. La première conception place le développement intérieur au centre du progrès et la seconde donne la priorité au monde extérieur.

Ces deux conceptions sont extrêmes et impraticables. Mais alors une question se pose : « Où se trouve le point d'équilibre, le point où

---

14. Einstein ([1918] 1982), p. 78.

l'individu peut vivre en harmonie dans la société ? » C'est une question plus complexe qu'on ne le croit. La franc-maçonnerie offre une réponse qui semble fonctionner. Elle explique dans sa première leçon rituelle dispensée à un maçon nouvellement initié :

> *Maintenant que vous avez subi les épreuves de votre initiation et que vous avez été fait maçon, vous avez le devoir de consacrer du temps à l'étude du volume de la Loi sacrée et à essayer de comprendre les principes de vérité et de justice qu'il contient, pour apprendre quels sont vos devoirs envers l'univers, vos prochains et vous-même.*
>
> *Votre devoir envers l'univers consiste à essayer de retrouver et conserver la crainte révérencielle qui fut la vôtre quand vous avez contemplé, pour la première fois, avec vos yeux d'enfant, la magnificence du ciel éternel. En étudiant la précision de ses mouvements, vous serez capable de découvrir des sources de consolation et de protection.*
>
> *Votre devoir envers vos prochains consiste à agir envers eux selon l'équerre, en offrant soutien et charité à ceux qui se trouvent dans la détresse et en agissant envers eux comme vous voudriez qu'ils se conduisent envers vous si vous vous trouviez dans le besoin.*
>
> *Votre devoir envers vous-même consiste à suivre une discipline propre à conserver vos facultés physiques et intellectuelles dans toute leur vigueur, afin que vous soyez à même d'exercer au mieux tous les aspects de vos talents.*
>
> *Les maçons sont des citoyens du monde et, à ce titre, ils doivent s'acquitter de leurs devoirs civiques de manière exemplaire. Ils ne devraient jamais proposer ni accepter une quelconque action susceptible de troubler la paix et l'harmonie de la société. Ils doivent se soumettre aux lois de l'État dans lequel ils vivent et qui leur offre sa protection. Et finalement, ils ne doivent jamais oublier que réside en leurs cœurs un attachement sacré et indissoluble au pays qui leur a donné naissance et qui a nourri leur enfance.*
>
> *En tant qu'être humain, je vous incite à mettre en pratique ces idées dans tous les actes vertueux domestiques et publics. Laissez la prudence vous diriger, la tempérance vous modérer, la force morale vous soutenir et la justice être le guide de vos actions. Ayez le plus grand soin de défendre et de conserver dans tout leur éclat ces joyaux vraiment maçonniques qui vous ont déjà été bien illustrés : la Bienfaisance et la Charité.*

Dans ce livre, je vous ai emmené dans un long voyage à la recherche des aspects spirituels de la franc-maçonnerie. J'ai entrepris de tourner la clé d'Hiram. Mais les vérités maçonniques sont traditionnellement éclairées et illustrées par des symboles. J'ai donc dessiné celui de la clé d'Hiram qui représente *ma* vérité et mes sentiments sur la franc-maçonnerie. Ce symbole est ternaire. Je vais vous le décrire de mon point de vue de scientifique, mais vous pouvez décider de l'interpréter différemment.

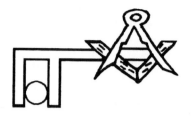

Fig. 6 : comment je vois le symbole de la clé d'Hiram.

La tête de la clé – la partie que je tiens pour la tourner – est consti-tuée du signe mystique. L'équerre représente l'indépendance des systèmes cérébraux autonomes de stimulation/éveil et de tranquillisa-tion. Le compas symbolise un outil permettant de mesurer, de contrôler et de comprendre leurs réactions. Le compas et l'équerre se combinent pour former la poignée de la clé en forme de losange. Elle est reliée par un axe à angles droits au symbole du centre – la forme qui s'engage dans la serrure et qui libère la *Gloire* qui s'y trouve. C'est un cercle encadré par deux colonnes qui représentent l'équilibre entre la lumière et les ténèbres, le bien et le mal, la stimulation et la tranquillité, le centre et la périphérie. Au centre du cercle, on trouve le point autour duquel – quand vous l'atteignez – vous ne pouvez plus vous égarer.

J'ai essayé d'expliquer ce que j'ai découvert sur la dimension spiri-tuelle de la méthode maçonnique et sur le fonctionnement réel du système initiatique. J'espère que ce que j'ai décrit aura pu vous laisser entrevoir un peu de la lumière et de la sagesse inestimables dissimulées dans le sein de notre système. Il n'y a rien de caché qui ne puisse être révélé en temps opportun à ceux qui y sont correctement préparés. De plus en plus de frères, aujourd'hui, s'inquiètent de ne pas parvenir à saisir plus pleinement les vrais enseignements et les vrais buts de la franc-maçonnerie. C'est à mon sens un signe que la lumière du centre est en train de se lever au-dessus de notre ordre. Puissent davantage de ses membres retrouver la connaissance des secrets perdus – mais authentiques – de leur être.

L'avenir est maintenant entre les mains de la fraternité maçonnique. J'espère que ce livre vous aura aider à saisir les avantages de l'enseigne-ment maçonnique et à accroître votre compréhension de ce sujet impor-tant et sous-estimé. Et pour les maçons plus spécifiquement, j'espère également que vous allez réussir à donner envie à la prochaine généra-tion de profiter de son enseignement et de le perpétuer.

Si elle veut survivre, la maçonnerie doit attirer un sang neuf et jeune. Le déclin continu de la religion organisée en Occident, exacerbé par le scepticisme scientifique raillant son besoin de croire aux miracles, prive de nombreuses personnes des bénéfices réels de la croissance spirituelle. Le vide laissé par la chute des Églises modérées est comblé soit par des croyances *new-age* étranges et merveilleuses, soit par des fondamentalismes religieux radicaux. Nous avons tous un besoin génétique de croire en quelque chose. Nos cerveaux ont, semble-t-il, développé une faculté qui rend inévitable une quelconque croyance. Mais nous sommes libres de décider ce en quoi nous allons croire. Pour trouver une satisfaction spirituelle, il n'est pas nécessaire d'avoir un parti pris systématique contre la science, d'être intolérant envers les croyances des tiers ou de refuser de vivre en harmonie avec l'univers.

La franc-maçonnerie se propose d'assouvir la faim de spiritualité que nous ressentons tous autour d'agapes tolérantes, fraternelles et spirituelles. Elle essaye de fonctionner sans susciter l'intolérance superstitieuse ni entraver la diversité des croyances humaines. Si vous êtes déjà maçon, j'espère que ce livre vous encouragera à explorer davantage la dimension spirituelle réconfortante de notre ordre et à bien protéger ses *landmarks*. Et si vous n'êtes pas maçon, peut-être que ce que je viens de vous raconter sur cette ancienne voie de l'esprit humain, vous incitera à la découvrir et à la vivre par vous-même.

Bibliographie

Adam of Bremen (trad. F. J. Tschan), *History of the Archbishops of Hamburg-Bremen*, Chichester NY, Columbia University Press, [1070] 2002. [Adam de Brême, *Histoire des archevêques de Hambourg*, Gallimard, Paris, 1998.]

Alexander, F. M. (ed. E. Maisel), *The Alexander Technique. The Resurrection of the body*, New York, University Books, 1969.

Barlow, W., *The Alexander Technique Rochester*, Rochester Vt, Inner Traditions International, 1991.

Barth, F. (1975), *Ritual and Knowledge Among the Baktaman of New Guinea*, New Haven Ct, Yale University Press.

Bastock, M. (1956), « A gene mutation which changes a behavior pattern », in *Evolution* 10, p. 421-439.

– (1967) *Courtship : An Ethological Study*, Chicago II, Aldine Press.

Bastock, M. & Manning, A. (1955), « The Courting of *Drosophila melanogaster* », in *Behaviour* 8, p. 85-111.

Bear, D. M. & Fedio, P. (1977), « Quantitative analysis of interictal behaviour in temporal lobe epilepsy », *Archives and neurology* 34, p. 454-467.

Blackledge, C. (2003), *The Story of V*, London, Weidenfeld & Nicolson.

Blackmore S. (1999), *The Meme Machine*, Oxford, Oxford University Press. [*La Théorie des mèmes : pourquoi nous nous imitons les uns les autres*, Max Milo Éditions, Paris, 2006.]

Boyer, Pascal, *Religion Explained*, London, Vintage, 2002. [*Et l'homme créa les dieux : comment expliquer la religion*, Robert Laffont, Paris, 2001 ; Gallimard/Folio, Paris, 2003.]

Brown, D., *The Da Vinci Code*, London, Bantam, 2003. [*Da Vinci Code*, Lattès, Paris, 2004.]

Brown, W. M., (1980) « Polymorphism in Mitochondrial DNA of human as revealed by restriction endonuclease analysis », *Proceedings of the National Academy of Sciences of the USA*, 77, p. 3605-3609.

Campbell, J. (1988), *The Power of Myth*, New York, Doubleday.

Carmichael, M. S., Humber R., et al. (1987), « Plasma oxytocin increases in the human sexual response », in *Journal of clinical endocrinology and metabolism*, 64, p. 27.

Colbert, E. H. (1980), *Evolution of the Vertebrates : a History of the backboned animals through time*, New York and Chichester, John Wiley.

Critchley, H. D., Elliott, R., Mathias C. J., Dolan R. J. (2000), « Neural activity relating to generation and representation of galvanic skin conductance responses : a functional magnetic resonance imaging study », in *Journal of Neuroscience*, 15 april 2000, 20 (8), p. 3033-3040.

D'Aquili, E. G. & Newberg, A. B. (1993), « Liminality, trance and unitary states in ritual and meditation », in *Studia Liturgica*, 23, p. 2-34.

Dawkins, R., *The Selfish Gene*, Oxford, Oxford University Press, 1976 ; 1989. [*Le Gène égoïste*, A. Colin, Paris, 1990 ; Odile Jacob, Paris, 1996.]

– *The Blind Watchmaker*, London, Penguin, 1988. [*L'Horloger aveugle*, R. Laffont, Paris, 1991.]

– (1998), *Unweaving the Rainbow*, London, Allen Lane.

– (1999), *The Extended Phenotype*, Oxford, Oxford University Press.

Dennett, D. C. (1990), « Memes and the exploitation of imagination », in *Journal of Aesthetics and Art Criticism*, 48, p. 127-135.

– (1992), *Consciousness Explained*, London, Allen Lane. [*La Conscience expliquée*, Odile Jacob, Paris, 1993.]

Devereux, P. (2002), *Living Ancient Wisdom*, London, Rider.

Dewhurst, K. & Beard, A. W. (1970), « Sudden religious conversion in temporal lobe epilepsy », in *British Journal of Psychiatry* 117, p. 497-507.

Diamond, J. (1997), *Guns, Germs and Steel : The Fates of human societies*, London, Vintage.

Dieck, A. (1963), « Zum Problem der Hominidenmoorfunde (menschliche Moorleichen) », in *Neue Ausgrabungen und Forschungen in Niedersachsen*, 1, p. 106-112.

Edelman, G. M. & Tononi, G. (2000), *Consciousness : How matter becomes imagination*, London, Penguin.

Edwards, B. (1979), *Drawing on the right side of the brain*, London, Fontana/Collins.

– (1987), *Drawing on the Artist within*, London, Collins.

Einstein, A. ([1918] 1982), Address to Berlin Physical Society on the occasion of Max Planck's 60ᵉ Birthday in Cal Seelig (ed.), *Ideas and Opinions : Albert Einstein*, New York, Three Rivers Press.

– ([1930] 1982), « Religion and Science », in Cal Seelig (ed.), *Ideas and Opinions : Albert Einstein*, New York, Three Rivers Press.

– ([1941] 1982), « Advancement of Science », in Cal Seelig (ed.), *Ideas and Opinions : Albert Einstein*, New York, Three Rivers Press.

– ([1949] 1956), *The World As I see it* (trad. A. Harris), New York, Philosophical Library.

Ellis Davidson H. (1993), *The Lost Beliefs of Northern Europe*, London, Routledge.

– (1998), *Roles of the Northern Goddess*, London, Routledge.

Fiske, A. P. & Haslam, N. (1997), « Is obsessive-compulsive disorder a pathology of the human disposition to perform socially meaningful rituals ? Evidence of similar content », in *Journal of Nervous and Mental Disease*, 185 (4), p. 211-222.

Flett, J. (1976), *Lodge Kirkwall Kilwinning, n° 382*, Lerwick, Shetland Times.

Forster, E. M. (1927), *Aspects of the Novel*, London, Edward Arnold.

Fort Newton, J. (1921), *Builders : a Story and Study of Masonry*, Whitefish Mt, Kessinger Publishing.

Freeman, W. J. (1999), *How brains make up their minds*, London, Wiedenfeld & Nicholson.

Galton F. (1869*), Hereditary Genius, an Inquiry into its Laws and Consequences*, London, McMillan. [Trad. française : *Tempérament héréditaire, ses lois et ses conséquences.*]

Gelihorn, E., & Kiely, W. F. (1972), « Mystical states of consciousness. Neurophysiological and clinical aspects », in *Journal of Nervous and Mental Disease*, 154, p. 399-405.

Gimbutas, M. (2001), *The Language of the Goddess*, London, Thames & Hudson.

Glob, P. V. (1971), *The Bog People*, London, Paladin. [*Les Hommes des tourbières*, Paris, 1966.]

Gopnik, A., Meltzoff, A. & Kuhl, P. (1999), *How babies think*, London, Phoenix.

Gould, S. J. (1997), *Life's Grandeur : The Spread of Excellence from Plato to Darwin*, London, Vintage.

Gourlay, K. (2000), « Orkney scroll may be priceless relic », in *The Times*, 21 July.

Hawking, S. (1988), *A brief History of Time*, London, Bantam. [*Une brève histoire du temps*, Odile Jacob, Paris, 1989.]

Helbaek, H. (1950), « Tollund-Mandens sidste Maaltid », in *Aarbøøger for nordisk Oldkyndighed og Historie 1950*, p. 311-341. (Des informations en anglais se trouvent également à www.silkeborgmueseum.dk/en/tollund.html [consulté en octobre 2004]).

Henderson, M. (2002), « Scratches that trace the ascent of man », in *The Times*, 11 January, p. 5.

Hodgkinson, L. (1988), *The Alexander Technique*, London, Piatkus.

Jansky, J., et al. (2002), « Orgasmic aura originates from the right hemisphere », *Neurology* 58 (January), p. 302-304.

Jevning, R., Wallace R. K. & Beideback, M. (1992), « The physiology of meditation. A review », in *Neuroscience and Biobehavioral Reviews*, 16, p. 415-424.

Jorgensen, S. (1958), « Grauballenmandens fundsted », in *UML : åårbog for Jysk Arkœologisk Selskak*, Aarhus.

Johanson, D. C., & Edey, M. A. (1981), *Lucy : The Beginnings of Humankind*, London, Granada.

Joseph, R. (1988), « Dual mental functioning in a split brain patient », in *Journal of Clinical Psychology*, 44, p. 770-779.

– (1996), *Neuropsychiatry, Neuropsychology and Clinical Neuroscience*, Baltimore MD and London, Williams & Wilkins.

Kandel, E. R., Schwartz J. H. & Jessell T. M. (2000), *Principles of Neural Science* (4th ed), New York and London, McGraw-Hill.

Komisaruk, B. R. & Whipple, B. (2000), « How does vaginal stimulation produce pleasure, pain and analgesia ? », in R. B. Fillingim (ed) *Sex, Gender and Pain*, Progress in Pain Research and Management, vol. XVII, Seattle Wa, IASP Press.

Komisaruk, B. R., Gerdes, C. A. & Whipple, B. (1997), « Complete spinal cord injury does not block perceptual responses to genital self-stimulation in woman », in *Archives of Neurology* 35, p. 1513-1520.

Lane's List : Masonic Records 1717-1894 (2nd ed. 2000), Hinckley, Lewis Masonic.

Libet, B., Freeman, A., Sutherland, K. (eds) (1999), *The Volitional Brain : Towards a Neuroscience of Free Will*, Thorverton, Imprint Academic.

Liden, K. (1969), « From Pagan Sanctuary to Christian Church : the excavation of Maere Church, Trondelag », in *Norwegian Archeological Review* 2, p. 23-32.

Lomas, R. (2002), *The Invisible College*, London, Headline. [*Le Collège invisible*, Dervy, Paris, 2005.]

— (2003), *Freemasonry and the Birth of Modern Science*, Gloucester Ma, Fair Winds Press.

Lomas, R. & Knight, C. (1996), *The Hiram Key*, London, Arrow. [*La Clé d'Hiram*, Dervy, Paris, 1997.]

— (1997), *The Second Messiah*, London, Arrow. [*Le Second Messie*, Dervy, Paris, 2000.]

— (2000), *Uriel's Machine : The Ancient Origins of Science Machine*, London, Arrow.

— (2004), *The Book of Hiram*, London, Arrow. [*Le Livre d'Hiram*, Dervy, Paris, 2004.]

Maney, K. (2003), *The Maverick and His Machine*, Hoboken N. J. and Chichester, John Wiley.

Marzi, C. A. (1986), « Transfer of visual information after unilateral input to the brain », in *Brain and Cognition*, 5, p. 163-173.

McClelland, D. (1961), *The Achieving Society*, Princeton N. J., Van Nostrand.

Moir, A., & Jessel, D. (1989), *Brain Sex, The Real Differences Between Men & Women*, London, Mandarin.

Morgan, E. (1972), *The Descent of Woman*, London, Souvenir Press.

Newberg, A., d'Acquili, E., Rause, V. (2002), *Why God Won't Go Away : Brain Science and the Biology of Belief*, New York, Ballantine Books. [*Pourquoi Dieu ne disparaîtra pas : quand la science explique la religion*, éd. Sully, Vannes, 2003.]

Newton, I. ([1725] 1934), *Mathematical Principles of Natural Philosophy*, Berkeley Ca, University of California Press.

North, J. (1996), *Stonehenge, Neolithic Man and the Cosmos*, London, HarperCollins.

Ornstein R. (1991), *The Evolution of Consciousness*, New York and London, Touchstone Books.

Orwell, G. (1968), *The Collected Essays, Journalism, and Letters of George Orwell*, vol. II : *My Country, Right or Left*, New York, Harcourt, Brace & World.

Penfield, W., & Perot, P. (1963), « The Brain's record of auditory and visual experience », in *Brain*, 86, p. 595-695.

Persinger, M. A. (1983), « Religious and Mystical Experiences as artifacts of temporal lobe function. A General Hypothesis », in *Perceptual and Motor Skills* 60, p. 827-830.

– (1984), « People who report religious experiences may also display enhanced temporal-lobe signs », in *Perceptual and Motor Skills* 58, p. 127-133.

– (1987), *Neuropsychological Bases of God Beliefs*, New York, Praeger.

– (1993), « Vertorial cerebral hemisphericity as differential sources for the sensed presence, mystical experiences and religious conversions », in *Perceptual and Motor Skills*, 76, p. 915-930.

Pert, C. B. (1998), *Molecules of Emotion*, London, Simon & Schuster.

Pincus, Jonathan H. & Tucker, Gary J. (1978), *Behavioural Neurology*, Oxford, Oxford University Press.

Pinker, S. (1994), *The Language Instinct*, London, Allen Lane. [*L'Instinct du langage*, Odile Jacob, Paris, 2005.]

Pribram, K. H. (1969), *On the Biology of Learning*, New York, Harcourt, Brace & World.

– (1974), « How is it that sensing so much we can do so little ? », in Schmitt F. O. & Worden, F. G., eds, *The Neurosciences, Third Study Program*, Cambridge Ma & London, MIT Press, p. 249-261.

Raine, A., Buchsbaum M. S. & Stanley J. (1994), « Selective reductions in prefrontal glucose metabolism in murderers », in *Biological Psychiatry*, 29, p. 14-25.

Ramachandran, V. S., & Blakeslee (1999), *Phantoms in the Brain*, London, Fourth Estate.

Ramachandran, V. S., Hirstein, W. S., Armel, K. C., Tecoma, E. & Iragui, V. (1997), « The Neural basis of religious experience », in *Proceedings of the Annual Conference of the Society of Neuroscience*, vol. XXIII, abstract 519.1.

Reanney, D. (1995), *The Death of Forever*, London, Souvenir Press.

Sinclair, A. (2000), *The Secret Scroll*, London, Sinclair-Stevenson.

Speth, G. W. & Craven, W. (1897), « The Kirkwall Scroll », in *Ars Quatuor Coronatorum* 10, p. 27-31.

Squire, C. (1912), *Celtic Myth and Legend, Poetry and Romance*, London, Gresham.

Stevenson, D. (1988), *The Origins of Freemasonry*, Cambridge, Cambridge University Press. [*Les Origines de la franc-maçonnerie : le siècle écossais 1590-1710*, Éditions Télétès, Paris, 1992.]

Smyser, H. M. (1965), « Ibn Fadla's account of the Rus' in Bessinger Jr, J. B., and Creed, R. P. (eds) *Medieval and Linguistic Studies in Honour of Francis Magoun, Jr* London, Allen & Unwin.

Tacitus (1980), *Germania*, London, Penguin. [*La Germanie*, Les Belles Lettres, Paris, 1983.]

Temple, R. (1991), *He who saw Everything : A verse translation of the epic of Gilgamesh*, London, Rider.

Thom, R. (trans D. H. Fowler) (1975), *Structural Stability and Morphogenesis : An outline of a general theory of models*, Menlo Park Ca, Benjamin/Cummings.

Thomson, W. P. L. (1987), *History of Orkney*, Edinburgh, Mercat Press.

The Times (2002), Renée Thom Obituary, 26 October.

Turner, V. W. (1969), *The Ritual Process : Structure and anti-structure*, Chicago II, Aldine Publishing.

Underhill, E. (1923), *Mysticism. A study of the Nature and Development of Man's Spiritual Consciousness*, London, Methuen.

Van de Castle, R. L. (1994), *Our Dreaming Mind*, London, Aquarian.

Wachtmeister, C. & Enquist, M. (1999), « The Evolution of Female Coyness – Trading Time for Information », in *Ethology* 105 (11), p. 983-992.

Wilmshurt, W. L. (1922), *The Meaning of Masonry*, London, William Rider.

– (1924), « Notes on Cosmic Consciousness », typescript of article for *The Occult Review* March.

– (1925), « The Fundamental Philosophic Secrets within Masonry », conférence donnée devant le London Masonic Study Circle (manuscrit inédit).

– Notes de son journal inédit 1889-1939.

– (éd. R. Lomas) (sous presse), *The Secret Science of Masonic Initiation*, Hinckley, Lewis Masonic.

Wilson, C. (1990), *The Craft of the Novel*, Bath, Ashgrove Press.

– (2004), *Dreaming to Some Purpose*, London, Century.

Worthington, E. L., Kurusu, T. A., McCullough, M. E. & Sandage, S. J. (1996), « Empirical research on religion and psycho-therapeutic process and outcomes. A ten-year review and research prospectus », in *Psychological Bulletin* 119, p. 448-487.

Index

Composition et mise en pages : FACOMPO, LISIEUX

Achevé d'imprimer en novembre 2006
par l'imprimerie EMD S.A.S.
Dépôt légal : novembre 2006
Numéro d'impression : 16475

Imprimé en France